O Âmbito da Patente e a Doutrina dos Equivalentes

COLEÇÃO DE ESTUDOS DE DIREITO INTELECTUAL
TOMO IV

O Âmbito da Patente e a Doutrina dos Equivalentes

2019

Samuel Dias Henriques

PRÉMIO OLIVEIRA ASCENSÃO 2018

APDI
Associação Portuguesa de Direito Intelectual

ALMEDINA

O ÂMBITO DA PATENTE E A
DOUTRINA DOS EQUIVALENTES

AUTOR
Samuel Dias Henriques

EDITOR
EDIÇÕES ALMEDINA, S.A.
Rua Fernandes Tomás, nºs 76-80
3000-167 Coimbra
Tel.: 239 851 904 · Fax: 239 851 901
www.almedina.net · editora@almedina.net

DESIGN DE CAPA
FBA.

PRÉ-IMPRESSÃO
EDIÇÕES ALMEDINA, SA

IMPRESSÃO E ACABAMENTO
Vasp - DPS

Julho, 2019

DEPÓSITO LEGAL
457843/19

ALMEDINA | GRUPOALMEDINA

BIBLIOTECA NACIONAL DE PORTUGAL – CATALOGAÇÃO NA PUBLICAÇÃO

HENRIQUES, Samuel Dias

O âmbito da patente e a doutrina dos equivalentes. – (Estudos de direito intelectual ; 4)
ISBN 978-972-40-7954-7

CDU 347

À minha mãe, ao meu pai e à minha irmã,
a quem devo tudo o que sou.

À Beatriz,
pelo carinho e compreensão.

RESUMO

O presente trabalho versa sobre o âmbito da proteção conferida pelo direito de patente em função do contributo trazido pela invenção protegida ao estado da técnica.

Para tal, desenvolve-se em dois capítulos. O primeiro procura compreender a relação entre as reivindicações e o âmbito da patente. Este capítulo parte do estudo da origem e da consagração legal do sistema de reivindicações para, tendo em conta as tradições jurídicas dos ordenamentos mais próximos do direito português e o papel harmonizador da Convenção Europeia sobre Patentes, propor uma reapreciação da função das reivindicações no Direito de Patentes nacional e dos principais critérios de interpretação do seu significado técnico.

O segundo capítulo aborda a importância da doutrina dos equivalentes na definição do âmbito da patente. Nesse sentido, procura averiguar a origem daquela teoria, os seus fundamentos e a forma como tem sido aplicada pela jurisprudência dos ordenamentos jurídicos estrangeiros que maior influência exercem na discussão do tema pela doutrina e jurisprudência nacionais. Após constatar o estado da discussão em Portugal, analisa os diversos pressupostos e condicionantes da aplicação da doutrina dos equivalentes à luz do direito vigente no nosso país e aborda a sua valoração na interpretação das reivindicações e do âmbito da patente.

Palavras-chave: âmbito da patente; doutrina dos equivalentes; interpretação das reivindicações; infração da patente; Protocolo Interpretativo do artigo 69º da CPE.

ABSTRACT

This paper deals with the scope of the protection conferred by a patent considering the contribution of the invention to the state of the art.

To that end, it unfolds in two chapters. The first one addresses the relationship between claims and patent scope. It sets off by examining the origin and legal recognition of the claims system to propose a reassessment on the function of claims under Portuguese patent law and on the key criteria for constructing their technical meaning, taking into consideration the tradition of neighbouring legal systems and the harmonisind effect of the European Patent Convention.

The second chapter addresses the importance of the doctrine of equivalents in defining the patent scope. It studies the origin of that theory and its grounds, as well as its application in the case law of the foreign legal systems that most influence Portuguese literature and case law. After noting the state of the debate in Portugal, it analyses the conditions of application of the doctrine of equivalents under Portuguese Law and addresses its relevance to claim construction and to the definition of patent scope.

Keywords: patent scope; doctrine of equivalents; claim construction; patent infringement; Protocol on the Interpretation of article 69 EPC.

NOTA PRÉVIA

O presente trabalho corresponde substancialmente à dissertação final apresentada no curso de mestrado científico em Direito Intelectual lecionado pela Faculdade de Direito da Universidade de Lisboa. O texto apresentado para avaliação, concluído em abril de 2017, foi preparado sob a orientação do Senhor Professor Doutor Dário Moura Vicente e discutido no dia 23 de fevereiro de 2018 perante um júri composto, para além do nosso orientador, pelo Senhor Professor Doutor João Paulo Remédio Marques, na qualidade de arguente, pelo Senhor Professor Doutor Pedro Caridade de Freitas e pelo Senhor Professor Doutor José Miguel Alves de Brito.

Posteriormente, o texto foi revisto e atualizado para ser submetido à edição de 2018 do concurso Prémio Professor Doutor José de Oliveira Ascensão, que nos foi atribuído. Nesse sentido, tivemos em conta os desenvolvimentos jurisprudenciais verificados desde a data da apresentação da dissertação, bem como as questões e as críticas que nos foram colocadas durante a prova de mestrado.

Não obstante, foi ainda necessário proceder a uma nova atualização do texto, tendo em conta os desenvolvimentos ocorridos no âmbito do direito das patentes desde aquele concurso. Destaca-se a publicação do novo Código da Propriedade Industrial português, aprovado pelo Decreto-Lei nº 110/2018, de 10 de dezembro. Optou-se por atualizar as remissões legais em conformidade, mas mantendo ainda as referências aos preceitos do código anterior.

Embora não se trate de um texto definitivo sobre o tema abordado – tanto mais que a aplicação do direito de patente, em geral, e a doutrina dos equivalentes, em particular, estão em constante evolução –, procurámos que este trabalho tivesse em consideração os desenvolvimentos legais, jurisprudenciais e doutrinais mais relevantes até janeiro de 2019. Deste modo, esperamos contribuir de forma útil para a discussão e o desenvolvimento do tema do âmbito da patente e da importância da doutrina dos equivalentes para a sua determinação.

Aproveitamos a oporunidade para agradecer ao Professor Doutor Dário Moura Vicente pela orientação na preparação da nossa dissertação, à Dra. Alexandra Dias Henriques, à Arqª Beatriz Perista Serrazina e à Dra. Inês Ferreira da Silva pelas revisões do texto e à Luís Silva Morais, Sérgio Gonçalves do Cabo & Associados pelo tempo que nos foi dispensado para preparar este trabalho.

SIGLAS E ABREVIATURAS

AIPPI	Association Internationale pour la Protection de la Propriété Intellectuelle
App Cas	Law Reports, Appeal Cases
ATUP	Acordo relativo ao Tribunal Unificado de Patentes
BGH	Bundesgerichtshof
BPI	Boletim da Propriedade Industrial
BMJ	Boletim do Ministério da Justiça
CPE	Convenção sobre a Concessão de Patentes Europeias (Convenção sobre a Patente Europeia), adotada em Munique, em 5 de outubro de 1973
CPI 1940	Código da Propriedade Industrial aprovado pelo Decreto nº 30 679, de 24 de agosto de 1940
CPI 1995	Código da Propriedade Industrial aprovado pelo Decreto-Lei nº 16/95, de 24 de janeiro
CPI 2003	Código da Propriedade Industrial aprovado pelo Decreto-Lei nº 36/2003, de 5 de março
CPI/CPI 2018	Código da Propriedade Industrial aprovado pelo Decreto-Lei nº 110/2018, de 10 de dezembro
EIPR	European Intellectual Property Review
EWCA	England and Wales Court of Appeal
EWHC	High Court of Justice
F.2d	Federal Reporter, Second Series
F.3d	Federal Reporter, Third Series
Fed. Cir.	United States Court of Appeals for the Federal Circuit

IEP	Instituto Europeu de Patentes
IIC	International Review of Intellectual Property and Competition Law
JPTOS	Journal of the Patent and Trademark Office Society
INPI	Instituto Nacional da Propriedade Industrial
OEP	Organização Europeia de Patentes
OLG	Oberlandesgericht
OMPI	Organização Mundial da Propriedade Intelectual
PIBD	Propriété industrielle, bolletin documentaire
PCT	Tratado de Cooperação em Matéria de Patentes (Patent Cooperation Treaty), adotado em Washington, em 19 de junho de 1970
PTO	United States Patent and Trademark Office
RECPE	Regulamento de Execução da Convenção sobre a Concessão de Patentes Europeias, de 5 de outubro de 1973, adotado por decisão do Conselho de Administração da Organização Europeia de Patentes, em 7 de dezembro de 2006, e alterado pela última vez por decisão do Conselho Administrativo da Organização Europeia de patentes, em 28 de junho de 2018
RIDB	Revista do Instituto do Direito Brasileiro
RJLB	Revista Jurídica Luso-Brasileira
RPC	Reports of Patent, Design and Trade Mark Cases
TC	Tribunal Constitucional
TCAS	Tribunal Central Administrativo Sul
TFUE	Tratado sobre o Funcionamento da União Europeia
TRIPS	Agreement on Trade-Related Aspects of Intellectual Property Rights (Acordo sobre Aspectos dos Direitos de Propriedade Intelectual Relacionados com o Comércio)
TRC	Tribunal da Relação de Coimbra
TRL	Tribunal da Relação de Lisboa
UKHL	United Kingdom House of Lords
US	United States Supreme Court Reports

NOTA DE LEITURA

O presente trabalho foi escrito segundo a grafia resultante do Acordo Ortográfico de 1990. Todavia, as citações de textos que não observam essa grafia foram feitas de acordo com a sua redação original.

Ao longo do texto, a primeira referência a uma obra citada é feita, de forma completa, em nota de rodapé. As citações subsequentes dessa obra são referenciadas de forma abreviada, indicando o autor, o título da obra (de forma abreviada, quando possível) e as páginas a que nos reportamos. No final deste documento apresentamos a bibliografia completa das obras consultadas para a sua preparação.

De modo a facilitar a sua consulta, a jurisprudência citada é referenciada de acordo com os usos da jurisdição a que respeita. No final do documento encontra-se uma lista das decisões judiciais e das decisões da Câmara de Recursos do Instituto Europeu de Patentes consultadas para a elaboração deste texto.

As páginas da *internet* consultadas durante a preparação do presente trabalho, cujo endereço é indicado ao longo do documento, encontravam-se acessíveis em janeiro de 2019.

Introdução

Desde o século XIX que o Direito de Patentes é marcado pela questão de saber qual deve ser a medida da proteção concedida pela patente ao seu titular, em função do contributo da invenção para o estado da técnica[1]. O presente trabalho versa sobre essa questão.

Ao criar um monopólio sobre a exploração da invenção protegida, a patente reserva ao seu titular o controlo de determinados produtos ou processos, cujo aproveitamento industrial ou comercial só poderá ser feito por si ou por terceiros por si autorizados[2]. O problema de que nos ocupamos é o de saber que produtos ou processos são esses. Trata-se de saber como se define o âmbito tecnológico da patente, isto é, como se determina a fronteira aquém da qual a lei protege a exclusividade da exploração da invenção pelo respetivo titular (ou por terceiros por si autorizados) e além da qual os ensinamentos técnicos desvendados com o pedido de patente podem ser livremente utilizados por qualquer interessado[3].

Deste modo, é ao âmbito tecnológico da proteção conferida pela patente que nos reportamos quando, no presente trabalho, nos referimos

[1] Christopher A. Cotropia, «Patent Claim Interpretation Methodologies and Their Claim Scope Paradigms», *William & Mary Law Review*, vol. 47, nº 1, 2005, p. 53.

[2] Pedro Sousa e Silva, *Direito Industrial – Noções Fundamentais*, Coimbra Editora, 2011, p. 50; J. P. Remédio Marques, *Biotecnologia(s) e Propriedade Intelectual*, vol. I, Almedina, Coimbra, 2007, p. 722.

[3] J. P. Remédio Marques, *Biotecnologia(s) e Propriedade Intelectual*, vol. I, p. 723.

ao âmbito da patente ou ao âmbito da proteção, sem outra indicação. Este texto não aborda os demais limites que circunscrevem o direito de patente, designadamente, o seu âmbito temporal, territorial ou merceológico[4].

Segundo o disposto no artigo 102º do Código da Propriedade Intelectual[5,6] (adiante, CPI), a patente confere ao seu titular o direito exclusivo de explorar a invenção em qualquer parte do território português (nº 1), bem como o direito de impedir qualquer terceiro de o fazer sem o seu consentimento (nº 2)[7,8]. A prática por terceiros não autorizados de algum ato reservado pela lei ao titular da patente implica a infração do direito exclusivo, à qual o titular da patente se pode opor (artigo 102º, nº 3, do CPI). Assim, enquanto a patente vigorar, o seu detentor está protegido contra a utilização da invenção pelos seus concorrentes para fins industriais ou comerciais. Deste prisma, aferir o âmbito da patente equivale a demarcar os limites objetivos do direito de proibir[9]. Por isso, é uma questão fulcral para o seu titular, para os seus concorrentes e, em última análise, para a sociedade em geral[10], de tal modo que é frequentemente considerada um dos problemas de maior importância do Direito de Patentes[11].

[4] Luís Couto Gonçalves, *Manual de Direito Industrial – Propriedade Industrial e Concorrência Desleal*, 6ª Edição, Almedina, Coimbra, 2015, p. 89.

[5] Aprovado pelo Decreto-Lei nº 36/2003, de 5 de março. Alterado pelo Decreto-Lei nº 360/2007, de 2 de novembro, pela Lei nº 16/2008, de 1 de abril, pelo Decreto-Lei nº 143/2008, de 25 de julho, pela Lei nº 52/2008, de 28 de agosto e pela Lei nº 46/2011, de 24 de junho.

[6] Cf. artigo 101º do CPI 2003.

[7] Cf. igualmente o disposto no artigo 28º do Acordo sobre os Aspetos dos Direitos de Propriedade Intelectual Relacionados com o Comércio (ADPIC ou TRIPS, na sigla em inglês).

[8] Trata-se, respetivamente, do conteúdo positivo e do conteúdo negativo do direito de patente, conforme são identificados pela doutrina (cf. Luís Couto Gonçalves, *Manual de Direito Industrial*, p. 97; José Mota Maia, *Propriedade Industrial*, vol. I, Almedina, Coimbra, 2003, p. 75, e vol. II, pp. 236 e 237; António Campinos (coord. geral) & Luís Couto Gonçalves (Coord. científica), *Código da Propriedade Industrial Anotado*, 2ª edição, Almedina, Coimbra, 2015, p. 264.

[9] Pedro Sousa e Silva, *Direito Industrial*, p. 71; Luís Couto Gonçalves, *Manual de Direito Industrial*, p. 89.

[10] Matt Fisher, *Fundamentals of Patent Law – Interpretation and Scope of Protection*, Hart Publishing, Oxford, 2007, p. 8.

[11] J. P. Remédio Marques, *Biotecnologia(s) e Propriedade Intelectual*, vol. I, p. 723.

Atualmente, o âmbito da patente é definido, na generalidade dos ordenamentos, através de reivindicações[12]. De acordo com o disposto na alínea a) do nº 1 do artigo 62º do CPI[13], o pedido de patente nacional deve ser acompanhado da reivindicação dos elementos técnicos considerados novos e que caracterizam a invenção. A mesma exigência é feita, a respeito dos pedidos de patente europeia, pela alínea c) do nº 1 do artigo 78º da Convenção Sobre a Concessão de Patentes Europeias[14] (adiante, CPE) e, para os pedidos de patente internacional, pelo nº 2 do artigo 3º do Tratado de Cooperação em Matéria de Patentes[15] (*Patent Cooperation Treaty*, adiante, PCT). Segundo o disposto no nº 3 do artigo 62º do CPI, no artigo 84º da CPE e no artigo 6º do PCT, são as reivindicações que definem o objeto, a matéria ou a finalidade da proteção requerida. De acordo com o disposto no nº 1 do artigo 98º do CPI[16] e do artigo 69º da CPE, são também as reivindicações que determinam o âmbito da proteção conferida pela patente.

Assim, o concorrente do titular da patente que pretenda saber se determinados produtos ou processos estão ou não protegidos terá, antes de mais, de determinar quais os elementos caraterizantes da invenção ou as regras técnicas enunciadas que constituem a contribuição criativa resultante da invenção para o estado da técnica. Para o efeito, é necessário compreender o significado das reivindicações, o que implica proceder à sua interpretação. O mesmo se verifica em caso de litígio, quando o tribunal é chamado a decidir se os atos suspeitos de infração efetivamente implicam a reprodução ou a imitação do objeto da proteção[17].

[12] J. P. Remédio Marques, *Biotecnologia(s) e Propriedade Intelectual*, vol. I, p. 727.

[13] Que manteve a numeração do CPI 2003.

[14] Adotada em Munique, em 5 de outubro de 1973. A CPE entrou em vigor em Portugal após ser aprovada pela Assembleia da República, pelo Decreto nº 52/91, de 30 de agosto. O texto da CPE foi modificado por decisão do Conselho de Administração da Organização Europeia de Patentes, de 21 de dezembro de 1978, e revisto pelo Ato de Revisão da Convenção sobre a Concessão de Patentes Europeias (Convenção sobre a Patente Europeia), adotado em Munique, em 29 de novembro de 2000, aprovado pela Resolução da Assembleia da República nº 60-A/2007, em 30 de novembro de 2007, e ratificado pelo Decreto do Presidente da República nº 126-A/2007, de 12 de dezembro.

[15] Concluído em Washington, em 19 de julho de 1970, modificado em 2 de outubro de 1979 e em 3 de fevereiro de 1984 e aprovado para adesão pelo Decreto nº 29/92, de 25 de junho.

[16] Cf. artigo 97º do CPI 2003.

[17] Alfred Keukenschrijver, «The German Practice», *in* Jochen Pagenberg & William R. Cornish (Eds.), *Interpretation of Patents in Europe*, p. 80.

Após proceder à interpretação das reivindicações, o tribunal deverá comparar as caraterísticas técnicas patenteadas com o produto ou o processo que alegadamente as infringe[18]. Se este corresponder à invenção protegida, verifica-se a infração literal da patente[19].

Por conseguinte, o primeiro capítulo deste trabalho, intitulado «O âmbito da patente e as reivindicações», versa sobre a função destas na definição do âmbito da proteção e sobre a sua interpretação. Na primeira divisão desse capítulo abordamos a origem e a consagração do sistema de reivindicações, para procurar compreender o que são e porque é que são elas que, no Direito de Patentes contemporâneo, definem o objeto e o âmbito de proteção.

Acontece que a importância das reivindicações na definição do âmbito da patente não é entendida da mesma forma em todos os ordenamentos jurídicos. Com efeito, a territorialidade que caracteriza os direitos de propriedade intelectual[20] levou ao desenvolvimento de diferentes conceções quanto ao papel das reivindicações na definição do âmbito da patente. Diferentes tradições jurídicas propugnam diferentes valorações entre o interesse do inventor e o interesse da comunidade no desenvolvimento e na exploração da invenção. Se nalguns ordenamentos as reivindicações devem apresentar um ensinamento generalizado que abranja todas as realizações possíveis da invenção, noutros são concebidas como a forma de identificar a invenção, sem necessariamente limitar a proteção conferida pelo direito de patente. A segunda divisão do primeiro capítulo visa, por isso, analisar as diferentes teorias subjacentes à função das reivindicações e perceber qual o papel da CPE na harmonização das diversas tradições jurídicas na Europa, de modo a compreender qual é, afinal, a função desempenhada atualmente pelas reivindicações no Direito de Patentes português.

[18] J. P. Remédio Marques, *Biotecnologia(s) e Propriedade Intelectual*, vol. I, pp. 721 e 722; Pedro Sousa e silva, *Direito Industrial*, p. 71; Helen E. Norman, *Intellectual Porperty Law*, Oxford University Press, Oxford, 2011, p. 155.

[19] Alan L. Durham, *Patent Law Essentials – A Concise Guide*, 4ª Edição, Praeger, Santa Bárbara, 2013, p. 179; Janice M. Mueller, *Patent Law*, 4ª Edição, Wolters Kluwer, Nova Iorque, 2013, p. 446; Alfred Keukenschrijver, «The German Practice», p. 89.

[20] Dário Moura Vicente, *A Tutela Internacional da Propriedade Intelectual*, Almedina, Coimbra, p. 14 ss.

Por fim, a terceira e última divisão do primeiro capítulo aborda os ditames da interpretação das reivindicações, tendo em vista a atribuição de um significado técnico ao seu texto. Para tal, será necessário responder a uma série de questões, interrelacionadas entre si, com que se defronta o intérprete, designadamente, saber se as reivindicações devem ser interpretadas como um negócio jurídico ou como se de um ato normativo se tratasse; de forma subjetiva, procurando a vontade do requerente da patente, ou de forma objetiva, buscando o entendimento alcançável pelo seu destinatário; saber quem é, afinal, o destinatário das reivindicações; saber se as reivindicações devem ser entendidas como um documento autossuficiente ou se o intérprete poderá recorrer a outras ferramentas para a sua interpretação e que ferramentas são essas.

Não obstante, coloca-se a questão de saber se uma patente apenas pode ser infringida literalmente, ou seja, se a definição do âmbito da proteção se basta com a mera interpretação das reivindicações. Com efeito, uma patente não é literalmente infringida se o produto ou o processo alegadamente infratores não apresentarem ou refletirem todos os elementos técnicos reivindicados, mesmo que apenas seja omitido ou substituído um elemento de menor importância face ao conjunto das caraterísticas técnicas que compõem a invenção[21]. Mas será que a proteção do titular da patente, cingindo-se à formulação expressa das reivindicações, salvaguarda suficientemente o seu direito? Será que assim se cumpre o propósito que subjaz ao direito de patente? Quando é que se poderá considerar que uma variante se limita a alterar elementos técnicos de menor importância na realização da invenção e quando é que se verifica uma diferença substancial suficientemente relevante que permita dizer-se que a nova realização escapa ao âmbito da patente ou é já uma outra invenção?[22]

Quid juris se uma sociedade farmacêutica titular da patente nacional sobre um processo de halogenação das tetraciclinas na presença de uma base orgânica, utilizado no processo de fabrico do antibiótico doxiciclina, for confrontada com a fabricação do mesmo medicamento por uma concorrente, embora procedendo à halogenação das

[21] Alan L. Durham, *Patent Law Essentials*, p. 180.
[22] Pedro Sousa e Silva, *Direito Industrial*, p. 72.

tetraciclinas na presença de uma base inorgânica? E se, ainda a respeito do fabrico desse medicamento, a primeira farmacêutica, desta vez na qualidade de titular de uma licença respeitante a um processo de hidrogenação catalítica da metaciclina, que utiliza um catalisador cujo componente principal é o ródio, vê também a sua concorrente efetuar essa hidrogenação, mas recorrendo a um composto de um metal de transição, cobre, cobalto, níquel e vestígios de ródio? Será que estas alterações são suficientes para afirmar que os processos utilizados pela segunda farmacêutica não são cobertos pela patente da primeira?[23]

Quid juris se a sociedade farmacêutica titular de uma patente europeia que protege o hemissulfato de abacavir for confrontada com a pretensão de uma concorrente de introduzir no mercado um medicamento genérico que contém na sua composição abacavir, mas na forma livre em vez de hemissulfato? Será que a substituição do hemissulfato de abacavir pela sua forma livre na composição do segundo medicamento o coloca fora do âmbito de exclusividade conferido pela patente? Será que a resposta é a mesma se tivermos em conta que, de acordo com o depoimento do perito na especialidade, depois de administrados no organismo humano, o hemissulfato de abacavir e a forma livre desta substância produzem o mesmo efeito?[24]

A primeira vez que um tribunal superior admitiu a possibilidade de uma patente ser infringida de forma não literal ocorreu com a decisão do caso *Winans v. Denmead*, proferida pelo Supreme Court norte-americano, em 1853[25]. Desde então, diversos sistemas jurídicos reconheceram que o âmbito da proteção conferida pela patente não se pode limitar à estrita literalidade das reivindicações, sob pena de se frustrar o direito do titular perante qualquer variação introduzida por um concorrente na implementação da invenção, mesmo que seja irrelevante para o resultado técnico alcançado. O objeto do direito de patente e o respetivo âmbito de proteção não são necessariamente coincidentes, sendo este mais

[23] Exemplo retirado do acórdão do TRL, de 17 de setembro de 2009 (Processo nº 893/1995. L1-2; Relatora: Ondina Carmo Alves).

[24] Exemplo retirado do acórdão do TRL, de 6 de fevereiro de 2014 (Processo nº 866/13.4YRLSB; Relator: Jorge Leal).

[25] 56 U.S. 330 (1853).

amplo do que aquele, de modo a evitar que uma mera alteração insubstancial ou cosmética que resulte na utilização de variantes técnicas inconsequentes para o funcionamento da invenção permita escapar ao direito de exclusivo do titular da patente[26].

Todavia, a resposta dada pelos diversos ordenamentos jurídicos à questão de saber qual deve ser, então, a medida da proteção conferida pela patente além do seu âmbito literal não foi unívoca. Na Alemanha e noutros Estados europeus continentais, bem como nos E.U.A., desenvolveu-se, desde o início do século XX, a chamada doutrina dos equivalentes[27], que será a teoria mais generalizada para determinar o âmbito da proteção conferida pela patente para além do estrito teor expresso das reivindicações[28]. No entanto, nunca existiu uma teoria geral da equivalência ou sequer uma noção uniforme de meio equivalente[29]. Nos E.U.A., o Supreme Court decidiu, no acórdão '*Graver Tank*'[30], de 1950, que, para amenizar conclusões lógicas impiedosas e evitar que um infrator se aposse do benefício da invenção, o titular da patente poderá invocar a doutrina dos equivalentes contra um concorrente se o produto deste cumprir substancialmente a mesma função, de modo substancialmente idêntico, para obter o mesmo resultado que a invenção protegida («*if it performs substantially the same function in substantially the same way to obtain the same result*»), desta forma definindo o chamado triplo teste ou «*function-way-result test*»[31]. Noutros países, como a Alemanha, a doutrina dos equivalentes desenvolveu-se num sentido abstratizante, resultando na assinalável ampliação do âmbito da patente, ao ponto de abranger a 'ideia geral da invenção'[32]. Por seu turno, no Reino Unido, a doutrina e

[26] J. P. Remédio Marques, *Biotecnologia(s) e Propriedade Intelectual*, vol. I, pp. 725 e 726.

[27] Também designada por Teoria dos Equivalentes, Doutrina da Equivalência ou Doutrina dos Meios Equivalentes. Cf. Justino Cruz, *Código da Propriedade Industrial*, p. 392; Pedro Sousa e Silva, *Direito Industrial*, p. 72; Paul Tauchner, «The Principles of the Doctrine of Equivalence in Germany», p. 1; Giuliana Borges Assumpção Gattass, «A Doutrina dos Equivalentes», pp. 490 e 491.

[28] Luís Couto Gonçalves, *Manual de Direito Industrial*, p. 97; J. P. Remédio Marques, *Biotecnologia(s) e Propriedade Intelectual*, vol. I, pp. 729 e 730.

[29] L. T. C. Harms, *The Enforcement of Intellectual Property Rights – A Case Book*, 3ª Edição, WIPO, 2012, p. 277; Luís Couto Gonçalves, *Manual de Direito Industrial*, p. 97.

[30] 339 U.S. 605 (1950).

[31] Luís Couto Gonçalves, *Manual de Direito Industrial*, p. 100.

[32] J. P. Remédio Marques, *Biotecnologia(s) e Propriedade Intelectual*, p. 733.

a jurisprudência não se mostraram tão recetivas à doutrina dos equivalentes. Ao invés, desenvolveu-se neste país, a Doutrina da Essencialidade ou '*pith and marrow*'. Embora esta teoria também reconhecesse que a patente protege o titular contra variações não substanciais da invenção que se apropriem da sua essência, a sua aplicação pelos tribunais foi sempre muito exigente, restritiva e centrada no teor literal das reivindicações[33].

Perante este cenário, teve lugar, em 1973, a Conferência Diplomática de Munique, da qual resultou a aprovação da CPE. Embora a convenção não visasse estabelecer um título unitário comum aos diversos Estados contratantes, mas apenas uma via comum para requerer uma patente nacional em cada um desses Estados, reservou-se a regulação substancial de determinadas matérias, procurando harmonizar diversos aspetos materiais do Direito de Patentes dos Estados signatários, indispensáveis à prossecução do seu objetivo[34]. Entre esses aspetos encontra-se o âmbito da proteção conferida por uma patente europeia, regulado no artigo 69º da CPE[35]. Dada a importância e a delicadeza desta matéria, a Conferência Diplomática aprovou também um Protocolo Interpretativo daquele preceito, que é parte integrante da CPE (cf. artigo 164º, nº 1, da CPE) e procura harmonizar a interpretação das reivindicações das patentes europeias, bem como o âmbito da exclusividade conferida ao titular da patente[36]. Acresce que, por razões de igualdade concorrencial e de segurança jurídica, atualmente é pacífico entre a doutrina e a jurisprudência portuguesas que as regras estabelecidas pelo Protocolo são aplicáveis à interpretação de todas as patentes concedidas para

[33] Matt Fisher, *Fundamentals of Patent Law*, p. 13; J. P. Remédio Marques, *Biotecnologia(s) e Propriedade Intelectual*, p. 729; Carmen Salvador Jovani, *El Ámbito de Protección de la patente*, Tirant lo Blanch, Valência, 2002, pp. 72 e 73.

[34] Brad Sherman, «Patent Claim Interpretation», p. 499; Pedro Sousa e Silva, *Direito Industrial*, p. 73; Dário Moura Vicente, *A Tutela Internacional da Propriedade Intelectual*, p. 149; Carmen Salvador Jovani, *El Ámbito de Protección de la patente*, p. 33; J. P. Remédio Marques, *Biotecnologia(s) e Propriedade Intelectual*, vol. I, p. 747; Luís Couto Gonçalves, *Manual de Direito Industrial*, p. 80; Pedro Sousa e silva, *Direito Industrial*, p. 64.

[35] Pedro Sousa e silva, *Direito Industrial*, p. 72; Carmen Salvador Jovani, *El Ámbito de Protección de la patente*, p. 80.

[36] Richard Hacon & Jochen Pagenberg (Eds.), *Concise European Patent Law*, 2ª Edição, Wolters Kluwer Law & Business, 2008, p. 76.

vigorar em Portugal, independentemente da via de proteção adotada (*i.e.*, nacional, europeia ou internacional)[37].

A adoção da CPE produziu resultados no que respeita à interpretação do âmbito da proteção conferido pela patente. Diversos Estados aprovaram nova legislação sobre patentes, convergindo no sentido do disposto no artigo 69º da CPE e no Protocolo Interpretativo. Não obstante, o esforço de harmonização vertido no artigo 69º da CPE e no respetivo Protocolo Interpretativo não permitiu ultrapassar definitivamente as conceções divergentes que vigoraram entre vários Estados-Membros da Organização Europeia de Patentes (adiante, OEP), instituída pela CPE[38] – *maxime*, entre a Alemanha e o Reino Unido[39], cujas tradições eram frequentemente caraterizadas como expoentes máximos de abordagens diametralmente opostas no que respeita à interpretação das reivindicações e à definição do âmbito da patente[40]. Na Alemanha, por força do disposto no § 14 da nova Lei de Patentes (*Patentgesetz*) de 1981, as reivindicações deixaram de ser um mero ponto de partida para delimitar a proteção conferida pela patente e tornaram-se na sua base essencial, embora não a limitem decisivamente, conforme lavrou o BGH no acórdão *Formstein*[41]. No Reino Unido, a jurisprudência afastou-se da doutrina '*pith and marrow*' e, na senda do acórdão '*Catnic*', proferido pela House of Lords em novembro de 1982[42], adotou uma nova orientação

[37] Cf., nesse sentido, Luís Couto Gonçalves, *Manual de Direito Industrial*, p. 98; José Mota Maia, Propriedade Industrial, vol. II, p. 227; J. P. Remédio Marques, *Biotecnologia(s) e Propriedade Intelectual*, p. 747; Pedro Sousa e silva, *Direito Industrial*, p. 73; e o Acórdão do Tribunal da Relação de Lisboa de 17 de setembro de 2009 (Processo nº 893/1995.L1-2; Relatora: Ondina Carmo Alves), disponível em www.dgsi.pt. Cf., no sentido da aplicação do artigo 69º e do Protocolo Interpretativo às patentes europeias e nacionais concedidas para vigora na Alemanha, Alfred Keukenschrijver, «The German Practice», pp. 77 e 78.

[38] Stephen M. Bodenheimer & John Beton, «Infringement by equivalents in the United States and Europe: a comparative analysis», EIRP, vol. 15, nº 3, 1995, p. 86.

[39] M. Franzosi, «Three European Cases on Equivalence – Will Europe Adopt Catnic?», *IIC*, vol. 32, nº 2, 2001, p. 113; Acórdão arbitral de 30 de outubro de 2013, publicado no BPI de 20 de janeiro de 2016, pp. 6 ss.

[40] Brad Sherman, «Patent Claim Interpretation», p. 505; W. Cornish, *et al.*, *Intellectual Property: Patents, Copyright, Trade Marks and Allied Rights*, 8ª Edição, Sweet & Maxwell, Londres, 2013, p. 178.

[41] Acórdão de 29 de abril de 1986 (Processo nº X ZR28/85), cuja tradução em inglês foi publicada na *IIC*, vol. 18, 1987, pp. 795 ss.

[42] *Catnic Components v. Hill & Smith* [1982] RPC 183 e *IIC*, vol. 22, 1981, pp. 699 ss.

hermenêutica que viria a ficar conhecida como «*purposive construction*» ou interpretação teleológica. Segundo esta teoria, em vez de distinguir entre os elementos essenciais e os elementos não essenciais da invenção para determinar, como acontecia anteriormente, se a reprodução dos primeiros pela variante implicava a violação da patente, o tribunal deverá interpretar teleologicamente as reivindicações, de forma a determinar se o requerente da patente pretendeu que os seus termos fossem literalmente cumpridos ou se, pelo contrário, a redação dada às reivindicações não é determinante e admite um sentido mais lato, que abranja possíveis variantes dos elementos técnicos reivindicados[43].

Assim, já durante a vigência da CPE, surgiram decisões contraditórias entre os tribunais de diversos Estados-Membros OEP, pese embora estivesse em causa a mesma patente europeia e o mesmo produto acusado de infração. Ou seja, consoante a jurisdição do litígio, a mesma patente poderia ser considerada infringida ou não,em virtude da abordagem assumida pelo tribunal nacional. Exemplo paradigmático são os 'casos *Epilady*': a 12 de agosto de 1988, o Court of Appeal de Londres considerou que uma máquina depilatória que extraía o pelo através da rotação de uma haste de borracha, cilíndrica e convexa, cujos sulcos radiais paralelos capturavam o pelo quando a barra era acionada, não infringia a patente concedida anteriormente para proteção de uma máquina depilatória que capturava o pelo através de uma mola metálica helicoidal, através dos espaço abertos e subsequentemente fechados pela mola quando a sua rotação era acionada[44]; por seu turno, a 21 de novembro de 1991, o Oberlandesgericht de Düsseldorf decidiu em sentido contrário, isto é, que o mesmo produto acusado violava aquela patente, por existir equivalência entre os meios utilizados e os elementos técnicos caraterizantes da patente[45].

Posto isto, em 2000, o Ato de Revisão da Convenção sobre a Concessão de Patentes Europeias (Convenção sobre a Patente Europeia), ado-

[43] Cf. W. Cornish, *et al.*, *Intellectual Property*, p. 258.

[44] Acórdão *Improver Corp. v. Remington Consumer Products Ltd.* [1990] F.S.R. 181, adiante referido como *Improver* (Reino Unido), proferido pelo Court of Appeal de Londres em 12 de agosto de 1988, publicado na *IIC*, vol. 21, 1990, pp. 561 e ss.

[45] Acórdão *Improver Corp. & Sicommerce AG v. Remington Products Inc*, adiante indicado como *Improver* (Alemanha), proferido pelo OLG de Düsseldorf em 21 de novembro de 1991 (Processo nº 2 U 27/89), cuja tradução em inglês foi publicada na *IIC*, vol. 23, 1993, pp. 838 ss.

tado em Munique, em 29 de novembro[46], alterou a redação do artigo 69º da CPE, visando mais uma vez aproximar a interpretação das reivindicações pelos tribunais dos diversos Estados contratantes da convenção[47]. Além disso, introduziu um artigo 2º no Protocolo Interpretativo do artigo 69º da CPE que, pela primeira vez num diploma legal, menciona expressamente a relevância dos equivalentes para determinar a extensão da proteção conferida por uma patente europeia[48].

Contudo, mesmo após a revisão efetuada pela Conferência Diplomática de 2000, o artigo 69º da CPE e o respetivo Protocolo Interpretativo não lograram dissipar todas as dúvidas e divergências entre Estados contratantes[49]. Na verdade, nem aquele preceito, nem o protocolo esclarecem o que se entende por meio equivalente, qual a metodologia para proceder à averiguação da equivalência, qual o momento temporal a ter em conta para aferir se determinada variante é ou não equivalente à invenção patenteada ou qual a sua importância na delimitação do âmbito da proteção[50]. Além disso, a competência para dirimir litígios relacionados com a infração de patentes continua a cargo dos tribunais nacionais de cada Estado, mesmo tratando-se de patentes europeias ou internacionais[51]. Por conseguinte, continua a existir uma relevante margem de discricionariedade para o intérprete-aplicador nacional decidir qual a medida da extensão do exclusivo[52].

Em Portugal, a interpretação das reivindicações, a determinação do âmbito de proteção conferido pela patente, a aplicação e os contornos

[46] Aprovado pela Resolução da Assembleia da República nº 60-A/2007, em 30 de Novembro de 2007, e ratificado pelo Decreto do Presidente da República nº 126-A/2007.

[47] Richard Hacon & Jochen Pagenberg (eds.), *Concise European Patent Law*, p. 77.

[48] José António Gomez Segade, «Actividad Inventiva y Doctrina de los Equivalentes», *in* José de Oliveira Ascensão (Coord.), *Direito Industrial*, vol. IV, Almedina, Coimbra, 2005, p. 51.

[49] Acórdão *Kirin-Amgen, Inc. v. Hoechst Marion Roussel Ltd* [2005] RPC 169.

[50] Carmen Salvador Jovani, *El Ámbito de Protección de la patente*, p. 270 a 282; Luís Couto Gonçalves, *Manual de Direito Industrial*, p. 98.

[51] William T. Ralston, «Foreign Equivalents of the U.S. Doctrine of Equivalents: We're Playing in the Same key but It's Not Quite Harmony», *in Chicago-Kent Journal of Intellectual Property*, vol. 6, nº 2, p. 178; Donald S. Chisum, «Common law and civil law approaches to patent claim interpretation», p. 97.

[52] Carmen Salvador Jovani, *El Ámbito de Protección de la patente*, p. 33.

da doutrina dos equivalentes têm sido discutidos «com parcimónia»[53], embora estas questões já tenham sido abordada por alguns autores[54] e versada nalgumas decisões judiciais e arbitrais[55]. Por isso, importa também ter em conta como é que estas questões têm sido discutidas e solucionadas noutros ordenamentos, de forma a podermos, então, averiguar qual a solução resultante do Direito de Patentes vigente em Portugal e analisar os requisitos da sua aplicação.

Nestes termos, o segundo capítulo do presente trabalho, intitulado «O âmbito da patente e a doutrina dos equivalentes», discute o acolhimento desta teoria em Portugal e analisa os requisitos da sua aplicação. Para tal, a primeira divisão desse capítulo analisa como a insuficiência da proteção resultante das reivindicações levou ao aparecimento e ao acolhimento da doutrina dos equivalentes, embora ainda hoje não exista uma noção uniforme de equivalência. A segunda divisão visa dar a conhecer, ainda que de forma breve e não exaustiva, a jurisprudência fundamental sobre a interpretação do âmbito da patente e a aplicação da doutrina dos equivalentes nos Estados Unidos, na Alemanha e no Reino Unido. Trata-se de Estados que ocupam uma posição de vanguarda no Direito de Patentes, condizente com o seu desenvolvimento tecnológico, cuja doutrina e jurisprudência frequentemente influenciam tribunais e autores de outros países, incluindo Portugal. Por essa razão, o estudo das suas tradições a respeito da definição do âmbito da patente e da aplicação da doutrina dos equivalentes poderá proporcionar uma boa perspetiva do enquadramento legal que, internacionalmente, enforma

[53] Para utilizar a expressão constante do acórdão arbitral de 16 de dezembro de 2012, publicado no BPI de 17 de maio de 2013, pp. 6 ss. (esp. p. 41).

[54] Cf., *e.g.*, J. P. Remédio Marques, *Biotecnologia(s) e Propriedade Intelectual*, vol. I, p. 747, e «O Conteúdo dos Pedidos de Patente (Em Especial de Produtos Químicos e Farmacêuticos): A Descrição do Invento e a Importância das Reivindicações – Algumas Notas», *in* J. P. Remédio Marques, *Medicamentos versus Patentes*, Coimbra Editora, Coimbra, 2008, pp. 451 a 469; Luís Couto Gonçalves, *Manual de Direito Industrial*, pp. 89 e 97-105; e Pedro Sousa e Silva, *Direito Industrial*, pp. 72 a 76.

[55] Cf. acórdãos do Tribunal da Relação de Lisboa de 17 de setembro de 2009 e de (Processo nº 893/1995.L1-2; Relatora: Ondina Carmo Alves) e de 6 de fevereiro de 2014 (Processo nº 866/13.4YRLSB; Relator: Jorge Leal), bem como, *e.g.*, os acórdãos dos tribunais arbitrais constituídos nos termos e para os efeitos do disposto no artigo 2º da Lei nº 62/2011, de 12 de dezembro, publicados nos BPI de 17 de maio de 2013, de 23 de julho de 2015 ou de 20 de janeiro de 2016.

a discussão desses temas[56]. De resto, como veremos, a nível europeu, o Protocolo Interpretativo do artigo 69º da CPE evidencia a importância que as conceções britânica e alemã têm assumido na harmonização do Direito de Patentes. Não obstante, teremos ainda uma breve palavra a respeito da análise dos equivalentes noutros ordenamentos jurídicos próximos do português, como o ordenamento espanhol e o francês, bem como a propósito da noção de equivalência sufragada pela Câmara de Recursos do Instituto Europeu de Patentes (adiante, IEP). Uma vez recolhida essa visão geral sobre a aplicação da doutrina dos equivalentes além-fronteiras, estaremos em condições de analisar os fundamentos da discussão em torno da aplicação da doutrina dos equivalentes em Portugal, cujo estado é apresentado na terceira divisão do segundo capítulo deste trabalho. Assim, na quarta divisão, poderemos discutir quais são, à luz do direito português, os pressupostos de aplicação da doutrina dos equivalentes, bem como os seus contornos. Na quinta divisão debatemos os critérios que devem ser seguidos na interpretação das reivindicações à luz da doutrina dos equivalentes e apresentamos a nossa proposta sobre a conceção e as condicionantes que se colocam à aplicação dessa doutrina.

Por fim, concluiremos o nosso trabalho com a apresentação de conclusões sumárias do estudo efetuado. Embora tenhamos plena consciência de que a discussão do tema analisado estará longe de ser encerrada, esperamos deste modo oferecer um contributo positivo para o debate em curso.

[56] William T. Ralston, «Foreign Equivalents of the U.S. Doctrine of Equivalents», p. 177, nota de rodapé. 7. Sobre a necessidade dos tribunais nacionais dos Estados-Membros da OEP (*in casu*, da Alemanha) terem em conta a abordagem desenvolvida noutros Estados-Membros, em virtude do efeito harmonizador do artigo 69º da CPE e do respetivo Protocolo Interpretativo, cf. Alfred Keukenschrijver, «The German Practice», pp. 77 e 78. Sobre a forma como as conceções nacionais sobre a interpretação das reivindicações se têm aproximado em virtude do facto de os tribunais dos Estaos-Membros da OEP terem em conta a jurisprudência dos seus congéneres, cf. Justin Pila & Paul Torremans, *European Intellectual Property* Law, Oxford University Press, Oxford, 2016, p. 200.

Capítulo I
O âmbito da patente e as reivindicações

1. Origem e consagração legal do sistema de reivindicações

1.1. Enquadramento do tema

Atualmente são as reivindicações que, na generalidade dos ordenamentos jurídicos, definem o âmbito da proteção conferida por uma patente[57]. São esses elementos que determinam o escopo do monopólio reservado ao titular da patente, após a sua concessão[58]. As patentes concedidas para vigorar em Portugal não são exceção. Os pedidos de patente nacional devem ser acompanhados de «[r]eivindicações do que é considerado novo e que caracteriza a invenção», «claras, concisas, corretamente redigidas, baseando-se na descrição» [artigo 62º, nº 1, alínea a), e nº 3, do CPI[59]]. Também os pedidos de patentes europeias devem conter «uma ou mais reivindicações» [artigo 78º, nº 1, alínea c), da CPE] e o mesmo acontece com os pedidos de patentes internacionais [cf. artigo 3º, nº 2, do PCT].

Todavia, nem sempre se exigiu a formulação de reivindicações com a apresentação do pedido de patente. Em vários ordenamentos jurídicos a implementação deste sistema é até relativamente recente, tendo ocor-

[57] J. P. Remédio Marques, *Biotecnologia(s) e Propriedade Intelectual*, vol. I, p. 727.

[58] Matt Fisher, *Fundamentals of Patent Law*, p. 1.

[59] Cf. artigo com a mesma numeração no CPI 2003.

rido apenas na segunda metade do século XX[60]. Antes da generalização do uso de reivindicações, a definição objeto da proteção era feita através da descrição da invenção, pelo que era também este elemento que determinava o âmbito da proteção conferida pela patente.

1.2. A definição do objeto da proteção com base na descrição

São diversos os exemplos de ordenamentos jurídicos em que, na fase inicial do seu Direito de Patentes, o âmbito da patente era definido pela descrição da invenção[61, 62]. Acontece que o principal propósito da descrição é explicar a invenção e exemplificar como proceder à sua execução. A descrição visa, designadamente, assinalar o problema técnico que a invenção pretende solucionar, o modo como o faz, a relevância da solução proposta pela invenção, como é que a nova solução se distingue de outras que já integrem o estado da técnica e em que medida a invenção se afasta delas[63]. A descrição deve permitir ao perito na matéria reproduzir ou executar a invenção e evidenciar o contributo trazido para o enriquecimento do estado da técnica[64]. Por isso, para que cumpra a sua função, a descrição contém não só as caraterísticas técnicas que o requerente da patente considera novas e entende caraterizarem a invenção, mas também elementos já conhecidos anteriormente, que integram o

[60] JOCHEN PAGENBERG & UTA KÖSTER, «History of Article 69 EPC», *in* JOCHEN PAGENBERG & WILLIAM R. CORNISH (Eds.), *Interpretation of Patents in Europe*, p. 1; J. P. REMÉDIO MARQUES, *Biotecnologia(s) e Propriedade Intelectual*, vol. I, pp. 727 e 728. O autor refere o caso francês como um exemplo de introdução tardia do sistema de reivindicações, que só ocorreu em 1968 (ao abrigo da Lei nº 68-1, de 2 de janeiro de 1968). Cf., a esse propósito, JACQUES AZÉMA & JEAN-CHRISTOPHE GALLOUX, *Droit de la propriété industrielle*, 7ª ed., Dalloz, Paris, 2012, pp. 434 e 435; CARMEN SALVADOR JOVANI, *El Ámbito de Protección de la patente*, pp. 43 e 44; ALAN W. WHITE, «The Function and Structure of Patent Claims», *EIPR*, vol. 15, 1993, p. 244.

[61] J. P. REMÉDIO MARQUES, *Biotecnologia(s) e Propriedade Intelectual*, p. 727; CARMEN SALVADOR JOVANI, *El Ámbito de Protección de la patente*, pp. 43 e 44.

[62] Antes mesmo da adoção da descrição como elemento definidor do objeto da proteção, houve países, como o Reino Unido, onde a matéria patenteada era identificada tão-somente pela epígrafe da patente (cf. ALAN W. WHITE, «The Function and Structure of Patent Claims», p. 243).

[63] J. P. REMÉDIO MARQUES, «O Conteúdo dos Pedidos de Patente», pp. 393 e 394.

[64] CARMEN SALVADOR JOVANI, *El Ámbito de Protección de la patente*, p. 51; ALAN W. WHITE, «The Function and Structure of Patent Claims», p. 243.

estado da técnica e que não estão cobertos pela proteção requerida, o que dificulta a delimitação do objeto da proteção por essa via[65].

Além disso, nos sistemas em que o objeto da proteção era definido pela descrição, cabia posteriormente aos tribunais, caso a caso, discernir o alcance da proteção conferida pela patente. A ausência de reivindicações fazia com que a autolimitação do requerente da patente fosse reduzida, conferindo-lhe potencialmente um largo espectro de proteção[66]. Por isso, a delimitação da proteção conferida pela patente com base na descrição era geradora de grande insegurança jurídica e especialmente onerosa para terceiros, que se deparavam com significativas dificuldades em saber que utilizações ou atividades estavam reservadas ao titular da patente e que outras lhes eram permitidas[67]. Consequentemente, a delimitação do âmbito da patente com base na descrição da invenção foi sendo paulatinamente substituída pela formulação de reivindicações com esse propósito[68].

1.3. A definição do objeto da proteção com base nas reivindicações

Segundo Remédio Marques e Salvador Jovani é possível encontrar *«una especie de reivindicación dentro de la descripción»* em pedidos de patentes apresentados no Reino Unido desde 1711[69]. A data reporta-se à concessão de uma patente pela Rainha Anne da Grã-Bretanha a John Nasmith, para o que este se propôs a apresentar a descrição da invenção num prazo razoável após a concessão da patente[70]. À época, não era usual

[65] Carmen Salvador Jovani, *El Ámbito de Protección de la patente*, p. 51.

[66] J. P. Remédio Marques, *Biotecnologia(s) e Propriedade Intelectual*, p. 727; Carmen Salvador Jovani, *El Ámbito de Protección de la patente*, p. 51; Alan W. White, «The Function and Structure of Patent Claims», p. 243.

[67] Carmen Salvador Jovani, *El Ámbito de Protección de la patente*, p. 51.

[68] Não quer isto dizer que as patentes tenham deixado de conter a descrição da invenção. Como sabemos, continua a exigir-se atualmente que o requerimento de patente contenha a descrição da invenção, indicando «de maneira breve e clara, sem reservas nem omissões, tudo o que constitui o objecto da invenção, contendo uma explicação pormenorizada de, pelo menos, um modo de realização da invenção, de maneira que qualquer pessoa competente na matéria a possa executar» [artigo 62º, nº 1, alínea b), e nº 4, do CPI; cf. também artigos 78º, nº 1, alínea b), e 83º da CPE e artigos 3º, nº 2, e artigo 5º do PCT].

[69] J. P. Remédio Marques, *Biotecnologia(s) e Propriedade Intelectual*, p. 728; Carmen Salvador Jovani, *El Ámbito de Protección de la patente*, p. 52.

[70] Vishwas Devaiah, «A History Of Patent Law»; Mariano Zukerfeld, «On the Link Between the English Patent System and the Industrial Revolution: Economic, Legal, and

nem exigível que os pedidos de patente incluíssem a descrição da invenção. A sua apresentação tornou-se uma prática voluntariamente assumida pelos próprios requerentes, que esperavam, dessa forma, facilitar a prova do âmbito da sua patente, em caso de litígio[71]. Embora não tenha sido a primeira vez que o requerente de uma patente juntava a respetiva descrição ao seu pedido, foi após a concessão da patente de John Nasmith que se tornou prática corrente fazê-lo, ainda que não existisse a obrigação legal de o fazer[72]. Essa prática tornou-se costume após 1752[73], mas só em 1852 o *Patent Law Amendement Act* consagrou expressamente a exigência legal de descrição da invenção com o pedido de patente[74].

Acontece que, para além das etapas e do modo de execução da invenção, a descrição da invenção de John Nasmith incluía a identificação das suas caraterísticas essenciais – razão pela qual os autores supramencionados lhe atribuem a origem da formulação de reivindicações com o pedido de patente. Todavia, mesmo após a concessão da patente de John Nasmith, a lei britânica não passou a exigir que o pedido de patente contivesse reivindicações. Nessa época, a validade da patente, o seu objeto e o âmbito da proteção continuavam a ser determinados pelo teor da descrição e pela litigância em tribunal[75]. Esta situação só se alterou com o *Patent, Designs and Trade Marks Act*, de 1883, cujo artigo 5(5) exigia expressamente a formulação de reivindicações com a apresentação do pedido de patente, determinando que a descrição «[m]*ust end with a disctint statement of the invention claimed*»[76].

Sociological Issues», *Intersect – The Stanford Journal of Science, Technology & Society*, vol. 8, nº 1, p. 14 e nota final nº xvi.

[71] Cf. Mariano Zukerfeld, «On the Link Between the English Patent System and the Industrial Revolution: Economic, Legal, and Sociological Issues», *Intersect – The Stanford Journal of Science, Technology & Society*, vol. 8, nº 1, p. 14.

[72] Cf. Mariano Zukerfeld, «On the Link Between the English Patent System and the Industrial Revolution», p. 14.

[73] Matt Fisher, *Fundamentals of Patent Law*, p. 9; Vishwas Devaiah, «A History Of Patent Law».

[74] J. P. Remédio Marques, *Biotecnologia(s) e Propriedade Intelectual*, p. 728.

[75] Alan W. White, «The Function and Structure of Patent Claims», p. 243.

[76] J. P. Remédio Marques, *Biotecnologia(s) e Propriedade Intelectual*, p. 728; Matt Fisher, *Fundamentals of Patent Law*, p. 8; Alan W. White, «The Function and Structure of Patent Claims», p. 243.

Também o Direito de Patentes norte-americano começou por não exigir a formulação de reivindicações com o pedido de patente[77]. O artigo 11(3) da Lei de Patentes (*Patent Act*) de 1793 apenas exigia ao requerente a apresentação de uma descrição clara, completa e precisa da sua invenção, de forma a distingui-la de todas as outras coisas conhecidas anteriormente[78]. Não obstante, alguns tribunais norte-americanos interpretaram aquela norma no sentido de exigir que o pedido de patente incluísse declarações de natureza similar à das reivindicações[79], de tal modo que durante a segunda década do século XIX se consolidou a prática de juntar reivindicações à descrição[80]. Consequentemente, a exigência legal imposta pela Lei de Patentes de 1836, segundo a qual o requerente da patente deveria «especificar em particular e indicar a parte, a melhoria ou a combinação que reivindica como sua invenção ou descoberta»[81], foi entendida como uma mera codificação da referida interpretação judicial e da prática corrente[82]. Ainda assim, nos Estados Unidos o âmbito da patente só passou a ser definido em função das reivindicações com a entrada em vigor da Lei de Patentes de 1870[83].

Na Europa continental, a introdução do sistema de reivindicações é geralmente atribuída ao ordenamento espanhol, através do Real Decreto de 23 de Dezembro de 1829, cujo artigo 1º determinava que «[t]oda a pes-

[77] J. P. Remédio Marques, *Biotecnologia(s) e Propriedade Intelectual*, p. 740.

[78] «[...] *a written description of his invention, and of the manner of using, or process or compounding the same, in such full, clear and exact terms, as to distinguish the same from all things before known*» (*apud* J. P. Remédio Marques, *Biotecnologia(s) e Propriedade Intelectual*, vol. I, p. 740.)

[79] William Woodward, «Definiteness and Particularity in Patent Claims», *Michigan Law Review*, vol. 46, 1948, p. 758, *apud* Martin J. Adelman & Gary L. Francione, «The Doctrine of Equivalents in Patent Law: Questions That Pennwalt Did Not Answer», *University of Pennsylvania Law Review*, vol. 137, nº 3, 1989, p. 674, nota de rodapé 2.

[80] J. P. Remédio Marques, *Biotecnologia(s) e Propriedade Intelectual*, p. 740; William Woodward, «Definiteness and Particularity in Patent Claims», p. 758, *apud* Martin J. Adelman & Gary L. Francione, «The Doctrine of Equivalents in Patent Law», p. 674, nota de rodapé 2.

[81] Tradução livre da nossa responsabilidade. No original: «*particularly specify and point out the part, improvement, or combination, which he claims as his own invention or discovery*», *apud* Matt Fisher, *Fundamentals of Patent Law*, p. 177.

[82] William Woodward, «Definiteness and Particularity in Patent Claims», p. 758, *apud* Martin J. Adelman & Gary L. Francione, «The Doctrine of Equivalents in Patent Law», p. 674, nota de rodapé 2; Matt Fisher, *Fundamentals of Patent Law*, p. 177.

[83] Matt Fisher, *Fundamentals of Patent Law*, p. 178.

soa que de agora em diante solicite privilégio exclusivo [...] deverá adicionar, após a descrição [...] uma nota em que expresse clara, distinta e unicamente qual a parte, peça, movimento, mecanismo, matéria, operação ou procedimento que apresenta para que seja objeto de privilégio e assegurar a sua propriedade»[84].

Na Alemanha, foi a Lei de Patentes de 1877 que estabeleceu a obrigatoriedade de apresentar reivindicações com um pedido de patente[85].

Em França, o sistema de reivindicações só foi introduzido em 1968, através da *Loi* nº 68-1, de 2 de janeiro de 1968[86].

Em Itália, a obrigação de dedução de reivindicações foi prevista pela primeira vez num ato legislativo em 2005, no *Codice della proprietà industriale*[87], atualmente em vigor. Até então, vigorou o *Regio Decreto* de 29 de junho de 1939, nº 1127, que não fazia qualquer menção expressa às reivindicações[88]. Não obstante, a prática de apresentação de uma ou mais reivindicações é já antiga. Terá surgido na sequência do regulamento nº 1237, de 2 de outubro de 1913, pese embora este regulamento não exigisse a formulação de reivindicações, mas tão-somente a apresentação da descrição, do resumo e, eventualmente, de desenhos. Essa prática viria a tornar-se regra com a sua previsão no artigo 5º do regulamento da lei de patentes italiana de 1939[89]. Não obstante, a Itália é signatária da Convenção sobre a Unificação de Alguns Elementos do Direito Material de Patentes de Invenção, assinada em Estrasburgo, a 27 de novembro de 1963[90], bem como da CPE, e ambas as convenções preveem a formula-

[84] Tradução livre da nossa responsabilidade. No original: «[t]*oda persona que desde ahora en adelante solicite privilegio exclusivo* [...] *deberá añadir a continuación de la descriptión* [...] *una nota en que ha de expresar clara, distinta y únicamente cual es la parte, pieza, movimiento, mecanismo, materia, operación o proceder que presenta para que sea objeto de privilegio y asegurar su propiedad*» (*apud* Carmen Salvador Jovani, *El Ámbito de Protección de la patente*, p. 54). Cf. J. P. Remédio Marques, *Biotecnologia(s) e Propriedade Intelectual*, p. 730.

[85] J. P. Remédio Marques, *Biotecnologia(s) e Propriedade Intelectual*, p. 731.

[86] Jacques Azéma & Jean-Christophe Galloux, *Droit de la propriété industrielle*, pp. 434 e 435; Carmen Salvador Jovani, *El Ámbito de Protección de la patente*, pp. 43 e 44; Alan W. White, «The Function and Structure of Patent Claims», p. 244.

[87] Decreto legislativo de 10 de fevereiro de 2005, nº 30.

[88] Carmen Salvador Jovani, *El Ámbito de Protección de la patente*, p. 50.

[89] J. P. Remédio Marques, *Biotecnologia(s) e Propriedade Intelectual*, pp. 733 e 734.

[90] Luís Couto Gonçalves, *Manual de Direito Industrial*, p. 90, nota de rodapé 188; Cf. Carmen Salvador Jovani, *El Ámbito de Protección de la patente*, pp. 50 e 56.

ção de reivindicações com o pedido de patente[91]. Por conseguinte, seja por força dos textos internacionais de que é signatária, seja por força de disposições regulamentares, há várias décadas que o sistema de reivindicações também vigora neste Estado.

1.4. A implementação do sistema de reivindicações em Portugal

Em Portugal, a exigência expressa de dedução de uma ou mais reivindicações com o pedido de patente surgiu nos finais do século XIX. Anteriormente, já seria possível discernir em diversos diplomas aquilo que Remédio Marques designa por «proto-reivindicações», embora «semanticamente obnubiladas e confundidas na descrição»[92]. Segundo o autor, desde o primeiro diploma nacional a tratar de forma sistemática do regime do direito de autor e da propriedade industrial – o Decreto de 19 de Janeiro de 1837 – que se atribuía à descrição da invenção[93] uma função não apenas informativa, mas também individualizadora do seu objeto. Com efeito, o artigo 9º daquele diploma obrigava à descrição exata dos princípios, meios e processos da «descoberta» e o seu artigo 16º previa que «[u]m só Alvará, ou uma só Patente não poderão privilegiar mais de um objecto»[94], o que demonstra o caráter individualizante da descrição (e não meramente descritivo). Ainda de acordo com Remédio Marques, o Decreto de 31 de dezembro de 1852 também determinava que a descrição do invento fosse feita de forma clara e distinta, mas ainda não exigia a formulação de reivindicações[95].

Foi o § 1 do artigo 20º do Decreto nº 6, de 15 de dezembro de 1894, que, pela primeira vez em Portugal, distinguiu a descrição das reivindicações, exigindo que o pedido de patente contivesse a «[d]*escripção feita em duplicado, de uma maneira clara sen reservas nem omissões, do invento ou*

[91] Cf. artigo 8º da Convenção de Estrasburgo e artigo 78º, nº 1, alínea c), da CPE.

[92] J. P. Remédio Marques, *Biotecnologia(s) e Propriedade Intelectual*, p. 736.

[93] «[D]escoberta», na redação desse diploma.

[94] J. P. Remédio Marques, *Biotecnologia(s) e Propriedade Intelectual*, p. 734. Segundo este autor, o artigo 9º do Decreto de 19 de janeiro de 1837 previa que «[o]s auctores de novas producções do génio, e os inventores de novas descobertas satisfarão os mesmos requisitos acima prescriptos, depositando os exemplares, modelos, desenhos, e estampas; e depositando, fechada e sellada, uma descripção exacta dos principios, meios, e processos que constituem a descoberta; assim como os planos, secções, desenhos, e modelos a ella relativos [...]».

[95] J. P. Remédio Marques, *Biotecnologia(s) e Propriedade Intelectual*, pp. 735 e 736.

descoberta, com uma epigraphe ou título, que synthetise o assumpto; e com as reivindicações em que se indiquem os pontos que o inventor considera novos»[96].

Os diplomas posteriores que regularam o Direito de Patentes em Portugal mantiveram, na sua essência, a exigência contida no Decreto nº 6, de 15 de dezembro de 1894. Assim, o nº 3 do artigo 14º do Código da Propriedade Intelectual de 1940[97] previa que o pedido de patente incluísse, entre outros elementos, «[a]s reivindicações do que é considerado novo pelo inventor», e a alínea a) do artigo 58º do Código da Propriedade Intelectual de 1995[98] exigia que ao requerimento com o pedido de patente se juntassem «[a]s reivindicações do que é considerado novo e que caracteriza o invento».

A alínea a) do nº 1 do artigo 62º do CPI 2003 reproduzia a alínea a) do artigo 58º do Código da Propriedade Intelectual de 1995, alterando apenas a designação «invento» por «invenção». Como se aludiu acima, aquele preceito determina que o requerimento com que é apresentado um pedido de patente[99] deve ser acompanhado da reivindicação do que é considerado novo e que caracteriza a invenção[100]. De acordo com o disposto no artigo 62º, nº 3, do CPI 2003, eram as reivindicações que definiam o objeto da proteção requerida, devendo ser claras, concisas, corretamente redigidas e baseadas na descrição. Segundo o disposto no nº 1 do artigo 97º do mesmo código, eram as reivindicações que determinavam o âmbito da proteção conferida pela patente.

O CPI aprovado pelo Decreto-Lei nº 110/2018, de 10 de dezembro, manteve inalterado o regime do CPI 2003. O disposto no artigo 62º, nº 1, alínea a), e nº 3, do código anterior é reproduzido nos preceitos com a mesma numeração no código de 2018, enquanto a norma que constava do artigo 97º do CPI 2003 tem agora assento no artigo 98º

[96] *Apud* J. P. Remédio Marques, *Biotecnologia(s) e Propriedade Intelectual*, p. 736.

[97] Aprovado pelo Decreto 30 679, de 24 de agosto de 1940.

[98] Aprovado pelo Decreto-Lei nº 16/95, de 24 de janeiro.

[99] Cf. artigo 61º, nº 1, do CPI 2003.

[100] Para além das reivindicações, o nº 1 do artigo 62º do CPI determina que ao requerimento devem juntar-se a descrição do objeto da invenção [alínea b)], os desenhos necessários à perfeita compreensão da descrição [alínea c)] e o resumo da invenção [alínea d)].

1.5. A implementação do sistema de reivindicações no direito internacional

No âmbito do direito internacional, as reivindicações foram introduzidas pela primeira vez através do disposto no nº 3 do artigo 8º da Convenção sobre a Unificação de Alguns Elementos do Direito Material de Patentes de Invenção, assinada em Estrasburgo, a 27 de novembro de 1963[101], da qual Portugal não é signatário.

Não obstante, o direito supraestadual vigente em Portugal também recorre a reivindicações para definir o âmbito de proteção conferida pelas patentes. O nº 2 do artigo 3º do PCT determina que um pedido internacional de patente deve conter, para além do respetivo requerimento, uma ou várias reivindicações (bem como uma descrição, um ou vários desenhos, quando estes forem necessários, e um resumo). De acordo com o artigo 6º deste tratado, a reivindicação ou as reivindicações devem definir a finalidade da proteção solicitada, devem ser claras, concisas, e devem basear-se totalmente na descrição.

Por seu turno, a alínea c) do nº 1 do artigo 78º da CPE prevê que o pedido de patente europeia deve conter uma ou mais reivindicações[102], que definem o objeto da proteção pedida (primeira frase do artigo 84º da CPE) e determinam o âmbito da proteção conferida pela patente europeia (artigo 69º da CPE). Também a CPE prevê que as reivindicações devem ser claras e concisas e apoiar-se na descrição (segunda frase do artigo 84º da CPE).

As regras supramencionadas, aplicáveis à patente europeia, serão também aplicáveis às patentes europeias de efeito unitário, se e quando entrar em vigor o Regulamento (UE) nº 1257/2012[103], que regulamenta a cooperação reforçada no domínio da criação da proteção unitária de patentes[104].

[101] Luís Couto Gonçalves, *Manual de Direito Industrial*, p. 90, nota de rodapé 188; Cf. Carmen Salvador Jovani, *El Ámbito de Protección de la patente*, p. 56.

[102] De acordo com o nº 1 do artigo 78º da CPE, para além de um requerimento para a concessão de patente europeia [alínea a)] e das reivindicações [alínea c)], o pedido de patente europeia deve ainda conter uma descrição da invenção [alínea b)], os desenhos a que se referem a descrição ou as reivindicações [alínea d)] e um resumo [alínea e)].

[103] Regulamento (UE) nº 1257/2012, do parlamento europeu e do conselho de 17 de dezembro de 2012, que regulamenta a cooperação reforçada no domínio da criação da proteção unitária de patentes.

[104] Iniciada através da Decisão 2011/167/EU, do Conselho, de 10 de Março de 2011, que autoriza uma cooperação reforçada no domínio da criação da proteção de patente unitária.

A patente europeia de efeito unitário mais não é do que uma patente europeia que beneficia de um efeito comum a todos os Estados-Membros da OEP que integram a cooperação reforçada e que tenham sido designados como estados de proteção pelo requerente, desde que esse efeito tenha sido requerido e registado no registo de proteção unitária de patentes [cf. artigo 3º, nºs 1 e 3, do Regulamento (UE) nº 1257/2012]. Será concedida com o mesmo conjunto de reivindicações para vigorar em todos os Estados-Membros participantes na cooperação reforçada, o que lhe permitirá proporcionar uma proteção uniforme e produzir um efeito unitário nesses Estados. Como refere Luís Couto Gonçalves, mais do que um novo título jurídico, a patente europeia de efeito unitário corresponde, em rigor, a um efeito jurídico novo da patente europeia[105]. A patente europeia de efeito unitário será regulada pela CPE em todas as matéria que não sejam abrangidas pelo Regulamento (UE) nº 1257/2012[106], designadamente, o âmbito da proteção e as respetivas limitações [cf. considerando 9 do Regulamento (UE) nº 1257/2012].

De acordo com o disposto no nº 2 do seu artigo 18º, o Regulamento (UE) nº 1257/2012 entrará em vigor na mesma data em que o Acordo relativo ao Tribunal Unificado de Patentes (adiante, ATUP), isto é, no primeiro dia do quarto mês posterior (i) ao depósito do décimo terceiro instrumento de ratificação ou de adesão ao ATUP e (ii) ao depósito do instrumento de ratificação ou adesão ao ATUP pelo terceiro dos três Estados-Membros que contavam o maior número de patentes europeias em vigor no ano anterior ao da assinatura do Acordo, a saber, a Alemanha, a França e o Reino Unido (cf. artigo 89º, nº 1, do ATUP). Até janeiro de 2019, o ATUP foi ratificado por 16 Estados: Áustria, Bélgica, Bulgária, Dinamarca, Estónia, França, Finlândia, Itália, Letónia, Lituânica, Luxemburgo, Malta, Países Baixos, Portugal, Reino Unido e Suécia[107]. O facto de ainda não ter sido, a essa data, ratificado pela Alemanha, impede, pelo menos por enquanto, a sua entrada em vigor.

[105] Luís Couto Gonçalves, *Manual de Direito Industrial*, p. 84.

[106] E pelo Regulamento (UE) nº 1260/2012 do Conselho, de 17 de dezembro de 2012, que regulamenta a cooperação reforçada no domínio da criação da proteção unitária de patente, no que diz respeito ao regime de tradução aplicável.

[107] Cf. http://www.consilium.europa.eu/en/documents-publications/agreements-conventions/agreement/?aid=2013001.

2. A função das reivindicações

2.1. Enquadramento do tema

Como vimos anteriormente, são as reivindicações que, na generalidade dos regimes jurídicos contemporâneos, definem o âmbito da patente[108]. Todavia, o modo como são interpretadas e a sua importância na delimitação da proteção conferida pela patente não é uniforme. Por isso, coloca-se a questão de saber qual é a função das reivindicações na definição do direito exclusivo. Será que devem limitar-se a identificar o modo preferencial de realização da invenção? Ou devem apresentar um ensinamento generalizado que abranja todas as possíveis realizações da invenção? Por outras palavras, servem para sinalizar o direito exclusivo do titular da patente, sem o conterem, ou, pelo contrário, visam delimitar esse direito?

O intérprete da patente responderá a estas questões de acordo com as regras do Estado de proteção[109]. Com efeito, ao longo da sua evolução, o Direito de Patentes tem sido marcado pelo princípio da territorialidade. Por conseguinte, embora os diversos ordenamentos jurídicos não sejam impermeáveis à influência do Direito de Patentes de outros Estados, as regras aplicáveis às patentes desenvolveram-se, em grande medida, de forma autónoma, levando ao aparecimento de diferentes soluções para as questões colocadas acima[110].

É por essa razão que a CPE constitui um marco tão relevante no Direito de Patentes dos Estados-Membros da OEP[111]. Como veremos adiante[112], a entrada em vigor da convenção teve um importante impacto harmonizador na interpretação das patentes – não só das patentes europeias, mas também, indiretamente, nas demais patentes vigentes no território dos Estados signatários[113]. No entanto, a CPE não foi suficiente

[108] J. P. Remédio Marques, *Biotecnologia(s) e Propriedade Intelectual*, vol. I, p. 727.

[109] Jonathan D. C. Turner «Purposive Construction: seven reasons why Catnic is wrong», *EIPR*, vol. 21, 1999, p. 481.

[110] Decisão G 2/88 da Câmara de recursos do IEP; Gerald Paterson, *The Law and Practice of the European Convention*, 2ª Edição, Sweet & Maxwell, 2001, p. 574.

[111] Brad Sherman, «Patent Claim Interpretation», p. 499.

[112] Cf. capítulo I, ponto 2.5.2. *infra*.

[113] Carmen Salvador Jovani, *El Ámbito de Protección de la patente*, p. 38; Richard Hacon & Jochen Pagenberg (eds.), *Concise European Patent Law*, p. 76; J. P. Remédio Marques, *Biotecnologia(s) e Propriedade Intelectual*, p. 767.

para afastar todas as divergências existentes. Atualmente ainda subsistem dúvidas quanto à função das reivindicações, quanto à sua interpretação e quanto à definição do âmbito da patente[114].

As diferenças de entendimento quanto à função das reivindicações na determinação do âmbito da patente têm uma explicação que se enraíza na tradição histórico-jurídica dos diversos ordenamentos, na conceção do direito de patente e no seu fundamento socioeconómico. Como sabemos, o direito de patente procura equilibrar os interesses do inventor e da comunidade no desenvolvimento e na exploração da invenção, desta forma procurando promover o progresso tecnológico através do estímulo à atividade inventiva, ao desenvolvimento da ciência e da tecnologia e à difusão do conhecimento. A patente garante que a invenção é divulgada ao público através da sua descrição com o pedido, desse modo assegurando o livre acesso à tecnologia protegida, no termo do período de proteção. Como contrapartida, o titular é protegido, através da concessão do direito exclusivo à exploração da invenção patenteada durante um determinado período de tempo, permitindo-lhe obter (ou, pelo menos, procurar obter) uma compensação pela sua invenção, pelo investimento que esta implicou e pelo enriquecimento tecnológico que representa para o estado da técnica[115]. Enquanto a patente vigorar, o seu titular controla os produtos ou processos protegidos. A sua exploração industrial ou comercial só poderá ser feita pelo titular da patente ou por terceiros por si autorizados[116] e a prática de algum ato reservado pela lei ao titular da patente sem o seu consentimento implica a infração do direito exclusivo, à qual o titular da patente se pode opor.

Por isso, determinar o âmbito da proteção conferida por uma patente implica conciliar o interesse do titular e o interesse da comunidade. Trata-se de encontrar o ponto de equilíbrio entre a justa proteção do titular e a certeza jurídica na delimitação do direito de impedir terceiros de explorar a invenção[117].

Os resultados dessa ponderação não são idênticos em todos os sistemas jurídicos, e isso reflete-se na importância que cada ordenamento

[114] Gerald Paterson, *The Law and Practice of the European Patent Convention*, p. 581.

[115] Luís Couto Gonçalves, *Manual de Direito Industrial*, pp. 37 e 38.

[116] Pedro Sousa e silva, *Direito Industrial*, Coimbra Editora, 2011, p. 50; J. P. Remédio Marques, *Biotecnologia(s) e Propriedade Intelectual*, vol. I, Almedina, Coimbra, 2007, p. 722.

[117] L. T. C. Harms, *The Enforcement of Intellectual Property Rights*, p. 277.

atribui às reivindicações na determinação do âmbito da proteção. Com efeito, embora o direito de patente tenha sempre subjacente a conjugação dos interesses do titular face ao interesse da comunidade, é possível encontrar, em diferentes tradições jurídicas, diversos equilíbrios desses interesses, ora valorizando mais o estímulo à atividade inventiva, ao desenvolvimento da ciência e da tecnologia e à difusão do conhecimento, ora enfatizando a função de recompensa do inventor pelo contributo trazido ao estado da técnica[118]. Tendencialmente, um ordenamento jurídico que valorize mais o incentivo à atividade inventiva adotará a teoria de definição periférica do âmbito da patente (*peripheral defenition theory*) e um ordenamento jurídico que dê maior importância à compensação do inventor pelo contributo trazido pela sua invenção ao estado da técnica, adotará a teoria de definição central (*central defenition theory*)[119]. Os exemplos paradigmáticos normalmente apontados para ilustrar essa tendência são, respetivamente, o Reino Unido e a Alemanha[120], sobretudo no período anterior à harmonização promovida pela CPE.

Resta saber o que significa cada uma dessas conceções e quais as suas consequências, bem como de que forma o ordenamento português responde à questão de saber qual é a função das reivindicações na determinação do âmbito da patente.

2.2. A definição central do âmbito da patente

De acordo com a teoria da definição central do âmbito da patente (*central defenition theory*), as reivindicações visam sinalizar ou indicar o âmbito da proteção, mas não o contêm. Por essa razão se fala em *central claiming* ou *sign post claiming* para caracterizar a redação das reivindicações[121]. Estas representam o ponto de partida para determinar o âmbito da proteção conferida pela patente, mas não limitam o seu intérprete. Ao abrigo da teoria da definição central, o âmbito da proteção conferida pelo direito de patente é determinado pelo princípio subjacente à invenção – a 'ideia inventiva' –, através da interpretação das reivindicações e da descrição como um todo. O âmbito da patente é definido tendo em

[118] Decisão G 2/88 da Câmara de Recursos do IEP; Gerald Paterson, *The Law and Practice of the European Convention*, p. 574.

[119] Matt Fisher, *Fundamentals of Patent Law*, p. 7.

[120] Matt Fisher, *Fundamentals of Patent Law*, pp. 7 e 8.

[121] L. T. C. Harms, *The Enforcement of Intellectual Property Rights*, p. 277.

conta a contribuição da invenção para o estado da técnica. Por conseguinte, esta teoria permite um nível de proteção mais flexível para o titular da patente. Em contrapartida, a certeza jurídica alcançada é proporcionalmente inversa à flexibilidade da proteção concedida[122].

Esta foi, pelo menos até à entrada em vigor da CPE, a conceção tradicionalmente vigente na Alemanha. Neste país, prevaleceu o entendimento de que a principal justificação do direito de patente era a justa recompensa do inventor pelo contributo trazido ao estado da técnica[123]. Assim, as reivindicações caraterizavam-se por identificar o objeto da invenção[124] e visavam assinalar o seu conteúdo inventivo essencial, exposto na descrição, de forma a distingui-lo da matéria já conhecida e que integrava o estado da técnica[125]. As reivindicações eram apresentadas no início da descrição (ao contrário do que acontecia, *e.g.*, no Reino Unido) e eram consideradas um indicador do conteúdo inventivo pelo qual a patente fora concedida[126].

Curiosamente, no período inicial de vigência da Lei de Patentes de 1877, antes da aceitação da teoria da definição central na Alemanha, prevaleceu o entendimento contrário. Até ao início do séc. XX, entendia-se que as reivindicações, que deveriam apresentar o objeto da invenção, também delineavam os limites do direito exclusivo – ou seja, definiam perifericamente o âmbito da proteção conferida pela patente[127]. Todavia, esta conceção foi ultrapassada não só com a introdução da doutrina dos equivalentes no continente europeu, por Joseph Kohler, mas também devido às decisões do *Reichgericht* de 16 de novembro de 1903 e de 9 de fevereiro de 1910 e à divulgação da teoria bipartida, concebida por H. Isay. Tanto esta teoria como aquelas decisões distinguiam entre o objeto da invenção e o alcance da proteção[128], o que viria a alterar a perceção do âmbito da proteção conferida pela patente, bem como do papel das revindicações na delimitação dessa proteção.

[122] Matt Fisher, *Fundamentals of Patent Law*, p. 7.

[123] Matt Fisher, *Fundamentals of Patent Law*, p. 8; Luís Couto Gonçalves, *Manual de Direito Industrial*, p. 90.

[124] J. P. Remédio Marques, *Biotecnologia(s) e Propriedade Intelectual*, p. 731.

[125] W. Cornish, *et al.*, *Intellectual Property*, p. 177.

[126] W. White, «The Function and Structure of Patent Claims», p. 244.

[127] J. P. Remédio Marques, *Biotecnologia(s) e Propriedade Intelectual*, p. 731.

[128] J. P. Remédio Marques, *Biotecnologia(s) e Propriedade Intelectual*, p. 731; Carmen Salvador Jovani, *El Ámbito de Protección de la patente*, p. 60.

Segundo a teoria bipartida, cabia ao Instituto de Marcas e Patentes definir o objeto da proteção com base nas reivindicações, às quais cumpria apenas a função de concretizar o objeto da invenção. Seria aos tribunais que, em juízo e após a concessão da patente, caberia determinar o alcance da proteção[129], independentemente das intenções do requerente da patente ou do instituto de patentes[130]. O facto de, na Alemanha, os tribunais competentes para julgar os processos de infração da patente não terem competência para dirimir litígios respeitantes à sua validade[131] terá enfatizado a repartição de competências entre o instituto de patentes e os tribunais, bem como o papel destes na interpretação das reivindicações[132].

Deste modo, as reivindicações assumiram uma função central ou nuclear na delimitação do âmbito da proteção da patente[133]. Em vez de circunscreverem o âmbito da proteção da patente, tarefa que cabia à interpretação pelos tribunais, as reivindicações sintetizavam as caraterísticas técnicas da invenção protegida, pelo que eram consideradas meros sinais indicativos (ou *«sign-posts»*[134]) do âmbito de proteção[135], isto é, limitavam-se a sinalizar o potencial alcance do exclusivo emergente do direito de patente.

Por conseguinte, a relação entre o teor das reivindicações e o âmbito de proteção da patente tornou-se menos significativa, quando comparada com a preponderância que aquelas assumem na definição do monopólio no seio de um sistema que lhes atribua uma função periférica. Com efeito, um sistema central de delimitação do âmbito da patente

[129] CARMEN SALVADOR JOVANI, *El Ámbito de Protección de la patente*, p. 61.

[130] MATT FISHER, *Fundamentals of Patent Law*, p. 230.

[131] O conhecimento da validade das patentes concedidas para vigorar na Alemanha, tanto ao abrigo de ações de revogação, respeitantes a patentes nacionais, como ao abrigo de ações de nulidade, respeitantes a patentes nacionais e europeias, é da competência exclusiva do Tribunal Federal de Patentes (Bundespatentgericht), com sede em Munique. Cf. ALFRED KEUKENSCHRIJVER, «The German Practice», pp. 74-75; J. P. REMÉDIO MARQUES, «A Arbitrabilidade da Exceção de Invalidade de Patente no Quadro da Lei nº 62/2011», *in Revista de Direito Intelectual*, nº 2, 2014, p. 227.

[132] BRAD SHERMAN, «Patent Claim Interpretation », p. 507.

[133] MATT FISHER, *Fundamentals of Patent Law*, p. 7.

[134] W. CORNISH, *et al.*, *Intellectual Property*, p. 177; MATT FISHER, *Fundamentals of Patent Law*, p. 7; W. WHITE, «The Function and Structure of Patent Claims», p. 244.

[135] J. P. REMÉDIO MARQUES, *Biotecnologia(s) e Propriedade Intelectual*, p. 731; W. CORNISH, *et al.*, *Intellectual Property*, p. 177.

recorre a reivindicações que apenas expressam o que o requerente da proteção considera ser o conteúdo inventivo da sua invenção, cabendo aos tribunais determinar a medida apropriada do respetivo direito exclusivo[136]. Por isso, no sistema alemão do início do século XX, as reivindicações serviam apenas como orientações para alcançar o âmbito da proteção conferida pela patente[137]. Segundo MATT FISHER, esta conceção terá alcançado o seu expoente máximo numa decisão de 1942, em que o Reichsgericht decidiu que «uma patente protege todas as técnicas ensinadas na descrição ao perito na matéria, independentemente da redação das reivindicações»[138].

Assim, a conceção alemã da função das reivindicações vigente na primeira metade do século XX atribuía um grande peso à casuística judicial na determinação do âmbito da proteção conferida pela patente, o que resultou em situações de grande insegurança jurídica e, por vezes, no desmesurado alargamento do âmbito da patente[139]. Ao promover a função compensatória da patente acima dos seus demais propósitos, a prática alemã minou o valor da patente enquanto instrumento informativo para terceiros que atuem na área tecnológica em que se situa a invenção, pois tournou-se impossível alguém, com razoável segurança, conhecer o âmbito do direito exclusivo até que um tribunal decidisse um caso de infração[140].

Esta situação levou ao aparecimento, em 1944, da 'teoria tripartida' de FRITZ LINDENMAIER que, procurando oferecer maior segurança jurídica, recuperou o papel das reivindicações enquanto sustentáculo do âmbito da proteção conferida pela patente[141]. LINDENMAIER concebia uma divisão do âmbito de proteção da patente em três sub-âmbitos: (i) o 'objeto imediato de proteção', que corresponderia ao teor restrito

[136] W. CORNISH, *et al.*, *Intellectual Property*, p. 177.

[137] MAXIMILIAN HAEDICKE & HENRIK TIMMANN, *Patent Law: A Handbook on European and German Patent Law*, C. H. Beck, Munique, p. 621.

[138] *In Fundamentals of Patent Law*, p. 232, citando BRUCHHAUSEN, «The Scope of Patent Protection in Different European Countries – An Outline of Recent Case Law», *IIC*, vol. 4 (1973), p. 322, nota de rodapé 46. Tradução livre da nossa responsabilidade. No original: «*a patent protects all techniques taught by the patent specification to those skilled in the art, irrespective of the wording of the claims*».

[139] J. P. REMÉDIO MARQUES, *Biotecnologia(s) e Propriedade Intelectual*, p. 731.

[140] MATT FISHER, *Fundamentals of Patent Law*, p. 231 e nota de rodapé 44, citando VOJÁČEK.

[141] MATT FISHER, *Fundamentals of Patent Law*, p. 232.

do texto das reivindicações[142] e que sobreviveria mesmo que o tribunal concluísse que a invenção estava compreendida no estado da técnica antes de ser patenteada[143]; (ii) o 'objeto de proteção', encontrado através de uma análise problema-solução[144], que iria para além do teor literal das reivindicações e incluiria as variantes da solução técnica preconizada pela invenção que evidenciassem menor atividade inventiva ou que se traduzissem num mero aperfeiçoamento do invento, bem como as soluções equivalentes evidentes para o perito da especialidade – isto é, os meios alternativos que produzissem o mesmo efeito dos meios reivindicados e que estivessem ao alcance do perito médio na especialidade que apenas usasse o seu saber técnico[145]; e (iii) a 'ideia geral da invenção', de forma a recompensar o titular da patente pelo seu contributo para o estado da técnica[146], e que, para além da matéria incluída no 'objeto de proteção', abrangia ainda os equivalentes não evidentes para o perito da especialidade, isto é, os meios que produzissem substancialmente o mesmo efeito ou resultado dos meios reivindicados pelo autor da invenção, mas cuja perceção exigisse já uma certa reflexão, embora não chegasse a exigir atividade inventiva[147].

Embora o âmbito da proteção conferida pela patente resultante da aplicação da teoria tripartida fosse consideravelmente mais restrito do que aquele que anteriormente decorria da aplicação da teoria bipartida,

[142] J. P. Remédio Marques, *Biotecnologia(s) e Propriedade Intelectual*, p. 731.

[143] Esta conceção, que poderá causar estranheza, resulta do facto de, como se aludiu acima, na Alemanha os tribunais com competência para decidir os casos de infração de patente não terem competência para decidir sobre a sua validade, a qual cabe exclusivamente ao Bundespatentgericht (cf. Alfred Keukenschrijver, «The German Practice», pp. 74-75; J. P. Remédio Marques, «A Arbitrabilidade da Exceção de Invalidade de Patente no Quadro da Lei nº 62/2011», *in Revista de Direito Intelectual*, nº 2, 2014, p. 227). Por isso, ao decidirem um caso de infração, os tribunais não podem deixar de reconhecer algum conteúdo à patente, mas interpretam-no em termos restritivos – mais restritivos até do que normalmente resultaria da interpretação literal da patente levada a cabo noutros ordenamentos jurídicos (cf. Matt Fisher, *Fundamentals of Patent Law*, pp. 233 e 234).

[144] Matt Fisher, *Fundamentals of Patent Law*, p. 235.

[145] J. P. Remédio Marques, *Biotecnologia(s) e Propriedade Intelectual*, p. 732.

[146] Matt Fisher, *Fundamentals of Patent Law*, p. 236.

[147] J. P. Remédio Marques, *Biotecnologia(s) e Propriedade Intelectual*, pp. 731 e 732; José António Gomez Segade, «La Violación de la Patente por un Uso Equivalente», *in* José António Gomez Segade, *Tecnología y Derecho*, Marcial Pons, Madrid, 2001, p. 636.

a prática alemã continuava a gerar grande incerteza jurídica[148]. Com efeito, continuava a verificar-se uma interpretação deveras abstratizante do âmbito de proteção da patente, resultando na sua assinalável ampliação[149]. Por isso, a prática judicial desenvolveu-se no sentido de exigir que a proteção da ideia geral da invenção só fosse admissível quando tivesse um mínimo de correspondência com o texto das reivindicações[150]. Exigia-se ainda que o resultado alcançado reunisse os requisitos de patenteabilidade e que não se tivesse verificado a renúncia desse resultado pelo titular da patente durante o procedimento de concessão[151].

Não obstante, mesmo as condições judicialmente impostas para que a ideia inventiva pudesse ser protegida não evitaram críticas quanto à incerteza jurídica gerada pelo sistema alemão. Ainda assim, houve também quem contrariasse essas críticas sustentando que a incerteza gerada seria apenas um pequeno preço a pagar pela adequada proteção dos interesses do titular da patente[152].

2.3. A definição periférica do âmbito da patente

Segundo a teoria da definição periférica, as reivindicações estabelecem os limites exteriores da proteção conferida pela patente, como uma cerca que identifica e contém o território de exclusividade do titular do direito[153]. Pretende-se, assim, que qualquer terceiro, após ler a patente e interpretar as reivindicações, consiga claramente identificar não só o objeto da proteção, mas também a extensão do direito de exclusividade, favorecendo a certeza jurídica[154].

Esta conceção prevalece em ordenamentos onde a patente é entendida como uma exceção à proibição de monopólios que visa incentivar a atividade inventiva, como acontece, *e.g.*, no Reino Unido, nos Esta-

[148] Matt Fisher, *Fundamentals of Patent Law*, p. 232.

[149] J. P. Remédio Marques, *Biotecnologia(s) e Propriedade Intelectual*, p. 733.

[150] Nesse sentido decidiu o BGH em 1954 (cf. Matt Fisher, *Fundamentals of Patent Law*, p. 232).

[151] J. P. Remédio Marques, *Biotecnologia(s) e Propriedade Intelectual*, p. 733; Matt Fisher, *Fundamentals of Patent Law*, p. 236.

[152] Matt Fisher, *Fundamentals of Patent Law*, p. 238.

[153] Janice M. Mueller, *Patent Law*, pp. 447 e 448.

[154] Matt Fisher, *Fundamentals of Patent Law*, p. 7.

dos Unidos e noutros Estados de tradição jurídica próxima destes[155]. As reivindicações assumem o propósito de delimitar esse monopólio, de forma a respeitar o interesse social subjacente ao direito exclusivo do titular da patente e em prol da segurança jurídica de terceiros[156]. Nas palavras de LORD RUSSELL OF KILLOWEN, aquando da decisão do caso *EMI Ltd. v. Lissen* pela House of Lords:

> «A função das reivindicações é definir claramente e com precisão o monopólio requerido, de modo a que os outros possam conhecer as fronteiras exatas da área dentro da qual são invasores. O seu principal propósito é limitar e não ampliar o monopólio. O que não for reivindicado é renunciado. As reivindicações devem, sem dúvida, ser lidas como parte do documento como um todo, e não como um documento em separado; mas o campo de proibição deve ser encontrado na linguagem das reivindicações e não noutro local»[157].

Como se referiu acima, no Reino Unido, a apresentação de reivindicações com o pedido de patente tornou-se obrigatória com a entrada em vigor do *Patent, Designs and Trade Marks Act*, de 1883[158]. Todavia, já ante-

[155] MATT FISHER, *Fundamentals of Patent Law*, p. 8; CARMEN SALVADOR JOVANI, *El Ámbito de Protección de la patente*, p. 71; JINSEOK PARK, «Interpretation of patent claims in the EPO, USPTO and JPO – in the context of the doctrine of equivalents and functional claims», *EIPR*, vol. 21, 2005, p. 237; J. P. REMÉDIO MARQUES, *Biotecnologia(s) e Propriedade Intelectual*, p. 728.

[156] W. CORNISH, *et al.*, *Intellectual Property*, p. 177; MATT FISHER, *Fundamentals of Patent Law*, pp. 7 e 8; JINSEOK PARK, «Interpretation of patent claims in the EPO, USPTO and JPO», p. 237; J. P. REMÉDIO MARQUES, *Biotecnologia(s) e Propriedade Intelectual*, pp. 728 e 729; W. CORNISH, *et al.*, *Intellectual Property*, p. 254; MATT FISHER, *Fundamentals of Patent Law*, p. 7; JINSEOK PARK, «Interpretation of patent claims in the EPO, USPTO and JPO», p. 237; LUÍS COUTO GONÇALVES, *Manual de Direito Industrial*, p. 90.

[157] *EMI Ltd. et al. v. Lissen, Ltd. et al.*, [1939] 56 RPC 23, *apud* W. R. CORNISH, *Cases and Materials on Intellectual Property*, 2ª Edição, Sweet & Maxwell, Londres, 1996, p. 105. Tradução livre da nossa responsabilidade. No original: «*The function of the claims is to define clearly and with precision the monopoly claimed, so that others may know the exact boundaries of the area within which they will be trespassers. Their primary object is to limit and not to extend the monopoly. What is not claimed is disclaimed. The claims must undoubtedly be read as part of the entire document, and not as a separate document; but the forbidden field must be found in the language of the claims and not elsewhere*», *apud* MATT FISHER, *Fundamentals of Patent Law*, p. 10; CARMEN SALVADOR JOVANI, *El Ámbito de Protección de la patente*, p. 72.

[158] Cf. Capítulo I, ponto 1.3. *supra*.

riormente as reivindicações serviam para determinar a fronteira do direito de patente[159], função essa que viria a ser expressamente acolhida na Lei de Patentes de 1949, segundo a qual o requerente da patente deveria concluir a descrição da invenção com «[...] *one or more patent claims defining the scope of the invention claimed*»[160], isto é, com uma ou mais reivindicações que definam o âmbito da invenção reivindicada.

A redação de reivindicações à luz teoria da definição periférica, designada por *peripheral claiming* ou *fence post claiming*[161], recorre a reivindicações do tipo «*fence-post*»[162] que, como uma cerca, devem identificar as fronteiras do monopólio e contê-lo[163] – ao contrário do que, como vimos anteriormente, se verifica nos ordenamentos que acolhem a teoria de definição central, onde as reivindicações devem identificar o objeto da proteção enquanto ponto de partida para a definição de um 'círculo de proteção' mais vasto, podendo incluir a respetiva ideia inventiva, como se verificava no ordenamento alemão[164].

O facto de as reivindicações deverem delimitar o âmbito da proteção – o que, à partida, poderia sugerir um menor âmbito de proteção – é contrabalançado pela circunstância de se admitir que sejam redigidas de modo mais generalizante[165]. O relator das reivindicações deve proceder a uma «generalização legítima» do seu contributo para o estado da técnica, ou seja, deve imaginar as possíveis alternativas de realização da invenção e redigir as reivindicações de forma a abranger essas variantes, de forma concisa e plenamente sustentada na descrição[166]. Por conseguinte, as reivindicações devem ser, tanto quanto possível, redigidas de forma exaustiva, enumerando todos os modos concebíveis de realizar a invenção[167]. A matéria que não seja reivindicada cai no domínio pú-

159 Matt Fisher, *Fundamentals of Patent Law*, p. 9.

160 J. P. Remédio Marques, *Biotecnologia(s) e Propriedade Intelectual*, p. 728.

161 L. T. C. Harms, *The Enforcement of Intellectual Property Rights*, p. 277.

162 W. Cornish, *et al.*, *Intellectual Property*, p. 177; Alan W. White, «The Function and Structure of Patent Claims», p. 244.

163 Helen E. Norman, *Intellectual Porperty Law*, p. 155; Janice M. Mueller, *Patent Law*, p. 79.

164 Cf. Capítulo I, ponto 2.2, *supra*.

165 J. P. Remédio Marques, *Biotecnologia(s) e Propriedade Intelectual*, pp. 729 e 730.

166 W. Cornish, *et al.*, *Intellectual Property*, p. 177, segundo o qual «[...] *draftsmen must perfect the art of legitimate generalisation*».

167 Carmen Salvador Jovani, *El Ámbito de Protección de la patente*, p. 71.

blico[168] e não pode ser posteriormente incluída no âmbito de proteção da patente[169].

O facto de o sistema britânico assentar em reivindicações «*fence-post*» generalizantes ajuda a compreender a ênfase colocada pelos tribunais no compromisso assumido pelo requerente da patente através da redação das reivindicações, o que por sua vez se torna determinante aquando da interpretação do seu alcance, designadamente, no âmbito de um litígio por infração da patente. Com efeito, caso o requerente da patente redija as reivindicações de forma mais ampla, poderá aumentar as suas hipóteses de afastar a concorrência, mas também aumenta o risco de ver a sua patente invalidada por falta de novidade ou de conteúdo inventivo, uma vez que a possibilidade de atingir elementos integrantes do estado da técnica se torna mais provável. Por isso, os tribunais britânicos tendem a reconhecer grande importância ao mecanismo de autorregulação que as reivindicações implicam para o requerente da patente, valorizando a sua literalidade[170].

Acresce ainda que, no Reino Unido – tal como acontece em Portugal, mas ao contrário do que sucede na Alemanha –, os tribunais competentes para conhecer da validade de uma patente são os mesmos que podem conhecer da sua infração e um litígio onde se discute uma alegada infração da patente poderá implicar conhecer da validade da patente (*maxime*, discutindo a patenteabilidade da matéria reivindicada face ao

[168] Carmen Salvador Jovani, *El Ámbito de Protección de la patente*, p. 71.

[169] J. P. Remédio Marques, *Biotecnologia(s) e Propriedade Intelectual*, p. 729.

[170] Brad Sherman, «Patent Claim Interpretation», pp. 507 e 508. O autor indica ainda um outro fator, de ordem de filosofia do direito, que explica a propensão dos tribunais britânicos para interpretarem as reivindicações de forma mais próxima do seu teor literal do que os tribunais alemães. Segundo o autor, a teoria geral do direito britânico é dominada por uma corrente positivista e por doutrinas paralelas que, tendencialmente, atribuem grande importância à redação dos textos legais na sua interpretação e afastam fatores extratextuais. Por conseguinte, ao valorizar o seu teor literal, a interpretação das reivindicações e das patentes reflete a conceção predominante no Reino Unido a propósito da interpretação dos textos legais. Nessa medida, a abordagem britânica contrasta com a conceção alemã, cuja interpretação mais aberta das reivindicações reflete também algumas das teorias gerais de interpretação dos atos legais, designadamente, a *Interessenjurisprudenz* – segundo a qual o papel do juiz não será tanto o de interpretar os textos legais literalmente, mas antes interpretá-los tendo em mente os interesses das contrapartes na questão –, ou as conceções da *Freierechtschule* – segundo a qual o juiz deve desconsiderar as disposições legais se estas levarem a resultados injustos ou ambíguos (cf. «Patent Claim Interpretation», p. 508).

estado da técnica à data do pedido). Essa razão leva os tribunais a serem ainda mais cautelosos a ultrapassar o compromisso resultante da redação escolhida pelo requerente da patente, designadamente, no que respeita à adoção da teoria dos equivalentes[171].

Não obstante, há muito que a interpretação das reivindicações pelos tribunais britânicos não se cinge ao seu teor estritamente literal[172]. No final do século XIX, assistiu-se ao desenvolvimento da doutrina «*pith and marrow*»[173] ou da essencialidade, que amenizava os efeitos de uma interpretação puramente textual das reivindicações[174]. No início do século XX, era já pacífico que uma patente protegia o titular contra realizações que, apesar de omitirem algumas das características da invenção patenteada ou de as substituírem por variações de pequena monta, se apropriavam da essência da invenção[175].

Conforme ficou lavrado na decisão *Marconi v. British Radio Telegraph and Telephone Company Ltd*[176], de 1911:

> «É uma regra bem conhecida do Direito de Patentes que ninguém que se apodere da substância de uma invenção patenteada pode escapar às consequências da infração fazendo variações irrelevantes»[177].

[171] William R. Cornish, «The Practice in the UK» *in* Jochen Pagenberg & William R. Cornish (Eds.), *Interpretation of Patents in Europe – Application of Article 69 EPC*, Carl Heymanns Verlag, Colónia, 2006, p. 226.

[172] J. P. Remédio Marques, *Biotecnologia(s) e Propriedade Intelectual*, p. 729; Alan W. White, «The Function and Structure of Patent Claims», p. 244.

[173] O termo (que remete, de forma metafórica, para o âmago ou para a medula) terá sido cunhado por Lord Cairns, na decisão do caso *Clark v. Adie* (App Cas, vol. 2, 1876-7, pp. 315 e ss.), ao declarar que «*an infringer who took eight or nine or ten of those steps might be held by the tribunal judging of the patent to have taken in substance the pith and marrow of the invention, although there were one, two, three, four or five steps which he might not actually have taken and represented upon his machine*» (cf. Matt Fisher, *Fundamentals of Patent Law*, p. 12).

[174] Matt Fisher, *Fundamentals of Patent Law*, p. 12; J. P. Remédio Marques, *Biotecnologia(s) e Propriedade Intelectual*, p. 729.

[175] Matt Fisher, *Fundamentals of Patent Law*, p. 13; Helen E. Norman, *Intelectual Property Law*, p. 155; Carmen Salvador Jovani, *El Ámbito de Protección de la patente*, p. 72.

[176] [1911] 28 RPC 181 (esp. p. 217), *apud* Matt Fisher, *Fundamentals of Patent Law*, p. 13.

[177] Tradução livre da nossa responsabilidade. No original: «[i]*t is a well-known rule of Patent law that no one who borrows the substance of a patented invention can escape the consequences of infringement by making immaterial variations*».

Todavia, os tribunais britânicos apenas consideravam verificar-se uma violação da patente se as variações em causa fossem não substanciais em relação à essência da invenção, que seria definida através da interpretação das reivindicações à luz do conhecimento do perito na especialidade[178]. A chave – e a dificuldade – para a aplicação da doutrina *pith and marrow* estaria então em distinguir, em cada caso concreto, quais seriam, de entre os elementos reivindicados, os essenciais e os não essenciais[179]. A jurisprudência desenvolveu-se num sentido restritivo[180], prevalecendo o entendimento de que um elemento se considerava essencial à invenção quando, por escolha do titular da patente, concretizava uma determinada caraterística da matéria reivindicada[181].

Como não podia deixar de ser, as questões que enquadram a interpretação das reivindicações não se colocam apenas na Europa. Nos EUA, a função atribuída às reivindicações evoluiu da definição central do objeto da patente para a definição periférica do âmbito da proteção, apresentando o movimento inverso àquele que, como observámos acima, se verificou na Alemanha[182]. Inicialmente, as reivindicações (cuja exigência legal foi, como vimos antes[183], positivada pela Lei de Patentes de 1836[184]) representavam pouco mais do que a mera identificação de um modo possível de execução da invenção e funcionavam como mera linhas de orientação a respeito das sua principais caraterísticas[185]. Ou seja, as reivindicações tinham uma função central na delimitação do âmbito de proteção conferido pela patente, de acordo com os ditames da *central definition theory*[186], representando o objeto da invenção reivindicada através da indicação do conteúdo concreto das suas caraterísticas técnicas.

[178] J. P. Remédio Marques, *Biotecnologia(s) e Propriedade Intelectual*, p. 729; Matt Fisher, *Fundamentals of Patent Law*, p. 13; José António Gomez Segade, «La Violación de la Patente por un Uso Equivalente», p. 636.

[179] Helen E. Norman, *Intellectual Property Law*, p. 155.

[180] Carmen Salvador Jovani, *El Ámbito de Protección de la patente*, p. 73.

[181] Matt Fisher, *Fundamentals of Patent Law*, pp. 13 e 20.

[182] Cf. Capítulo I, ponto 2.2. *supra*.

[183] Cf. Capítulo I, ponto 1.3. *supra*.

[184] J. P. Remédio Marques, *Biotecnologia(s) e Propriedade Intelectual*, p. 740.

[185] Matt Fisher, *Fundamentals of Patent Law*, p. 178.

[186] Matt Fisher, *Fundamentals of Patent Law*, p. 179.

Foi ao abrigo desta conceção que se desenvolveu o princípio de que o âmbito da proteção da patente não se poderia cingir ao teor literal das reivindicações, sob pena de se frustrar o direito reconhecido ao inventor. Ou seja, o âmbito da patente abrangia não somente o modo de execução preferencial indicado pelo requerente, mas também os seus equivalentes, conforme ficou lavrado no acórdão *Winans v. Denmead*[187]:

> «Em termos gerais é verdade que, quando o requerente da patente descreve uma máquina e depois a reivindica de acordo com essa descrição, se entende que ele pretendeu reivindicar, e com efeito abrange, ao abrigo da lei, não apenas a materialização precisa que descreveu, mas todas as outras materializações que incorporam a sua invenção.»[188]

No entanto, como se referiu acima[189], a lei de patentes norte-americana de 1870 passou a determinar que o requerente deveria «indicar em particular e reivindicar distintamente a parte, a melhoria ou a combinação que reivindica como sua invenção ou descoberta»[190].

Ao abrigo da nova regra legal, as decisões dos tribunais norte-americanos destacaram a importância das reivindicações na fisionomia da patente e enfatizaram o valor da sua redação clara e concisa, de forma a salvaguardar o interesse público e a segurança jurídica subjacente à informação prestada a terceiros quanto à extensão do monopólio concedido ao titular e, por conseguinte, quanto à delimitação do direito exclusivo[191]. Desta forma, desenvolveu-se no direito norte-americano uma conceção que atribuiu às reivindicações uma função periférica

[187] U.S., vol. 56, 1853, pp. 330 ss., que abordaremos de forma mais aprofundada adiante (cf. Capítulo II, ponto 1.2 *infra*). Cf. Matt Fisher, *Fundamentals of Patent Law*, p. 178.

[188] Tradução livre da nossa responsabilidade. No original: «*It is generally true, when a patentee describes a machine and then claims it as described, that he is understood to intend to claim, and does by law actually cover, not only the precise forms he has described, but all other forms which embody his invention*».

[189] Cf. Capítulo I, ponto 1.3. *supra*.

[190] Tradução livre da nossa responsabilidade. No original: «*particularly point out and distinctly claim the part, improvement, or combination which he claims as his invention or discovery*», *apud* Matt Fisher, *Fundamentals of Patent Law*, p. 180.

[191] Matt Fisher, *Fundamentals of Patent Law*, pp. 180 e 181; J. P. Remédio Marques, *Biotecnologia(s) e Propriedade Intelectual*, p. 740.

de delimitação da proteção atribuída pelas patentes, que vingou sobre a conceção anterior. Passou a reconhecer-se que o principal propósito das reivindicações era o de informar o público quanto às fronteiras da proteção concedida[192]. Consequentemente, a extensão do âmbito da patente – designadamente, para efeitos de análise de uma alegada infração – passou a ser interpretada de forma mais estrita ou contida, negando proteção ao mero princípio inventivo subjacente à invenção[193].

Neste cenário, o desenvolvimento da jurisprudência norte-americana veio a atribuir às reivindicações uma relevância fulcral na definição do âmbito da proteção conferida pela patente, desse modo diminuindo a importância da doutrina dos equivalentes nesse desígnio. Por outro lado, esta teoria passou também a relevar para efeitos de limitação do âmbito da patente, perante objetos que alterassem de tal forma a matéria reivindicada que deixassem de estar representados pelo teor das reivindicações, literalmente interpretadas[194].

2.4. A harmonização legal promovida na Europa pela CPE

A CPE, adotada em Munique, em 1973, constitui um marco histórico no desenvolvimento do Direito de Patentes europeu[195]. O principal objetivo da convenção não era criar um título unitário comum aos diversos Estados signatários, mas antes um único procedimento europeu para a concessão de um conjunto de patentes nacionais, através de um único pedido e de um único processo de exame centralizado no Instituto Europeu de Patentes (adiante, IEP)[196]. De acordo com o seu preâmbulo, a convenção pretendeu «reforçar a cooperação entre os Estados europeus no domínio da protecção das invenções» através da implementação de

[192] Matt Fisher, *Fundamentals of Patent Law*, pp. 180 e 181.

[193] Matt Fisher, *Fundamentals of Patent Law*, p. 181.

[194] Trata-se da conceção a que se chamou doutrina dos equivalentes invertida («*reverse doctrine of equivalents*»), por servir não para ampliar a proteção resultante do teor literal das reivindicações, mas antes para limitar a proteção emergente da patente. Cf. Matt Fisher, *Fundamentals of Patent Law*, p. 182.

[195] Brad Sherman, «Patent Claim Interpretation», p. 499.

[196] Pedro Sousa e silva, *Direito Industrial*, p. 64; Dário Moura Vicente, *A Tutela Internacional da Propriedade Intelectual*, p. 149; Luís Couto Gonçalves, *Manual de Direito Industrial*, p. 80; António Campinos & Luís Couto Gonçalves, *Código da Propriedade Industrial Anotado*, p. 37.

«um processo único de concessão de patentes e pelo estabelecimento de certas regras uniformes que administrem as patentes assim concedidas», instituindo para o efeito «uma organização europeia de patentes».

Todavia, para alcançar o seu propósito, era indispensável que a CPE harmonizasse diversos aspetos materiais do Direito de Patentes dos Estados-Membros integrantes da Organização Europeia de Patentes (adiante, OEP), designadamente, as regras respeitantes aos direitos concedidos, à sua duração e às causas de nulidade[197]. Nesse sentido, uma das matérias reguladas foi a interpretação das reivindicações, dada a sua importância para a harmonização do âmbito da proteção conferida pela patente europeia[198]. Com efeito, como não foi criado (e ainda hoje não existe) um tribunal europeu de patentes com competência para apreciar, de forma unitária, os litígios que envolvam patentes europeias[199], a competência para dirimir esses litígios cabe aos tribunais nacionais[200], ao abrigo da lei substantiva nacional. Por essa razão, a harmonização da interpretação das patentes era crucial para afastar o risco de divergência entre os diversos Estados-Membros da OEP quanto à interpretação das patentes europeias[201].

No entanto, essa tarefa revelou-se uma das mais difíceis na redação da convenção, devido às profundas diferenças existentes entre as tradições dos diversos Estados-Membros da OEP, designadamente, con-

[197] Richard Hacon & Jochen Pagenberg (Eds.), *Concise European Patent Law*, p. 76; Brad Sherman, «Patent Claim Interpretation», p. 499; Dário Moura Vicente, *A Tutela Internacional da Propriedade Intelectual*, p. 149; J. P. Remédio Marques, *Biotecnologia(s) e Propriedade Intelectual*, p. 767; António Campinos & Luís Couto Gonçalves, *Código da Propriedade Industrial Anotado*, p. 37; Carmen Salvador Jovani, *El Ámbito de Protección de la patente*, p. 38; Luís Couto Gonçalves, *Manual de Direito Industrial*, p. 80; Brad Sherman, «Patent Claim Interpretation», p. 499.

[198] Carmen Salvador Jovani, *El Ámbito de Protección de la patente*, p. 38; Richard Hacon & Jochen Pagenberg (eds.), *Concise European Patent Law*, p. 76; J. P. Remédio Marques, *Biotecnologia(s) e Propriedade Intelectual*, p. 767.

[199] Será esse o papel que o Tribunal Unificado de Patentes pretende assumir, através da apreciação dos litígios respeitantes às patentes europeias com e sem efeito unitário. Todavia, como se referiu anteriormente, em janeiro de 2019, o ATUP ainda não tinha recolhido o número de ratificações suficientes para entrar em vigor.

[200] J. P. Remédio Marques, *Biotecnologia(s) e Propriedade Intelectual*, p .747.

[201] José António Gomez Segade, «Actividad Inventiva y Doctrina de los Equivalentes», p. 46.

forme analisámos anteriormente, entre o Reino Unido e a Alemanha[202], frequentemente caraterizados (embora de forma não completamente fidedigna) como expoentes máximos de abordagens diametralmente opostas no que respeita à interpretação das reivindicações e à definição do âmbito da patente[203]. Por isso, a CPE não poderia limitar-se a instituir um mero entreposto de patentes nacionais[204], sob pena de frustrar o seu propósito de reforçar a cooperação europeia no domínio da proteção das invenções.

Assim, a Conferência Diplomática de Munique de 1973 adotou, sob o nº 1 do artigo 69º da CPE, uma norma de redação similar ao nº 3 do artigo 8º da Convenção de Estrasburgo[205], assinada a 27 de novembro de 1963[206]. A redação original do nº 1 do artigo 69º da CPE dispunha o seguinte:

> «O âmbito da proteção conferida pela patente europeia ou pelo pedido de patente europeia é determinado pelo âmbito das reivindicações. Contudo, a descrição e os desenhos servem para interpretar as reivindicações».

A redação em português que acabámos de transcrever é a que resulta da tradução do texto oficial em francês, ambos publicados com o Decreto nº 52/91, de 30 de agosto, que aprovou a CPE para ratificação em Portugal. Acontece que, para além da versão em francês, também as versões da CPE em inglês e alemão são oficiais e fazem fé, sem que nenhum dos textos tenha predominância sobre os demais[207]. Além disso, o sentido e o significado do nº 1 do artigo 69º da CPE, na sua redação

[202] CARMEN SALVADOR JOVANI, *El Ámbito de Protección de la patente*, p. 114; Cf. MATT FISHER, *Fundamentals of Patent Law*, p. 224; DONALD S. CHISUM, «Common law and civil law approaches to patent claim interpretation», p. 98.

[203] BRAD SHERMAN, «Patent Claim Interpretation », p. 505; W. CORNISH, *et al.*, *Intellectual Property: Patents, Copyright, Trade Marks and Allied Rights*, 8ª Edição, Sweet & Maxwell, Londres, 2013, p. 178.

[204] ANTÓNIO CAMPINOS & LUÍS COUTO GONÇALVES, *Código da Propriedade Industrial Anotado*, p. 37.

[205] JOSÉ ANTÓNIO GOMEZ SEGADE, «Actividad Inventiva y Doctrina de los Equivalentes», pp. 46 e 47. Portugal não é signatário da Convenção de Estrasburgo.

[206] MATT FISHER, *Fundamentals of Patent Law*, p. 225.

[207] MATT FISHER, *Fundamentals of Patent Law*, p. 225.

original, não era perfeitamente claro e coincidente nas três línguas oficiais[208]. De acordo com as versões inglesa e francesa, mais próximas entre si[209], o âmbito da proteção seria determinado pelos termos («*terms*») ou pelo teor («*teneur*») das reivindicações. Por seu turno, a versão alemã previa que o âmbito da patente seria determinado pelo conteúdo («*Inhalt*») das reivindicações. Assim, a versão alemã poderia induzir a uma interpretação do âmbito da proteção potencialmente mais extensa do que sugere a redação do nº 1 do artigo 69º da CPE nas duas outras versões oficiais[210].

Esta divergência entre as três versões oficiais do texto da CPE resultou do facto de, aquando da adoção da CPE em 1973, a Conferência Diplomática não ter logrado chegar a um consenso que permitisse uniformizar a redação das diferentes versões da convenção, fosse no sentido de adotar um texto com um sentido mais estrito para a versão alemã, fosse para adotar um texto com um significado mais amplo para as versões inglesa e francesa. Por isso, a conferência diplomática concluiu pela adoção das três versões propostas, todas elas com caráter oficial[211].

Contudo, para fazer face ao receio de desarmonia entre a prática nos diversos Estados contratantes e na esperança de prevenir qualquer interpretação extremada do artigo 69º da CPE, a Conferência Diplomática de Munique aprovou a adoção de um Protocolo Interpretativo daquele preceito[212], cuja redação original estabelecia o seguinte:

> «O artigo 69º não deve ser interpretado como significando que o âmbito da proteção conferida por uma patente europeia é determinado no sentido restrito e literal do texto das reivindicações e

[208] Richard Hacon & Jochen Pagenberg (Eds.), *Concise European Patent Law*, p. 77; Maximilian Haedicke & Henrik Timmann, *Patent Law*, p. 609; Christian von Drathen, «Patens Scope in English and German Law Under the European Patent Convention 1973 and 2000», *in IIC*, vol. 39, 2008, p. 385.

[209] Cf., em sentido diverso, António Campinos & Luís Couto Gonçalves, *Código da Propriedade Intelectual Anotado*, p. 258.

[210] Matt Fisher, *Fundamentals of Patent Law*, p. 225; José António Gomez Segade, «Actividad Inventiva y Doctrina de los Equivalentes», p. 47.

[211] Matt Fisher, *Fundamentals of Patent Law*, p. 225.

[212] Richard Hacon & Jochen Pagenberg (Eds.), *Concise European Patent Law*, p. 76; Miguel Vidal-Quadras Trias de Bes, *Estudio Sobre los Requisitos de Patentabilidad, el alcance y la violación del derecho de patente*, J. M. Bosch Editor, Barcelona, 2005, p. 101; Brad Sherman, «Patent Claim Interpretation», p. 499; Matt Fisher, *Fundamentals of Patent Law*, p. 225.

que a descrição e os desenhos servem unicamente para dissipar as ambiguidades que se poderiam encontrar nas reivindicações. Não deve ainda ser interpretado como significando que as reivindicações servem unicamente de linha diretriz e que a proteção se alarga igualmente ao que, no parecer de um perito na matéria que tenha examinado a descrição e os desenhos, o titular da patente entendeu proteger. O artigo 69º deve, pelo contrário, ser interpretado como definindo entre esses extremos uma posição que assegure ao mesmo tempo uma proteção justa ao requerente e um grau razoável de certeza para terceiros.»[213]

Deste modo, o protocolo afasta duas abordagens antagónicas da interpretação das reivindicações, recorrendo ao que W. Cornish entende ser uma caricatura anacrónica das tradicionais posições britânica e alemã[214]. Por um lado, afasta uma interpretação estritamente literal,

[213] Texto de acordo com a tradução para português constante do Decreto nº 52/91, de 30 de Agosto, que aprovou, para ratificação, a CPE. Após a revisão do protocolo efetuada pela Conferência Diplomática de novembro de 2000, este dispositivo passou a ser o artigo 1º do Protocolo Interpretativo do artigo 69º da CPE. Na tradução para português (constante da Resolução da Assembleia da República nº 60-A/2007, ratificada pelo Decreto do Presidente da República nº 126-A/2007, de 12 de dezembro), foi-lhe atribuída a seguinte redação:

> «O artigo 69º não deve ser interpretado como significando que a extensão da proteção conferida por uma patente europeia é determinada no sentido estrito e literal do texto das reivindicações e que a descrição e os desenhos servem unicamente para dissipar as ambiguidades que poderiam ocorrer nas reivindicações. Nem deve ser considerado como significando que as reivindicações servem unicamente como orientação e que a proteção se estende também ao que, da consideração da descrição e desenhos por um especialista na matéria, o titular da patente entendeu proteger. Pelo contrário, o artigo 69º deve ser interpretado como definindo uma posição, entre estes extremos, que assegura simultaneamente uma proteção justa ao titular da patente e um grau razoável de segurança jurídica para terceiros.»

[214] W. Cornish, *et al.*, *Intellectual Property*, p. 178. Por outro lado, *in* «The Practice in the UK», pp. 234 e 235, o mesmo autor apontava os acórdãos *Van der Lely v. Bamfords* (cf. [1963] RPC 61) e *Rodi & Wienenberger v. Showell* (cf. [1969] RPC 367) para demonstrar como, no período anterior à vigência da CPE e da Lei de Patentes de 1977, a interpretação levada a cabo pelos tribunais britânicos poderia levar a resultados muito próximos da literalidade das reivindicações, pese embora as reivindicações fossem normalmente interpretadas à luz da descrição e dos desenhos, uma vez que, como refere, citando o acórdão *Kirin-Amgen* (cf. capítulo II, ponto 2.4.3. *infra*), «os juízes eram geralmente astutos para encontrar a necessária "ambiguidade" que os habilitava a interpretar o documento no seu contexto apropriado».

desconsiderando a descrição e os desenhos, ou recorrendo a estes apenas para dissipar ambiguidades, aludindo à tradição britânica (e hiperbolizando-a)[215]. Por outro, exclui uma abordagem tão permissiva que desvalorize as reivindicações e as tome como meras linhas orientadoras para a determinação do âmbito da patente em função da ideia geral da invenção, abrangendo todos os elementos que, no entender do perito na matéria, o requerente poderia ter contemplado com a redação das reivindicações, aludindo (mais uma vez, talvez exageradamente) à tradição alemã[216]. Assim, recorrendo a conceitos indeterminados, o protocolo estabelece uma posição compromissória – uma «terceira via» ou «via intermédia» – quanto à interpretação das reivindicações e à determinação do âmbito da patente, procurando equilibrar uma proteção justa para o seu titular e um grau razoável de segurança jurídica para terceiros[217]. A justa proteção deveria significar que o ensinamento técnico inventivo divulgado pela patente seria protegido por completo. A segurança jurídica, que o âmbito de proteção da patente deveria ser objetivamente percetível por terceiros[218].

A adoção e a entrada em vigor da CPE (bem como a adoção de outros instrumentos internacionais, nomeadamente, o PCT) originou, nos anos 70 do século XX, uma corrente de reformas legislativas entre os Estados-Membros da OEP. Assim, embora o principal objetivo da CPE fosse estabelecer uma via comum para requerer um conjunto de patentes nacionais, a convenção alcançou alguma harmonização do direito

Cf., sobre o compromisso visado pelo Protocolo entre as conceções britânica e alemã, Brian Turner, «The German Formstein Case: an alternative harmony», p. 181.

215 Richard Hacon & Jochen Pagenberg (Eds.), *Concise European Patent Law*, pp. 80 e 81; J. P. Remédio Marques, *Biotecnologia(s) e Propriedade Intelectual*, pp. 748 e 749.

216 W. Cornish, *et al.*, *Intellectual Property*, p. 178; Richard Hacon & Jochen Pagenberg (Eds.), *Concise European Patent Law*, pp. 80 e 81; J. P. Remédio Marques, *Biotecnologia(s) e Propriedade Intelectual*, p. 748 e 749; J. P. Remédio Marques, «As implicações da entrada em vigor da nova versão da patente europeia», *O Direito*, ano 141º, III, 2009, p. 576.

217 Acórdão arbitral de 30 de outubro de 2013, publicado no BPI de 20 de janeiro de 2016; Decisão 2/88 da Câmara de Recurso do IEP; W. Cornish, *et al.*, *Intellectual Property*, pp. 177 e 178; Justin Pila & Paul Torremans, *European Intellectual Property* Law, p. 199; Gerald Paterson, *The Law and Practice of the European Patent Convention*, p. 576; Carmen Salvador Jovani, *El Ámbito de Protección de la patente*, p. 94; J. P. Remédio Marques, «As implicações da entrada em vigor da nova versão da patente europeia», p. 576.

218 Christian von Drathen, «Patens Scope in English and German Law Under the European Patent Convention 1973 and 2000», p. 386.

positivo da generalidade dos Estados contratantes[219]. Com efeito, foram vários os Estados que procederam a alterações ou reformas legislativas, de forma a alinhar o seu direito interno com a CPE[220]. De entre os ordenamentos que temos observado com maior proximidade, o Reino Unido aprovou uma nova lei de patentes – a Lei de Patentes de 1977 –, cujo artigo 125 não só importa os comandos do artigo 69º da CPE (nº 1), como prevê expressamente a aplicação do Protocolo Interpretativo daquele preceito (nº 3)[221]. Por seu turno, na Alemanha, foi aprovada uma nova Lei de Patentes em 1980 (publicada em a 3 de janeiro de 1981), cujo § 14 é idêntico ao artigo 69º da CPE[222].

A entrada em vigor da CPE e das leis de patentes nacionais subsequentes teve reflexos práticos na jurisprudência dos diversos Estados-Membros da OEP, embora com resultados limitados[223]. As decisões judiciais que, nos anos seguintes, se ocuparam da interpretação das reivindicações aproximaram-se do entendimento vertido no Protocolo Interpretativo e, por conseguinte, diminuiu a amplitude da divergência entre os diversos Estados, embora timidamente.

Conforme analisaremos com maior detalhe adiante[224], no Reino Unido, a doutrina «*pith and marrow*»[225] deu lugar à interpretação teleológica da redação das reivindicações, mais conhecida por «*purposive construction*». Assim, de acordo com os tribunais britânicos, ao invés de procurar distinguir os elementos essenciais dos não essenciais à realização da invenção para determinar o âmbito da patente (uma vez que a reprodução dos primeiros implicaria a violação da patente), o intérprete deverá

[219] Carmen Salvador Jovani, *El Ámbito de Protección de la patente*, pp. 99 a 101; Dário Moura Vicente, *A Tutela Internacional da Propriedade Intelectual*, Almedina, Coimbra, p. 149.

[220] J. P. Remédio Marques, «As implicações da entrada em vigor da nova versão da patente europeia», p. 573; Carmen Salvador Jovani, *El Ámbito de Protección de la patente*, p. 102, nota de rodapé 139; Brian Turner, «The German Formstein Case: an alternative harmony», p. 181.

[221] Foram escassos os Estados-Membros da OEP que transpuseram expressamente o disposto no Protocolo Interpretativo do artigo 69º da CPE para as respetivas legislações internas. Segundo J. P. Remédio Marques, para além do Reino Unido, apenas a Áustria terá procedido desse modo, o que, claro está, não prejudica a aplicação do protocolo nos demais Estados (cf. *Biotecnologia(s) e Propriedade Intelectual*, vol. I, p. 771).

[222] Alfred Keukenschrijver, «The German Practice», p. 77.

[223] Brian Turner, «The German Formstein Case: an alternative harmony», p. 181.

[224] Cf. acórdão *Catnic* (capítulo II, ponto 2.4.3. *infra*).

[225] Cf. capítulo I, ponto 2.3. *supra*.

antes determinar se o requerente da patente utilizou determinado termo no seu sentido literal, pressupondo a sua exata observância na execução da invenção, ou antes se, pelo contrário, o fez de forma figurada ou não determinante, admitindo um sentido mais amplo do que aquele que resulta estritamente da redação utilizada, que abranja possíveis variantes do elemento em questão[226]. Esta metodologia foi proposta primeira vez por LORD DIPLOCK no acórdão *Catnic*, proferido pela *House of Lords*, em novembro de 1982[227], ao conhecer da alegada infração de uma patente concedida antes da entrada em vigor da CPE e da Lei de Patentes de 1977. Não obstante, a jurisprudência britânica subsequente viria a considerar que a «*purposive construction*» das reivindicações estava de acordo com o disposto no Protocolo Interpretativo do artigo 69º da CPE e com a Lei de Patentes de 1977[228], e adotou a metodologia resultante do acórdão *Catnic*[229].

Por seu turno, na Alemanha, o BGH assinalou pela primeira vez as alterações introduzidas pelo § 14 do Lei de Patentes de 1981 no caso *Formstein*[230], decidido em 1986. O tribunal, reconheceu que, ao contrário do que acontecia ao abrigo do regime legal anterior, as reivindicações deixaram de ser um mero ponto de partida para delimitar a proteção conferida pela patente e tornaram-se na sua base essencial[231]. No entanto, também sublinhou que, de acordo com o Protocolo Interpretativo do artigo 69º da EPC, o âmbito de uma patente não englobava apenas o que decorre da formulação exata das reivindicações, deveria estender-se além destas e incluir os elementos técnicos equivalentes aos reivindicados. Assim, a interpretação da patente já não visaria alcançar o «princípio» subjacente à invenção reivindicada, mas antes as realizações que o perito na matéria seria capaz de descortinar a partir das reivindicações,

[226] Cf. W. CORNISH, *et al.*, *Intellectual Property*, p. 258.

[227] *Catnic Components v. Hill & Smith* [1982] RPC 183 e *IIC*, vol. 22, 1981, pp. 699 ss. Cf. capítulo II, ponto 2.4.3. *infra*.

[228] BRAD SHAMAN, «Comment on "Epilady United Kingdom"», *IIC*, vol. 21, pp. 561 ss.

[229] W. CORNISH, *et al.*, *Intellectual Property*, p. 256.

[230] Acórdão proferido pelo BGH em 29 de abril de 1986 (Processo nº X ZR28/85), cuja tradução em inglês foi publicada na *IIC*, vol. 18, 1987, pp. 795 ss. Cf. Capítulo II, ponto 2.3.1. *infra*.

[231] De acordo com a tradução em inglês publicada na *IIC*: «*In contrast to the legal situation until 1978, patent claims now are not merely the starting point but rather the essential basis for the determination of scope.*»

utilizando a descrição e os desenhos e baseando-se na sua experiência profissional[232]. Segundo o tribunal, «[a] redação da patente em causa não é decisiva, mas antes o será saber que problema técnico, reconhecível pelo perito na matéria, é de facto (objetivamente) solucionado pela invenção. [...]»[233]. O resultado prático desta conceção foi que os tribunais alemães mantiveram um reduzido grau de compromisso quanto à interpretação das reivindicações, o que lhes permitiu manterem a possibilidade de, por essa via, abranger um largo escopo de proteção[234].

Assim se compreende que, embora a CPE tenha fomentado alguma aproximação do direito positivo de diversos Estados europeus, não significou o fim das divergências na interpretação do âmbito da proteção conferida pela patente. Ainda que com menos vigor, as conceções tradicionais dos diversos Estados continuavam a fazer-se sentir[235] e a própria redação da convenção não abonava à sua superação, uma vez que, como vimos, não era perfeitamente uniforme nas suas três versões oficiais[236]. No Reino Unido, a doutrina e a jurisprudência fundamentavam-se no significado mais estrito da expressão «*terms*» para sustentar que a CPE teria adotado uma posição próxima da prática britânica, no sentido de uma interpretação do âmbito da proteção mais ligada ao teor literal das reivindicações[237]. Por seu turno, na Alemanha, a expressão «*Inhalt*» levava a doutrina e a jurisprudência a interpretar as reivindicações de um

[232] De acordo com a tradução em inglês publicada na *IIC*: «*The question is whether a person skilled in the art based on the invention protected by the claims, is able to clear up the problem solved by the invention with equally effective means, i. e. to achieve the desired success with other means which also lead to the same result. Solutions which the average person skilled in the art can determine due to his professional knowledge as being equally effective based on considerations oriented to the invention paraphrased in the claims will generally fall within the scope of protection of the patent. This is required by the goal of adequate remuneration for the inventor under consideration of the aspect of legal certainty.*»

[233] Tradução livre da nossa responsabilidade a partir da tradução em inglês publicada na *IIC*: «*The wording of the patent at issue is not decisive, but rather, which technical problem recognizable to a person skilled in the art is actually (objectively) solved by the invention.*»

[234] Cf. Bernhard Geissler, «Comment on Formstein», *IIC*, vol. 18 (1987), pp. 795 e ss; Matt Fisher, *Fundamentals of Patent Law*, p. 243.

[235] José António Gomez Segade, «Actividad Inventiva y Doctrina de los Equivalentes», p. 48.

[236] Christian von Drathen, «Patens Scope in English and German Law Under the European Patent Convention 1973 and 2000», p. 385.

[237] W. Cornish, *et al.*, *Intellectual Property*, pp. 178 e 254; Richard Hacon & Jochen Pagenberg (Eds.), *Concise European Patent Law*, p. 77.

modo que se aproximava da prática anterior à convenção e à Lei de Patentes de 1981[238]. Os termos utilizados pelas três versões oficiais da CPE não tinham o mesmo significado nas suas línguas e o seu escopo não era claro[239].

Por isso, quando, em novembro do ano 2000, a Conferência Diplomática procedeu à revisão da CPE, procurou aprofundar a aproximação de legislações introduzida pela convenção e pelo Protocolo Interpretativo, alterando a redação do nº 1 do artigo 69º através da eliminação das expressões «*Inhalt*», «*terms*» e «*teneur*», utilizadas nas diversas versões oficiais[240]. Esperava-se que, sendo a redação do nº 1 do artigo 69º da CPE coincidente nas três línguas oficiais da convenção, a harmonização das legislações nacionais e das práticas jurídicas nos diversos Estados contratantes tivesse mais hipóteses de sucesso[241]. Não obstante, nem toda a doutrina é tão otimista[242] e a verdade é que esse propósito ainda não se verifica por completo atualmente, como analisaremos adiante[243].

Segundo J. P. Remédio Marques, a eliminação das expressões *teneur*, *Inhalt* e *terms* das versões oficiais da CPE «parece alargar a proteção, visto que, a mais do "teor", dos "termos" ou do "âmbito" das reivindicações, podem doravante ser tomados em devida conta outros aspectos»[244]. Todavia, estamos em crer que saber se a alteração introduzida pela revisão da CPE em 2000 resulta numa ampliação ou numa redução potencial do âmbito de proteção da patente depende da conceção de que se parte, tendo em conta que, como se referiu acima, esses termos tanto serviram para sustentar uma interpretação mais estrita das reivindicações, como uma interpretação mais ampla. De resto, essa alteração visou aprofundar o propósito do artigo 69º que, conforme resulta do respetivo Protocolo Interpretativo, consiste em aproximar aborda-

[238] Bernhard Geissler, «Comment on Formstein», pp. 795 e ss; Matt Fisher, *Fundamentals of Patent Law*, p. 243.

[239] Jochen Pagenberg & Uta Köster, «History of Article 69 EPC», p. 9.

[240] Maximilian Haedicke & Henrik Timmann, *Patent Law*, p. 609; José António Gomez Segade, «Actividad Inventiva y Doctrina de los Equivalentes», p. 50.

[241] Richard Hacon & Jochen Pagenberg (Eds.), *Concise European Patent Law*, p. 77.

[242] Maximilian Haedicke & Henrik Timmann, *Patent Law*, p. 610.

[243] Jochen Pagenberg & Uta Köster, «History of Article 69 EPC», p. 9; Cf. Capítulo II, ponto 2. *infra*.

[244] *In Biotecnologia(s) e Propriedade Intelectual*, vol. I, p. 749, ndr 1704.

gens opostas à interpretação das reivindicações, procurando um meio-termo que assegure ao mesmo tempo uma proteção justa ao requerente e um grau razoável de certeza para terceiros – ou seja, afastando, por um lado, uma interpretação estrita e literal e, por outro, uma interpretação ampla, que considere as reivindicações meras linhas diretrizes.

A Conferência Diplomática de novembro de 2000 também alterou o Protocolo Interpretativo do artigo 69º da CPE, introduzindo-lhe um artigo 2º. A proposta para esta alteração baseou-se no artigo 21º da proposta de Tratado Complementando a Convenção de Paris Respeitante a Patentes, apresentada em 1991 no âmbito da OMPI[245] e, inicialmente, previa que o artigo 2º tivesse três números. O primeiro visava impor, na interpretação do âmbito da patente, a consideração dos meios equivalentes aos elementos reivindicados, reportando-se à data da alegada infração. O nº 2 pretendia densificar o conceito de meios equivalentes, identificando-os como os elementos que, desempenhando a mesma função técnica dos elementos reivindicados, conduzissem fundamentalmente ao mesmo resultado. O nº 3 pretendia que a interpretação da patente tivesse em conta as vicissitudes ocorridas durante o procedimento administrativo de patenteabilidade, nomeadamente, as limitações ou renúncias apresentadas pelo requerente da patente face às objeções levantadas pelo instituto competente para a concessão da patente ou por terceiros, referentes ao estado da técnica, à insuficiência da descrição ou à atividade inventiva (ou seja, aquilo que no direito dos EUA se designa por *prosecution history*)[246].

Todavia, estas alterações foram rejeitadas (o que é visto por alguns autores como um relativo fracasso da Conferência Diplomática de 2000[247]), exceto no que respeita à consideração dos equivalentes, que resultou na consagração do artigo 2º do protocolo, com a redação que conhecemos:

[245] Que não foi aprovada (cf. Capítulo II, ponto 2.1. *infra*).

[246] J. P. Remédio Marques, «As implicações da entrada em vigor da nova versão da patente europeia», pp. 574 e 575; Jochen Pagenberg & Uta Köster, «History of Article 69 EPC», p. 10.

[247] José António Gomez Segade, «Actividad Inventiva y Doctrina de los Equivalentes», p. 51.

«Artigo 2º
Equivalentes

Para efeitos de determinação da extensão da proteção conferida por uma patente europeia, deve ter-se em conta todo o elemento equivalente a um elemento especificado nas reivindicações.»[248]

Assim, por via do atual artigo 2º do Protocolo Interpretativo do artigo 69º da CPE, resulta que o alcance da proteção conferida pelo direito de patente pressupõe também a consideração dos elementos tecnicamente equivalentes aos reivindicados. No entanto, este preceito nada mais diz quanto à sua concretização e aplicação, designadamente, quanto a saber o que se entende por equivalência e qual a relevância dos elementos equivalentes na determinação do âmbito da patente e na análise da infração da patente[249].

2.5. A função das reivindicações em Portugal

2.5.1. O período anterior à CPE

Segundo Remédio Marques, não é claro se, em Portugal, antes da entrada em vigor do CPI de 1940, as reivindicações tinham uma função central ou periférica na delimitação do âmbito da proteção conferida pela patente. Segundo o autor, não é inequívoco se «as reivindicações apenas serviam para delimitar o *núcleo central* da ideia inventiva, estendendo-se a proteção para além do teor dessas reivindicações aos objetos ou aos processos que ainda incorporassem a *essência* da invenção» ou se, pelo contrário, «as reivindicações delimitavam e plasmavam os *limites exteriores* desse âmbito de proteção, aquém dos quais o titular poderia exercitar o seu "direito de proibir"»[250]. Não obstante, propende no sentido de que o legislador português terá adotado a teoria da essenciali-

[248] Texto de acordo com a tradução para português constante da Resolução da Assembleia da República nº 60-A/2007, ratificada pelo Decreto do Presidente da República nº 126-A//2007, de 12 de dezembro, que ratificou o ato de revisão da CPE, resultante da Conferência Diplomática de novembro de 2000.

[249] J. P. Remédio Marques, «As implicações da entrada em vigor da nova versão da patente europeia», pp. 577 e 578.

[250] J. P. Remédio Marques, *Biotecnologia(s) e Propriedade Intelectual*, pp. 736 e 737.

dade[251] – donde resultará que o entendimento prevalecente terá sido o de que as reivindicações delimitariam externamente o conteúdo da proteção, ao invés de definirem o objeto que constitui o seu núcleo central. O autor firma o seu entendimento no artigo 47º do Decreto nº 6 de 15 de dezembro de 1894, cuja redação foi mantida pelo artigo 47º da Lei de 21 de maio de 1896, e que, a propósito da infração à patente, previa o seguinte:

> «Aquelle que, de má fé, com simples mudança do título ou na descrição, obtiver em Portugal uma patente de invenção, que não difira essencialmente de outra concedida anteriormente a um terceiro incorre na multa de 10$000 a 500$000 réis, e na pena de prisão de um a tres mezes»[252].

O CPI de 1940 não terá introduzido modificações no que respeita à função das reivindicações. O nº 3 do artigo 14º, estabelecia que o requerente deveria indicar nas reivindicações o que considerava novo na sua invenção. No artigo 19º da sua versão original, determinava que apenas as reivindicações seriam publicadas no Boletim da Propriedade Industrial (adiante, BPI), «para o efeito de reclamação de quem se julgar prejudicado pela eventual concessão da patente». A memória descritiva, que incluía o título, a descrição e as reivindicações, só seria acessível por terceiros após a execução da invenção ou uma vez decorridos três anos sobre a data da concessão da patente, por força do disposto no § 5 do artigo 238º, conjugado com o disposto no artigo 30º do CPI 1940. Devido ao facto de apenas as reivindicações serem publicadas no BPI, Américo da Silva Carvalho escreveu, em 1970, que «o âmbito da proteção de uma invenção é determinado pelas reivindicações, sendo, portanto, estas que estabelecem e definem o alcance da sua proteção»[253]. De acordo com este autor, «[...] sendo publicadas apenas as reivindicações, o alcance da invenção deve, na verdade, ser determinado pelo conteúdo destas, pois a solução contrária implicaria um grave obstáculo ao progresso industrial, pela incerteza existente acerca do que terceiros poderiam

[251] J. P. Remédio Marques, *Biotecnologia(s) e Propriedade Intelectual*, p. 737.

[252] *Apud* J. P. Remédio Marques, *Biotecnologia(s) e Propriedade Intelectual*, p. 737.

[253] Américo da Silva Carvalho, *O Objeto da Invenção*, Coimbra Editora, Coimbra, 1970, p. 42.

produzir e comercializar»[254]. Segundo o mesmo autor, o requerente da patente deveria identificar com clareza, nas reivindicações, o objeto da invenção para salvaguardar a certeza jurídica de terceiros (*maxime*, concorrentes do titular da patente) sobre o que lhes é vedado e o que lhes é legítimo fazer, produzir ou comercializar[255]. Assim, embora a descrição fosse necessária para proceder à execução da invenção, não poderia servir para interpretar as reivindicações. Por essa razão, a descrição também não poderia implicar a ampliação ou a restrição do âmbito do direito exclusivo resultante do conteúdo das reivindicações[256].

J. P. Remédio Marques também sustenta que o CPI 1940 terá, na esteira da legislação anterior, mantido em vigor a teoria da essencialidade. O autor fundamenta esta conclusão no facto de o artigo 215º daquele código punir, tal como fazia o artigo 47º do Decreto nº 6 de 15 de dezembro de 1894, quem, de má-fé, obtivesse uma patente para uma invenção que não se diferenciasse «essencialmente» de outra anterior.[257]

Não obstante, ao abrigo do CPI 1940, vários autores admitiam a aplicação da doutrina dos equivalentes[258], embora «com grande circunspeção»[259]. Para além de Américo da Silva Carvalho, também Justino Cruz, na senda da doutrina francesa, sustentava a aplicação da doutrina dos equivalentes para responder à questão de saber quando é que o objeto acusado constituía uma contrafação do objeto patenteado[260].

Em 1984, através do Decreto-Lei nº 27/84, o legislador nacional sentiu a necessidade de introduzir alterações ao CPI 1940, de forma a, por um lado, «harmonizar a legislação nacional com a Convenção de Paris

[254] Américo da Silva Carvalho, *O Objeto da Invenção*, p. 42.

[255] Américo da Silva Carvalho, *O Objeto da Invenção*, p. 42.

[256] Cf. acórdão arbitral de 17 de abril de 2013, publicado no BPI nº 2013/05/03, p. 32.

[257] Cf. J. P. Remédio Marques, *Biotecnologia(s) e Propriedade Intelectual*, p. 737. De acordo com o artigo 215º do CPI 1940: «Aquele que, de má-fé, obtiver que lhe seja concedida patente para uma invenção que legitimamente não lhe pertença ou que não difira essencialmente de outra anterior incorre na multa de 1000$00 a 10 000$00, que poderá ser agravada com prisão até seis meses, e a patente será nula, nos termos do nº 3 do artigo 32º». J. P. Remédio Marques menciona ainda que o artigo 8º da Lei nº 1972, de 21 de junho de 1938, que estabeleceu as bases do CPI 1940, conteria, ainda, uma referência à essencialidade, que não teria transitado para o nº 5 do artigo 5º do CPI.

[258] Américo da Silva Carvalho, *O Objeto da Invenção*, Coimbra Editora, Coimbra, 1970, pp. 73 a 76.

[259] Américo da Silva Carvalho, *O Objeto da Invenção*, p. 76.

[260] Justino Cruz, *Código da Propriedade Industrial*, p. 392.

e, nalguns aspetos, a aproximá-la da legislação europeia (Patente Europeia) e da legislação mundial (PCT – Patent Cooperation Treaty)»; e, por outro, «introduzir no referido Código figuras jurídicas de justificado interesse e disciplinas dignificadoras das funções inerentes à promoção de actos relativos à propriedade industrial», o que terá justificado «as modificações relativas à forma e ao conteúdo dos documentos constitutivos do pedido de patente de invenção, nomeadamente pela sua normalização e pela adopção do resumo que será publicado no *Boletim da Propriedade Industrial*»[261].

Por conseguinte, o artigo 19º do CPI de 1940 passou a prever a publicação do resumo «para o efeito de reclamação por quem se julgar prejudicado pela concessão da patente». O § 2º do mesmo artigo estabelecia que «[p]ublicado o resumo, qualquer pessoa poderá requerer cópia das reivindicações do correspondente pedido de patente». O nº 5 do artigo 238º passou a prever que todo o processo atingiria a fase da publicidade com a publicação do pedido no BPI.

O Decreto-Lei nº 40/87, de 27 de janeiro, voltou a alterar o CPI, em virtude «do compromisso de compatibilizar a nossa legislação sobre patentes com os princípios da livre circulação de mercadorias e com o nível de protecção da propriedade industrial consignado no Protocolo nº 19 anexo ao Tratado de adesão às Comunidades Europeias», bem como da «práctica e da necessidade de melhorar a defesa dos direitos de propriedade industrial, na óptica da sua harmonização com as legislações europeias sobre a matéria»[262]. Entre outras alterações, o § 1 do artigo 8º do CPI 1940, passou a determinar expressamente que:

> «O âmbito do direito exclusivo de explorar o invento é determinado pelo conteúdo das reivindicações, não podendo a descrição e os desenhos servir para interpretar as reivindicações»

É certo que Portugal só aderiu à CPE em 1991 mas, face ao que resulta do preâmbulo do Decreto-Lei nº 40/87, e tal como referiam Justino Cruz e Jorge Cruz[263], tudo indica que o novo § 1 do artigo 8º do CPI 1940 terá sido inspirado no artigo 69º da CPE. Todavia, se o propósito

[261] Cf. preâmbulo do Decreto-Lei 27/84, de 18 de janeiro.

[262] Cf. preâmbulo do Decreto-Lei 40/87, de 27 de janeiro.

[263] *In Alterações ao Código da Propriedade Industrial*, Livraria Arnaldo, Coimbra, 1987, p. 6.

daquele diploma era harmonizar a lei nacional com «legislações europeias sobre a matéria», é notório que a nova redação do § 1 do artigo 8º do CPI 1940 não alcançou esse objetivo, uma vez que o nº 1 do artigo 69º da CPE estabelece que as reivindicações, que determinam o âmbito da proteção conferida pela patente, devem ser interpretadas à luz da descrição e dos desenhos. De acordo com JUSTINO CRUZ e JORGE CRUZ, tratar-se-ia «possivelmente de um lapso»[264]. No entanto (e pese embora a referência ao «conteúdo das reivindicações» pudesse levantar a questão de saber até que ponto o teor literal das reivindicações limitava o âmbito da proteção[265]), estamos em crer que o facto de se encontrar vedada a sua interpretação à luz da descrição e dos desenhos mais demonstra que, durante a vigência do CPI 1940, as reivindicações assumiram uma função periférica na delimitação da proteção conferida pela patente. O facto de, até ao Decreto-Lei nº 27/84, apenas as reivindicações serem publicadas no BPI e, após as alterações introduzidas pelo Decreto-Lei nº 40/87, se proibir expressamente o recurso à descrição e aos desenhos para as interpretar, leva-nos a entender que, como referia AMÉRICO DA SILVA CARVALHO, a segurança jurídica de terceiros determinava que o alcance da proteção concedida pela patente seria necessariamente o que resultasse das reivindicações[266].

2.5.2. O impacto da CPE na lei portuguesa e a função das reivindicações nos CPI de 2003 e de 2018

Portugal aderiu à CPE em 1991, através da sua ratificação pelo Decreto nº 52/91, de 30 de agosto. A convenção entrou em vigor no nosso país a 1 de janeiro de 1992, de acordo com o disposto no nº 2 do seu artigo 169º. Por conseguinte, tal como se verificou noutros Estados contratantes[267], houve a necessidade de adaptar a lei nacional, nomeadamente, para evitar a coexistência, no território nacional, de patentes com requisitos e conteúdos diferentes. Nesse sentido, em 1995 foi aprovado um novo código de propriedade industrial, que revogou o CPI 1940[268].

[264] JUSTINO CRUZ & JORGE CRUZ, *Alterações ao Código da Propriedade Industrial*, p. 6.

[265] Cf., nesse sentido, à luz do CPI vigente, ANTÓNIO CAMPINOS & LUÍS COUTO GONÇALVES, *Código da Propriedade Intelectual Anotado*, p. 258.

[266] AMÉRICO DA SILVA CARVALHO, *O Objeto da Invenção*, p. 42. Cf., em sentido que nos parece idêntico, J. P. REMÉDIO MARQUES, *Biotecnologia(s) e Propriedade Intelectual*, p. 738.

[267] CARMEN SALVADOR JOVANI, *El Ámbito de Protección de la Patente*, p. 94.

[268] Cf. preâmbulo do CPI 1995.

Em consonância com a CPE (e como é regra nos Estados-Membros da OEP[269]), o CPI 1995 previa que as reivindicações identificassem o objeto da proteção, ao exigir que o requerente indicasse não só o que era considerado novo, mas também o que caracterizava o invento [cf. artigo 58º, alínea a)]. Recorde-se que o CPI 1940 não previa expressamente que as reivindicações apresentassem os elementos que caraterizavam a invenção, mas apenas os elementos técnicos considerados novos pelo inventor (cf. artigo 14º, nº 3).

Por outro lado, o nº 1 do artigo 93º do CPI 1995 previa expressamente que o âmbito da proteção conferida pela patente seria determinado pelo conteúdo das reivindicações, servindo a descrição e os desenhos para as interpretar. Assim, as reivindicações mantiveram sua a função de delimitação periférica do âmbito de direito de patente, ainda que de forma não tão marcada como anteriormente, uma vez que este código passou a prever que a descrição e os desenhos teriam um papel a desempenhar na sua interpretação, ao contrário do que estatuía expressamente o CPI 1940.

O CPI 1940 foi substituído pelo CPI 2003, aprovado pelo Decreto-Lei nº 36/2003, de 5 de março, que manteve o teor da legislação anterior, mas passou a mencionar expressamente no nº 3 do artigo 62º que as reivindicações definiam o objeto da proteção conferida pela patente. Assim, as reivindicações deviam especificar os elementos técnicos novos e que caraterizavam a invenção, ser claras, concisas, corretamente redigidas e baseadas na descrição [artigo 62º, nº 1, alínea a), e nº 3, do CPI]. Por seu turno, o nº 1 do artigo 97º do CPI 2003 reproduzia o que anteriormente constava do nº 1 do artigo 93º do CPI 1995, determinando que o âmbito da proteção conferida pela patente era definido pelas reivindicações, que deviam ser interpretadas de acordo com a descrição e os desenhos.

O CPI 2018, recentemente aprovado pelo Decreto-Lei nº 110/2018, de 10 de dezembro, manteve intocada a disciplina respeitante às revindicações e à definição do objeto e do âmbito da patente, tal como constava do CPI 2003. A norma do artigo 62º foi reproduzida no preceito

[269] Carmen Salvador Jovani, *El Ámbito de Protección de la Patente,* p. 4; Alan W. White, «The Function and Structure of Patent Claims», p. 243.

com o mesmo número e as regras que constavam do artigo 97º do CPI 2003 encontram-se agora no artigo 98º do CPI 2018[270].

Nestes termos, à luz da lei nacional, as reivindicações consistem num conjunto de proposições linguísticas, claras e concisas, apresentado com o pedido de patente, que define o objeto da proteção requerida e, por conseguinte, determina o âmbito dessa proteção[271]. Trata-se da declaração, pelo requerente da patente, que identifica os elementos técnicos que, segundo ele, caraterizam a invenção e que merecem ser protegidos, por se distinguirem do estado da técnica[272]. Deste modo, ao abrigo do CPI atualmente em vigor, as reivindicações mantiveram sua a função de delimitação periférica do âmbito de direito de patente, embora devam ser interpretadas de acordo com a descrição e os desenhos.

Como são as reivindicações que definem o objeto da patente, apenas as caraterísticas técnicas que delas constem podem ser protegidas. Quer isto dizer que, ainda que sejam divulgadas na descrição, as caraterísticas da invenção que não sejam reivindicadas não são protegidas[273]. Por isso se diz frequentemente que as reivindicações são a peça mais importante na anatomia das patentes[274].

[270] De acordo com o disposto no artigo 16º do Decreto-Lei nº 110/2018, de 10 de dezembro, o novo CPI entra em vigor no dia 1 de julho de 2019 (nº 3), salvo no que respeita à disciplinada proteção dos sergredos comerciais, que entrou em vigor no dia 1 de janeiro de 2019 (nº 2).

[271] Conforme referem Adriano Vanzetti & Vicenzo di Cataldo (*in Manuale di Diritto Industriale*, 7ª Edição, Giuffrè Editore, Milão, 2012, p. 448), a individualização do âmbito da patente pressupõe a individualização da invenção.

[272] Luís Couto Gonçalves, *Manual de Direito Industrial*, p. 89; J. P. Remédio Marques, *Biotecnologia(s) e Propriedade Intelectual*, pp. 727-728; J. P. Remédio Marques, «O Conteúdo dos Pedidos de Patente», p. 414; Dário Moura Vicente, *A Tutela Internacional da Propriedade Intelectual*, Almedina, Coimbra, 2008, p. 83; Janice M. Mueller, *Patent Law*, p. 77; Carmen Salvador Jovani, *El Ámbito de Protección de la patente*, pp. 51 e 52; Giuliana Borges Assumpção Gattass, «A Doutrina dos Equivalentes», *RLJB*, Ano 1 (2015), p. 480.

[273] J. P. Remédio Marques, «O Conteúdo dos Pedidos de Patente», p. 452.

[274] Alan L. Durham, *Patent Law Essentials*, p. 63; Luís Couto Gonçalves, *Manual de Direito Industrial*, p. 90; Carmen Salvador Jovani, *El Ámbito de Protección de la patente*, p. 113; Janice M. Mueller, *Patent Law*, p. 77; Alan W. White, «The Function and Structure of Patent Claims», p. 243. Segundo Pedro Sousa e Silva «[o] texto das reivindicações aceites pelos examinadores constitui assim o "núcleo duro" da patente [...]» (*in Direito Industrial*, p. 71).

A relevância da função das reivindicações observa-se em dois momentos[275]. Em primeiro lugar, identificam a invenção patenteada[276] ou, por outras palavras, definem a ideia inventiva[277]. Não se trata de explicar como replicar e usar a invenção, ou mesmo de apresentar a sua melhor concretização, pois esse é o propósito da descrição[278]. Trata-se de enunciar o que é considerado novo e caraterístico da invenção, nos termos e para os efeitos do disposto no artigo 62º, nº 1, alínea a), do CPI[279,280].

A definição do objeto da patente visa garantir o mínimo de incerteza na demarcação da invenção perante o estado da técnica e, dessa forma, permitir avaliar o contributo inventivo do objeto de proteção[281]. Por isso, assume especial importância durante o procedimento de concessão da patente[282], pois facilita o exame e a pesquisa levados a cabo pelos institutos de patentes[283] (ou seja, pelo IEP, no caso das patentes europeias, e pelo INPI, no caso das patentes nacionais). A definição do objeto da proteção através das reivindicações visa também apurar se a invenção preenche todos os requisitos de patenteabilidade[284] (cf. artigos 52º e seguintes da CPE e artigos 50º e seguintes do CPI[285]) – sem prejuízo de, eventualmente, se proceder a nova análise desses requisitos após a concessão da patente, nomeadamente, no âmbito de uma ação de nulidade da patente[286]. Por conseguinte, são as reivindicações aceites após exame

[275] Giuliana Borges Assumpção Gattass, «A Doutrina dos Equivalentes», pp. 478 e 479.

[276] Alan L. Durham, *Patent Law Essentials*, p. 63; Alan W. White, «The Function and Structure of Patent Claims», p. 243.

[277] J. P. Remédio Marques, «O Conteúdo dos Pedidos de Patente», p. 412.

[278] Janice M. Mueller, *Patent Law*, p. 79.

[279] Cf. artigo com a mesma numeração no CPI 2003.

[280] Pedro Sousa e Silva, *Direito Industrial*, p. 71.

[281] Richard Hacon & Jochen Pagenberg (Eds.), *Concise European Patent Law*, 2ª Edição, Wolters Kluwer Law & Business, 2008, p. 102; Donald S. Chisum, «Common law and civil law approaches to patent claim interpretation: 'fence posts' and 'sign posts'», *in* D. Vaver & L. Bentley (Eds), *Intellectual Property in the New Millennium: Essays in Honour of William R. Cornish*, Cambridge University Press, Cambridge, 2004, p. 97.

[282] No caso português, perante o INPI ou perante o IEP.

[283] Carmen Salvador Jovani, *El Ámbito de Protección de la patente*, p. 44.

[284] Carmen Salvador Jovani, *El Ámbito de Protección de la patente*, p. 114.

[285] Cf. artigos 51º e seguintes do CPI 2003.

[286] Carmen Salvador Jovani, *El Ámbito de Protección de la patente*, p. 116.

pelo instituto de patentes que definem a matéria que se considera ter cumprido os requisitos legais para ser patenteada[287].

Após a concessão da patente[288], ganha importância a função de delimitação da extensão da proteção[289], isto é, a definição do âmbito da proteção conferida pela patente (cf. artigo 98º, nº 1, do CPI[290]). Releva agora discernir a circunscrição da área de atuação que é reservada ao titular da patente e o correspondente direito de excluir terceiros à exploração da invenção[291]. Nessa sede, o propósito das reivindicações é proteger o interesse público, assegurando que, tanto quanto possível, não subsistam dúvidas quanto à extensão da matéria reivindicada[292]. As reivindicações visam fornecer informação expressa, concisa e clara sobre os limites da atividade que poderá ser considerada violadora do direito. Por conseguinte, as reivindicações permitem, por um lado, conceder ao requerente da patente o poder de autoavaliação do âmbito de proteção da sua patente, evitando potencialmente a excessiva litigiosidade a esse respeito; por outro, permitem reduzir a zona de incerteza onde terceiros poderão desenvolver a pesquisa e o desenvolvimento de novas soluções técnicas na área tecnológica da invenção[293]. Desta forma, as reivindicações delimitam a medida da proteção conferida pela patente em função da invenção identificada[294], uma vez que, como dispõe o nº 7 do artigo 102º do CPI[295], «[o]s direitos conferidos pela patente não podem exceder o âmbito definido pelas reivindicações».

[287] «*Claims define the subject matter that, after examination, has been found to meet the statutory requirements for a patent* [...]» *in Ariad Pharmaceuticals, Inc. v. Eli Lilly & Co*, 598 F.3d 1336, 1327 (Fed. Cir. 2010), *apud* Alan L. Durham, *Patent Law Essentials*, p. 63. Cf. também Pedro Sousa e Silva, *Direito Industrial*, p. 71.

[288] Mas também, desde logo, após a publicação do pedido de patente (cf. artigo 69º, nº 2, e 93º da CPE) – cf. Carmen Salvador Jovani, *El Ámbito de Protección de la patente*, p. 116.

[289] Carmen Salvador Jovani, *El Ámbito de Protección de la patente*, p. 115.

[290] Cf. artigo 97º, nº 1, do CPI 2003.

[291] J. P. Remédio Marques, «O Conteúdo dos Pedidos de Patente», p. 413; Alan W. White, «The Function and Structure of Patent Claims», p. 243.

[292] Richard Hacon & Jochen Pagenberg (Eds.), *Concise European Patent Law*, p. 102; Donald S. Chisum, «Common law and civil law approaches to patent claim interpretation», p. 97.

[293] J. P. Remédio Marques, *Biotecnologia(s) e Propriedade Intelectual*, vol. I, pp. 751 e 752.

[294] Pedro Sousa e Silva, *Direito Industrial*, p. 71.

[295] Cf. artigo 101º, nº 4, do CPI 2003.

O âmbito da proteção conferida pela patente inclui o seu objeto, mas não se esgota neste[296]. O direito exclusivo do titular da patente abrange ainda tudo o mais que resulte da interpretação das reivindicações, à luz da descrição e dos desenhos. Ao estabelecerem o halo[297] ou a fronteira[298] que delimita o âmbito literal de proteção da patente, as reivindicações servem para determinar os limites do monopólio concedido ao titular da patente, dando a conhecer a terceiros aquilo que lhes é proibido fazer[299] – ou, por outras palavras, demarcando os limites do direito do titular da patente de impedir a utilização da sua invenção por terceiros não autorizados para o efeito[300].

Por isso, Luís Couto Gonçalves realça a importância da redação das reivindicações[301]:

> «As reivindicações devem ser elaboradas de modo a que se esbatam as dúvidas sobre o conteúdo da invenção, se facilite a apreciação dos requisitos de patenteabilidade e se proporcione segurança jurídica ao titular e aos concorrentes».

À luz da redação do nº 1 do artigo 97º do CPI 2003 (que corresponde ao artigo 98º, nº 1, do CPI 2018) – e mesmo após as alterações introduzidas pela Conferência Diplomática de 2000 ao artigo 69º da CPE –, António Campinos & Luís Couto Gonçalves sustentavam que «o uso pelo legislador nacional da expressão "conteúdo", em detrimento da utilização da expressão *terms* usada na versão inglesa do nº 1 do artigo 69º

[296] Carmen Salvador Jovani, *El Ámbito de Protección de la patente*, p. 116. A autora recorre ao exemplo dos produtos obtidos diretamente pelo processo patenteado, quando o objeto da patente é um processo, para demonstrar a diferença entre o objeto da proteção e o âmbito de proteção da patente.

[297] Carmen Salvador Jovani, *El Ámbito de Protección de la patente*, p. 116.

[298] Janice M. Mueller, *Patent Law*, p. 79. A autora recorre a uma comparação ilustrativa da função de delimitação do âmbito da patente, desempenha pelas reivindicações: da mesma forma que uma escritura identifica as confrontações do prédio objeto do direito real negociado, também as reivindicações definem os limites do monopólio do titular da patente. As reivindicações atuam como uma *cerca verbal* (*«a verbal fence»*) que circunda a propriedade intangível do titular da patente.

[299] Carmen Salvador Jovani, *El Ámbito de Protección de la patente*, p. 44.

[300] Janice M. Mueller, *Patent Law*, p. 79.

[301] Cf. Luís Couto Gonçalves, *Manual de Direito Industrial*, p. 75.

da CPE», mais próxima «das palavras *teneur* e *Inhalt* utilizadas nas versões francesas e alemã da Convenção»[302], tratar-se-ia «presumivelmente, de uma indicação para que a interpretação das reivindicações se faça tendo em conta o seu significado essencial, mais do que o significado literal do seu texto»[303].

Todavia, se entendêssemos que o legislador português pretendeu aproximar a redação do artigo 97º do CPI 2003 à redação do artigo 69º da versão alemã da CPE para indicar que a interpretação das reivindicações deveria considerar a abordagem da prática judicial desse Estado contratante, o que dizer das alterações introduzidas em 2000, nomeadamente, da eliminação da expressão *Inhalt* da versão alemã da CPE (bem como das correspondentes expressões *terms* e *teneur* das verões inglesa e francesa, respetivamente)? Como se referiu acima, a revisão do artigo 69º da CPE visou precisamente contrariar a tendência dos tribunais nacionais dos diversos Estados em diminuírem a importância da harmonização introduzida pela convenção, mantendo-se próximos da sua tradição anterior à adoção da convenção. Por isso, não nos parece sustentável que o nº 1 do artigo 97º do CPI 2003 (tal como o artigo 98º, nº 1, do CPI 2018) deva ser interpretado no sentido de, presumivelmente, preferir alguma das conceções que a CPE pretendeu afastar, sobretudo tendo em conta as alterações introduzidas à redação do nº 1 do artigo 69º da CPE pela Conferência Diplomática de 2000. Assim, o nº 1 do artigo 97º do CPI 2003 e do artigo 98º do CPI 2018 deverá ser interpretado à luz do disposto no artigo 69º da CPE e, por esta via, de acordo com o disposto no Protocolo Interpretativo, consagrando, entre os extremos que o Protocolo pretendeu afastar, uma interpretação das reivindicações que assegure ao mesmo tempo uma proteção justa

[302] Enquanto António Campinos & Luís Couto Gonçalves (*in Código da Propriedade Industrial Anotado*, p. 258) referem que a diferença entre o significado da formulação do artigo 69º da CPE se verifica entre as versões francesa e alemã, por um lado, e inglesa, por outro, Matt Fisher refere (*in Fundamentals of Patent Law*, p. 225) que essa diferença se verifica entre as versões inglesa e francesa, por um lado, e alemã, por outro, resultante do facto de a CPE ter três línguas oficiais, enquanto a Convenção de Estrasburgo, cujo artigo 8º, nº 3, foi quase literalmente transposto para o nº 1 do artigo 69º da CPE, só tinha duas versões oficiais, em inglês e em francês.

[303] António Campinos & Luís Couto Gonçalves, *Código da Propriedade Industrial Anotado*, p. 258.

para o titular da patente e um grau razoável de segurança jurídica para terceiros.

António Campinos & Luís Couto Gonçalves pareciam também sustentar que o CPI 2003 manteve em vigor entre nós a teoria da essencialidade, ao referirem que a interpretação das reivindicações deve ser feita «tendo em conta o seu significado essencial»[304]. Todavia, dificilmente se pode aceitar que a teoria da essencialidade ainda seja aplicável face ao disposto no artigo 69º, nº 1, da CPE e no nº 1 dos artigos 97º do CPI 2003 e 98º do CPI 2018[305]. Nesse sentido, J. P. Remédio Marques sustenta que o artigo 69º da CPE repudia «a ideia de que o alcance da proteção deve ser determinado pela *essência* da invenção» e atribui «primazia ao texto (ou ao teor) das reivindicações [...], que assim cumpre interpretar ainda que para o efeito deva ser utilizada a *descrição* e os *desenhos*», não obstante «[o] sentido das reivindicações [dever] ser retirado a partir do sentido das palavras utilizadas», e não da sua redação literal[306]. Acresce que, por razões de igualdade concorrencial e de segurança jurídica, as regras impostas pela CPE quanto à interpretação das patentes europeias valem igualmente para as demais patentes concedidas para vigorar em Portugal[307], mesmo que tenham sido obtidas por via nacional ou internacional, pelo que nos parece que o entendimento exposto por J. P. Remédio Marques a propósito do artigo 69º deverá também ser aplicável à interpretação do nº 1 dos artigos 97º do CPI 2003 e 98º do CPI 2018.

[304] António Campinos & Luís Couto Gonçalves, *Código da Propriedade Industrial Anotado*, p. 258.

[305] No mesmo sentido, mas ao abrigo da lei espanhola, cf. Pascual Segura Cámara *et al.*, «The role of equivalents and prosecution history in defining the scope of patent protection», AIPPI Report Q175, 2003, p. 2.

[306] J. P. Remédio Marques, *Biotecnologia(s) e Propriedade Intelectual*, vol. I, p. 748.

[307] Cf., nesse sentido, Luís Couto Gonçalves, *Manual de Direito Industrial*, p. 98; José Mota Maia, *Propriedade Industrial*, vol. II, p. 227; J. P. Remédio Marques, *Biotecnologia(s) e Propriedade Intelectual*, p. 747; Pedro Sousa e silva, *Direito Industrial*, p. 73; e o Acórdão do Tribunal da Relação de Lisboa de 17 de setembro de 2009 (Processo nº 893/1995.L1-2; Relatora: Ondina Carmo Alves).

3. A interpretação das reivindicações

3.1. Enquadramento do tema

O primeiro passo para determinar o âmbito da proteção conferida pela patente é compreender o significado das reivindicações, ou seja, interpretá-las[308]. Descobrir esse significado não basta para conhecer a plena extensão do monopólio do titular da patente, nem esgota o processo interpretativo, mas é sua primeira etapa[309]. Conforme lavrou o BGH, no acórdão *Okklusionsvorrichtung*[310]:

> «De acordo com a orientação constante da primeira frase do nº 1 do artigo 69º da CPE, o âmbito da proteção conferida por uma patente será determinado pelas reivindicações. Para que os efeitos desta disposição permitam alcançar os objetivos do artigo 1º do Protocolo Interpretativo, é necessário, em primeiro lugar, determinar, tendo em conta a descrição e os desenhos, o significado técnico que é atribuído à redação das reivindicações do ponto de vista do perito na matéria.»[311]

Segundo o disposto no nº 3 do artigo 62º do CPI[312] e no artigo 84º da CPE, são as reivindicações que definem a matéria protegida pela patente. Por conseguinte, para delimitar o âmbito de proteção conferida

[308] J. P. Remédio Marques, «O Conteúdo dos Pedidos de Patente», p. 453; William R. Cornish, «The Practice in the UK», p. 229; Justin Pila & Paul Torremans, *European Intellectual Property* Law, p. 200.

[309] Carmen Salvador Jovani, *El Ámbito de Protección de la patente*, p. 184; Stephen M. Bodenheimer & John Beton, «Infringement by equivalents in the United States and Europe», p. 85.

[310] Proferido no caso *Occlutech GmbH v. AGA Medical Corporation*, a 10 de maio de 2011 (Proc. nº X ZR 16/09), que abordaremos em maior detalhe adiante (cf. Capítulo II, ponto 2.3.4 *infra*).

[311] Tradução livre da nossa responsabilidade. a partir da tradução em inglês. No original: «*According to the guidance in Art. 69 (1), first sentence EPC, the extent of the protection conferred by a patent shall be determined by the claims. In order that this stipulation can take effect in such a way that the aims of Article 1 of the Protocol on Interpretation are achieved, it is firstly necessary to determine, taking into account the description and drawings, the technical meaning which is attributed to the wording of the claim from the point of view of the person skilled in the art.*»

[312] Cf. artigo com a mesma numeração no CPI 2003.

ao abrigo do disposto no nº 1 do artigo 98º do CPI[313] e no nº 1 do artigo 69º da CPE, será necessário, em primeiro lugar, conhecer o objeto da proteção e, consequentemente, apurar a contribuição tecnológica trazida pela invenção ao estado da técnica. Assim, o primeiro propósito da interpretação das reivindicações será definir o objeto da invenção[314], isto é, aquilo que «*objectiva e verdadeiramente o inventor inventou*»[315]. A matéria que não seja reivindicada não é protegida pela patente, mesmo que seja divulgada na descrição[316].

Contudo, esta tarefa coloca, não raras vezes, sérias dificuldades. Desde logo, porque a linguagem humana é multifacetada e as palavras são permutáveis, dadas a significados diversos e a equívocos[317]. Acresce que, independentemente da língua em que sejam redigidas ou traduzidas[318], as reivindicações utilizam frequentemente linguagem ou termos técnicos obscuros e de difícil compreensão, que muitas vezes não estão ao alcance do homem médio[319]. A complexidade dessa linguagem pode ser explicada por duas ordens de razões. Em primeiro lugar, as patentes são atribuídas a avanços técnicos, mas a linguagem é um veículo imperfeito para descrever conceitos técnicos, apesar de ser exatamente esse

313 Cf. artigo 97º, nº 1, do CPI 2003.

314 Alan W. White, «The function and structure of patent claims», p. 243.

315 J. P. Remédio Marques, «O Conteúdo dos Pedidos de Patente», p. 452.

316 Carmen Salvador Jovani, *El Ámbito de Protección de la patente*, p. 211; J. P. Remédio Marques, «O Conteúdo dos Pedidos de Patente», p. 452.

317 Matt Fisher, *Fundamentals of Patent Law*, p. 12; William R. Cornish, «The Practice in the UK», p. 225.

318 Segundo o disposto no nº 1 do artigo 62º do CPI, o pedido de patente nacional deverá ser feito por requerimento redigido em língua portuguesa. O pedido de patente europeia apresentado perante o INPI pode ser redigido em qualquer uma das línguas previstas na CPE, mas se for apresentado em língua diferente da portuguesa, deve ser acompanhado de uma tradução em português (artigo 79º, nº 1, do CPI, que corresponde ao artigo 77º, nº 1, do CPI 2003). Não obstante, caso esse pedido seja apresentado noutra língua que não uma das três línguas oficiais do IEP (*i.e.*, alemão, francês ou inglês), deverá ser acompanhada de tradução numa das línguas oficiais (artigo 14º, nºs 1 e 2 da CPE). Os pedidos internacionais apresentados no INPI ao abrigo do PCT, podem ser redigidos em língua portuguesa, francesa, inglesa ou alemã. Todavia, os requerentes dos pedidos internacionais redigidos em língua portuguesa devem, no prazo de um mês, entregar uma tradução do pedido internacional numa daquelas outras línguas (artigo 92º, nºs 6 e 7, do CPI, que corresponde ao artigo 91º, nºs 7 e 8, do CPI 2003).

319 Alan L. Durham, *Patent Law Essentials*, p. 64; cf. J. P. Remédio Marques, «O Conteúdo dos Pedidos de Patente», p. 436.

o propósito das reivindicações[320]. As reivindicações são o segmento do pedido de patente que define a invenção do ponto de vista técnico[321], dirigindo-se especialmente ao perito na matéria e a terceiros que pretendam desenvolver a sua atividade no domínio técnico em que se insere a invenção[322]. Por isso, a linguagem e o vocabulário técnicos serão, normalmente, os mais adequados a descrever a invenção[323], pese embora por vezes escapem à compreensão de um leitor que não seja especialista no domínio técnico da invenção.

Em segundo lugar, dada a sua relevância no seio da patente e as suas implicações legais, as reivindicações devem descrever a invenção de forma precisa. Por um lado, a sua redação deve evitar uma interpretação que exclua matérias que poderiam ser legitimamente incluídas no âmbito da proteção. Por outro, deve evitar uma amplitude tal que abranja matéria incluída no estado da técnica à data do pedido ou da prioridade, o que levaria à recusa (pelo menos parcial) da concessão da patente ou à sua invalidade, caso essa situação fosse detetada após a concessão[324]. Consequentemente, é essencial para o relator das reivindicações que consiga encontrar o grau correto de abstração possível na definição da matéria reivindicada[325]. Por essa razão, uma linguagem simples, comum ou familiar dificilmente acautelará a melhor proteção das especificidades técnicas da invenção.

De seguida discutiremos diversos aspetos que caraterizam a interpretação das reivindicações, tendo em vista a definição do seu significado técnico, tal como emerge da redação escolhida pelo requerente da patente. Posteriormente, no segundo capítulo deste trabalho, versaremos sobre o âmbito da proteção conferida pela patente para além do conteúdo expresso das reivindicações, isto é, para além do resultado da interpretação da sua redação.

[320] William T. Ralston, «Foreign Equivalents of the U.S. Doctrine of Equivalents», p. 182; Tanuja V. Garde, «Legal certainty, stare decisis and the doctrine of equivalents», *EIPR*, vol. 27, 2005, p. 366.

[321] J. P. Remédio Marques, «O Conteúdo dos Pedidos de Patente», p. 436.

[322] J. P. Remédio Marques, «O Conteúdo dos Pedidos de Patente», pp. 454 e 455, nota de rodapé 519.

[323] Alan L. Durham, *Patent Law Essentials*, p. 64.

[324] Alan L. Durham, *Patent Law Essentials*, p. 64.

[325] Maximilian Haedicke & Henrik Timmann, *Patent Law*, p. 607.

3.2. A necessidade de interpretação e o recurso à descrição e aos desenhos

A primeira questão que se coloca é a de saber se todas as patentes ou pedidos de patente requerem a interpretação das suas reivindicações, entendendo-se como tal o processo de determinação do seu significado[326], ou se esse exercício apenas será necessário quando se verifiquem ambiguidades ou obscuridades na sua redação[327]. Relacionada com esta questão está a de saber quando e em que medida é que a descrição e os desenhos deverão ser tidos em conta na interpretação das reivindicações.

A doutrina não é unânime[328] e os elementos históricos na origem do nº 1 do artigo 69º da CPE podem suscitar dúvidas a esse respeito. Com efeito, durante a Conferência Diplomática de Munique, em 1973, chegou a ser proposta a supressão do conector «Não obstante», no início da segunda frase do nº 1 do artigo 69º, para evitar qualquer incerteza quanto à necessidade de ter em consideração a descrição e os desenhos, quando existam, sempre que se proceda à interpretação das reivindicações. Todavia, essa proposta não foi aprovada[329]. Será que poderemos retirar alguma conclusão deste facto, mormente no sentido de que a interpretação das reivindicações apenas exige a consulta da descrição e dos desenhos em caso de obscuridade ou ambiguidade?

Estamos em crer que a resposta a esta questão deve ser negativa. A plena compreensão do objeto patenteado requer sempre a interpretação das reivindicações, à luz da descrição e dos desenhos, mesmo quando a sua redação não dê azo a equívocos ou obscuridades[330]. Embora a linguagem e a redação das reivindicações sejam essenciais para a sua interpretação, é impossível compreender o pleno significado das reivindicações sem ter em conta o contexto em que se inserem – contexto esse que nos é dado, no caso das patentes, pela descrição e pelos desenhos[331].

[326] William R. Cornish, «The Practice in the UK», p. 229.

[327] Mario Franzosi, «The Practice in Italy», *in* Jochen Pagenberg & William R. Cornish (Eds.), *Interpretation of Patents in Europe – Application of Article 69 EPC*, Carl Heymanns Verlag, Colónia, 2006, p. 139.

[328] Carmen Salvador Jovani, *El Ámbito de Protección de la patente*, p. 184.

[329] Carmen Salvador Jovani, *El Ámbito de Protección de la patente*, p. 87.

[330] Jochen Pagenberg, Alexander Harguth & Julien Frénaux, «The French Practice», *in* Jochen Pagenberg & William R. Cornish (Eds.), *Interpretation of Patents in Europe – Application of Article 69 EPC*, Carl Heymanns Verlag, Colónia, 2006, p. 110.

[331] Justin Pila & Paul Torremans, *European Intellectual Property* Law, p. 200.

Na verdade, apesar de não ter sido aprovada a proposta de supressão do conetor «Não obstante» no início da segunda frase do nº 1 do artigo 69º, os trabalhos preparatórios da CPE sustentam o entendimento exposto. Com efeito, para além da proposta mencionada acima, a Conferência Diplomática também discutiu e rejeitou uma proposta que pretendia consagrar a orientação de que apenas em caso de ambiguidades se deveria recorrer à interpretação das reivindicações, à luz da descrição e dos desenhos. Pelo contrário, a orientação vencedora perfilhou o consenso alcançado em torno do disposto no nº 3 do artigo 8º da Convenção de Estrasburgo[332], segundo o qual a interpretação deverá sempre ter em consideração a descrição e os desenhos, razão pela qual a redação do artigo 69º da CPE é tão próxima da redação do mencionado artigo 8º da Convenção de Estrasburgo[333].

Além disso, as reivindicações são asserções concisas, cujo propósito é definir os elementos técnicos que constituem a invenção. Dada a sua natureza sucinta, dificilmente serão por si só suficientes para garantir a perfeita compreensão das caraterísticas técnicas protegidas, sem recorrer à descrição para apreender o seu pleno significado[334]. Assim, mesmo quando as reivindicações sejam aparentemente evidentes e de fácil compreensão, é imprescindível proceder à sua interpretação, com base na descrição e, quando existam, nos desenhos[335].

O Protocolo Interpretativo do artigo 69º da CPE também parece confirmar este entendimento, ao afastar a conceção segundo a qual a descrição e os desenhos apenas devem ser consultados quando a redação das reivindicações não seja clara[336]. No mesmo sentido aponta a jurisprudência do BGH, segundo a qual:

> «O âmbito da proteção conferida pela patente em causa deve ser determinado com base no nº 1 do artigo 69º da CPE, que por sua vez

[332] Da qual Portugal não é signatário.

[333] Carmen Salvador Jovani, *El Ámbito de Protección de la patente*, p. 187.

[334] Carmen Salvador Jovani, *El Ámbito de Protección de la patente*, p. 187.

[335] J. P. Remédio Marques, «O Conteúdo dos Pedidos de Patente», p. 454; Cf. Carmen Salvador Jovani, *El Ámbito de Protección de la patente*, p. 187; Jacques Azéma & Jean-Christophe Galloux, *Droit de la propriété industrielle*, p. 435; Maximilian Haedicke & Henrik Timmann, *Patent Law*, p. 633; Mario Franzosi, «The Practice in Italy», p. 143.

[336] No mesmo sentido, Carmen Salvador Jovani, *El Ámbito de Protección de la patente*, p. 185; J. P. Remédio Marques, «O Conteúdo dos Pedidos de Patente», p. 454.

deve ser interpretado de acordo com o Protocolo Interpretativo do artigo 69º da Convenção. De acordo com estas provisões, os termos das reivindicações, que devem ser interpretados à luz da descrição e dos desenhos, são um fator decisivo para estabelecer a extensão da proteção conferida por uma patente europeia. Resulta claro do Protocolo Interpretativo do nº 1 do artigo 69º da CPE que o propósito desta interpretação não é apenas resolver uma ambiguidade encontrada nas reivindicações mas também clarificar os termos técnicos usados nelas e explicar o significado e o âmbito da invenção que descrevem»[337].

No que concerne ao direito interno português, nem sempre a descrição e os desenhos tiveram o papel que o CPI atualmente lhes atribui. Como analisámos acima[338], o § 1º do artigo 8º do CPI 1940, com a redação que lhe foi conferida pelo Decreto-lei 40/87, de 27 de janeiro, previa que o âmbito do direito exclusivo de explorar o invento fosse determinado pelo conteúdo das reivindicações e que a descrição e os desenhos não poderiam servir para as interpretar. Todavia, após a adesão à CPE em 1991, Portugal reviu a sua legislação sobre patentes e, em conformidade com a convenção, o nº 1 do artigo 93º do CPI 1995 previu que a descrição e os desenhos serviriam para interpretar as reivindicações, tal como também viria a determinar o disposto no nº 1 dos artigos 97º do CPI 2003 e 98º do CPI 2018. Esta norma parece confirmar que as reivindicações deverão ser sempre interpretadas, à luz do disposto na descrição e nos desenhos, uma vez que não distingue situações em que o recurso a esses elementos seja dispensável. Por conseguinte, o que se expôs acima a propósito do nº 1 do artigo 69º da CPE vale para a interpre-

[337] Acórdão *Ionenanalyse*, proferido pelo BGH a 14 de junho de 1988 (Processo nº X ZR 5/87). Tradução livre da nossa responsabilidade a partir da tradução em inglês publicada na *IIC*, vol. 22, 1991, pp. 249 ss.: «*The extent of the protection conferred by the patent in suit must be determined on the basis of Article 69 (1) EPC, which in turn has to be interpreted in accordance with the Protocol on the Interpretation of Article 69 of the Convention. According to these provisions, the terms of the claims, which have to be interpreted in the light of the description and drawings, are the decisive factor in establishing the extent of the protection conferred by a European patent. It is clear from the Protocol on the Interpretation of Article 69 (1) EPC that the purpose of this interpretation exercise is not merely to resolve an ambiguity found in the claims, but also to clarify the technical terms used in them and to explain the significance and the scope of the invention they describe.*»

[338] Cf. Capítulo I, ponto 2.5.1. *supra*.

tação das reivindicações das patentes nacionais e internacionais ao abrigo do disposto no nº 1 dos artigos 97º do CPI 2003 e 98º do CPI 2018. Conforme resulta, *e.g.*, do acórdão arbitral de 17 de abril de 2013[339]:

> «A interpretação deve, ainda, ser *contextual*, tendo em conta não apenas as reivindicações em si, mas também, como meios auxiliares, a *descrição e os desenhos*, o *conhecimento geral ou comum* e as "circunstâncias gnosiológicas" existentes na data do pedido (ou da prioridade).»

Temos então que, para conhecer o pleno significado das reivindicações – e, desse modo, alcançar o objeto de proteção da patente –, será necessário proceder à interpretação das reivindicações à luz da descrição e, quando existam, dos desenhos apresentados pelo requerente da patente, mesmo quando, à primeira vista, não sejam ambíguas[340]. Essa é uma tarefa que não cabe apenas aos tribunais (nomeadamente, em caso de litígio respeitante a uma possível infração da patente), mas também, *e.g.*, às entidades administrativas (designadamente, os institutos de patentes) que, anteriormente à concessão da patente, procedem ao exame da invenção, para aferir a validade do pedido de patente, determinar a suficiência da descrição da invenção e, embora residualmente, face ao teor da descrição, sindicar a atividade inventiva, a novidade e a suscetibilidade de aplicação industrial da invenção[341]. Do mesmo modo, os advogados, os agentes oficiais de propriedade industrial e outros intervenientes poderão ter a necessidade de proceder à interpretação das reivindicações para, por exemplo, avaliar potenciais infrações ou o valor de acordos de licenciamento.

Não obstante, toda a matéria que seja divulgada na descrição mas não seja clara e devidamente reivindicada não é protegida pela patente. Por exemplo, um modo de realização da invenção exposto na descrição, cujas características não sejam reivindicadas, não é protegido[342].

339 Publicado no BPI nº 2013/05/03, pp. 6 ss. (esp. p. 34).

340 J. P. Remédio Marques, *Biotecnologia(s) e Propriedade Intelectual*, vol. I, p. 749; Alfred Keukenschrijver, «The German Practice», p. 80.

341 J. P. Remédio Marques, «O Conteúdo dos Pedidos de Patente», p. 453.

342 Alfred Keukenschrijver, «The German Practice», p. 82.

3.3. A interpretação das reivindicações como um negócio jurídico

Tem-se discutido, especialmente noutros ordenamentos jurídicos, se as reivindicações devem ser interpretadas de acordo com as regras aplicáveis aos negócios jurídicos ou antes, na medida da analogia, como se de atos normativos se tratasse. O problema não é meramente teórico, uma vez que a sua resposta poderá influenciar a ponderação dos elementos interpretativos analisados no apuramento do significado técnico das reivindicações e, por conseguinte, o âmbito da proteção da patente.

Nos EUA, a jurisprudência vai no sentido de que a interpretação das reivindicações e da descrição deve seguir a metodologia interpretativa dos atos normativos[343]. Segundo o *Federal Circuit*, «a analogia mais adequada em matéria de interpretação das reivindicações é a analogia relativa à interpretação da lei [...]. As leis, tal como as patentes, são oponíveis aos terceiros, enquanto os contratos só podem ser feitos valer em relação aos contraentes. [...] não é decisiva a intenção subjetiva que o titular da patente atribui à terminologia usada. Consequentemente, em ação de violação do direito de patente, o significado da terminologia utilizada deve buscar-se nos documentos [produzidos durante o procedimento de concessão da patente]»[344].

Na Alemanha, também prevalece a orientação de que a patente reveste caráter normativo, uma vez que determina o que os terceiros podem e não podem fazer perante o direito exclusivo do seu titular. Por ser dirigida ao público em geral, a doutrina entende que os princípios aplicáveis à interpretação dos negócios jurídicos não podem ser aplicados[345]. A interpretação deve ser feita com base em critérios objetivos para assegurar a segurança jurídica de terceiros, pelo que a intenção subjetiva do requerente da proteção, como também a intenção da entidade administrativa que concede a patente, é considerada irrelevante para a interpretação das reivindicações. Em conformidade, não se admite que a interpretação resulte na ampliação da proteção conferida pela patente de forma a abranger matérias que, segundo critérios objetivos, não tenham expressão nas reivindicações ou na descrição, só porque o titular da

[343] J. P. Remédio Marques, *Biotecnologia(s) e Propriedade Intelectual*, vol. I, p. 843, nota de rodapé 1985.

[344] *Markman v. Wesview Instruments, Inc.*, 52 F.3d 967 (Fed. Cir. 1995), *apud* J. P. Remédio Marques, *Biotecnologia(s) e Propriedade Intelectual*, vol. I, p. 843, nota de rodapé 1985.

[345] Alfred Keukenschrijver, «The German Practice», pp. 82 e 83.

patente entende estarem cobertas. Nem se admite que o âmbito da patente seja limitado só porque, à data do pedido, era esse o entendimento do requerente[346].

A jurisprudência britânica também reconhece que a interpretação das reivindicações e da descrição não se prende com a descoberta daquilo que o requerente quis expressar. Todavia, afasta-se da jurisprudência norte-americana e alemã, por determinar que a interpretação da patente visa compreender, em termos objetivos, o que o perito na matéria entende ter sido a vontade expressa pelo requerente da proteção ao recorrer às palavras e expressões utilizadas para redigir o pedido de patente[347].

Entre nós, a questão foi abordada por J. P. Remédio Marques[348]. Segundo o autor, não será possível ignorar-se que o pedido de patente se baseia num ato jurídico da iniciativa do requerente, expresso em declarações que visam assegurar a proteção do direito peticionado. As reivindicações são declarações de vontade, e não de ciência, tal como o são a descrição e dos demais documentos que compõem o pedido de patente. Por conseguinte, a interpretação das reivindicações e da descrição encontrar-se-á mais próxima da interpretação dos atos e negócios jurídicos do que dos atos normativos[349].

A jurisprudência nacional propende no mesmo sentido. Em acórdão de 7 de abril de 2011[350], o TRL rejeitou a argumentação de que a interpretação das reivindicações se devia fazer com recurso ao «critério interpretativo emergente do nº 1 do art. 9º do Código Civil». Por ser uma norma relativa à interpretação da lei, entendeu o tribunal que «não há razão para que os critérios aí erigidos sirvam para a definição do conteúdo das reivindicações, que se situam, manifestamente, num quadro técnico completamente distinto e sob finalidades claramente diversas.»

Em sentido idêntico vai também a jurisprudência de diversos tribunais arbitrais constituídos ao abrigo do disposto no artigo 2º da Lei

[346] Maximilian Haedicke & Henrik Timmann, *Patent Law*, p. 611, citando diversa jurisprudência.

[347] J. P. Remédio Marques, *Biotecnologia(s) e Propriedade Intelectual*, vol. I, p. 845, citando o discurso de Lord Hoffman vertido no acórdão *Kirin-Amgen* (cf. capítulo II, ponto 2.4.3. *infra*).

[348] *In Biotecnologia(s) e Propriedade Intelectual*, vol. I, pp. 843 a 845.

[349] J. P. Remédio Marques, *Biotecnologia(s) e Propriedade Intelectual*, vol. I, pp. 843 e 844.

[350] Processo nº 108/08.4TYLSB.L1-8 (Relator: Carlos Marinho).

nº 62/2011. Assim, embora fazendo referência ao disposto no artigo 9º do Código Civil e versando sobre uma patente concedida ao abrigo do CPI 1940, o acórdão de 17 de abril de 2013 destaca a importância da pretensão do requerente da patente, tal como é entendida pelo perito na matéria, nos termos seguintes[351]:

> «Com alguma analogia em relação à regra da interpretação dos negócios jurídicos formais (cfr. os artigos 236º, nº 1, e 238º, nº 1 do Código Civil) o que conta é a opinião de um especialista do ramo de actividade para o qual a invenção é relevante: aquilo que, no seu entendimento, se pretende reclamar como objecto protegido pela patente, devendo, no CPI de 1940, esse objeto ter pelo menos um mínimo de correspondência no texto das reivindicações, ainda que imperfeitamente expresso (cfr. também o artigo 9º do Código Civil)».

Em sentido próximo do acórdão citado acima, mas já sem qualquer referência ao artigo 9º do Código Civil, veja-se também o acórdão arbitral de 26 de novembro de 2016[352]. Segundo o acórdão de 3 de junho de 2014[353] (citado pelo acórdão de 11 de fevereiro de 2015[354]) e o acórdão de 13 de julho de 2015[355]:

> «A interpretação das reivindicações não foge, afinal, das regras, que foram adoptadas na nossa lei civil, da "impressão do destinatário", consagrada no nº 1 do art. 236º CC, e do "mínimo de correspondência", imposto pelo nº 1 do art. 238º, do mesmo Código, sendo que, no caso, o "destinatário" relevante deverá ser um especialista na área [tecnológica da invenção *sub judice*]»[356].

[351] Publicado no BPI nº 2013/05/03 (cf. pp. 33).

[352] Publicado no BPI nº 2017/04/13 (cf. p. 62).

[353] Publicado no BPI nº 2014/08/18 (cf. p. 33), citado pelo acórdão de 11 de fevereiro de 2015, publicado no BPI nº 2015/07/23 (cf. p. 75).

[354] Publicado no BPI nº 2015/07/23 (cf. p. 75)

[355] Publicado no BPI nº 2015/10/14 (cf. p. 16)

[356] Cf. acórdão de 3 de junho de 2014, publicado no BPI nº 2014/08/18, p. 33, citado pelo acórdão de 11 de fevereiro de 2015, publicado no BPI nº 2015/07/23 (p. 75); acórdão de 13 de julho de 2015, publicado no BPI nº 2015/10/14, p. 16 do BPI; acórdão 17 de abril de 2013, publicado no BPI nº 2013/05/03, pp. 32-35, embora também referindo a regra resultante do artigo 9º do Código Civil.

Em sentido idêntico decidiu também o acórdão arbitral de 24 de agosto de 2016, publicado no BPI nº 2018/10/15.

Em nosso entender, será defensável que o pedido de patente, incluindo as reivindicações, assenta numa declaração negocial (e não somente num ato jurídico cuja interpretação deve ser análoga à dos negócios jurídicos). Com efeito, apesar de o direito de patente depender de um procedimento administrativo constitutivo, que visa conferir certeza e autenticidade à sua concessão, titularidade e conteúdo, esse procedimento é iniciado com um ato jurídico da iniciativa do requerente, composto por declarações que visam assegurar a concessão do direito de proteção da invenção que o requerente se arroga[357]. O pedido de patente e as reivindicações caracterizam-se, então, por serem declarações de vontade e não de ciência, uma vez que se destinam a produzir efeitos e não apenas a atestar o conhecimento de factos[358]. As reivindicações são a exteriorização da vontade do requerente da patente, refletindo as suas opções no que respeita à proteção requerida, suscetíveis de determinar os contornos do direito que eventualmente lhe venha a ser concedido. Esse direito tem natureza civil, é um direito subjetivo privado e origina relações de direito privado[359].

O pedido de patente é, então, um ato jurídico resultante do exercício da autonomia privada do requerente da patente. Caracteriza-se não só pela liberdade de celebração, mas também pela liberdade de estipulação do seu conteúdo, na medida em que cabe ao requerente da patente reivindicar o «que é considerado novo e que caracteriza a invenção» [artigo 62º, nº 1, alínea a), do CPI], ou seja, na medida em que cabe ao requerente da patente configurar o teor das reivindicações que enformam o conteúdo do seu direito. Ora, conforme refere Menezes Cordeiro, o exercício da autonomia privada caracteriza-se pela prática de atos jurídicos, isto é, ocorrências dependentes da vontade dos sujeitos jurídicos que, por integrarem previsões normativas, desencadeiam efeitos jurídicos. Quando o direito apenas permite ao sujeito jurídico que, no âmbito

[357] Cf. J. P. Remédio Marques, *Biotecnologia(s) e Propriedade Intelectual*, vol. I, pp. 843 e 844, embora o autor não entenda que o pedido de patente, incluindo as reivindicações, deva ser considerado um negócio jurídico.

[358] José Alberto Vieira, *Negócio Jurídico – Anotação aos artigos 217º a 195º do Código Civil*, Reimpressão, Coimbra Editora, Coimbra, 2009, p. 12.

[359] Cf. J. P. Remédio Marques, «O Conteúdo dos Pedidos de Patente», pp. 377 a 381.

da sua autonomia privada, opte entre a verificação ou não dos efeitos jurídicos previstos na lei, diz-se que apenas há liberdade de celebração e que o exercício dessa opção é um ato jurídico em sentido estrito. Quando o direito vai mais além e permite ao sujeito jurídico não só optar pela prática do ato, mas também selecionar o tipo de efeitos que se irão produzir (*i.e.*, parece-nos, enformar os efeitos jurídicos provocados pelo exercício da sua autonomia privada), diz-se que há liberdade de estipulação e que, como tal, estamos perante um negócio jurídico[360]. Por conseguinte, tendo em conta o que se expôs quanto à importância da vontade do requerente da patente na petição e na conformação do objeto do direito que se arroga, parece-nos defensável que o pedido de patente (incluindo as reivindicações apresentadas com esse pedido) é um negócio jurídico e deve ser interpretado como tal. De resto, estamos em crer que o facto de a declaração negocial ser transmitida ao instituto de patentes não obsta a esta conclusão pois, para que estejamos perante um negócio jurídico, não é exigível que a declaração seja especificamente dirigida ao seu destinatário – *i.e.*, no caso das reivindicações, o destinatário ficcionado na figura do perito na matéria[361] –, mas apenas que o seu significado seja suscetível de ser compreendido por esse destinatário[362].

Não obstante, mesmo que não se entenda que o pedido de patente deva ser considerado um negócio jurídico, resulta da jurisprudência e da doutrina referidas acima que as reivindicações não devem ser vistas como estatuições unilaterais com alcance geral e abstrato, como são as normas jurídicas. Como tal devem ser interpretadas (pelo menos analogicamente) como um negócio jurídico.

Assim, por deverem respeitar a forma prescrita no artigo 61º do CPI[363], as reivindicações devem ser interpretadas de acordo com o disposto no nº 1 do artigo 236º e no nº 1 do artigo 238º do Código Civil, tal

[360] Sobre os conceitos de declarações, atos e negócios jurídicos, cf., por todos, ANTÓNIO MENEZES CORDEIRO, *Tratado de Direito Civil*, vol. I, 4ª Edição, Almedina, Coimbra, 2012, p. 952, e vol. II, 4ª Edição, Almedina, Coimbra, 2014, pp. 952 85, 120 e 121 e 124; JOSÉ ALBERTO VIEIRA, *Negócio Jurídico*, p. 9.

[361] Cf. Capitulo I, ponto 3.5. *infra*.

[362] JOSÉ ALBERTO VIEIRA, *Negócio Jurídico*, p. 12.

[363] Cf. artigo com a mesma numeração no CPI 2003.

como aponta a doutrina e a jurisprudência citada anteriormente. Ora, de acordo com o disposto no nº 1 do artigo 236º do Código Civil:

> «A declaração negocial vale com o sentido que um declaratário normal, colocado na posição do real declaratário, possa deduzir do comportamento do declarante, salvo se este não puder razoavelmente contar com ele.»

Deste modo, a lei portuguesa consagra «uma doutrina *objectivista* da interpretação», ainda que temperada por uma «restrição de inspiração subjectivista»[364]. A primeira diretriz que se retira daquele preceito é que a declaração negocial vale de acordo com a impressão do declaratário, isto é, «com o sentido que um declaratário normal, colocado na posição do real declaratário, possa deduzir do comportamento do declarante». Por conseguinte, conforme refere MENEZES CORDEIRO[365], a jurisprudência nacional apela a «uma "...interpretação objetiva ou normativa..., que não se apegue somente à literalidade do texto, compartilhada por todos, mas capaz de ter em conta particularidades concretas». Em causa está a necessidade de proteger as legítimas expetativas do declaratário e salvaguardar a segurança do tráfego jurídico[366].

O mesmo entendimento se aplica à interpretação das reivindicações. Os ditames resultantes daqueles preceitos são os que melhor se adequam à interpretação das reivindicações, não só por permitirem a interpretação contextualizada das reivindicações, mas também por assegurarem que essa interpretação é feita de forma objetiva. Com efeito, o propósito das reivindicações distingue-as da maioria dos negócios jurídicos, na medida em que, uma vez concedida a patente, o direito reivindicado será oponível *erga omnes* (e não apenas, *e.g.*, perante a contraparte num contrato)[367]. Assim, embora as reivindicações sejam declarações de vontade do requerente da patente (que requer proteção para os elementos técnicos que considera novos e que caracterizam a invenção), a

[364] PIRES DE LIMA & ANTUNES VARELA, *Código Civil Anotado*, vol. I, 4ª Edição, Coimbra Editora, Coimbra, 1987, p. 223.

[365] *In Tratado de Direito Civil*, vol. II, p. 715, citando diversa jurisprudência.

[366] PIRES DE LIMA & ANTUNES VARELA, *Código Civil Anotado*, vol. I, p. 223.

[367] J. P. REMÉDIO MARQUES, «O Conteúdo dos Pedidos de Patente», pp. 454 e 455, nota de rodapé 519.

sua interpretação não visa a descoberta da intenção subjetiva do requerente e, por respeito pela certeza e pela segurança jurídica, deve obedecer a critérios objetivos, como assinala Remédio Marques, colhendo ensinamentos da jurisprudência britânica[368]. De forma a objetivar a interpretação das reivindicações, a compreensão do seu significado deve ser alcançada de acordo com o sentido razoável que o perito no domínio técnico da invenção[369] (e não um leigo nem um linguista[370]) deduz ao ler as reivindicações[371] – ou seja, à luz da impressão do declaratário. Quando se trata da interpretação da patente, o declaratário normal a que se refere o nº 1 do artigo 236º do Código Civil é, portanto, o perito na matéria da invenção.

A jurisprudência nacional segue entendimento idêntico. De acordo com os supramencionados acórdãos de 17 de abril de 2013[372] e de 26 de novembro de 2016[373], que colhem o ensinamento de J. P. Remédio Marques[374]:

> «O sentido dos termos e expressões de natureza técnica deve determinar-se à luz do que o aludido perito, a quem as reivindicações (e a descrição) são dirigidas, pensa que é vontade declarada do requerente da patente. Impõe-se apurar não o efetivamente querido pelo solicitante da patente, mas o sentido que o perito pertencente à comunidade científico-tecnológica pertinente *razoavelmente alcançará* pela leitura das reivindicações e da descrição, aquele que se encontra exteriorizado em certas regras técnicas, tal como aparecem enunciadas nesse(s) documento(s) e no eventual "diálogo" com o organismo que concede a patente. A vontade do requerente apena [*sic*] deverá relevar na busca do sentido de eventuais declarações limitadoras ou renunciativas.»

[368] J. P. Remédio Marques, *Biotecnologia(s) e Propriedade Intelectual*, vol. I, p. 845; Maximilian Haedicke & Henrik Timmann, *Patent Law*, p. 612.

[369] William R. Cornish, «The Practice in the UK», p. 229. Sobre a caraterização da figura do perito na matéria, cf. Capítulo I, ponto 3.5. *infra*.

[370] Maximilian Haedicke & Henrik Timmann, *Patent Law*, p. 618.

[371] Cf., no mesmo sentido, o supramencionado acórdão de 17 de abril de 2013.

[372] BPI nº 2013/05/03, pp. 32 – 35.

[373] BPI nº 2017/04/13, p. 63.

[374] *In* «O Conteúdo dos Pedidos de Patente», p. 462, 464 e 465.

Tal como em Teoria Geral do Direito Civil se fala no «horizonte do destinatário»[375], composto pelas circunstâncias envolventes do negócios jurídico que devem ser ponderadas na sua interpretação, também o intérprete das reivindicações deve ter em conta uma série de elementos interpretativos que as enformam, designadamente, a descrição e os desenhos[376] (conforme resulta do nº 1 do artigo 98º do CPI[377] e do nº 1 do artigo 69º da CPE), bem como o conhecimento e a experiência gerais comuns aos peritos médios no domínio técnico da invenção[378]. Os desenhos tendem, pela sua natureza, a ser menos ambíguos do que as palavras, o que poderá representar uma vantagem para esclarecer alguma dúvida suscitada pela redação das reivindicações. O mesmo decorre da utilização de valores numéricos, pese embora estes não se furtem à interpretação, nomeadamente, quanto a saber se o perito considera a sua estrita observância como uma característica crucial da invenção[379].

Nestes termos, conforme se verá de seguida, as regras interpretativas do negócio jurídico estabelecidas pelo disposto no nº 1 do artigo 236º e no nº 1 do artigo 238º do Código Civil cumprem com os princípios estabelecidos pelo Protocolo Interpretativo do artigo 69º da CPE, cujas orientações, embora tenham como objetivo primordial harmonizar a delimitação do âmbito de proteção conferida pela patente europeia, deverão adjuvar não só à interpretação do significado das reivindicações destas patentes, como também das demais patentes outorgadas para vigorar em território nacional[380].

375 Cf. Menezes Cordeiro, *Tratado de Direito Civil*, vol. II, p. 715, citando Manuel de Andrade.

376 J. P. Remédio Marques, «O Conteúdo dos Pedidos de Patente», p. 462; A. Lucci, *Compendio di Dirito Industriale*, 9ª Edição, Edizione Giuridiche Simone, Nápoles, 2015, p. 110.

377 Cf. artigo 97º, nº 1, do CPI 2003.

378 *Guidelines for Examination in the EPO*, novembro de 2018, G-VII, § 3; Carmen Salvador Jovani, *El Ámbito de Protección de la patente*, pp. 230 a 237; Alan L. Durham, *Patent Law Essentials*, p. 64.

379 Alfred Keukenschrijver, «The German Practice», p. 84.

380 J. P. Remédio Marques, «O Conteúdo dos Pedidos de Patente», p. 454; Maximilian Haedicke & Henrik Timmann, *Patent Law*, p. 611; Jacques Azéma & Jean-Christophe Galloux, *Droit de la propriété industrielle*, p. 436. Sobre o efeito harmonizador da CPE em relação a diversos aspetos substantivos das patentes nacionais dos Estados contratantes, incluindo a interpretação do seu âmbito, cf. Dário Moura Vicente, *A Tutela Internacional da Propriedade Intelectual*, p. 149; Carmen Salvador Jovani, *El Ámbito de Protección de la patente*,

3.4. Critérios interpretativos das reivindicações

O Protocolo Interpretativo do artigo 69º da CPE estabelece expressamente que a interpretação das reivindicações não deve ser estritamente literal, nem recorrer à descrição e aos desenhos apenas para dirimir alguma ambiguidade. A jurisprudência nacional também determina que a interpretação das reivindicações não se deve cingir somente à sua redação. Conforme resulta do supracitado acórdão de 7 de abril de 2011[381] do TRL, «[a]ntes se deve atender, na interpretação das reivindicações, aos sentidos semântico, lógico e técnico das palavras e ao elemento gramatical das construções frásicas.»

A interpretação deve ser teleológica, isto é, deve ter em conta o fim visado pelo requerente ao identificar as caraterísticas técnicas reivindicadas, tal como esse fim é compreendido pelo perito na matéria[382]. O acórdão de 17 de abril de 2013, também citado acima, elencou as seguintes orientações a observar na interpretação das reivindicações da patente, baseando-se na doutrina de J. P. Remédio Marques[383]:

> «A interpretação deve ser lógica, racional, e finalisticamente orientada (*teleológica*), tendo em conta os destinatários das mesmas, não literal ou gramatical; procurando resultados interpretativos razoáveis e lógicos do ponto de vista técnico e evitando sentidos que levem a resultados absurdos; buscando surpreender nas palavras e expressões técnicas utilizadas um sentido útil, surpreender o seu sentido e alcance, à luz da impressão criada no "auditório de especialistas na matéria", e não apenas confundir ou tornar complexos os vários sentidos possíveis.
>
> O sentido dos termos e expressões de natureza técnica deve determinar-se à luz do que o aludido perito, a quem as reivindicações (e a descrição) são dirigidas, pensa que é vontade declarada do requerente da patente. Impõe-se apurar não o efetivamente querido

Tirant lo Blanch, Valência, 2002, p. 33; J. P. Remédio Marques, *Biotecnologia(s) e Propriedade Intelectual*, vol. I, p. 747; Luís Couto Gonçalves, *Manual de Direito Industrial*, p. 80.

381 Processo nº 108/08.4TYLSB.L1-8 (Relator: Carlos Marinho)

382 J. P. Remédio Marques, «O Conteúdo dos Pedidos de Patente», pp. 454 e 464.

383 J. P. Remédio Marques, «O Conteúdo dos Pedidos de Patente», pp. 462-465. Cf. acórdão proferido a 26 de novembro de 2016 (publicado no BPI nº 2017/04/13), por tribunal arbitral constituído ao abrigo do disposto no artigo 2º da Lei nº 62/2011, que também acolhe a doutrina do ensinamento do autor citado.

pelo solicitante da patente, mas o sentido que o perito pertencente à comunidade científico-tecnológica pertinente, *razoavelmente alcançará* pela leitura das reivindicações e da descrição, aquele que se encontra exteriorizado em certas regras técnicas, tal como aparecem enunciadas nesse(s) documento(s) e no eventual "diálogo" com o organismo que concede a patente. A vontade do requerente apena [*sic*] deverá relevar na busca do sentido de eventuais declarações limitadoras ou renunciativas.»[384].

Não deverá partir-se do princípio de que o requerente terá pretendido conferir o sentido mais lato possível à terminologia utilizada[385]. Não é necessariamente verdade que o requerente da patente tenha pretendido que a redação das suas reivindicações tivesse a maior amplitude possível[386]. A este propósito, não devemos esquecer que só são protegidas as invenções novas que impliquem atividade inventiva (cf. artigo 50º, nº 1, do CPI[387] e artigo 52º, nº 1, da CPE). Por conseguinte, não será de afastar a hipótese de o requerente da patente ter propositadamente deixado matéria fora das suas reivindicações, para não abranger o estado da técnica. Além disso, as reivindicações devem ser claras, concisas e basear-se na descrição (cf. artigo 62º, nº 3, do CPI[388] e artigo 84º da CPE). Admitir que o requerente da patente pretenderia que esta tivesse o âmbito mais amplo possível poderia redundar, *e.g.*, na reivindicação de matéria incluída no estado da técnica ou na falta de sustentação na descrição. Por isso, vale nesta sede o disposto no nº 1, *in fine*, do artigo 236º do Código Civil, segundo o qual o negócio jurídico (*in casu*, a reivindicação) não pode ser interpretado com um sentido com que o declarante (*in casu*, o requerente da patente) não pudesse contar. Conforme lavrou

384 Cf. BPI nº 2013/05/03, pp. 33 e 34.

385 J. P. Remédio Marques, «O Conteúdo dos Pedidos de Patente», p. 465.

386 A pretensão do requerente da patente a que se referem Adriano Vanzetti & Vicenzo di Cataldo (*in Manuale di Diritto Industriale*, p. 462), no sentido de incluir, no seu direito exclusivo, toda a matéria que possa derivar do seu pedido de patente, deverá conter-se àquem do limite ditado pelo estado da arte e pela divulgação resultante da descrição, sob pena de nulidade das reivindicações por falta de novidade, falta de atividade inventiva ou por insuficiência da descrição, de acordo com o disposto no artigo 113º, alíneas a) e d), do CPI. Cf., nesse sentido, o acórdão *Kirin-Amgen* (capítulo II, ponto 2.4.3 *infra*).

387 Cf. artigo 51º, nº 1, do CPI 2003.

388 Cf. artigo com a mesma numeração no CPI 2003.

o TRL em acórdão de 29 de julho de 2016, «[...] com vista a salvaguardar a segurança jurídica em matéria tão complexa e delicada como a concessão de um monopólio de exploração, a linguagem das reivindicações é de suma importância»[389]. Conhecer da amplitude que o requerente pretendeu dar à linguagem utilizada e, consequentemente, ao âmbito da proteção requerida implica ter em conta o grau de generalização com que a invenção é reivindicada[390]. Em causa estará sempre, através da interpretação das reivindicações, encontrar a compreensão que o perito na matéria razoavelmente retira da vontade expressa pelo requerente da patente[391], no contexto em que esta ou o respetivo pedido se inserem (*i.e.*, tendo também em conta os demais elementos do fascículo ou do pedido, nomeadamente, a descrição e os desenhos).

O que se pretende dizer é que, devendo a interpretação ser teleológica, o intérprete não pode ignorar que as reivindicações visam identificar a invenção e delimitá-la. Nesse sentido, o intérprete deverá procurar compreender, por exemplo, porque é que determinadas caraterísticas técnicas foram reivindicadas em detrimento de outras, mesmo que estas se encontrem na descrição[392], e daí retirar as devidas consequências.

Por outro lado, o intérprete deve reconhecer que o requerente da patente tentou descrever algo que, na sua opinião, é novo e para o que poderá não existir uma definição anterior. Assim, é possível que, por vezes, o requerente da proteção possa afastar-se do sentido convencional que os termos utilizados assumem normalmente[393]. É possível que, na perspetiva do perito na matéria, as palavras utilizadas não se cinjam ao seu sentido comum ou normal, mas revistam um sentido figurativo, no contexto da patente em que se inserem[394]. Todavia, essa consideração não deve menosprezar o facto de, na maioria das vezes, a redação das reivindicações ser efetuada através de uma cuidada escolha da

389 Processo nº 91/15.0YHLSB, publicado no BPI nº 2016/11/16, pp. 7 e ss. (esp. p. 33). O acórdão não versa sobre o âmbito da patente ou a sua infração, mas sim sobre a recusa de concessão de um certificado complementar de proteção.

390 J. P. Remédio Marques, «O Conteúdo dos Pedidos de Patente», p. 465.

391 J. P. Remédio Marques, «O Conteúdo dos Pedidos de Patente», p. 464; Paul Tauchner, «The Principles of the Doctrine of Equivalence in Germany», p. 2; acórdão *Kirin-Amgen* (cf. capítulo II, ponto 2.4.3. *infra*).

392 J. P. Remédio Marques, «O Conteúdo dos Pedidos de Patente», p. 464.

393 Acórdão *Kirin-Amgen* (cf. capítulo II, ponto 2.4.3. *infra*).

394 J. P. Remédio Marques, «O Conteúdo dos Pedidos de Patente», p. 466.

linguagem utilizada, muitas vezes tendo em conta aconselhamento especializado[395]. Imprescindível será que o intérprete da patente procure determinar como é que a linguagem das reivindicações, tendo em conta a descrição e os desenhos, é entendida pelo perito na matéria[396], não esquecendo o seu propósito de sintetizar o objeto da invenção e o âmbito da proteção requerida[397].

Além disso, se é verdade que o intérprete da patente não se deve cingir ao teor literal das reivindicações, também não pode entendê-las como meras diretrizes para a definição da matéria protegida. Conforme resulta igualmente do Protocolo Interpretativo do artigo 69º da CPE, a interpretação das reivindicações deve assegurar simultaneamente uma proteção justa ao titular da patente e um grau razoável de segurança jurídica para terceiros[398]. Nesse sentido, a doutrina sustenta que o resultado da interpretação das reivindicações alcançado pelo perito na matéria não pode deixar de ter correspondência no seu texto[399]. O mesmo ditame resulta, a propósito da interpretação do negócio jurídico em termos gerais, do disposto no nº 1 do artigo 238º do Código Civil, segundo o qual a declaração não pode valer com um sentido que não tenha um mínimo de correspondência no texto do respetivo documento, ainda que imperfeitamente expresso.

Isto é, ainda que não se reconduza plenamente ao teor da sua exteriorização, a vontade expressa pelo requerente da patente, tal como entendida pelo perito na matéria, não pode deixar de resultar da redação das reivindicações. Desta forma, mais do que descobrir a vontade real do requerente ou o significado que este pretendia dar às suas palavras[400], importa sobretudo discernir o sentido exteriorizado nas reivindicações,

[395] Acórdão *Kirin-Amgen* (cf. capítulo II, ponto 2.4.3. *infra*).

[396] J. P. Remédio Marques, «O Conteúdo dos Pedidos de Patente», p. 464.

[397] W. Cornish, *et al.*, *Intellectual Property*, p. 255.

[398] Maximilian Haedicke & Henrik Timmann, Patent Law, p. 608; J. P. Remédio Marques, «O Conteúdo dos Pedidos de Patente», p. 455.

[399] J. P. Remédio Marques, «O Conteúdo dos Pedidos de Patente», p. 465.

[400] J. P. Remédio Marques realça, contudo, a importância da intenção subjetiva do requerente na interpretação de eventuais declarações limitativas, restritivas ou renúncias a certos elementos técnicos (*disclaimers*), apresentadas de forma clara e simples durante o procedimento de concessão da patente, conforme constem do respetivo fascículo, ou posteriormente na sequência de ações de violação de patente (cf. «O Conteúdo dos Pedidos de Patente», p. 463).

à luz da descrição e dos desenhos, tal como é apreendido pelo perito na matéria do domínio da invenção[401]. Por isso, o depoimento posterior do requerente ou de outras testemunhas, revelando que as reivindicações não refletem o significado pretendido ou que significado seria esse, não deve ser considerado relevante face ao entendimento retirado pelos peritos na especialidade da leitura das reivindicações e dos demais elementos integrantes da patente ou do seu pedido[402].

Ainda assim, o intérprete deverá evitar chegar a resultados como os que já se verificaram noutras jurisdições (nomeadamente, nos EUA), onde o tribunal, por entender que não se verificava qualquer ambiguidade na terminologia utilizada nas reivindicações, se recusou a valorar o depoimento do requerente em detrimento da redação das reivindicações, pese embora o seu teor literal levasse a um resultado absurdo[403]. Trata-se, de uma posição extremada que merece cautela. Com efeito, o intérprete deverá procurar extrair um sentido útil da redação utilizada, em termos lógicos e técnicos, buscando um significado técnico inteligível[404], em detrimento de uma interpretação que conduza a resultados absurdos[405]. Deve demonstrar abertura à compreensão do significado das

[401] J. P. Remédio Marques, «O Conteúdo dos Pedidos de Patente», p. 465.

[402] William R. Cornish, «The Practice in the UK», p. 229; Alan L. Durham, *Patent Law Essentials*, p. 63; J. P. Remédio Marques, «O Conteúdo dos Pedidos de Patente», p. 455, nota de rodapé 519.

[403] Referimo-nos ao caso *Chef America, Inc. v. Lamb-Weston, Inc.*, 358 F.3d 1371 (Fed. Cir. 2004), apresentado por Alan Durham *in Patent Law Essentials*, p. 65. Neste caso, as reivindicações indicavam que a massa da pizza deveria ser pré-aquecida a 800º Fahrenheit, o que equivaleria a cerca de 426º Celsius. Como é evidente, seria o forno que deveria ser pré-aquecido a 800º F., pois a essa temperatura, a massa seria carbonizada. Não obstante, o Federal Circuit recusou-se a ignorar a redação da reivindicação, declarando «*we construe the claims as written, not as the patentees wish they had written it*», ou seja, o tribunal interpreta as reivindicações conforme foram escritas e não como o requerente da patente gostaria de as ter escrito. No pólo oposto desta posição, temos os tribunais franceses, que admitem, em casos excecionais, corrigir a redação das reivindicações que contenham lapsos de escrita óbvios, termos em falta, sem sentido ou absurdos, quando o perito na matéria seja capaz de determinar com facilidade a falta de sentido face a uma descrição clara ou a desenhos precisos (cf. Jochen Pagenberg, Alexander Harguth & Julien Frénaux, «The French Practice», p. 113).

[404] *Guidelines*, F-IV, 4.2; Jacques Azéma & Jean-Christophe Galloux, *Droit de la propriété industrielle*, p. 272; Alfred Keukenschrijver, «The German Practice», p. 80.

[405] J. P. Remédio Marques, «O Conteúdo dos Pedidos de Patente», pp. 452, 463 e 464; acórdão *Okklusionsvorrichtung*, proferido pelo BGH em 10 de maio de 2011.

reivindicações e não deve condicionar-se *a priori* para a incompreensão da expressão do requerente da patente[406]. Isto, claro está, desde que seja possível ao intérprete retirar um significado compreensível da exteriorização vertida no texto das reivindicações e dentro dos limites desta[407].

Não obstante, o facto de o intérprete dever procurar retirar da interpretação das reivindicações um sentido útil em termos técnicos e lógicos não significa que exista um princípio interpretativo em favor do requerente ou da validade das reivindicações, quando estas apresentem uma redação ambígua, obscura ou polissémica[408]. Caso contrário, poderia induzir-se à redação de reivindicações pouco claras, inexatas ou polissémicas. Quando assim for, o requerente sujeita-se a ver a sua patente ou alguma das suas reivindicações declaradas nulas e, ou, a ser incapaz de exercer o seu direito contra um alegado infrator[409].

A interpretação das reivindicações deve levar sempre ao mesmo resultado[410], independentemente de estar em causa aferir a novidade ou o caráter inventivo do objeto de proteção, a validade das reivindicações ou a infração da patente[411]. Acresce que o sentido das reivindicações não pode ser alterado pela atuação do requerente ou titular da patente após a apresentação do seu pedido[412], salvo nos casos em que o titular da patente deva ser vinculado à sua conduta anterior, na medida em que esta importe a limitação do âmbito de proteção da patente, nos termos e com os limites que analisaremos adiante[413]. Designadamente, não é lícito que o titular da patente procure sustentar uma interpretação mais restrita das reivindicações quando estiver em discussão o caráter inven-

[406] Legal Research Service of the Boards of Appeal, *Case Law of the Boards of Appeal of the European Patent Office*, 8ª Edição, Munique, 2016, p. 287, citando a decisão T 190/99 e diversas outras que a confirmaram.

[407] J. P. Remédio Marques, «O Conteúdo dos Pedidos de Patente», p. 462.

[408] W. Cornish, *et al.*, *Intellectual Property*, p. 255; J. P. Remédio Marques, «O Conteúdo dos Pedidos de Patente», p. 466.

[409] J. P. Remédio Marques, «O âmbito de proteção das patentes biotecnológicas», *Revista de Direito Intelectual*, nº 1, 2015, p. 247.

[410] Sem prejuízo da questão de saber se devem ser tidas em conta as renúncias e as limitações resultantes de ações judiciais posteriores à concessão da patente, que se abordará adiante.

[411] Cf. Alan L. Durham, *Patent Law Essentials*, p. 76; Maximilian Haedicke & Henrik Timmann, *Patent Law*, p. 614.

[412] J. P. Remédio Marques, «O Conteúdo dos Pedidos de Patente», p. 467.

[413] Cf. Capítulo I, ponto 3.8. *infra*.

tivo da matéria protegida (*i.e.*, quando se discuta se as caraterísticas técnicas reivindicavas integravam ou não o estado da técnica na data do pedido ou da prioridade) e, posteriormente, sustente uma interpretação mais ampla das reivindicações, quando estiver em causa a infração da sua patente[414].

3.5. O perito na matéria

Conforme se referiu anteriormente, a interpretação das reivindicações visa determinar o significado que o perito na matéria razoavelmente retira da vontade expressa pelo requerente da patente[415]. O perito da matéria é, por conseguinte, a figura que a lei ficciona ser o destinatário das reivindicações, de modo a objetivar a sua interpretação[416]. Equivale ao «declaratário normal» previsto no nº 1 do artigo 236º do Código Civil, que representa um padrão de capacidade, instrução e diligência para entender o texto ou o conteúdo da declaração[417]. A definição dos conceitos utilizados nas reivindicações (bem como na descrição) é feita de acordo com aquela que seria a sua interpretação[418]. Por isso, o significado da terminologia utilizada na redação das reivindicações da patente pode não coincidir com o significado que um leigo na matéria lhe atribuiria. Os termos utilizados na redação desses documentos podem ter um significado específico no âmbito do ramo da técnica em que se enquadra a invenção, pelo que a sua interpretação deve ser funcional, de acordo com o sentido técnico que o perito na matéria lhe atribui[419]. Assim, a definição do conhecimento e da perícia que são imputados ao perito na matéria é crucial para a interpretação das reivindicações e para a definição do âmbito da patente[420]. A função do perito na matéria na interpretação das reivindicações é salvaguardar a certeza e a segurança jurídica de terceiros e garantir que a proteção outorgada ao titular da

[414] MAXIMILIAN HAEDICKE & HENRIK TIMMANN, *Patent Law*, p. 614

[415] J. P. REMÉDIO MARQUES, «O Conteúdo dos Pedidos de Patente», p. 464; acórdão *Kirin-Amgen* (cf. capítulo II, ponto 2.4.3. *infra*).

[416] MAXIMILIAN HAEDICKE & HENRIK TIMMANN, *Patent Law*, p. 611; ADRIANO VANZETTI & VICENZO DI CATALDO, *Manuale di Diritto Industriale*, p. 463.

[417] PIRES DE LIMA & ANTUNES VARELA, *Código Civil Anotado*, vol. I, p. 223.

[418] ALFRED KEUKENSCHRIJVER, «The German Practice», pp. 77 e 78.

[419] CHRISTIAN VON DRATHEN, «Patens Scope in English and German Law Under the European Patent Convention 1973 and 2000», p. 387.

[420] HELEN E. NORMAN, *Intellectual Porperty Law*, p. 163.

patente corresponde à sua real contribuição para o estado da técnica[421]. Além disso, assegura ainda que a compreensão do âmbito da proteção não varia em função do conhecimento do seu leitor[422].

De acordo com o acórdão arbitral de 17 de abril de 2013 mencionado acima[423]:

> «Segundo o entendimento dominante [...] na interpretação adota-se o padrão variável do especialista ou perito médio na matéria, munido do conhecimento geral pertinente e dotado de uma capacidade de experimentação normal, atendendo ao setor em causa».

O perito na matéria é uma ficção jurídica[424] que representa um técnico no domínio da invenção, ao qual se atribui um padrão de formação, conhecimento, experiência e capacidades médias ou normais nesse domínio, e a que o legislador recorreu para permitir, em cada caso, concretizar, de forma objetiva, diversos juízos crítico baseados em conceitos indeterminado – *e.g.*, para determinar a atividade inventiva subjacente à invenção (cf. artigos 56º da CPE e 54º, nº 2, do CPI[425]), para aferir a suficiência da descrição (cf. artigos 83º da CPE e 62º, nº 4, do CPI) ou para determinar o âmbito da patente (cf. artigo 1º do Protocolo Interpretativo do artigo 69º da CPE)[426]. Conforme se analisa em maior detalhe adiante[427], para a fixação do conhecimento e da competência do perito na matéria, deverá ter-se em conta a data da apresentação do pedido ou a data da prioridade, caso o requerente a reivindique[428].

Até à aprovação do CPI 2018, a lei portuguesa referia-se de diferentes formas ao perito na matéria – *e.g.*, «perito na especialidade» (artigos

[421] Carmen Salvador Jovani, *El Ámbito de Protección de la patente,* p. 228; Maximilian Haedicke & Henrik Timmann, *Patent Law,* p. 611. Cf. também o acórdão arbitral de 28 de fevereiro de 2013, publicado no BPI nº 2013/05/24, pp. 51 - 54.

[422] Maximilian Haedicke & Henrik Timmann, *Patent Law,* pp. 608 e 612.

[423] Publicado no BPI nº 2013/05/03, pp. 32 - 35. Cf., em sentido idêntico, *e.g.*, o acórdão arbitral de 26 de novembro de 2016, publicado no BPI nº 2017/04/13, pp. 6 e ss. (esp. p. 62).

[424] Cf. acórdão arbitral publicado no BPI de 20 de janeiro de 2016.

[425] Cf. artigo 55º, nº 2, do CPI 2003.

[426] Carmen Salvador Jovani, *El Ámbito de Protección de la patente,* pp. 227, 230 a 237; Maximilian Haedicke & Henrik Timmann, *Patent Law,* p. 612.

[427] Cf. Capítulo II, ponto 5.4 *infra.*

[428] Maximilian Haedicke & Henrik Timmann, *Patent Law,* p. 613.

55º e 120º do CPI de 2003) e «pessoa competente na matéria» [*e.g.*, artigos 62º, nº 4; 62º-A, nº 2, alínea a); 63º; 73º, nº 1, alínea d); 113º, alínea d); 124º, nº 3, do CPI 2003]. Já ao abrigo do código de 2003 sustentávamos que se tratava de uma única figura, à qual se deve imputar um único conjunto de conhecimentos[429]. Nesse sentido apontava o facto de a terminologia utilizada na CPE ser uniforme (*«Fachmann»*, na versão em língua alemã, *«homme du métier»* na versão em língua francesa, e *«person skilled in the art»*, na versão em língua inglesa), donde resultava que, se as diferentes terminologias utilizadas pelo CPI tivessem alguma consequência jurídica, então a concessão de patentes para vigorar em Portugal estaria subordinada a diferentes níveis de exigência, consoante se tratasse de patentes nacionais e internacionais ou europeias, o que não seria aceitável, por razões de igualdade concorrencial e de segurança jurídica. Pelo contrário, dever-se-ia valorizar o facto de a CPE ter procurado harmonizar diversos aspetos procedimentais e substantivos das patentes vigentes na europa (*maxime*, no que respeita à interpretação das reivindicações), o que deveria levar à interpretação do CPI em consonância com o disposto na CPE e, por conseguinte, num sentido uniformizador dos conceitos utilizados, nomeadamente, do conceito de perito na matéria. Atualmente, o problema foi ultrapassado, uma vez que o CPI 2018 procedeu à uniformização da terminologia utilizada, optando pelo termo «perito na especialidade» [cf., *e.g.*, artigos 54º, nº 2; 61º, nº 3; 62º, nº 4; 65º; 66º, 75º, nº 1, alínea d); 114º, alínea d); 122º, nº 2, alínea a), do CPI 2018].

As *Guidelines for Examination in the EPO* poderão ser muito úteis para definir e densificar o conceito de perito na matéria, bem como o padrão de conhecimento, experiência e valência técnica que lhe é atribuído. De acordo com essa *Guidelines*, que citam várias decisões da Câmara de Recursos do IEP:

> «Presume-se que o perito na matéria é um profissional no domínio da técnica relevante, possuidor de conhecimento e habilidade médios e ciente do que era conhecimento geral ou comum nesse domínio na data relevante (cf. T 4/98, T 143/94 e T 426/88). Também

[429] No mesmo sentido, mas ao abrigo da lei espanhola, cf. CARMEN SALVADOR JOVANI, *El Ámbito de Protección de la patente*, pp. 230 a 232, citando diversa jurisprudência do IEP.

se presume que teve acesso a tudo o que integra o estado da técnica, em especial os documentos citados no relatório de pesquisa, e que teve à sua disposição os meios e a capacidade necessários para trabalhos e experimentações rotineiras normais no domínio técnico em causa. Se o problema leva o perito na matéria a procurar a sua solução noutro domínio técnico, o perito nesse domínio é a pessoa qualificada para resolver o problema. O perito na matéria está envolvido em constantes desenvolvimentos no seu domínio técnico (cf. T 774/89 e T 817/95). É expectável que ele procure sugestões nos domínios técnicos vizinhos e gerais (cf. T 176/84 e T 195/84), ou mesmo em domínios técnicos remotos, se for incitado a fazê-lo (cf. T 560/89). A avaliação da atividade inventiva implicada pela solução deve, por isso, basear-se no conhecimento e habilidade desse perito (cf. T 32/81). Pode haver situações em que é mais apropriado considerar-se um grupo de pessoas, (*e.g.*, uma equipa de pesquisa ou de produção), em vez de uma única pessoa (cf. T 164/92 e T 986/96). Deverá ter-se em mente que um perito tem o mesmo nível de aptidão para avaliar a atividade inventiva e a suficiência da descrição (cf. T 60/89, T 694/92 e T 373/94).»[430].

Assim, o perito na matéria não é nem um especialista líder no domínio técnico da invenção, nem um operário[431], mas antes um perito mé-

[430] *Guidelines*, G-VII, § 3. Tradução livre da nossa responsabilidade. No original: «*The "person skilled in the art" is presumed to be a skilled practitioner in the relevant field of technology, who is possessed of average knowledge and ability and is aware of what was common general knowledge in the art at the relevant date (see T 4/98, T 143/94 and T 426/88). He is also presumed to have had access to everything in the "state of the art", in particular the documents cited in the search report, and to have had at his disposal the means and capacity for routine work and experimentation which are normal for the field of technology in question. If the problem prompts the person skilled in the art to seek its solution in another technical field, the specialist in that field is the person qualified to solve the problem. The skilled person is involved in constant development in his technical field (see T 774/89 and T 817/95). He may be expected to look for suggestions in neighbouring and general technical fields (see T 176/84 and T 195/84) or even in remote technical fields, if prompted to do so (see T 560/89). Assessment of whether the solution involves an inventive step must therefore be based on that specialist's knowledge and ability (see T 32/81). There may be instances where it is more appropriate to think in terms of a group of persons, e.g. a research or production team, rather than a single person (see T 164/92 and T 986/96). It is to be borne in mind that the skilled person has the same level of skill for assessing inventive step and sufficient disclosure (see T 60/89, T 694/92 and T 373/94).*»

[431] W. Cornish, *et al.*, *Intellectual Property*, p. 180.

dio, com conhecimento e habilidade médios[432]. Esta bitola resulta da ponderação dos interesses presentes na concessão da patente: por um lado, uma proteção justa para o requerente; por outro, um grau razoável de segurança jurídica para terceiros. Com efeito, caso se atribuísse ao perito na matéria conhecimentos técnicos muito elevados, facilmente se preencheria o requisito da suficiência da descrição, mas mais dificilmente se atingiria a atividade inventiva necessária. Pelo contrário, se os conhecimentos do perito na matéria fossem muito baixos, a descrição da invenção seria muito mais exigente, mas facilmente se atingiria a atividade inventiva imprescindível para que a patente seja concedida[433].

O perito na matéria está ciente do «conhecimento geral ou comum nesse domínio na data relevante», ou seja, o conhecimento que o perito médio, com o devido grau de formação, deve demonstrar para praticar a sua profissão[434]. Não obstante, presume-se que o perito teve acesso a todo o estado da técnica[435], uma vez que a novidade exigida para a concessão da patente é absoluta (cf. artigos 54º e 55º do CPI[436] e 52º e 54º da CPE). O perito na matéria estudou a literatura relevante e está familiarizado com a sua área técnica, de tal modo que poderia combinar todo o conhecimento geral comum do seu domínio, embora de maneira não inventiva[437].

Acresce ainda que o perito na matéria tem conhecimentos básicos de Direito de Patentes[438]. Terá pelo menos os conhecimentos necessários para saber que as reivindicações visam identificar e demarcar a invenção protegida pela patente[439], pois se assim não fosse, as reivindicações não poderiam identificar os limites do monopólio e oferecer aos concorrentes do titular da patente a segurança jurídica necessária para desenvolverem a sua atividade no domínio da técnica em que se situa a invenção.

[432] Carmen Salvador Jovani, *El Ámbito de Protección de la patente*, p. 235; Maximilian Haedicke & Henrik Timmann, *Patent Law*, p. 612. William R. Cornish, «The Practice in the UK», p. 239.

[433] Maximilian Haedicke & Henrik Timmann, *Patent Law*, p. 612; Carmen Salvador Jovani, *El Ámbito de Protección de la patente*, p. 236.

[434] Carmen Salvador Jovani, *El Ámbito de Protección de la patente*, p. 237.

[435] Em sentido contrário, Carmen Salvador Jovani, *El Ámbito de Protección de la patente*, p. 236.

[436] Cf., respetivamente, artigos 55º e 56º do CPI 2003.

[437] Maximilian Haedicke & Henrik Timmann, *Patent Law*, p. 613.

[438] W. Cornish, *et al.*, *Intellectual Property*, p. 180.

[439] Acórdão *Kirin-Amgen* (cf. capítulo II, ponto 2.4.3. *infra*).

O perito na matéria nunca poderia ser um indivíduo concreto, uma vez que ninguém possui todo o saber geral comum do seu ramo da técnica, nem pode simplesmente desligar a habilidade de produzir novos resultados inventivos[440]. O perito na matéria é uma abstração normativa, uma definição de conhecimento e habilidade entre os membros de um determinado ramo especializado do conhecimento técnico[441]. Ainda assim, para construir o padrão de conhecimento que constitui o perito na matéria, o tribunal pode e deve ordenar perícias ou ouvir peritos sobre o significado dos termos técnicos usados na redação da patente, sobre qual seria o conhecimento geral atribuído ao perito na matéria à data do pedido ou da prioridade e sobre o que uma determinada característica técnica lhes sugere. O que não pode é inquiri-los quanto à questão de saber qual é o âmbito da patente ou se esta foi infringida[442].

3.6. A ponderação dos elementos interpretativos das reivindicações; o significado normal da terminologia e o significado atribuído na descrição

A resposta à questão de saber qual deve ser o peso relativo da prova atendível na interpretação das reivindicações também não é pacífica e tem criado polémica noutras jurisdições, nomeadamente, caso se verifique um conflito entre a prova intrínseca à patente e a prova extrínseca. Por prova intrínseca entende-se os documentos que integram a patente e o respetivo fascículo, ou seja, o resumo, as reivindicações, a descrição e os desenhos (quando existam), bem como o expediente do pedido e o estado da técnica referido na descrição ou no expediente do pedido. Prova extrínseca designa os elementos interpretativos que não resultam do processo de concessão da patente ou do seu fascículo, como, por exemplo, dicionários, enciclopédias técnicas, artigos científicos ou depoimento pericial[443].

Nos EUA, até há relativamente pouco tempo, a jurisprudência vacilava entre a preponderância da prova intrínseca e a preferência pela prova extrínseca. No caso *Vitronics Corp. v. Conceptronic, Inc.*[444], decidido em

[440] Maximilian Haedicke & Henrik Timmann, *Patent Law*, p. 613.

[441] Maximilian Haedicke & Henrik Timmann, *Patent Law*, p. 613.

[442] William R. Cornish, «The Practice in the UK», pp. 229 e 230.

[443] Janice M. Mueller, *Patent Law*, pp. 452 e 453.

[444] 90 F.3d 1576 (Fed. Cir. 1996), *apud* Alan L. Durham, *Patent Law Essentials*, p. 65.

1996, o *Federal Circuit* enfatizou a relevância da prova intrínseca e entendeu que o recurso à prova extrínseca só devia verificar-se nos casos em que a prova intrínseca fosse ambígua[445]. Mais tarde, ao decidir outros casos (entre os quais se destaca o caso *Texas Digital Systems, Inc v. Telegenic, Inc.*[446], de 2002), o mesmo tribunal valorizou o significado normal da terminologia utilizada nas reivindicações, melhor compreendida através do recurso a fontes neutras, como dicionários. Não obstante, o tribunal notou que, quando os dicionários apresentem várias definições para a mesma palavra, o recurso à descrição poderá ser relevante para determinar qual delas é pertinente[447].

Em 2005, ao decidir o caso *Philips v. AWH Corp.*[448], o *Federal Circuit*, em formação plena, afastou a mais recente ênfase colocada na prova extrínseca, embora sem estabelecer qualquer hierarquia rígida que valorize os elementos intrínsecos em detrimento daquela. Segundo o tribunal, não existe qualquer fórmula ou sequência para a interpretação das reivindicações. Ao invés, as reivindicações devem ser interpretadas tal como seriam pelo perito na matéria, o que inclui ter em devida consideração o que resulta da patente. A prova extrínseca pode ser elucidativa mas, se a patente for perfeitamente clara, não será possível contradizer os seus termos com recurso a outros meios de prova[449].

Na Europa também há registo de casos em que se discutiu a ponderação dos elementos intrínsecos à patente face à prova extrínseca, durante a interpretação das reivindicações. Em 1984, o BGH decidiu um litígio (caso *Bierklärmittel*[450]), em que a titular da licença de exploração da patente acusava uma concorrente de a infringir. Em causa estava um processo de tratamento de cerveja através da utilização de um gel de sílica caraterizado na descrição como muito poroso, mas que uma prestigiada enciclopédia química referia ser de porosidade média. Assim, a decisão do caso passou por resolver a questão de saber se as reivin-

[445] Cf. Donald S. Chisum, «Common law and civil law approaches to patent claim interpretation», p. 103.

[446] 308 F.3d 1193 (Fed. Cir 2002), *apud* Alan L. Durham, *Patent Law Essentials*, p. 66.

[447] Cf. Donald S. Chisum, «Common law and civil law approaches to patent claim interpretation», p. 106.

[448] F.3d (Fed. Cir. 2005), *apud* Alan L. Durham, *Patent Law Essentials*, p. 66.

[449] Alan L. Durham, *Patent Law Essentials*, pp. 65 e 66.

[450] Acórdão *Bierklärmittel*, proferido pelo BGH a 31 de janeiro de 1984, *in* GRUR 1984, pp. 425-428, *apud* Carmen Salvador Jovani, El *Ámbito de Protección de la patente*, p. 240.

dicações deveriam ser interpretadas à luz da descrição ou, ao invés, de acordo com o ensinamento da enciclopédia técnica, uma vez que, prevalecendo este segundo sentido, verificar-se-ia a infração da patente, o que já não aconteceria se as reivindicações fossem interpretadas à luz da descrição. O BGH entendeu que, em caso de discrepância entre a literatura técnica e o fascículo da patente, deveria prevalecer o sentido retirado deste último, pois o contrário seria desconforme ao princípio da segurança jurídica[451].

Entre nós, a questão não tem sido alvo de debate aprofundado e a doutrina que versa sobre o assunto não é perfeitamente esclarecedora. Segundo J. P. Remédio Marques, «a eventual prova extrínseca [...] apenas deverá ser mobilizada para ultrapassar alguma ambiguidade ou indeterminação do sentido do conteúdo das reivindicações» (*in* «O Conteúdo dos Pedidos de Patente», p. 462). Mas quer isso dizer que uma ambiguidade ou indeterminação do teor das reivindicações poderá desde logo ser resolvida com recurso à prova extrínseca, *maxime*, sem atender a outros elementos do fascículo? Ou antes pressupõe que o conteúdo das reivindicações é o que resulta da sua interpretação à luz do disposto na descrição e nos desenhos, pelo que só as ambiguidades ou indeterminações subsistentes após essa interpretação deverão ser resolvidas com recurso à prova extrínseca?

Sem prejuízo da exigência de que as reivindicações se baseiem na descrição (e não noutros elementos)[452], estamos em crer que, como resulta da jurisprudência do Federal Circuit, mais importante do que estabelecer uma hierarquia rígida entre os elementos à disposição do intérprete da patente, será proceder à interpretação das reivindicações com o sentido que o perito na matéria delas retiraria – o que não exclui (pelo menos *a priori*) que a prova extrínseca possa, em determinadas situações, sobrepor-se aos elementos interpretativos intrínsecos, tendo em conta os circunstancialismos do caso concreto e do domínio em que se insere a invenção. É natural que a terminologia utilizada na redação das

[451] Carmen Salvador Jovani, El *Ámbito de Protección de la patente*, pp. 239 e 240.

[452] Razão pela qual os tribunais franceses estabelecem uma relação hierárquica que coloca a descrição acima dos desenhos, donde resulta que as deficiências ou falhas das reivindicações não podem ser colmatadas por referência aos desenhos, sem que sejam supridas pela descrição. Cf. Jochen Pagenberg, Alexander Harguth & Julien Frénaux, «The French Practice», pp. 122 e 123.

reivindicações assuma o seu significado comum. Quando essa terminologia não apresente especificidades técnicas, o intérprete poderá recorrer a um dicionário generalista para esclarecer alguma dúvida. Quando se trate de termos que, num determinado domínio tecnológico, tenham um sentido distinto do seu significado geral (o que acontece com alguma frequência), o intérprete poderá socorrer-se de um dicionário da especialidade ou mesmo recorrer ao depoimento de um perito na matéria[453].

Contudo, a interpretação das reivindicações não deve ser feita sem ter em consideração a descrição e os desenhos. Por essa razão – e embora noutras jurisdições seja possível encontrar decisões que mencionam a existência de uma «forte presunção» de que a terminologia utilizada na redação das reivindicações deverá assumir o seu sentido comum[454] –, é geralmente reconhecido que o requerente da proteção poderá utilizar a descrição para estabelecer um significado especial assumido por determinados termos utilizados nas reivindicações ou noutras peças da patente ou do respetivo pedido. Nesse caso, a descrição funciona como o dicionário da patente[455]. Por conseguinte, caso as dúvidas na interpretação das reivindicações sejam esclarecidas após a consulta da descrição e dos desenhos, dificilmente haverá motivo para recorrer à prova extrínseca. Ou seja, «[a] prova extrínseca pode ser elucidativa mas, se a patente for perfeitamente clara, não será possível contradizer os seus termos com recurso a outros meios de prova»[456].

Assim, parece-nos ser de acolher o sentido da jurisprudência norte-americana e alemã referida acima, bem como a doutrina dos autores que sustentam que apenas quando a descrição deixa questões por responder será legítimo recorrer à prova extrínseca à patente ou ao respetivo pedido[457]. Por outras palavras, as reivindicações deverão ser lidas atribuindo aos seus termos o significado que eles normalmente têm no domínio tecnológico da invenção, a não ser que resulte da descrição que

[453] Alan L. Durham, *Patent Law Essentials*, pp. 69 e 70.

[454] Alan L. Durham, *Patent Law Essentials*, p. 67.

[455] J. P. Remédio Marques, «O Conteúdo dos Pedidos de Patente», p. 452; Alan L. Durham, *Patent Law Essentials*, p. 69; Carmen Salvador Jovani, *El Ámbito de Protección de la patente*, p. 189; Maximilian Haedicke & Henrik Timmann, *Patent Law*, p. 620.

[456] Cf. acórdão *Philips v. AWH Corp.*, 415 F.3d 1303 (Fed. Cir. 2005). Tradução livre da nossa responsabilidade. No original: «[e]*xtrinsic evidence can be illuminating, but if the patent is perfectly clear one cannot cotradict its meaning by resort to other sources of information*».

[457] Maximilian Haedicke & Henrik Timmann, *Patent Law*, p. 618.

o requerente da proteção pretendeu atribuir um significado próprio à terminologia utilizada[458].

Com efeito, em prol da clareza e concisão das reivindicações, a descrição poderá ser utilizada para resolver problemas que se coloquem à sua redação e que, posteriormente, poderão refletir-se na sua interpretação. Se tivermos em conta que a patente é atribuída a invenções com caráter de novidade e inventividade, poderá mesmo verificar-se a hipótese de o relator das reivindicações ser confrontado com a inexistência de léxico adequado à descrição da invenção à data da apresentação do pedido[459]. Acresce que, não raras vezes, existirão invenções cuja tradução para palavras será extremamente difícil[460]. Por isso, admite-se que o requerente da patente possa, na descrição, criar o seu próprio vocabulário, atribuindo um significado específico à terminologia utilizada, diferente do seu significado normal, ou mesmo inventar novos termos[461]. A atribuição de um determinado significado a uma palavra ou expressão utilizadas nas reivindicações poderá ser feita expressamente na descrição (o que beneficiará a sua clareza), mas também poderá resultar de forma implícita do uso que, de forma consistente, seja feito desse termo ao longo da descrição[462].

Deste modo, a necessidade de recorrer a materiais extrínsecos para interpretar a patente será proporcionalmente inversa à clareza da redação das reivindicações e da descrição dos elementos técnicos da invenção cuja proteção se requer[463].

3.7. Interpretação restritiva e interpretação ampla da terminologia utilizada na redação das reivindicações

Dada a possibilidade de o requerente da patente utilizar a descrição para atribuir aos termos empregues nas reivindicações um significado

[458] *Guidelines*, F-IV, 4.2. Alfred Keukenschrijver, «The German Practice», p. 83; Janice M. Mueller, *Patent Law*, pp. 463 e 464.

[459] Mario Franzosi, «The Practice in Italy», p. 143.

[460] Janice M. Mueller, *Patent Law*, p. 81.

[461] *Guidelines*, F-IV, 4.2.; Janice M. Mueller, *Patent Law*, p. 81; Alan L. Durham, *Patent Law Essentials*, pp. 68 e 69, citando diversa jurisprudência nesse sentido; Mario Franzosi, «The Practice in Italy», p. 143.

[462] *Guidelines*, F-IV, 4.2; Janice M. Mueller, *Patent Law*, p. 82.

[463] Acórdão *Spannschraube*, do BGH, de 2 de março de 1999 (Processo nº X ZR 85/96).

diferente daquele que assumem normalmente, coloca-se a questão de saber se a interpretação das reivindicações, à luz da descrição, pode resultar numa interpretação mais restrita ou mais ampla do seu teor literal[464].

Pergunta-se, por um lado, se será possível interpretar restritivamente as reivindicações quando ocorrer, por exemplo, uma situação em que o requerente da patente exclui um dos possíveis significados normalmente assumidos por um termo técnico. Recorrendo ao exemplo de Salvador Jovani, o termo «fluido» significa, em português, «qualquer substância que tem a capacidade de fluir como os líquidos ou os gases»[465]. Será que o requerente da patente poderá, na descrição, limitar o significado desse termo a líquidos, excluindo gases[466]?

É também possível que o perito, ao ler as reivindicações, e tendo em conta o estado da técnica, conclua que determinada interpretação, à partida incluída ou não afastada pela redação da patente, não é passível de implementação. Questiona-se se, ainda assim, o resultado dessa interpretação deve ser aceite ou, pelo contrário, se deve ser afastado, ainda que a redação das reivindicações ou da descrição não o faça.[467]

Ao estabelecer que «[o] artigo 69º não deve ser interpretado como significando que a extensão da protecção conferida por uma patente europeia é determinada no sentido estrito e literal do texto das reivindicações [...]», poderia à primeira vista parecer que o Protocolo Interpretativo do artigo 69º da CPE impõe um limite mínimo ao âmbito da patente – o «sentido estrito e literal do texto das reivindicações» –, que não deveria ser restringido pelo intérprete[468]. Segundo Henrik Timmann, o facto de o perito na matéria retirar da descrição e dos desenhos um ensinamento menor do que o teor literal das reivindicações dá a

[464] Carmen Salvador Jovani, *El Ámbito de Protección de la patente*, pp. 212 a 214; J. P. Remédio Marques, «O Conteúdo dos Pedidos de Patente», pp. 465 e 466.

[465] «Fluido», *in Dicionário Priberam da Língua Portuguesa on-line* (http://www.priberam.pt/dlpo/fluido).

[466] Carmen Salvador Jovani, *El Ámbito de Protección de la patente*, p. 212.

[467] Acórdão *Spannschraube*, proferido pelo BGH em 2 de março de 1999 (Processo nº X ZR 85/96).

[468] Cf., nesse sentido, B. Johannesson, «Schutzbereich und Patentansprüche des deutschen und des europäischen Patents», *GRUR Int.*, 1974, pp. 302 e 303, *apud* Carmen Salvador Jovani, *El Ámbito de Protección de la patente*, p. 213.

entender não pode resultar numa restrição substantiva da matéria definida pela redação literal das reivindicações[469].

Contudo, estamos em crer que, como refere SALVADOR JOVANI, o Protocolo não define o limite mínimo para o âmbito da patente, mas antes os meios que, indispensavelmente, devem ser empregues na interpretação das reivindicações, a saber, a descrição e os desenhos. Além disso, o que o Protocolo estabelece é que a fixação do âmbito da proteção deve equilibrar o interesse do titular da patente e o interesse terceiros. Segundo a mesma autora, ambas as exigências são compatíveis com a possibilidade de as reivindicações serem interpretadas restritivamente sem atentar ao direito do titular da patente, quando a descrição e os desenhos assim o determinem. Não está em causa uma restrição do âmbito da proteção suscetível de pôr em causa a legítima proteção requerida pelo titular da patente, salvaguardada pelo protocolo, pois trata-se ainda de apurar o significado, ainda que restritivo, que se retira da redação das reivindicações, interpretadas de acordo com a descrição e os desenhos[470]. Nestes termos, o teor das reivindicações poderá ser interpretado de forma restritiva se, após a sua análise, o perito na matéria alcançar um conteúdo menos amplo do que aquele que, aparentemente, seria transmitido pela reivindicação das caraterísticas técnicas que caracterizam a invenção[471].

Todavia, por vezes não é fácil discernir onde acaba a interpretação restritiva dos termos utilizados na redação das reivindicações e onde começa a utilização da descrição para descobrir uma limitação à invenção que não resulta das reivindicações[472]. Será que as caraterísticas técnicas reivindicadas e, por conseguinte, o âmbito da proteção conferida pela patente são exclusivamente definidas pelas reivindicações (interpretadas à luz do teor da descrição e dos desenhos)? Ou a descrição, para além de ser um elemento de interpretação das reivindicações, pode

[469] MAXIMILIAN HAEDICKE & HENRIK TIMMANN, *Patent Law*, p. 633: «*In some cases, taking the description and drawings into consideration when determining the literal wording may lead to the conclusion that the person skilled in the art learns a narrower teaching from the patent specification as a whole than the philological wording of the claim appears to suggest. It must not, however, result in the substantive restriction of the subject matter defined by the literal wording of the claim.*»

[470] CARMEN SALVADOR JOVANI, *El Ámbito de Protección de la patente*, pp. 213 e 214.

[471] Acórdão *Spannschraube*, proferido pelo BGH em 2 de março de 1999.

[472] ALAN L. DURHAM, *Patent Law Essentials*, p. 71.

também ser uma fonte independente para (de)limitar o âmbito do direito de patente?[473]

A questão tem sido debatida sobretudo nos tribunais norte-americanos (mas não só) e existem algumas decisões que admitem que a caraterização da invenção na descrição pode limitar o objeto reivindicado e a proteção conferida pela patente[474]. Fora dos EUA, temos também conhecimento de pelo menos uma decisão do Tribunal de Milão que entendeu que, quando de entre vários significados possíveis, a descrição e os desenhos apenas sustentem um deles, deverá considerar-se ser esse o âmbito da patente[475]. Trata-se de situações em que as referências efetuadas a um particular modo de execução da invenção, em termos consistentes e mais redutores do que os que resultam das reivindicações, levaram os tribunais a entender que essa descrição não se limitava a expor um possível modo de execução da invenção (ou mesmo um modo de execução preferencial), mas antes sugeria que a própria invenção reivindicada se limitava, pelo menos nesse elemento, ao modo de execução exposto na descrição[476].

De acordo com Alan L. Durham, a resposta a esta questão depende da forma como a caraterização da invenção é feita na descrição, isto é, consoante a descrição divulgue uma limitação da invenção como uma mera possibilidade da sua concretização – portanto, que não está presente em todas as realizações possíveis – ou consoante se refira a essa limitação como parte integrante e necessária à concretização da invenção nas suas diversas realizações possíveis[477]. Não obstante, o mesmo autor sustenta que a jurisprudência norte-americana supramencionada não está consolidada, e admitir que a descrição da invenção poderá ser interpretada no sentido de limitar o conteúdo das reivindicações (e, portanto, o âmbito da proteção conferida pela patente) implicaria abandonar um dos princípios basilares do Direito de Patentes, também reconhecido

473 Alan L. Durham, *Patent Law Essentials*, p. 72.

474 Alan L. Durham, *Patent Law Essentials*, pp. 70 a 72.

475 Mario Franzosi, «The Practice in Italy», p. 144, citando, sobre o tema, a decisão sobre proferida pelo Tribunal de Milão, 30 de março de 2004, no processo *Lenhardt v. Forel* (não publicada).

476 *Alloc, Inc v. International Trade Commission*, 342 F.3d 1361 (Fed. Cir. 2003), *apud* Alan L. Durham, *Patent Law Essentials*, p. 71

477 Alan L. Durham, *Patent Law Essentials*, p. 71.

nos EUA, ou seja, o de que são as reivindicações, por si mesmas, que definem o direito atribuído ao titular da patente. Por isso, refere também que, se o requerente da patente utilizar a descrição apenas para esclarecer a terminologia utilizada nas patentes – designadamente, para detalhar as caraterísticas das formas preferenciais de execução da invenção –, os tribunais norte-americanos seguirão o princípio de que o âmbito da proteção conferida pela patente é definido pelas reivindicações e os (meros) detalhes das realizações preferenciais da invenção não limitam a extensão dessa proteção[478].

Em Portugal, a questão analisada não tem tido expressão significativa. Ainda assim, podemos ter em consideração o acórdão arbitral proferido a 26 de novembro de 2016[479] para ilustrar um caso em que a interpretação das reivindicações à luz da descrição levou o tribunal a entender que o âmbito da patente deveria ser interpretado com um sentido mais estrito do que o poderia potencialmente resultar da redação das reivindicações. Em causa estava saber se a invenção protegida abrangia ou não o uso de celulose microcristalina, tendo em conta que a reivindicação *sub judice* especificava uma «composição sólida oral estável que compreende quantidades farmacologicamente eficazes de entacapona, levodopa e carbidopa, ou seus sais ou hidratos farmaceuticamente aceitáveis, e que compreende pelo menos um excipiente farmaceuticamente aceitável diferente de celulose microcristalina». Embora com a dissidência de Pedro Sousa e Silva, o tribunal decidiu, por maioria, que a patente não protegia medicamentos que compreendessem, na sua composição, celulose microcristalina, mesmo que fosse combinada com outro excipiente. Nesse sentido, um dos argumentos foi o de que «o perito na matéria não teria qualquer indicação que o aconselhasse a utilizar a celulose juntamente com outros excipientes», uma vez que, embora a requerente tenha tido a preocupação de descrever os pesos e modos de combinação dos excipientes farmaceuticamente aceitáveis, não despendeu «uma linha sobre o modo de combinação possível de celulose microcristalina com outros excipientes». Assim, segundo o tribunal, o perito não tinha qualquer elemento que lhe permitisse perceber que «excipientes farmaceuticamente aceitáveis» poderia utilizar

[478] Alan L. Durham, *Patent Law Essentials*, pp. 70 a 72.

[479] Publicado no BPI nº 2017/04/13.

com a celulose e em que percentagem. Ou seja, a descrição não divulgava como reproduzir a invenção incluindo a celulose microcristalina para além de outro excipiente, pelo que não só seria interpretada pelo perito na matéria como afastando essa possibilidade, como seria insuficiente para sustentar essa reivindicação.

Não obstante, o que este exemplo também evidencia é que, embora o tribunal não tenha decidido nesse sentido (até porque, à data, era discutível que tivesse competência para o efeito[480]), mais do que um problema de limitação da matéria reivindicada com fundamento na caraterização da invenção efetuada na descrição, as situações de que nos ocupamos poderão resultar num problema de sustentação das reivindicações na descrição, regulado pelo artigo 84º da CPE e pelo nº 3 do artigo 62º do CPI[481]. É por esta via que, tal como parece ser a preocupação dos tribunais norte-americanos[482], se deve assegurar a efetiva correspondência entre a invenção e a matéria reivindicada[483]. Com efeito, caso não sejam corrigidas durante o procedimento de concessão, as reivindicações cujo teor extravase a concreta contribuição para o estado da técnica propiciada pela invenção são nulas [cf. artigo 114º, alínea d), do CPI[484]], conforme é sustentado pela doutrina portuguesa[485] e resulta da jurisprudência da Câmara de Recursos do IEP[486]. Assim será quando, por exemplo, as reivindicações pretendam abranger diversas formas de alcançar um determinado efeito técnico, mas a descrição apenas habilita o perito na matéria a obter esse efeito de uma única forma entre as várias formas possíveis e reivindicadas[487].

[480] Cf. sobre a competência dos tribunais arbitrais para conhecer da invalidade da patente, ainda que a título de exceção, o que, a propósito dos limites colocados pelo estado da técnica à aplicação doutrina dos equivalentes, se diz no capítulo II, ponto 5.5. *infra* (nota de rodapé 1176).

[481] Cf. preceito com a mesma numeração no CPI 2003.

[482] ALAN L. DURHAM, *Patent Law Essentials*, p. 72.

[483] J. P. REMÉDIO MARQUES, «O Conteúdo dos Pedidos de Patente», p. 449.

[484] Cf. artigo 113º, alínea d), do CPI 2003.

[485] J. P. REMÉDIO MARQUES, «O Conteúdo dos Pedidos de Patente», p. 450 e 451.

[486] Cf. T 409/01.

[487] J. P. REMÉDIO MARQUES, «O Conteúdo dos Pedidos de Patente», p. 450, nota de rodapé 511, a propósito do caso T 409/01; JACQUES AZÉMA & JEAN-CHRISTOPHE GALLOUX, *Droit de la propriété industrielle*, p. 438.

Caso o problema seja o oposto, isto é, quando os exemplos e a demais matéria exposta na descrição não se refletam no conteúdo das reivindicações ou extravasem o seu âmbito, devem ser suprimidos (cf. Regra nº 34, nº 1 do RE). Em alternativa, poderá promover-se a alteração das reivindicações, de forma torná-las mais abrangentes, alcançando a matéria descrita, desde que essa alteração não afete os elementos essenciais ou caraterísticos da patente e que não determine o incremento do seu objeto para além do conteúdo do pedido, nem o alargamento da proteção conferida (cf. artigo 24º, nº 1, do CPI[488] e artigo 123º da CPE, nºs 2 e 3)[489]. Após a concessão da patente, verificando-se que a matéria da descrição extravasa o conteúdo das reivindicações, vale o princípio segundo o qual '*what is not claimed is disclaimed*', ou seja, o que não for reivindicado, é renunciado. Assim, a matéria descrita e não reivindicada cai no domínio público e poderá ser livremente explorada por qualquer terceiro. Trata-se do reverso da regra segundo a qual o âmbito da proteção conferida pela patente é determinado pelas reivindicações (cf. artigo 98º, nº 1, do CPI[490] e 69º, nº 1, da CPE).

Deste modo, não se põe em causa o princípio de que são as reivindicações que definem o objeto da proteção e o seu âmbito – conforme resulta do disposto no nº 3 do artigo 62º e no nº 1 do artigo 98º do CPI[491], e do disposto nos artigos 69º e 84º da CPE –, nem a prevalência das reivindicações sobre a descrição, caso não seja possível ultrapassar alguma ambiguidade verificada entre aqueles elementos (contanto que continue a ser respeitada a exigência de clareza das reivindicações, bem como a sua sustentação na descrição)[492].

No sentido oposto àquele que acabámos de ver, questiona-se também se, ao interpretar as reivindicações à luz da descrição e dos desenhos, o perito na matéria pode chegar a um resultado mais amplo do que o teor literal da redação das reivindicações. Pode o requerente da

488 Cf. artigo 25º, nº 1, do CPI 2003.

489 *Guidelines*, F-IV, § 4.3; J. P. Remédio Marques, «O Conteúdo dos Pedidos de Patente», pp. 448 e 449.

490 Cf. artigo 97º, nº 1, do CPI 2003.

491 Cf. artigos 62º, nº 3 e 97º, nº 1, do CPI 2003.

492 Carmen Salvador Jovani, *El Ámbito de Protección de la patente*, pp. 211 e 212; Maximilian Haedicke & Henrik Timmann, *Patent Law*, p. 633.

patente atribuir a um determinado termo um significado que extravasa o sentido que normalmente lhe cabe, resultando assim numa interpretação extensiva do sentido das reivindicações?

Recorrendo novamente ao exemplo utilizado por SALVADOR JOVANI[493], o termo «vertical» significa, em português, «que forma um ângulo reto com o plano do horizonte»[494]. No entanto, no acórdão '*Catnic*', proferido pela *House of Lords* em novembro de 1982, esse termo foi interpretado, à luz da descrição e dos desenhos, com um sentido mais amplo, significando «suficientemente vertical para desenvolver satisfatoriamente as funções que, segundo a descrição, poderia desempenhar se fosse exatamente vertical»[495].

Com efeito, há que ter em conta que, como se referiu anteriormente, a interpretação das reivindicações é levada a cabo pelo perito na matéria, e não por um linguista[496]. Portanto, a interpretação deve ser feita de acordo com o sentido que o perito na matéria da invenção razoavelmente deduz ao ler as reivindicações[497], tendo em conta a descrição e os desenhos, bem como o conhecimento e a experiência gerais comuns aos peritos médios no domínio técnico da invenção[498]. Além disso, na sua interpretação, o perito na matéria tem em conta o propósito das reivindicações – isto é, descrever e demarcar uma invenção –, pelo que não as deve tomar como se de um manual técnico de matemática, geometria ou química se tratasse, nem como um compêndio de químicos ou de equipamento[499]. A interpretação das reivindicações deve ser teleológica, pelo que não será de descartar que o perito conclua que as reivin-

[493] Que, por sua vez, se inspirou no acórdão *Catnic* (cf. capítulo II, ponto 2.4.1. *infra*).

[494] «Vertical», *in Dicionário Priberam da Língua Portuguesa on-line* http://www.priberam.pt/dlpo/vertical.

[495] Tradução livre, da nossa responsabilidade, a partir de CARMEN SALVADOR JOVANI, *El Ámbito de Protección de la patente*, p. 214. No original da obra citada: «*lo suficientemente vertical para seguir desarrollando satisfactoriamente las funciones que según la descripción podría desempeñar si fuera exactamente vertical*». No original do acórdão *Catnic*: «*positioned near enough to the exact geometrical vertical to enable it in actual use to perform satisfactorily all the functions that it could perform if it were precisely vertical*».

[496] MAXIMILIAN HAEDICKE & HENRIK TIMMANN, *Patent Law*, p. 618.

[497] Cf. o acórdão arbitral de 17 de abril de 2013, publicado no BPI nº 2013/05/03, pp. 32-35.

[498] *Guidelines*, G-VII, § 3; J. P. REMÉDIO MARQUES, «O Conteúdo dos Pedidos de Patente», p. 462; CARMEN SALVADOR JOVANI, *El Ámbito de Protección de la patente*, pp. 230 a 237; ALAN L. DURHAM, *Patent Law Essentials*, p. 64; A. LUCCI, *Compendio di Dirito Industriale*, p. 110.

[499] Acórdão *Kirin-Amgen* (cf. capítulo II, ponto 2.4.3. *infra*).

dicações têm um significado mais amplo do que o estrito teor literal da sua redação, tendo em conta a vontade expressa do requerente, razoavelmente apreensível, vertida nas reivindicações, na descrição e nos desenhos. Isto, claro está, sem prejuízo de essa interpretação nunca poder deixar de ter correspondência na redação das reivindicações, sob pena de ser inadmissível, e de dever assegurar uma proteção justa ao titular da patente e um grau razoável de segurança jurídica para terceiros, conforme resulta do artigo 1º do Protocolo Interpretativo do artigo 69º da CPE.

3.8. Interpretação das reivindicações com base no processo de concessão da patente e em litígios posteriores

É frequente que, durante o procedimento de concessão da patente, o requerente altere, clarifique, emende ou mesmo que abdique de alguma ou de algumas das reivindicações apresentadas com o seu pedido[500,501]. Essas modificações têm frequentemente origem na interação entre o requerente e o instituto de patentes ou entre estes e terceiros, em diversos momentos ao longo do processo de concessão da patente, e o seu registo pode dar origem ou revelar elementos com potencial relevância para a interpretação da patente.

Perante o INPI, logo após o exame formal que se segue à receção de um pedido de patente nacional, o requerente poderá alterar o seu pedido, bem como as revindicações, a descrição e os desenhos, caso seja notificado para, no prazo de dois meses, corrigir alguma irregularidade quanto à forma ou às limitações relativas ao objeto ou à patente (cf. artigo 67º, nº 2, do CPI[502]). Poderá também fazê-lo, por sua iniciativa, mesmo que não tenha sido notificado para retificar qualquer irregularidade[503].

As reivindicações poderão também ser modificadas posteriormente, em sede de resposta ao relatório do exame de fundo da invenção. Com efeito, após este exame, o examinador poderá concluir que se verifica

[500] J. P. Remédio Marques, *Biotecnologia(s) e Propriedade Intelectual*, vol. I, p. 827.

[501] O mesmo também se poderá verificar com a descrição da invenção e os demais elementos que compõem o fascículo da patente (ou seja, além da descrição e das reivindicações, o título ou epígrafe da patente, o resumo e os desenhos).

[502] Cf. artigo 65º, nº 2, do CPI 2003.

[503] INPI, «Guia de Procedimentos para Direitos de Incidência Tecnológica», p. 66.

alguma desconformidade ou poderá ter alguma objeção à concessão da patente. Nesse caso, deverá expor as suas conclusões de forma fundamentada no relatório de exame, que será notificado ao requerente, de acordo com o nº 5 do artigo 70º do CPI[504]. O requerente dispõe então do prazo de dois meses para, querendo, se pronunciar sobre o relatório e apresentar os seus argumentos em resposta às objeções levantadas, quer do ponto de vista técnico, quer do ponto de vista legal. Poderá também alterar, aditar, reformular ou suprimir, total ou parcialmente, as reivindicações da sua patente (ou outros elementos), ao abrigo do disposto no nº 1 do artigo 71º do CPI[505,506]. Segundo o disposto no nº 6 do artigo 70º do CPI, poderá ainda haver lugar a nova notificação por parte do INPI, caso subsistam objeções à concessão da patente após a resposta do requerente apresentada ao abrigo do nº 5 do mesmo preceito. O requerente da patente disporá, então, do prazo de um mês para, querendo, esclarecer os pontos ainda em dúvida.

Caso se trate de um pedido de patente europeia, após a sua receção pelo IEP e a atribuição de uma data de apresentação ao pedido (cf. artigo 90º, nº 1, da CPE e regras 55 e 56 do Regulamento de Execução), a Secção de Depósito do IEP examina se o pedido preenche os requisitos formais aplicáveis (cf. artigo 90º, nº 3, da CPE e regras 57 e ss. do Regulamento de Execução). Se o examinador constatar a existência de irregularidades que possam ser corrigidas, deve convidar o requerente a supri-las no prazo de dois meses (cf. artigo 90º, nº 4, da CPE e regra 58 do Regulamento de Execução). Todavia, ao contrário do que acontece no caso das patentes nacionais, as reivindicações (tal como a descrição e os desenhos), apenas poderão ser emendados na medida necessária para corrigir as irregularidades verificadas pelo examinador – cf. artigo 123º, nº 2, da CPE[507]. Além deste exame após da apresentação do pedido de

504 Cf. artigo 68º, nº 5, do CPI 2003.

505 Cf. artigo 69º, nº 1, do CPI 2003.

506 J. P. Remédio Marques, *Biotecnologia(s) e Propriedade Intelectual*, vol. I, pp. 827 e 828; António Campinos & Luís Couto Gonçalves (Coord.), *Código da Propriedade Industrial Anotado*, p. 228.

507 No caso dos pedidos de patente nacionais, não se exclui a possibilidade de se verificar uma alteração que aumente o âmbito da matéria cuja proteção se requer. Todavia, a prioridade da alteração introduzida será contada desde a data dessa em que a alteração foi requerida, de acordo com o nº 7 do artigo 11º do CPI (cf. INPI, «Guia de Procedimentos para Direitos de Incidência Tecnológica», p. 67).

patente, respeitante a exigências de forma, caso o requerente pretenda prosseguir com o exame de fundo e este revelar que o pedido ou a invenção não cumprem os requisitos para que a patente seja concedida, a Divisão de Exame Técnico do IEP deverá convidar o requerente a apresentar as suas observações ou a modificar o seu pedido, de acordo com o nº 3 do artigo 94º da CPE e a regra 71 do Regulamento de Execução. As eventuais modificações não poderão implicar a extensão da proteção requerida além da que resulta do pedido de patente – cf. artigo 123º, nº 2, da CPE.

Também o PCT prevê o controlo e a correção de certos elementos do pedido internacional. De acordo com a alínea b) do nº 1 do artigo 14º do PCT, caso seja detetada alguma das irregularidades previstas na alínea a) do mesmo preceito, será solicitado ao requerente da patente que, no prazo de dois meses, forneça a correção necessária e, ou, apresente as suas considerações sobre essas irregularidades (cf. regra 26 do Regulamento de Execução do PCT).

Para além dos casos expostos, também é possível que surjam alterações às reivindicações após a oposição de terceiros à concessão da patente. Consoante a via de proteção escolhida pelo requerente da patente, o procedimento de oposição poderá integrar o procedimento de concessão ou ser posterior a este.

Em Portugal, o procedimento de oposição tem lugar antes da concessão da patente[508]. Assim, antes de ser concedida uma patente nacional ou internacional (cuja fase nacional corra perante o INPI), qualquer terceiro que se sinta lesado pela eventual concessão do direito poderá apresentar uma reclamação, no prazo de dois meses desde a publicação do pedido no BPI (cf. artigo 17º, nº 1, do CPI[509]). O requerente da patente poderá responder às reclamações em igual prazo de dois meses (cf. artigo 17º, nº 2, do CPI) ou, eventualmente, fazer uso dos poderes que o nº 1 do artigo 69º do CPI lhe confere[510]. O nº 3 do artigo 17º do CPI prevê ainda a possibilidade de serem apresentadas exposições suplementares, desde que ainda não tenha sido proferido despacho sobre o pedido de patente e essas exposições se mostrem necessárias para melhor escla-

[508] Ou seja, segundo António Campinos & Luís Couto Gonçalves (*in Código da Propriedade Industrial Anotado*, p. 228), vigora um sistema de «*pre-grant opposition*».

[509] O preceito mantém a numeração do CPI 2003.

[510] Luís Couto Gonçalves, *Manual de Direito Industrial*, p. 78.

recimento do processo. A oposição e a contestação têm lugar antes do exame de fundo pelo INPI, cujo relatório elaborado no prazo de um mês a contar da apresentação da última peça processual (cf. artigo 70º, nº 3, do CPI[511]).

Por seu turno, a CPE determina que só após a concessão da patente poderá ser deduzida oposição[512]. De acordo com o disposto no nº 1 do artigo 99º da CPE, qualquer pessoa pode apresentar a sua oposição a uma patente, junto do IEP, no prazo de nove meses a contar da publicação da menção de concessão da patente europeia no Boletim Europeu de Patentes. De acordo com o disposto no nº 1 do artigo 101º da CPE, se a oposição for admissível, a Divisão de Oposição perante a qual corra o processo examina se se verifica pelo menos um dos motivos de oposição previstos no artigo 100º da CPE e convida as partes, com a frequência que for necessária, a apresentar as suas observações sobre a posição da divisão ou da contraparte. Nessa sede, para além de razões técnicas e de direito, o titular da patente poderá também introduzir alterações à sua patente, designadamente, às suas reivindicações, tendo em vista a prolação de um despacho que a mantenha em vigor tal como alterada, ao abrigo do disposto na alínea a) do nº 3 do artigo 101º da CPE.

Face ao exposto, não é de descartar que o diálogo mantido entre o requerente da patente e a entidade administrativa competente para a sua concessão, incluindo ou não a intervenção de terceiros, possa (pelo menos potencialmente) revelar-se de grande utilidade na interpretação das reivindicações, quer para discernir o significado técnico da sua redação, quer para determinar o âmbito da proteção requerida[513].

Acresce que, mesmo após a concessão da patente (e após o procedimento de oposição, quando este lhe seja posterior), poderão verificar-se outras vicissitudes suscetíveis de influenciar a interpretação das reivindicações e o âmbito de proteção da patente. Com efeito, embora no direito português vigore o princípio da inalterabilidade, que limita a possibilidade de introduzir alterações aos direitos já concedidos (ao contrário do que se verifica antes da concessão desses direitos), o nº 1

[511] Cf. artigo 68º, nº 3, do CPI 2003.

[512] Pedro Sousa e Silva, *Direito Industrial*, p. 66.

[513] Alan L. Durham, *Patent Law Essentials*, p. 73; Carmen Salvador Jovani, *El Ámbito de Protección de la patente*, p. 221.

do artigo 24º do CPI[514] permite ao titular da patente requerer junto do INPI a alteração ou a correção da patente, desde que não sejam afetados os elementos essenciais e característicos da invenção[515]. Por seu turno, o nº 1 do artigo 105º-A da CPE permite ao titular da patente requerer a sua limitação, através da modificação das reivindicações[516]. Mais uma vez, a atuação do titular da patente e o diálogo mantido com o INPI ou o IEP poderão trazer novos dados à interpretação das reivindicações e à delimitação do âmbito de proteção conferido pela patente.

É ainda possível que os processos respeitantes à validade e à infração da patente possam acrescentar informação útil à sua interpretação em litígios posteriores. Não há dúvida de que o resultado dos litígios respeitantes à validade da patente tem um efeito direto no âmbito da patente, caso determinem a sua limitação (cf. artigo 69º, nº 2, da CPE e artigo 115º do CPI[517]). Mas também os fundamentos dessas decisões, bem como a argumentação expedida entre as partes no processo e entre estas e o tribunal, poderão, pelo menos potencialmente, auxiliar à interpretação da patente[518].

Assim, a questão que se coloca é a de saber se o expediente do processo de concessão da patente e dos litígios posteriores a essa concessão pode ou não ser tido em conta na interpretação das reivindicações. Trata-se de uma questão que tem merecido respostas diferentes, por vezes antagónicas, em diversos ordenamentos jurídicos.

O problema é colocado, normalmente, em dois momentos diferentes: em primeiro lugar, para saber se esse expediente pode ser utilizado para determinar o significado técnico das reivindicações; em segundo lugar, para saber se as limitações resultantes do processo de concessão da patente e, ou, dos litígios posteriores impedem a aplicação da doutrina dos equivalentes. Para já, importa-nos discutir a primeira parte da questão. Adiante[519], quando analisarmos o papel da doutrina dos equiva-

[514] Cf. artigo 25º, nº 1, do CPI 2003.

[515] ANTÓNIO CAMPINOS & LUÍS COUTO GONÇALVES (COORD.), *Código da Propriedade Industrial Anotado*, p. 127.

[516] O mesmo preceito também autoriza o IEP a revogar a patente, a pedido do respetivo titular.

[517] Cf. artigo 115º do CPI 2003.

[518] MAXIMILIAN HAEDICKE & HENRIK TIMMANN, *Patent Law*, p. 643.

[519] Cf. capítulo II, ponto 5.6 *infra*.

lentes na definição do âmbito de proteção conferido pela patente, abordaremos a segunda parte do problema.

Nos EUA, as declarações do requerente da patente sobre o teor das reivindicações durante o procedimento de concessão têm um papel relevante na interpretação da proteção conferida. A jurisprudência sobre o tema tem considerado o expediente do processo de concessão como uma das principais ferramentas de interpretação do significado das reivindicações, em conjunto com a própria redação das reivindicações e a descrição. Todos estes elementos são considerados prova intrínseca à patente, utilizada pelos tribunais para interpretar as reivindicações, designadamente, em caso de litígio por infração[520]. De acordo com o Fed. Cir.:

> «[...] o historial do procedimento pode frequentemente informar sobre o significado da linguagem das reivindicações, demonstrando como o inventor concebeu a invenção e se o inventor limitou a invenção no decorrer do procedimento, tornando o âmbito das reivindicações mais restrito do que de outra forma seria.»[521]

Segundo os tribunais norte-americanos, o expediente do procedimento de concessão da patente (*«prosecution history»*) está acessível ao público e, como tal, faz parte do registo em que os terceiros podem fazer fé para conhecer o âmbito da patente[522].

Nesse sentido, a interpretação das reivindicações poderá ter em conta tanto as modificações da redação das reivindicações como o diálogo entre o requerente da patente e o *Patent and Trademark Office* (*e.g.*, argumentos apresentados pelo requerente a propósito da suficiência da descrição ou a propósito dos termos não alterados, para tentar distinguir a invenção

[520] Kenneth R. Adamo, *et al.* «The use of prosecution in post-grant patent proceedings», AIPPI United States Group Report Q229, 2012, pp. 2 e 6.

[521] *Philips v. AWH Corp.*, 415 F.3d 1303 (Fed. Cir. 2005). Tradução livre da nossa responsabilidade. No original: «[...] *the prosecution history can often inform the meaning of the claim language by demonstrating how the inventor understood the invention and whether the inventor limited the invention in the course of prosecution, making the claim scope narrower than it would otherwise be.*» Cf. Kenneth R. Adamo, *et al.* «The use of prosecution in post-grant patent proceedings», p. 2.

[522] J. P. Remédio Marques, *Biotecnologia(s) e Propriedade Intelectual*, vol. I, p. 832; Kenneth R. Adamo, *et al.* «The use of prosecution in post-grant patent proceedings», p. 6.

do estado da técnica)[523]. Esses elementos poderão relevar para interpretar o significado das reivindicações, quando, por exemplo, evidenciem uma ou mais renúncias (*disclaimers*) pelo requerente da patente a uma determinada interpretação ou a determinada matéria potencialmente abrangidas[524].

De acordo com a doutrina e a jurisprudência norte-americanas, o efeito limitativo resultante da consideração do expediente do procedimento de concessão da patente poderá resultar tanto de afirmações expressas do requerente sobre os termos utilizados na redação das reivindicações como implicitamente do diálogo mantido com o PTO e da argumentação sustentada durante o procedimento. Todavia, caso essa limitação resulte implicitamente do comportamento do requerente, deve ser clara e inequívoca para que possa produzir efeitos[525].

Geralmente, a consideração do expediente do procedimento de concessão da patente pelos tribunais norte-americanos leva à interpretação restritiva das reivindicações e não à expansão do seu significado. Além disso, apesar de ser o procedimento perante o PTO que assume maior importância, não é inconcebível que as afirmações do titular da patente durante um processo judicial possam ser tidas em consideração para o mesmo efeito[526].

Na Europa – onde, como analisámos acima[527], o artigo 69º da CPE e o respetivo Protocolo Interpretativo assumem grande importância não só na interpretação das patentes europeias, como também na harmonização da interpretação das patentes nacionais dos diversos Estados-Membros da OEP –, a relevância dada ao processo de concessão das patentes e aos litígios posteriores não é idêntica em todos os ordenamentos jurídicos. Esta questão foi debatida durante a Conferência Diplomática de novembro de 2000. Nessa ocasião, foi rejeitada a inclusão de um ter-

[523] Kenneth R. Adamo, *et al.* «The use of prosecution in post-grant patent proceedings», pp. 2 e 4.

[524] Por conseguinte, o expediente do procedimento poderá também afetar o âmbito potencial da proteção conferida pela patente ao abrigo da doutrina dos equivalentes, impedindo o titular de procurar recapturar a matéria renunciada, conforme analisaremos adiante (cf. *infra* Capítulo II, ponto 5.6. *infra*). Cf. J. P. Remédio Marques, *Biotecnologia(s) e Propriedade Intelectual*, vol. I, pp. 831 e 832.

[525] Kenneth R. Adamo, *et al.* «The use of prosecution in post-grant patent proceedings», p. 3.

[526] Kenneth R. Adamo, *et al.* «The use of prosecution in post-grant patent proceedings», p. 5.

[527] Cf. capítulo I, ponto 2.5.2. *supra*.

ceiro artigo no Protocolo Interpretativo do artigo 69º da CPE, prevendo expressamente a consideração de todas as manifestações do requerente durante os procedimentos respeitantes à concessão ou à validade da patente europeia, que claramente limitassem o alcance da proteção requerida[528]. Significa isto que a conduta do requerente da patente deve simplesmente ser desconsiderada?

O facto de o artigo 69º da CPE não indicar o expediente do procedimento de concessão como um dos elementos a considerar na interpretação das reivindicações tem levado diversos autores a sustentar que a sua consideração não tem fundamento legal expresso, pelo que poderia pôr em causa o princípio da segurança jurídica a que deve obedecer a interpretação da patente. Por essa razão, são diversos os autores que afastam a possibilidade de se tomar em conta esse expediente como elemento geral de interpretação das reivindicações[529].

Essa foi também, até há algum tempo atrás, a perspetiva acolhida pelos tribunais franceses. Neste ordenamento, o expediente do procedimento de concessão é considerado extrínseco à patente e, até à década de 90 do séc. XX, prevaleceu o entendimento de que o artigo 69º da CPE proibia qualquer elemento extrínseco de ser tido em consideração na interpretação da patente[530]. Todavia, desde então, os tribunais franceses inverteram a sua jurisprudência e passaram a ter em conta quaisquer alterações feitas às reivindicações – nomeadamente, para evitar o estado da técnica –, para determinar o âmbito da proteção conferida pela patente (embora não seja certo que o façam em todos os casos[531]). A interpretação das reivindicações baseada no expediente do procedimento de concessão da patente continua a não ter previsão legal expressa no ordenamento francês, mas tem sido aceite pela jurisprudência com base

[528] J. P. Remédio Marques, *Biotecnologia(s) e Propriedade Intelectual*, vol. I, p. 831; Maximilian Haedicke & Henrik Timmann, *Patent Law*, p. 621; Justin Pila & Paul Torremans, *European Intellectual Property* Law, p. 202.

[529] Carmen Salvador Jovani, *El Ámbito de Protección de la patente*, p. 221.

[530] Jacques Azéma & Jean-Christophe Galloux, *Droit de la propriété industrielle*, p. 436, citando o acórdão do *Cour d'appel* de Paris, de 11 oct. 1990 (*PIBD* 1991.III.2, Ann. Propr. Ind. 1990, p. 235); Hélène Corret, *et al.*, «The use of prosecution in post-grant patent proceedings», AIPPI France Group Report Q229, 2012, p. 2.

[531] Hélène Corret, *et al.*, «The use of prosecution in post-grant patent proceedings», p. 5.

nos princípios gerais respeitantes aos meios de prova, segundo os quais os factos em juízo podem ser provados por qualquer meio[532].

Assim, atualmente, os tribunais franceses consideram que as declarações do requerente da patente durante o procedimento de exame são, pelo menos, elementos dignos de análise, quer respeitem ao estado da técnica, quer à suficiência da descrição ou a outros requisitos formais ou substanciais de patenteabilidade[533]. É dada especial atenção à evolução das alterações introduzidas durante o procedimento de concessão, através da comparação do texto das reivindicações antes e depois dessas modificações e analisando os argumentos apresentados pelas partes[534]. A análise desses elementos pode servir tanto para interpretar o significado das reivindicações como para determinar o âmbito da proteção conferida pela patente[535]. Não obstante, os casos de que há notícia respeitam sempre a situações em que as declarações do requerente implicam a interpretação restritiva das reivindicações e não se conhecem casos em que o expediente do procedimento tenha levado a uma interpretação mais ampla da sua redação[536].

Além disso, a prática judicial francesa tem vindo a desenvolver um princípio geral que obsta à atuação do titular da patente em contradição com a sua conduta anterior, embora a sua aplicação não se encontre perfeitamente cristalizada. Ainda assim, o titular da patente só ficará vinculado à sua atuação anterior quando seja a mesma parte que, tendo intervindo anteriormente, a invoca, a propósito do mesmo objeto (*e.g.*, quando um litígio respeitante à nulidade da patente seja seguido de um litígio respeitante à infração da patente entre as mesmas partes). Assim, dificilmente a vinculação do titular à sua atuação anterior poderá ser invocada a propósito das declarações apresentadas durante o procedimento de concessão, uma vez que este procedimento envolve apenas o requerente da patente e o instituto de patentes, e não terceiros que poderão posteriormente ver-se envolvidos em litígios respeitantes à

[532] Hélène Corret, *et al.*, «The use of prosecution in post-grant patent proceedings», p. 6.

[533] Hélène Corret, *et al.*, «The use of prosecution in post-grant patent proceedings», pp. 2 e 4, citando diversa jurisprudência nesse sentido.

[534] Hélène Corret, *et al.*, «The use of prosecution in post-grant patent proceedings», p. 3, citando diversa jurisprudência.

[535] Hélène Corret, *et al.*, «The use of prosecution in post-grant patent proceedings», p. 5.

[536] Hélène Corret, *et al.*, «The use of prosecution in post-grant patent proceedings», p. 4.

patente em causa (*e.g.*, por infração)[537]. A vinculação do titular à sua atuação anterior respeita sobretudo aos casos em que, a propósito da mesma patente, se verifiquem litígios sucessivos.

Também o Supremo Tribunal dos Países Baixos tem entendido de forma consistente que tanto o titular da patente como um alegado infrator podem fazer fé nos elementos públicos do expediente do procedimento de concessão para proceder à interpretação das reivindicações, embora com diferentes condições consoante a parte que recorre a esses elementos[538]. Assim, o titular da patente apenas o poderá fazer em situações excecionais, nomeadamente, quando o perito na matéria, após consultar a descrição e os desenhos, continuar com dúvidas razoáveis quanto ao significado das reivindicações[539]. Por seu turno, um alegado infrator, poderá fazê-lo para demonstrar que o titular da patente renunciou à proteção de determinada matéria durante o procedimento de concessão ou que o titular da patente pretende, num litígio posterior à concessão, capturar matéria que não reivindicou, designadamente, para evitar o estado da técnica. Segundo os tribunais neerlandeses, não há razão para que o princípio da segurança jurídica obste a que terceiros fundamentem a sua interpretação da patente nos elementos do expediente do procedimento de concessão da patente, publicamente disponíveis[540].

Os tribunais dos Países Baixos não distinguem consoante se trate de alterações ao pedido de patente ou de argumentos apresentados pelo requerente da proteção no diálogo com o instituto de patentes, apenas exigindo que se trate de «informação publicamente disponível»[541]. Além disso, também não distinguem entre declarações expressas e renúncias ou limitações implicitamente resultantes da conduta do requerente da proteção. No entanto, exigem que haja «fundamentos razoáveis» para assumir que o requerente limitou o âmbito da proteção requerida, pelo que só será possível invocar-se uma renúncia ou limitação não expressa

[537] Hélène Corret, *et al.*, «The use of prosecution in post-grant patent proceedings», p. 6.

[538] John Allen, *et. al.*, «The use of prosecution in post-grant patent proceedings», AIPPI The Netherlands Group Report Q229, 2012, p. 2, citando os acórdãos NJ 1995, 391 (*Ciba Geigy AG v. Oté Optics*), de 13 de janeiro de 1995, e LJN ZA 1081 (Dijkstra/Saier), de 22 de dezembro de 2006, ambos do Supremo Tribunal Neerlandês.

[539] John Allen, *et. al.*, «The use of prosecution in post-grant patent proceedings», p. 2.

[540] John Allen, *et. al.*, «The use of prosecution in post-grant patent proceedings», p. 2.

[541] John Allen, *et. al.*, «The use of prosecution in post-grant patent proceedings», p. 3.

quando esta resulte direta e claramente das alterações ou dos argumentos apresentados pelo titular da patente[542]. Desde que se verifiquem os tais «fundamentos razoáveis», os tribunais neerlandeses não distinguirão consoante os mesmos respeitem, *e.g.*, ao estado da técnica ou à suficiência da descrição da invenção[543].

A respeito do Reino Unido, há notícia de pelo menos um caso, de 1985, em que o *Patents Court* decidiu contra o titular da patente porque as declarações por si efetuadas durante o procedimento de concessão eram contrárias à posição que pretendia fazer valer em juízo, através de uma ação de infração[544]. De acordo com aquele tribunal:

> «Seria injusto para o público se o material que normalmente não é analisado servisse para sustentar uma interpretação ampla das reivindicações. Todavia, já não se verifica o mesmo género de injustiça se o titular da patente, tendo argumentado no sentido de uma interpretação restritiva das suas reivindicações durante o procedimento de concessão, for posteriormente vinculado a essa interpretação»[545].

Outros exemplos há em que os tribunais recorreram ao processo de concessão da patente para proceder à sua interpretação, como aconteceu, *e.g.*, no caso *Wesley Jessen v. CooperVision*[546]. Mais recentemente, em 2010, no caso *Occlutech v. AGA Medical Corporation*[547], o *Court of Appeal* decidiu o seguinte:

> «Apesar de por vezes o processo de concessão parecer, à primeira vista, um processo de negociação entre o requerente e os seus con-

[542] John Allen, *et. al.*, «The use of prosecution in post-grant patent proceedings», p. 3.

[543] John Allen, *et. al.*, «The use of prosecution in post-grant patent proceedings», p. 4.

[544] J. P. Remédio Marques, *Biotecnologia(s) e Propriedade Intelectual*, vol. I, p. 828, citando o acórdão *Furr v. C.D. Truline, Building Products, Ltd, in Fleet Street Reports*, 1985, pp. 553 ss; Ian Karet, *et al.*, «Use of prosecution in post-grant patent proceedings», AIPPI United Kingdom Group Report Q229, 2012, p. 2.

[545] Tradução livre da nossa responsabilidade. No original, *apud* Ian Karet, *et al.*, «*Use of prosecution in post-grant patent proceedings*», p. 5: «*It would be unfair on the public if material they would not normally look at could serve as basis for supporting a wide construction of the claims. But there is not the same sort of unfairness if a patentee having contended for a narrow construction of his claim during prosecution is held to that construction later.*»

[546] [2003] RPC 20.

[547] [2010] EWCA Civ 702.

sultores e os funcionários que examinam o processo, não é o género de negociações comerciais que estão rigidamente excluídas na interpretação de um contrato escrito [...]. Caso fosse necessário ao juiz ter em consideração a carta [enviada pelo requerente da patente ao IEP] para resolver a questão da interpretação, considero que teria direito a fazê-lo.»[548]

Deste modo, no Reino Unido prevalece a orientação de que não existe nenhuma norma ou precedente que proíbam o recurso ao processo de concessão da patente para proceder à interpretação do âmbito da patente. No entanto, não é comum que os tribunais invoquem o processo de concessão ou atribuam peso substancial aos argumentos das partes com base nesse elemento. Geralmente considera-se que o perito na matéria, intérprete das reivindicações, não tem conhecimento do processo de concessão[549]. Ainda assim, por vezes os tribunais recorrem ao processo de concessão não tanto para proceder à interpretação das reivindicações propriamente dita, mas antes para confirmar ou cimentar essa interpretação[550]. Há notícia de que, após a prolação do acórdão *Actavis*, os tribunais têm por vezes recorrido ao processo de concessão para interpretar a patente, embora salvaguardando que essa prática deve ser excecional[551].

No ordenamento alemão, prevalece o entendimento de que a patente deve ser interpretada com base nas revindicações e na descrição em vigor, mesmo que não correspondam aos documentos inicialmente apresentados com o pedido de patente, caso o requerente tenha efetuado alguma alteração. Assim, o processo anterior à concessão não é normalmente tido em consideração na interpretação da patente, a menos que as vicissitudes ocorridas durante o processo se reflitam na

548 Tradução livre da nossa responsabilidade. No original: «*Although the prosecution process may sometimes superficially resemble a process of negotiation between the applicant and its advisers and the officials who scrutinise the file, it is not the sort of commercial negotiation which is still rigidly excluded in the construction of a written contract* [...]. *Had it been necessary for the judge to take account of the letter in order to resolve the issue of construction, I consider that he would have been entitled to do so.*»

549 Ian Karet, *et al.*, «Use of prosecution in post-grant patent proceedings», p. 2, citando jurisprudência nesse sentido.

550 Ian Karet, *et al.*, «Use of prosecution in post-grant patent proceedings», p. 2.

551 Cf. Tom Bosworth, «One year later, how has Actavis v Eli Lilly impacted on patent scope in the UK?», citando jurisprudência.

redação das reivindicações ou da descrição[552]. Os fundamentos e a argumentação que justificaram ou acompanharam as alterações refletidas na patente em vigor não são considerados na sua interpretação, tal como acontece com as alterações e os respetivos fundamentos e argumentos que não se reflitam no texto da patente. Não obstante, nos casos em que a patente tenha sido limitada em virtude de um processo respeitante à sua validade, os fundamentos da sentença respeitantes às alterações ou limitações introduzidas poderão substituir ou complementar a descrição da patente[553].

Existem, contudo, duas situações em que, na Alemanha, se entende que o processo de concessão ou posteriores ações judiciais podem influenciar a interpretação da patente. A primeira respeita à utilização do expediente do procedimento de concessão – designadamente, as explicações dadas pelo examinador do pedido de parente e as declarações feitas pelo requerente – para encontrar o entendimento do perito na matéria a propósito de definições ambíguas contidas nas reivindicações[554]. A jurisprudência tem evoluído de forma cautelosa, sustentando que as declarações limitativas efetuadas pelo requerente da patente durante o procedimento de concessão não são necessariamente vinculativas, mas devem ser consideradas elementos indiciários da forma como o perito na especialidade apreende a ideia inventiva cuja proteção se requereu[555]. Estes elementos são valorados como prova circunstancial do entendimento do perito da matéria e o tribunal deverá também ter em consideração qualquer outro elemento probatório existente para o efeito[556].

A segunda situação abrange tanto o expediente do procedimento de oposição como de ações de nulidade da patente, após a sua concessão, e respeita aos casos em que o princípio da boa-fé impõe que o titular da patente fique vinculado às suas declarações limitativas anteriores. Trata-se de casos em que, já no âmbito de uma ação de infração, o alegado infrator se defende com base em declarações apresentadas pelo titular

[552] Alfred Keukenschrijver, «The German Practice», p. 87.

[553] Dietmar Haug, «The use of prosecution history in post-grant patent proceedings», AIPPI Germany Group Report Q229, 2012, p. 4.

[554] Alfred Keukenschrijver, «The German Practice», p. 88.

[555] Maximilian Haedicke & Henrik Timmann, *Patent Law*, p. 643.

[556] Dietmar Haug, «The use of prosecution history in post-grant patent proceedings», p. 4.

da patente durante o procedimento de oposição ou durante uma ação judicial de nulidade ou anulação da patente alegadamente infringida, em que o primeiro interveio como oponente ou demandante. Desta forma, não se permite que o titular da patente possa obter a concessão da patente ou evitar a sua anulação com base numa determinada argumentação ou interpretação mais restritiva quanto ao âmbito do seu direito para depois demandar um alegado infrator à luz de uma interpretação mais ampla, em contradição com a sua interpretação anterior. Caso contrário, o titular da patente estaria a exercer o seu direito de forma abusiva, contrariando o princípio da boa-fé. Trata-se, portanto, de casos em que as declarações do requerente podem ter um efeito limitativo da proteção, mas apenas com eficácia *inter partes*[557]. Para que as declarações do titular o vinculem, a jurisprudência alemã exige que sejam explícitas ou suficientemente claras para justificarem a investidura da confiança do seu concorrente em que determinadas realizações não estejam protegidas pela patente[558]. Além disso, não será admissível que, com base em declarações apresentadas durante um procedimento de oposição ou durante uma ação de nulidade da patente, o titular sustente uma interpretação mais ampla do âmbito da proteção conferida pela patente[559].

Entre nós, a doutrina que versa sobre o assunto não é unânime. O grupo português que, em 2012, respondeu às questões colocadas pela AIPPI a propósito da utilização do processo de concessão da patente para proceder à interpretação das reivindicações em litígios posteriores à concessão sustentou que, por força do nº 1 do artigo 97º do CPI 2003 (correspondente ao artigo 98º, nº 1, do CPI 2018), os únicos elementos que, para além das reivindicações, poderão ser utilizados na sua interpretação são a descrição e os desenhos[560]. Segundo esta conceção, resultaria do disposto no nº 2 do artigo 7º do CPI 2003 (que manteve a numeração no CPI 2018) que a patente deveria conter todos os ele-

[557] Alfred Keukenschrijver, «The German Practice», pp. 87 e 88.

[558] Dietmar Haug, «The use of prosecution history in post-grant patent proceedings», p. 4; J. P. Remédio Marques, *Biotecnologia(s) e Propriedade Intelectual*, vol. I, pp. 830 e 831, a propósito do acórdão *Weichvorricjtung*, proferido pelo BGH a 20 de abril de 1993.

[559] Dietmar Haug, «The use of prosecution history in post-grant patent proceedings», p. 6.

[560] Filipe Baptisita, *et al.*, «The use of prosecution history in post-grant patent proceedings», AIPPI Portugal Group Report Q229, 2012, p. 2.

mentos necessários à perfeita identificação do direito, pelo que deveria ser suficiente em si mesma, em respeito pelo princípio da segurança jurídica[561]. As opiniões, os argumentos e as intenções do requerente durante o procedimento de concessão não deveriam ser levados em consideração na interpretação das reivindicações[562]. Os terceiros não deveriam ser onerados com a necessidade de analisar o processo de concessão quando queiram conhecer o âmbito da patente, nem deveria criar-se um obstáculo aos requerentes de uma patente quando ainda estão a trabalhar na forma final da redação da patente solicitada. Por essa razão, o recurso ao processo de concessão para interpretar a patente deveria ser mínimo e de natureza excecional[563].

Para reforçar o seu entendimento, o grupo português perante a AIPPI refere ainda o facto de, se o requerente não proceder voluntariamente às modificações exigidas pelos examinadores do seu pedido de patente, o INPI ter o poder-dever de, tratando-se apenas de delimitar a matéria protegida, eliminar reivindicações, desenhos, frases do resumo ou da descrição ou alterar o título ou epígrafe da invenção, nos termos do disposto no artigo 69º do CPI[564, 565].

O grupo esclarece que não existe uma proibição expressa na lei ou emergente da prática judicial no sentido de impedir o recurso a esses elementos, mas antes que a lei portuguesa não especifica o uso de outros elementos para a interpretação do âmbito da patente para além das reivindicações que não a descrição e os desenhos[566]. Segundo os mesmos autores, os acórdãos do TRL proferidos a 17 de setembro de 2009[567] e a 7 de abril de 2011[568] teriam acolhido o entendimento de que a inten-

[561] Filipe Baptisita, *et al.*, «The use of prosecution history in post-grant patent proceedings», pp. 2 e 4.

[562] Filipe Baptisita, *et al.*, «The use of prosecution history in post-grant patent proceedings», p. 2.

[563] Filipe Baptisita, *et al.*, «The use of prosecution history in post-grant patent proceedings», p. 5.

[564] Cf. artigo 71º do CPI 2018.

[565] Filipe Baptisita, *et al.*, «The use of prosecution history in post-grant patent proceedings», p. 2.

[566] Filipe Baptisita, *et al.*, «The use of prosecution history in post-grant patent proceedings», p. 4.

[567] Processo nº 893/1995.L1-2; Relatora: Ondina Carmo Alves.

[568] Processo nº 108/08.4TYLSB; Relator: Carlos Marinho.

ção expressa pelo requerente durante o procedimento de concessão da patente não deve relevar para a interpretação das reivindicações[569].

As únicas situações em que seria admissível ter em consideração o processo de concessão seria para averiguar o âmbito legítimo de exercício dos direitos concedidos pela patente (mas não a sua extensão), quando o titular da patente claramente exceder os limites impostos pela boa-fé, moralidade e o propósito social ou económico do direito, por força do disposto no artigo 334º do Código Civil, ou quando o titular da patente se envolva em litigância de má-fé[570].

Por seu turno, J. P. Remédio Marques admite «com acrescidas cautelas e reservas» a possibilidade de se atender ao processo de concessão da patente para, no âmbito de um litígio por infração, diminuir ou suprimir a aplicabilidade da doutrina dos equivalentes ou da essencialidade, quando durante o respetivo procedimento de concessão se verifiquem renúncias implícitas, mas objetivamente construídas, por parte do requerente[571]. A preocupação do autor centra-se na questão de saber se a doutrina dos equivalentes é ou não aplicável quando se verifique uma renúncia, problema a que nos dedicaremos adiante, a propósito da determinação do âmbito não literal da patente[572].

Na jurisprudência nacional, são raras as decisões que tenham versado sobre o assunto. Segundo o acórdão arbitral de 3 de junho de 2014, publicado no BPI nº 2014/08/18, p. 33, citado pelo acórdão de 11 de fevereiro de 2015, publicado no BPI nº 2015/07/23, p. 75, e segundo o acórdão de 13 de julho de 2015, publicado no BPI nº 2015/10/14, pp. 15 e 16[573]:

> «[...] estão excluídos, por regra, do processo interpretativo, os actos do titular praticados durante a fase de exame e dos procedimentos orais perante o EPO, tendo em conta os citados art. 69º do CPE e respectivo protocolo interpretativo, a jurisprudência do IEP (v. decisão

[569] Filipe Baptisita, *et al.*, «The use of prosecution history in post-grant patent proceedings», p. 4.

[570] Filipe Baptisita, *et al.*, «The use of prosecution history in post-grant patent proceedings», p. 3.

[571] J. P. Remédio Marques, *Biotecnologia(s) e Propriedade Intelectual*, vol. I, p. 831.

[572] Cf. Capítulo II, ponto 5.6. *infra*.

[573] Proferidos por tribunais arbitral constituídos nos termos e para os efeitos do artigo 2º da Lei nº 62/2011.

T 250/00) e, não menos importante, a circunstância de a Conferência Diplomática de 2000, que reviu o CPE, ter expressamente afastado a fase do exame perante o IPE como elemento de interpretação das patentes. Vai no mesmo sentido, também, a doutrina mais representativa.»

O acórdão arbitral de 24 de agosto de 2016, publicado no BPI nº 2018/ /10/15, segue um entendimento idêntico.

Quanto a nós, reconhecemos que o CPI e a CPE não indicam expressamente o processo de concessão como um dos elementos a considerar na interpretação das reivindicações. Todavia, não nos parece razoável retirar do disposto no nº 1 do artigo 98º do CPI[574] e no nº 1 do artigo 69º da CPE o entendimento de que nenhum outro elemento poderá ser utilizado na interpretação das reivindicações para além destas, da descrição e dos desenhos. Por essa ordem de ideias, o intérprete estaria também impedido de recorrer, *e.g.*, a dicionários técnicos ou a prova pericial para compreender o significado de algum termo utilizado na redação das reivindicações, quando o mesmo não seja claro ou não se encontre definido na descrição, o que não nos parece aceitável. O nº 1 do artigo 98º do CPI e o nº 1 do artigo 69º da CPE visam garantir que o perito, ao interpretar as reivindicações, tem em conta a descrição e os desenhos, mas daí não se retira uma proibição quanto à consulta de outros elementos. Ou seja, quer-nos parecer que o facto de a lei apenas indicar expressamente a descrição e os desenhos como elementos interpretativos das reivindicações não é suficiente para responder à questão de saber se é possível ou não recorrer ao processo de concessão da patente, bem como ao expediente de eventuais litígios respeitantes à sua validade, para proceder à interpretação da patente[575]. Também não nos convence que o facto de a Conferência Diplomática de 2000 não ter incluído o expediente do processo de concessão entre os elementos interpretativos expressamente referidos na lei seja suficiente para o afastar. O único

[574] Cf. artigo 97º, nº 1, do CPI 2003.

[575] Cf., no sentido da inadmissibilidade do recurso ao processo de concessão da patente enquanto elemento geral interpretativo das reivindicações, Carmen Salvador Jovani, *El Ámbito de Protección de la patente*, p. 221; Jacques Azéma & Jean-Christophe Galloux, *Droit de la propriété industrielle*, p. 436, citando o acórdão do Cour d'appel de Paris, de 11 de outubro de 1990 (*PIBD* 1991.III.2, Ann. Propr. Ind. 1990, p. 235).

entendimento que nos parece ser possível retirar desse facto é que a Conferência Diplomática não pretendeu resolver a questão, por não haver consenso suficiente para o fazer, seja num ou noutro sentido. Assim, o legislador terá deixado essa tarefa ao intérprete-aplicador.

Além disso, também não vemos como é que se poderá alcançar a resposta a essa questão com base nos acórdãos do TRL proferidos a 17 de setembro de 2009[576] e a 7 de abril de 2011[577], citados pelo grupo português junto da AIPPI. Na verdade, o tribunal não foi confrontado com o problema da utilização do processo de concessão como elemento interpretativo das reivindicações, nem se pronunciou expressamente sobre esse ponto, mas tão-somente sobre os princípios gerais subjacentes à interpretação das patentes.

Não está em causa o princípio de que o objeto da proteção e o âmbito da patente são definidos pelas reivindicações, interpretadas à luz da descrição e dos desenhos. Com efeito, estamos em crer que, em face do disposto no nº 1 do artigo 98º do CPI e no nº 1 do artigo 69º da CPE, não será exigível a terceiros que procedam à análise do processo de concessão da patente para conhecer o âmbito da proteção conferida pela patente. Nesse sentido, seria contrário ao princípio da segurança jurídica que a matéria protegida pela patente pudesse, afinal, ser mais ampla do a que resulta das reivindicações, interpretadas de acordo com a descrição e os desenhos. Por isso, será de afastar a possibilidade de se tomar em consideração o processo de concessão da patente enquanto elemento interpretativo das reivindicações, quando dele resulte um âmbito mais amplo do que aquele vertido nas reivindicações, interpretadas segundo a descrição e os desenhos. Segundo vimos acima, este será também o entendimento generalizado noutras ordens jurídicas, designadamente, onde a CPE vigora.

No entanto, parece-nos que a questão assume contornos diferentes quando desse expediente resultar uma interpretação restritiva das reivindicações ou uma renúncia feita pelo requerente da proteção[578]. Conforme resulta, *e.g.*, da jurisprudência dos Países Baixos e do Reino Unido, expostas acima, as imposições resultantes do princípio da segurança jurídica, que visa proteger os concorrentes do titular da patente,

[576] Processo nº 893/1995.L1-2; Relatora: ONDINA CARMO ALVES.

[577] Processo nº 108/08.4TYLSB; Relator: CARLOS MARINHO.

[578] CARMEN SALVADOR JOVANI, *El Ámbito de Protección de la patente*, pp. 222 e 223.

não se colocam da mesma forma perante terceiros que, designadamente, num processo de infração da patente, fundamentem uma interpretação restritiva das reivindicações com base nos elementos do processo de concessão da patente publicamente disponíveis[579]. Nesta sede, estamos em crer que o princípio da boa-fé poderá desempenhar um papel relevante na interpretação das reivindicações e na conformação do exercício do direito conferido pela patente, vinculando o requerente ou titular da patente à sua atuação anterior.

Segundo a doutrina e a jurisprudência alemã *supra* exposta, certamente não será legítimo ao titular da patente exercer o seu direito de exclusão quando apenas tenha logrado salvaguardar a concessão ou a validade da sua patente com base na alteração da matéria reivindicada ou na interpretação restritiva do teor das reivindicações, ainda que as limitações introduzidas resultem implícita, mas claramente, das declarações do titular da patente, *maxime* num processo de infração contra um concorrente que tenha intervindo no procedimento de oposição à concessão de patente ou num litígio respeitante à validade da patente em que aquelas limitações tenham sido produzidas. Nesse caso, o titular da patente deverá ser vinculado às suas declarações[580] e impedido de agir judicialmente em contradição com a sua conduta anterior, perseguindo o concorrente que atuou confiando na conduta do requerente durante o procedimento de oposição ou durante o processo de nulidade da patente. Caso contrário, estaríamos perante o exercício abusivo do direito do titular da patente, suscetível de resultar num *venire contra factum proprium*[581]. Ao que tudo indica, será também este o entendimento refletido pelo grupo português junto da AIPPI ao admitir o recurso ao processo de concessão para limitar o exercício do direito do titular da patente à luz dos ditames da boa-fé, ao abrigo do disposto no artigo 334º do Código Civil[582].

[579] JOHN ALLEN, *et. al.*, «The use of prosecution in post-grant patent proceedings», p. 2.

[580] Cf., em sentido próximo, J. P. REMÉDIO MARQUES, *Biotecnologia(s) e Propriedade Intelectual*, vol. I, p. 837. Ainda sobre o potencial efeito auto vinculativo das declarações do requerente da patente, cf. ac. *Bristol Meyers Squibb Co v. Baker Norton Pharmaceuticals, Inc.* [1999] RPC 253, citado pelo mesmo autor (*op. cit.*, p. 829).

[581] MIGUEL VIDAL-QUADRAS TRIAS DE BES, *Estudio Sobre los Requisitos de Patentabilidad, el alcance y la violación del derecho de patente*, p. 258.

[582] FILIPE BAPTISITA, *et al.*, «The use of prosecution history in post-grant patent proceedings», p. 3.

Segundo António Menezes Cordeiro[583], o brocardo *venire contra factum proprium* traduz o exercício de uma posição jurídica em contradição com uma conduta anteriormente assumida ou proclamada pelo agente. Deste modo, pressupõe que se verifiquem duas condutas da mesma pessoa, distanciadas no tempo e que, isoladamente, seriam lícitas[584]. A segunda conduta (o *venire*) contraria a primeira (o *factum proprium*), o que, só por si, não a torna ilícita. Com efeito, não existe em Portugal ou na generalidade dos ordenamento jurídicos contemporâneos uma proibição genérica de contradição. A ilicitude advém não só do facto de a segunda conduta contrariar diretamente a situação jurídica criada pela primeira, mas também de circunstâncias especiais que tornam a situação jurídica criada pelo *factum proprium* digna de tutela do direito[585]. Essas circunstâncias baseiam-se no facto de o agente ter suscitado num terceiro uma confiança legítima numa situação jurídica digna de tutela, confiança essa que é frustrada pela atuação posterior contraditória daquele, com consequências jurídicas nefastas para o terceiro, de tal modo que constitui, por parte do agente, um abuso de direito, isto é, um exercício inadmissível de um direito ou de uma posição jurídica[586] que excede os limites impostos pela boa-fé, nos termos do disposto no artigo 334º do Código Civil[587]. Para que a confiança gerada pelo *factum proprium* seja digna de tutela exige-se geralmente a verificação de quatro condições:

i. Uma situação de confiança, constituída pela boa-fé subjetiva e ética da pessoa que, cumprindo os deveres de cuidado que lhe são exigíveis, ignora que, não fosse o abuso de direito, estaria a lesar a posição jurídica de outrem;
ii. Uma justificação para essa confiança, fundamentada em elementos objetivos e razoáveis capazes de, em abstrato, gerarem uma convicção plausível numa pessoa normal;

[583] *In Tratado de Direito Civil*, vol. V, 2ª Edição, Coimbra, Almedina, 2015, pp. 305 e ss.

[584] António Menezes Cordeiro, *Tratado de Direito Civil*, vol. V, 2ª Edição, Coimbra, Almedina, 2015, p. 309.

[585] António Menezes Cordeiro, vol. V, *Tratado de Direito Civil*, p. 313.

[586] António Menezes Cordeiro, vol. V, *Tratado de Direito Civi*, p. 272; João Baptista Machado, «Tutela da Confiança e "Venire Contra Factum Proprium"», *in* João Baptista Machado, *Obra Dispersa*, vol. I, Scientia Iuridica, Braga, 1991, p. 396.

[587] Cf. António Menezes Cordeiro, vol. V, *Tratado de Direito Civil*, pp. 269 e ss.

iii. Um investimento da confiança, concretizado pela atuação jurídica de quem confiou em conformidade com essa confiança, atuação essa que não possa ser desfeita sem prejuízos inadmissíveis para o agente; e
iv. A imputação da situação de confiança à pessoa que será atingida pela proteção dada a quem confiou e que, por ação ou omissão, deu azo a essa confiança[588].

Importa ainda ter em conta que, conforme refere António Menezes Cordeiro, as condições de proteção da confiança através da figura do *venire contra factum proprium* articulam-se entre si como um sistema móvel, ou seja, sem que exista entre si uma hierarquia e tornando possível que, em concreto, algum dos pressupostos referidos possa ser dispensado face à intensidade com que se manifestem os demais[589].

Posto isto, importa compreender em que termos poderá o exercício do direito de patente ser abusivo, nos termos e para os efeitos do artigo 334º do Código Civil, levando à sua inadmissibilidade por constituir um *venire contra factum proprium*. Assim, quando o alegado infrator tiver desenvolvido a sua variante baseando-se nas limitações ou renúncias resultantes da interpretação das revindicações exposta pelo requerente ou titular da patente em sede de procedimento de oposição ou de eventuais ações de nulidade da patente em que tenha intervindo, com grande probabilidade se verifica a existência de uma situação de confiança objetivamente fundada e imputável ao titular da patente, que justifica a proteção do investimento concretizado no desenvolvimento da variante. Nestes termos, será sustentável, pelo alegado infrator, que o titular da patente age em abuso de direito ao confrontá-lo com uma alegada violação da patente pela sua variante (designadamente, ao abrigo de uma ação de infração).

Por outro lado, saber se as renúncias ou as declarações limitativas apresentadas pelo titular da patente durante o procedimento de conces-

[588] António Menezes Cordeiro, vol. V, *Tratado de Direito Civil*, pp. 322 e 323; João Baptista Machado, «Tutela da Confiança e "Venire Contra Factum Proprium"», pp. 406 e 416 a 419; Paulo Mota Pinto, «Sobre a Proibição do Comportamento Contraditório (*Venire Contra Factum Proprium*) no Direito Civil», *Boletim da Faculdade de Dreito*, Volume Comemorativo, Coimbra Editora, Coimbra, 2003, pp. 302 a 306.

[589] António Menezes Cordeiro, *Tratado de Direito Civil*, p. 323.

são ou no âmbito de litígios respeitantes à patente poderão aproveitar a terceiros que neles não tenham intervindo poderá oferecer maiores reservas, mas não será de excluir em absoluto. A questão que se coloca é a de saber se, nesses casos, existe justificação bastante para se dizer que os terceiros não intervenientes nesses processos agiram de boa-fé, com base em elementos objetivos e razoáveis, imputáveis ao titular da patente, capazes de, em abstrato, gerarem a convicção plausível numa pessoa normal de que o desenvolvimento da variante se encontrava fora do âmbito de proteção conferido pela patente. Em última análise, trata-se de uma questão de prova. Por exemplo, será ou não razoável admitir que o intérprete da patente, sendo este um «perito médio na matéria»[590] ao qual se atribui um padrão de formação, conhecimento, experiência e capacidades médias ou normais nesse domínio[591], consultaria o historial do processo de concessão da patente ou o expediente do procedimento de oposição ou de eventuais processos de nulidade da patente para determinar o seu âmbito? Conforme se referiu acima, provavelmente os tribunais britânicos responderiam negativamente a esta questão[592]. Mas será que é sempre assim ou será que, em determinados domínios da tecnologia, onde exista uma concorrência mais aguerrida ou onde a investigação tenha maior importância, o perito na matéria estará mais atento ao procedimento de concessão e às limitações ou renúncias que dele resultem? Será que, perante uma ambiguidade não resolvida pela interpretação das reivindicações à luz da descrição e dos desenhos, o perito na matéria procuraria respostas no fascículo da patente? Como vimos acima, a jurisprudência alemã tende a admitir essa possibilidade, ainda que cautelosamente [593]. Será desrazoável supor que o perito na matéria esteja atento à publicação no BPI das decisões finais de processos judiciais sobre propriedade industrial respeitantes ao domínio da sua especialidade [cf. artigo 375º, nº 1, alínea h), do CPI[594]]? Talvez a resposta a esta questão dependa do domínio em questão. Em suma,

[590] Acórdão de 17 de abril de 2013, publicado no BPI nº 2013/05/03, pp. 32-35.

[591] Carmen Salvador Jovani, *El Ámbito de Protección de la patente,* pp. 227, 230 a 237; Maximilian Haedicke & Henrik Timmann, *Patent Law*, p. 612.

[592] Ian Karet, *et al.*, «Use of prosecution in post-grant patent proceedings», p. 2, citando jurisprudência nesse sentido.

[593] Alfred Keukenschrijver, «The German Practice», p. 88.

[594] Cf. artigo 356º, nº 1, alínea i), do CPI 2003.

trata-se de uma questão de prova do preenchimento das condições que permitem ao alegado infrator invocar um abuso de direito por parte do titular da patente, nos termos do artigo 334º do Código Civil, de modo a obstar ao exercício do direito que a lei atribui a este último de se opor a os atos que constituam violação da sua patente (cf. artigo 102º, nº 4, do CPI[595]).

Por conseguinte, com a devida cautela, parece-nos razoável não excluir *a priori* que, ao abrigo do princípio da boa-fé, os efeitos das renúncias ou declarações limitativas apresentadas pelo titular da patente durante o procedimento de concessão ou no âmbito de algum processo de nulidade da patente possam estender-se a terceiros não intervenientes nesses procedimentos, contanto que estes consigam sustentar uma interpretação restritiva do âmbito do direito conferido pela patente através da demonstração de que atuaram legitimamente em conformidade com a confiança gerada pela conduta do titular da patente, revelada por elementos objetivos e razoáveis disponíveis ao público. A reforçar este entendimento, parece que também o tribunal arbitral que proferiu o acórdão de 26 de novembro de 2016 admite o recurso ao historial do processo de concessão da patente para proceder à interpretação das reivindicações[596].

Alguma doutrina (estrangeira) opõe-se ainda à consideração do expediente de concessão da patente para proceder à interpretação limitativa das reivindicações com base no facto de se exigir ao requerente da patente que, aquando da apresentação do seu pedido, descreva a sua invenção de forma clara e completa, sob pena de nulidade da patente, donde resultaria a exclusão do recurso a esses elementos para aclarar alguma ambiguidade resultante das reivindicações[597]. Além disso, há autores que entendem que a consideração do expediente dos processos de invalidade da patente ou dos fundamentos que levaram à declaração de nulidade ou anulação de uma ou mais reivindicações para a interpretação das demais põem em causa o princípio de que a interpretação da patente não deve ser influenciada por informação disponibilizada após a data do pedido ou da prioridade[598]. Em coerência, entendem que só

[595] Cf. artigo 101º, nº 3, do CPI 2003.

[596] Cf. BPI nº 2017/04/13, p. 64.

[597] Carmen Salvador Jovani, *El Ámbito de Protección de la patente*, p. 223.

[598] Maximilian Haedicke & Henrik Timmann, *Patent Law*, p. 645.

seria de admitir a valorização das manifestações do titular da patente durante processos judiciais posteriores à concessão da patente na medida em que se reflitam no texto da patente, mediante a inclusão de uma reivindicação negativa (*disclaimer*) ou através da sua divulgação na descrição[599].

Todavia, temos dúvidas que o facto de o requerente da patente estar obrigado a divulgar a sua invenção de forma clara e completa seja suficiente para dirimir a questão. Com efeito, não parece justo ignorar-se os casos em que a concessão da patente ou a sua não anulação só foi possível porque a sua validade foi salvaguardada por um esclarecimento ou por uma limitação apresentados pelo requerente durante ou após o pedido de proteção. Essa limitação deverá poder ser invocada por terceiros ao abrigo do princípio da boa-fé quando se verifiquem os pressupostos analisados acima, *maxime*, se foi deduzida no âmbito de um procedimento ou processo por si iniciado ou no qual intervieram e se, ainda assim, forem confrontados com uma ação de infração da patente com fundamento na usurpação das caraterísticas técnicas objeto de limitação[600].

Não obstante, sempre se exigirá que as renúncias ou limitações efetuadas pelo titular da patente durante o procedimento de concessão ou durante um processo respeitante à sua validade sejam claras e inequívocas da perspetiva do perito na matéria[601]. Nesse sentido, conforme refere J. P. Remédio Marques, é da maior importância que o tribunal proceda escrupulosamente à qualificação das declarações do titular da patente. Segundo o autor, será necessário que as alterações e declarações efetuadas pelo titular da patente tenham inequivocamente natureza limitativa ou renunciativa da matéria reivindicada, ainda que esse efeito resulte implícita mas claramente das declarações do titular da patente (*e.g.*, ao esclarecer se determinado elemento é por ele considerado essencial, em detrimento de outros). Não será esse o caso quando as declarações do titular da patente se revelem meramente aclaradoras do teor das reivindicações ou caso visem somente conferir maior concisão e clareza às reivindicações (*e.g.*, suprimindo reivindicações dependentes

[599] Carmen Salvador Jovani, *El Ámbito de Protección de la patente*, p. 226.

[600] Cf., admitindo essa hipótese, Maximilian Haedicke & Henrik Timmann, *Patent Law*, p. 643.

[601] Alan L. Durham, *Patent Law Essentials*, p. 73; Maximilian Haedicke & Henrik Timmann, *Patent Law*, p. 643.

supérfluas, cujo significado se encontra contido noutras reivindicações, ou aperfeiçoando uma reivindicação de modo a aprimorar a caraterização de elementos que, doutro modo, poderiam passar despercebidos). Para o efeito, e porque se trata de atos decorrentes da vontade do requerente ou titular da patente que concorrem para a conformação das reivindicações, a sua interpretação deve seguir os parâmetros da interpretação dos negócios jurídicos[602], em termos idênticos daqueles analisados acima para a interpretação das reivindicações[603].

As consequências do entendimento exposto acima não se cingem à interpretação do significado das reivindicações ou do seu sentido técnico. A possibilidade de extrair limitações ou renúncias à matéria potencialmente abrangida pelas reivindicações levanta também questões quanto à determinação do âmbito da proteção conferida pela patente para além do seu conteúdo expresso – nomeadamente, a questão de saber se os elementos técnicos objeto de renúncia ou limitação em virtude das alterações ou declarações do titular poderão ainda ser abrangidos pela aplicação da doutrina dos equivalentes. Por isso, os efeitos das limitações resultantes do procedimento de concessão da patente e litígios posteriores serão analisados adiante neste trabalho, onde se aborda o tema do alcance da proteção da patente para além do seu teor literal[604].

3.9. Outros elementos interpretativos

Conforme se aludiu anteriormente, tanto o CPI como a CPE apenas referem expressamente a descrição e os desenhos como elementos interpretativos das reivindicações (cf. artigo 98.º[605], nº 1, do CPI e artigo 69º da CPE). Quer isto dizer que, dos elementos integrantes do fascículo da patente, apenas aqueles deverão ser considerados na interpretação das reivindicações, ou poderão ser tidos em conta outros elementos como a epígrafe ou título, o resumo ou outros dados resultantes do pedido, do anúncio de concessão ou do folheto da patente?

Embora não seja um tema pacífico[606], estamos em crer que, mais do que limitar a interpretação das reivindicações à descrição e aos dese-

602 J. P. Remédio Marques, *Biotecnologia(s) e Propriedade Intelectual*, vol. I, pp. 842 a 844.

603 Cf. capítulo I, ponto 3.3. *supra*.

604 Cf. capítulo II, ponto 5.6. *infra*.

605 Cf. artigo 97º do CPI 2003.

606 Carmen Salvador Jovani, *El Ámbito de Protección de la patente*, p. 218.

nhos, aqueles preceitos visam assegurar que esses elementos são tidos em consideração. É certo que, por respeito à segurança jurídica, o objeto da proteção e o âmbito da patente serão definidos pelas reivindicações, interpretadas à luz da descrição e dos desenhos. Todavia, pelas razões expostas nos pontos anteriores, não será razoável afastar que o intérprete recorra a outros elementos interpretativos ao abrigo dos princípios gerais da prova, incluindo prova extrínseca, como dicionários técnicos ou prova pericial para encontrar o significado da terminologia utilizada nesses documentos. Além disso, como se expôs na secção anterior deste trabalho, não deverá *a priori* excluir-se a hipótese de os ditames gerais da boa fé exigirem que o exercício do direito de patente seja limitado face à conduta anterior do titular, quando resulte clara e inequivocamente (ainda que implicitamente) do expediente do procedimento de concessão da patente, de oposição e de litígios respeitantes à sua validade, que aquele limitou a matéria potencialmente abrangida pelas reivindicações ou renunciou a parte dela.

Mas, posto isto, a doutrina divide-se quanto à possibilidade de ter em conta outros elementos interpretativos intrínsecos à patente para proceder à interpretação das reivindicações, para além da descrição e dos desenhos. Autores como Adriano Vanzetti e Vicenzo di Cataldo[607] sustentam que as reivindicações devem ser interpretadas à luz de todo o fascículo da patente. Por seu turno, Carmen Salvador Jovani sustenta que o legislador terá especificado alguns elementos de entre os que compõem o pedido da pendente que hão-de ser tidos em consideração na interpretação das reivindicações (*i.e.*, a descrição e os desenhos) para evitar o recurso a outros elementos resultantes desse pedido, da publicação ou do fascículo da patente[608].

A verdade é que, por natureza, os demais elementos de prova intrínsecos ao fascículo da patente dificilmente serão aptos a auxiliar na interpretação das reivindicações. Mas, ainda que esses elementos possam ser úteis nalguma ocasião, não será admissível que, face ao disposto no artigo 98º, nº 1, do CPI[609] e artigo 69º da CPE, possam fazer ceder a prova resultante da descrição e dos desenhos.

[607] *In Manuale di Diritto Industriale*, 7ª Edição, Giuffrè Editore, Milão, 2012, pp. 462 e 463.

[608] Carmen Salvador Jovani, *El Ámbito de Protección de la patente*, p. 219.

[609] Cf. artigo 97º, nº 1, do CPI 2003.

Com efeito, embora o título ou epígrafe da invenção deva sintetizar o objeto da mesma [cf. artigo 61º, nº 1, alínea b)[610], e artigo 63º, nº 2, alínea b)[611], ambos do CPI] ou indicar a designação técnica da invenção [cf. regra 26, nº 2, alínea b), do RE], dificilmente será suficiente, dada a sua concisão, para auxiliar na interpretação das reivindicações e muito menos para contrariar o significado natural da terminologia das reivindicações ou o teor da descrição e dos desenhos[612]. O mesmo se aplica aos demais elementos constantes do pedido de patente, da publicação ou do folheto[613]. Quanto ao resumo, a própria lei prevê expressamente que serve exclusivamente para fins de informação técnica e não deverá ser tomado em consideração para qualquer outra finalidade, designadamente para determinar a extensão da proteção requerida [cf. artigo 62º, nº 6, alínea b), do CPI e artigo 85º da CPE][614].

[610] Que manteve a numeração do CPI 2003.

[611] Cf. artigo 62º-A, nº 2, alínea b), do CPI 2003.

[612] Carmen Salvador Jovani, *El Ámbito de Protección de la patente*, p. 219.

[613] Carmen Salvador Jovani, *El Ámbito de Protección de la patente*, p. 220. Não obstante, como refere a autora, a data da apresentação do pedido de patente ou a data da prioridade serão relevantes para determinar o conhecimento e a capacidade atribuíveis ao perito na matéria, que por sua vez serve de padrão de interpretação das reivindicações.

[614] Maximilian Haedicke & Henrik Timmann, *Patent Law*, p. 639; Carmen Salvador Jovani, *El Ámbito de Protección de la patente*, pp. 219 e 220.

Capítulo II
O âmbito da patente e a doutrina dos equivalentes

1. A origem da doutrina dos equivalentes e a inexistência de uma noção uniforme de equivalência

1.1. Enquadramento do tema

No capítulo anterior, analisámos a origem e a função das reivindicações, a sua importância para determinar o objeto da proteção conferida pelo direito de patente (cf. artigo 62º, nº 3, do CPI[615] e artigo 84º da CPE) e os princípios a observar na sua interpretação, tendo em vista encontrar o significado técnico da terminologia utilizada na sua redação. Todavia, coloca-se a questão de saber se o direito de patente se encontra suficientemente protegido caso o seu âmbito se cinja ao teor das reivindicações, interpretadas pelo perito na matéria, tendo em conta o disposto na descrição e nos desenhos.

Num litígio por alegada infração da patente, e uma vez interpretadas as reivindicações, caso o produto ou o processo *sub judice* correspondam à matéria reivindicada, verifica-se a infração literal da patente[616]. No entanto, os casos de infração literal não são os que levantam maiores difi-

[615] Cf. preceito com a mesma numeração no CPI 2003.

[616] Alan L. Durham, *Patent Law Essentials*, p. 179; Janice M. Mueller, *Patent Law*, p. 446; Alfred Keukenschrijver, «The German Practice», p. 89.

culdades, nem são os mais frequentes[617], pois bastará que o produto ou o processo concorrente apresente alguma variação em relação às características técnicas protegidas para que não se verifique a infração literal da patente. *Quid juris* quando se trate de variações irrelevantes para o funcionamento da invenção? Será que a repressão da infração literal da patente basta para proteger o seu titular? Será que o protege de forma justa, como exige o Protocolo Interpretativo do artigo 69º da CPE[618]?

> *Quid juris* se o titular de uma patente que protege uma formulação farmacêutica de libertação sustida de um derivado da tiazepina (a quetiapina), compreendendo o agente gelificante hidroxipropilmetilcelulose, que possibilita a libertação prolongada daquela substância, é confrontado com a pretensão de uma concorrente de introduzir no mercado uma formulação farmacêutica de libertação sustida da mesma substância ativa, mas que, em vez de um agente gelificante, compreende uma combinação de carragenanano (lambda) e óxido de magnésio, que atuam aumentando a viscosidade da formulação, desta forma criando uma barreira à difusão?[619]

Na verdade, há muito que os tribunais reconhecem que «permitir a imitação de uma invenção patenteada, que não copie todos os detalhes de forma literal, seria converter a proteção conferida pela patente em algo vazio e inútil»[620] e que «ninguém que se aposse da substância de um invenção patenteada pode escapar às consequências da infração por introduzir variações insignificantes»[621]. Com efeito, redigir as reivindicações de forma a delinear precisamente a invenção é uma tarefa difícil,

617 Luís Couto Gonçalves, *Manual de Direito Industrial*, p. 97; acórdão *Graver Tank* (cf. capítulo II, ponto 2.2.1. *infra*).

618 Cf. Carmen Salvador Jovani, *El Ámbito de Protección de la patente*, p. 250; Matt Fisher, *Fundamentals of Patent Law*, p. 12.

619 Exemplo retirado do acórdão arbitral de 30 de outubro de 2013, publicado no BPI nº 20/01/2016.

620 Acórdão *Graver Tank* (cf. capítulo II, ponto 2.2.1. *infra*). Tradução livre da nossa responsabilidade. No original: «*to permit imitation of a patented invention which does not copy every literal detail would be to convert the protection of the patent grant into a hollow and useless thing*».

621 *Marconi v. British Radio Telegraph and Telephone Company, Ltd.*, [1911] 28 RPC 181 (esp. p. 217), *apud* Matt Fisher, *Fundamentals of Patent Law*, p. 13. Tradução livre da nossa responsabilidade. No original: «[...] *no one who borrows the substance of a patented invention can escape the consequences of infringing by making immaterial variations*».

maxime tendo em conta que a patente poderá vigorar por 20 anos e que, durante esse período, a compreensão e a utilidade da invenção para o domínio da técnica em que se insere poderá alterar-se significativamente[622]. A limitação da proteção conferida pela patente ao teor expresso das reivindicações deixaria o titular desprotegido nos casos em que os seus concorrentes se limitam a alterar algum ou alguns dos elementos da invenção de forma artificiosa ou não substancial, o que dificilmente seria compatível com a uma proteção equitativa do titular da patente[623]. O problema surge então em saber quando é que uma alteração é considerada irrelevante ou não substancial e quando é que o segundo produto ou processo apresenta modificações suficientemente relevantes para se concluir que já não se encontra no âmbito exclusivo do direito de patente[624]. Em causa está, por isso, determinar o escopo da proteção conferida pela patente de forma a equilibrar a justa proteção do titular com um grau razoável de certeza jurídica para terceiros[625].

Para responder a estas questões, generalizou-se o recurso à chamada doutrina dos equivalentes[626]. Trata-se de uma teoria construída e desenvolvida pela prática judicial[627], acompanhada pelo estudo doutrinário, cujos contornos não se encontram positivados em qualquer ato normativo e divergem entre os vários Estados que a aplicam. Ainda assim, nem todos os ordenamentos jurídicos demonstram a mesma recetividade a

[622] MAXIMILIAN HAEDICKE & HENRIK TIMMANN, *Patent Law*, p. 647; STEPHEN M. BODENHEIMER & JOHN BETON, «Infringement by equivalents in the United States and Europe », p. 83.

[623] CARMEN SALVADOR JOVANI, *El Ámbito de Protección de la patente*, p. 250; MATT FISHER, *Fundamentals of Patent Law*, p. 12; ALFRED KEUKENSCHRIJVER, «The German Practice», p. 90; TANUJA V. GARDE, «Legal certainty, stare decisis and the doctrine of equivalents», p. 366.

[624] PEDRO SOUSA E SILVA, *Direito Industrial*, p. 72; W. CORNISH, *et al.*, *Intellectual Property*, p. 255; CARMEN SALVADOR JOVANI, *El Ámbito de Protección de la patente*, p. 255; MATT FISHER, *Fundamentals of Patent Law*, p. 13; TANUJA V. GARDE, «Legal certainty, stare decisis and the doctrine of equivalents», p. 366.

[625] L. T. C. HARMS, *The Enforcement of Intellectual Property Rights*, p. 277; WILLIAM T. RALSTON, «Foreign Equivalents of the U.S. Doctrine of Equivalents», p. 182. STEPHEN M. BODENHEIMER & JOHN BETON, «Infringement by equivalents in the United States and Europe», p. 83.

[626] LUÍS COUTO GONÇALVES, *Manual de Direito Industrial*, p. 97.

[627] JANICE M. MUELLER, *Patent Law*, p. 468; DARCY AUGUST PAUL, «The Judicial Doctrine of Equivalents», *Harvard Journal of Law & Technology*, vol. 17, nº 1, 2003, p. 250.

essa doutrina. Designadamente, os tribunais do Reino Unido mostravam-se relutantes em adotá-la e aplicá-la – ou, pelo menos, em reconhecer a sua adoção e aplicação –, ora com maior, ora com menor ênfase.

No presente capítulo discutimos os pressupostos, as condições e os limites da aplicação da doutrina dos equivalentes em Portugal. Para tal, será necessário analisar, ainda que sucintamente, como é que essas questões têm sido abordas noutros ordenamentos, bem como pela doutrina e pela jurisprudência nacionais. Não obstante, para a boa compreensão destes tópicos, importa abordar em primeiro lugar, a origem e o reconhecimento da relevância da doutrina dos equivalentes, apesar de não existir uma conceção única ou uniforme do que se entende por equivalência ou dos requisitos da sua aplicação, o que faremos de seguida.

1.2. A origem e a consagração da doutrina dos equivalentes

A primeira vez que um tribunal superior admitiu a possibilidade de uma patente ser infringida de forma não literal ocorreu com a decisão do caso *Winans v. Denmead*, proferida pelo Supreme Court norte-americano, em 1853[628].

Nesse litígio, estava em causa a alegada infração de uma patente que protegia um carro sobre carris para o transporte de carvão, de forma cónica, cuja parte mais estreita ficava abaixo do *chassis* e entre os eixos do carro. A forma do carro beneficiava a sua resistência, pois permitia distribuir o peso da carga de forma igual em todas as direções. Além disso, permitia baixar o centro de gravidade da carga, conferindo maior estabilidade ao carro, sem diminuir a sua capacidade. O demandado construía carros similares ao protegido pela patente, com a diferença de que, em vez de uma forma cónica, apresentavam a forma de umpirâmide octogonal invertida. Não obstante, ficou demonstrado em juízo que os usos práticos do carro do demandado eram os mesmos do carro patenteado.

A decisão recorrida, proferida pelo Circuit Court of the United States for the District of Maryland, determinou que o segundo carro não

[628] 56 U.S. 330 (1853). Cf., entre outros, Janice M. Mueller, *Patent Law*, p. 468. Darcy August Paul, *in* «The Judicial Doctrine of Equivalents», p. 255, dá conta de outras decisões judiciais norte-americanas anteriores ao acórdão *Winans v. Denmead*, proferidos por instâncias inferiores, onde se afirma a possibilidade de uma patente ser infringida de forma não literal, embora no âmbito de uma análise genérica da infração, sem ainda distinguir infração literal de infração não literal ou por equivalência.

infringia a patente, uma vez que esta protegia corpos cónicos, mas não abrangia corpos retilíneos.

Ao conhecer do recurso, o Supreme Court começou por afirmar que uma patente não pode ser concedida por uma mera alteração da forma. Pelo contrário, uma patente deverá ser atribuída quando a invenção consista numa alteração de forma ou do modo de realização que introduz ou emprega princípios mecânicos ou forças da natureza diversas – ou seja, apresenta um novo modo de funcionamento –, assim alcançando um resultado novo e útil, como acontecia no caso do demandante. Acontece que, em juízo, ficou demonstrado que era possível aplicar o modo de funcionamento da invenção patenteada a outras realizações e, dessa forma, produzir o mesmo resultado alcançado pela invenção patenteada. Por conseguinte, a questão a decidir era a de saber se o requerente da patente teria limitado as suas reivindicações a um dos vários modos possíveis de executar a sua invenção.

É certo que, conforme esclareceu o Supreme Court, o titular da patente podia restringir as suas reivindicações de modo a abranger menos do que o que inventou, ou limitá-las a um modo de realização da invenção em particular, excluindo os demais. Não obstante, à época do litígio, a redação das reivindicações nos EUA fazia-se de acordo com a teoria de definição central do âmbito da patente, apresentando o modo preferencial de execução da invenção (*central claiming*)[629], pelo que o tribunal considerou que as reivindicações não deveriam ser interpretadas de forma a restringir o objeto da proteção se fosse possível interpretá-las de outra forma, por entender que seria razoável presumir que, tendo o direito a proteger a plenitude da sua invenção, o requerente da patente tenha pretendido fazê-lo. Assim, segundo o tribunal, quando o requerente da patente descrevesse uma máquina e a reivindicasse na forma descrita, deveria entender-se que pretendia abranger não apenas a exata forma descrita, mas também todas as outras que realizassem a sua invenção.

Segundo o Supreme Court, copiar o princípio da operação descrita implicaria a infração da patente, ainda que a forma e as proporções dessa cópia fossem totalmente distintas do original. O direito exclusivo de exploração da matéria patenteada não estaria assegurado se qualquer

[629] Janice M. Mueller, *Patent Law*, p. 468; Matt Fisher, *Fundamentals of Patent Law*, p. 179.

pessoa tivesse liberdade para fazer cópias substanciais da invenção. Por conseguinte, tendo o requerente da patente descrito a sua invenção, demonstrado os seus princípios e reivindicado o melhor modo de a realizar, deveria considerar-se que, ao abrigo da lei, reivindicava todas as formas que pudessem materializar a sua invenção – a menos que manifestasse a intenção de renunciar a alguma dessas formas[630].

Assim, embora não a nomeie expressamente[631], o acórdão *Winans v. Denmead* apresenta a fundamentação subjacente à teoria que viria mais tarde a ser conhecida como doutrina dos equivalentes[632], segundo a qual o direito de patente abrange não apenas o modo de realização da invenção reivindicado, mas também as variantes que, com recurso a meios com funções e efeitos equivalentes aos reivindicados, permitem aplicar o princípio subjacente à invenção.

É certo que, quando o acórdão *Winans v. Denmead* foi proferido, a teoria exposta pelo tribunal não visava suplementar o âmbito de proteção resultante das reivindicações, mas antes constituía uma ferramenta imprescindível para o determinar[633]. Caso contrário, num sistema assente na *central definition theory*, como era, à época, o norte-americano, a proteção conferida cingir-se-ia apenas ao modo de execução concretamente apresentado[634], o que, na prática, inutilizaria o direito de exclusividade do titular da patente face a qualquer modificação irrisória. Não obstante, é geralmente aceite que a doutrina dos equivalentes resultou na expansão do âmbito da proteção conferida pela patente para além do teor literal das suas reivindicações[635], ao reconhecer que a invenção patenteada não estaria verdadeiramente protegida a menos que se proibisse não apenas a sua imitação servil, mas também imitações substancialmente idênticas[636].

[630] Janice M. Mueller, *Patent Law*, p. 469, Alan L. Durham, *Patent Law Essentials*, p. 183, e Matt Fisher, *Fundamentals of Patent Law*, pp. 178 e 179.

[631] Tanuja V. Garde, «Legal certainty, stare decisis and the doctrine of equivalents», *EIPR*, vol. 27, 2005, p. 366.

[632] Janice M. Mueller, *Patent Law*, p. 469.

[633] Matt Fisher, Fundamentals of Patent Law, p. 179.

[634] Charles W. Adams, «The Doctrine of Equivalents: Becoming a Derelict on the Waters of Patent Law», Nebraska Law Review, vol. 84, 2006, p. 1123.

[635] Matt Fisher, *Fundamentals of Patent Law*, p. 179.

[636] Janice M. Mueller, *Patent Law*, p. 469.

Note-se, contudo, que a decisão do caso *Winans v. Denmead* não foi unânime entre os juízes que compunham o tribunal. De acordo com JUSTICE CAMPBELL, a descrição e as reivindicações apresentadas pelo requerente deveriam identificar exatamente os limites a sua invenção. Segundo este juiz, o requerente da patente terá confinado a sua reivindicação ao uso da forma cónica, sem fazer referência a qualquer outra forma na descrição, possivelmente para não pôr em risco a validade da sua patente, face ao direito de outrem. Por isso, questionava se seria legítimo o titular da patente abandonar posteriormente os fundamentos do seu pedido de patente para invocar o direito exclusivo sobre o uso de todos os carros que utilizassem as vantagens que ele apenas previu resultarem dos carros que adotassem uma forma cónica.

Segundo o mesmo juiz, a descrição concreta da invenção, do princípio que a enforma e da matéria reivindicada, de forma completa, clara, exata e precisa cumpriria, em si mesma, tanto os requisitos legais estabelecidos pela lei de patentes, como as exigências do interesse público subjacente. De acordo com o seu entendimento, os princípios da interpretação da lei e ointeresse público exigiriam que a letra da lei fosse respeitada em todo o seu significado e relevância. A atenuação dos requisitos legais seria perniciosa e geradora de litigância, bem como de pretensões exorbitantes e injustas.

Se a origem jurisprudencial da doutrina dos equivalentes é atribuída ao acórdão *Winans v. Denmead*, a sua conceção doutrinária é atribuída a KOHLER, no início do século XX, na Alemanha[637]. Posteriormente, ter-se-á expandido pela Europa, sendo acolhida pela doutrina e jurisprudência de diversos Estados[638]. Entre nós, a teoria foi exposta por AMÉRICO SILVA CARVALHO em 1970[639] e terá sido equacionada pela primeira vez em dois acórdãos de 1974, proferidos pelo do TRL[640].

Apesar de ter colhido um significativo apoio doutrinal e jurisprudencial, a doutrina dos equivalentes não obteve reconhecimento legal

[637] JOSEF KOHLER, *Lehrbuch des Patentsrechts* (tradução italiana), Società Editrice Libraria, Milano, 1914, pp. 50-55; LUÍS COUTO GONÇALVES, *Manual de Direito Industrial*, p. 98; CARMEN SALVADOR JOVANI, *El Ámbito de Protección de la patente*, p. 262.

[638] CARMEN SALVADOR JOVANI, *El Ámbito de Protección de la patente*, p. 262.

[639] *In O Objecto da Patente*, Coimbra Editora, Coimbra, 1970, pp. 73 a 77.

[640] Cf. acórdão arbitral de 16 de dezembro de 2012, publicado no BPI nº 17/05/2013.

durante o século XX[641]. Até ao ano 2000, nem os instrumentos internacionais de Direito de Patentes nem as leis nacionais dos diversos Estados lhe faziam qualquer referência[642].

A primeira iniciativa para consagrar expressamente a doutrina dos equivalentes num instrumento legal verificou-se em 1991, no âmbito da OMPI, aquando da Conferência Diplomática de Haia para discutir a Conclusão de um Tratado Complementar à Convenção de Paris sobre Patentes[643]. O artigo 21º proposto para esse tratado[644] dispunha o seguinte:

> «Artigo 21º
> Âmbito da Proteção e Interpretação das Reivindicações
>
> (1) [Determinação do Âmbito de Proteção] (a) O âmbito da proteção conferida pela patente é determinado pelas reivindicações, interpretadas à luz da descrição e dos desenhos.
>
> (b) Para efeitos da alínea (a), as reivindicações são interpretadas de forma a combinar uma proteção justa para o titular da patente com um grau razoável de segurança jurídica para terceiros. Em particular, as reivindicações não devem ser interpretadas como restringindo-se ao seu estrito teor literal. Nem devem ser consideradas meras orientações permitindo que a proteção conferida pela patente se estenda ao que, da consideração da descrição e os desenhos pelo perito na matéria, o titular pretendeu proteger, mas não reivindicou.
>
> (2) [Equivalentes] (a) Sem prejuízo do disposto na alínea (b) do nº 1, considera-se que as reivindicações abrangem não apenas a totalidade dos elementos especificados nas reivindicações, mas também os seus equivalentes.
>
> (b) Um elemento ("o elemento equivalente") deve ser em geral considerado como sendo equivalente a um elemento especificado numa reivindicação se, à data da alegada infração, se verificar uma das seguintes condições a respeito da invenção reivindicada:
>
> (i) o elemento equivalente realiza substancialmente a mesma função, substancialmente da mesma forma, e produz substancialmente o mesmo resultado que o elemento especificado na reivindicação, ou

641 José António Gomez Segade, «Actividad Inventiva Y Doctrina de los Equivalentes», p. 46.

642 Carmen Salvador Jovani, *El Ámbito de Protección de la patente*, p. 268.

643 WIPO, «Patent Law Harmonization».

644 Disponível em http://www.wipo.int/edocs/mdocs/scp/en/scp_4/scp_4_3.pdf.

(ii) for óbvio para o perito na matéria que o mesmo resultado que aquele realizado pelos meios do elemento especificado nas reivindicações pode ser alcançado por meio do elemento equivalente.

(c) Qualquer Parte Contratante terá liberdade para determinar que um elemento só é considerado equivalente a um elemento especificado nas reivindicações de acordo com subalínea (i) da alínea (b) ou só de acordo com a subalínea (ii) da alínea (b), contanto que, à data do depósito do seu instrumento de ratificação ou de adesão a este Tratado, disso notifique o Diretor Geral.

(3) [Declarações Anteriores] Para determinar o âmbito da proteção são consideradas quaisquer declarações limitativas do âmbito das reivindicações, efetuadas pelo requerente ou pelo titular da patente durante os procedimentos respeitantes a concessão ou à validade da patente.

(4) [Exemplos] Se a patente contiver exemplos da forma de execução da invenção ou exemplos das funções ou dos resultados da invenção, as reivindicações não devem ser interpretadas como limitando-se a esses exemplos. Em particular, o mero facto de um produto ou de um processo incluir caraterísticas adicionais que não se encontrem nos exemplos apresentados na patente, não incluir caraterísticas apresentadas por esses exemplos, não realizar todos os objetivos ou não possuir todas as vantagens citadas ou inerentes a esses exemplos não exclui o produto ou o processo do âmbito da proteção conferida pelas reivindicações.

(5) [Resumo] O resumo de uma patente não será tido em consideração para efeitos de determinação da proteção conferida pela patente.»[645]

[645] Tradução livre da nossa responsabilidade. No original:
«*Article 21*
Extent of Protection and Interpretation of Claims
(1) [Determination of the Extent of Protection] (a) The extent of protection conferred by the patent shall be determined by the claims, which are to be interpreted in the light of the description and drawings.
(b) For the purposes of subparagraph (a), the claims shall be so interpreted as to combine fair protection for the owner of the patent with a reasonable degree of certainty for third parties. In particular, the claims shall not be interpreted as being confined to their strict literal wording. Neither shall the claims be considered as mere guidelines allowing that the protection conferred by the patent extends to what, from a consideration of the description and drawings by a person skilled in the art, the owner has contemplated, but has not claimed.

Contudo, a Conferência Diplomática não logrou aprovar o tratado proposto[646].

Ainda assim, mantinha-se a necessidade de harmonização internacional de determinados aspetos substantivos do Direito de Patentes, pelo que, em novembro de 2000, o Comité Permanente sobre Direito Patentes[647] da OMPI começou a trabalhar numa nova proposta, tendo em vista a adoção de um tratado sobre o direito material de patentes. O Comité Permanente concentrou-se inicialmente num determinado número de questões com relevância direta para a concessão de patentes, entre as quais, a redação e a interpretação das reivindicações[648].

Em maio de 2001, o Comité Permanente apresentou a primeira versão da sua proposta de proposta de Tratado sobre o Direito Substantivo

(2) [Equivalents] (a) Notwithstanding paragraph (1)(b), a claim shall be considered to cover not only all the elements as expressed in the claim but also equivalents.
(b) An element ("the equivalent element") shall generally be considered as being equivalent to an element as expressed in a claim if, at the time of any alleged infringement, either of the following conditions is fulfilled in regard to the invention as claimed:
(i) the equivalent element performs substantially the same function in substantially the same way and produces substantially the same result as the element as expressed in the claim, or
(ii) it is obvious to a person skilled in the art that the same result as that achieved by means of the element as expressed in the claim can be achieved by means of the equivalent element.
(c) Any Contracting Party shall be free to determine whether an element is equivalent to an element as expressed in a claim by reference to only the condition referred to in subparagraph (b)(i) or to only the condition referred to in subparagraph (b)(ii), provided that, at the time of depositing its instrument of ratification of or accession to this Treaty, it so notifies the Director General.
(3) [Prior Statements] In determining the extent of protection, due account shall be taken of any statement limiting the scope of the claims made by the applicant or the owner of the patent during procedures concerning the grant or the validity of the patent.
(4) [Examples] If the patent contains examples of the embodiment of the invention or examples of the functions or results of the invention, the claims shall not be interpreted as limited to those examples; in particular, the mere fact that a product or process includes additional features not found in the examples disclosed in the patent, lacks features found in such examples or does not achieve every objective or possess every advantage cited or inherent in such examples shall not remove the product or process from the extent of protection conferred by the claims.
(5) [Abstract] The abstract of a patent shall not be taken into account for the purpose of determining the protection conferred by the patent.»

646 WIPO, «Patent Law Harmonization»; José António Gomez Segade, «Actividad Inventiva y Doctrina de los Equivalentes», p. 46.

647 Standing Committee on the Law of Patents (SCP) em inglês.

648 WIPO, «Patent Law Harmonization».

de Patentes[649]. No que respeita aos equivalentes, essa proposta não era tão ambiciosa como a proposta de Tratado Complementar à Convenção de Paris sobre Patentes. O artigo 14º daquela proposta teve como origem o artigo 21º desta outra, transcrito acima, mas apenas previa a inclusão do recurso aos equivalentes como uma possibilidade entre as duas alternativas apresentadas para a regulação do âmbito da patente, nos termos seguintes:

«Artigo 14º

[Alternativa A]

Âmbito da Proteção

(1) [Âmbito] O âmbito da proteção conferida é determinado pelas reivindicações, interpretadas à luz da descrição e dos desenhos, conforme previsto no Regulamento.

[(2) [Equivalentes] Para determinar o âmbito da proteção conferida pelo pedido de patente, deve ter-se em conta os elementos equivalentes aos elementos especificados nas reivindicações, conforme previsto no Regulamento].»[650]

A redação alternativa para o mesmo preceito abordava a questão do ponto de vista da interpretação das reivindicações e não previa a possibilidade de recurso aos equivalentes, nos termos seguintes:

«[Alternativa B]

Interpretação das Reivindicações

Para efeitos de exame e de determinação dos direitos resultantes de um pedido publicado, cada reivindicação é interpretada à luz da

[649] Acessível *on-line* em http://www.wipo.int/edocs/mdocs/scp/en/scp_5/scp_5_2.pdf.

[650] Tradução livre da nossa responsabilidade. No original:

«Article 14

[Alternative A]

Scope of Protection

(1) [Scope] The scope of protection conferred shall be determined by the claims, which are to be interpreted in the light of the description and drawings, as prescribed in the Regulations.

[(2) [Equivalents] For the purpose of determining the scope of protection conferred by the application, due account shall be taken of elements which are equivalent to the elements expressed in the claims, as prescribed in the Regulations.]»

[descrição, dos desenhos] [divulgação] e do estado da técnica, como previsto no regulamento»[651].

Contudo, os desenvolvimentos subsequentemente impulsionados Comité Permanente suscitaram dúvidas quanto à abertura dos Estados-Membros da OMPI para regular algumas matérias por via de um tratado sobre direito material de patentes. De tal modo que, em 2004, o EPO, os EUA e o Japão apresentaram uma proposta conjunta sobre as matérias prioritárias a abordar, de entre as quais já não se encontrava a interpretação das reivindicações, o âmbito da proteção conferida pelas patentes ou a consideração da doutrina dos equivalentes para esses efeitos. Acresce que, nas assembleias gerais da OMPI seguintes, não foi possível alcançar nenhum consenso quanto às modalidades e ao âmbito dos trabalhos a prosseguir pelo Comité Permanente. Por isso, as negociações respeitantes ao Tratado sobre o Direito Substantivo de Patentes foram suspensas em 2006[652].

Ainda assim, os trabalhos desenvolvidos no âmbito da OMPI (designadamente, o projeto de Tratado Complementar à Convenção de Paris sobre Patentes, de 1991) tiveram uma grande influência na revisão da CPE[653]. Com efeito, o Ato de Revisão da Convenção sobre a Concessão de Patentes Europeias (Convenção sobre a Patente Europeia), adotado em Munique em 29 de novembro de 2000, alterou, entre outras disposições, o artigo 69º da CPE e o respetivo Protocolo Interpretativo. Este passou a incluir um artigo 2º, que acolhe expressamente – e pela primeira vez num instrumento legal vigente – a doutrina dos equivalentes[654], ao estabelecer o seguinte:

[651] Tradução livre da nossa responsabilidade. No original:
«*[Alternative B]*

Interpretation of Claims

For the purposes of examination, and of determining rights under a published application, each claim shall be interpreted in light of the [description, drawings] [disclosure] and the prior art, as prescribed in the Regulations.»

[652] WIPO, «Patent Law Harmonization».

[653] Carmen Salvador Jovani, *El Ámbito de Protección de la patente*, p. 269.

[654] Luís Couto Gonçalves, *Manual de Direito Industrial*, p. 98. Note-se, contudo, que o artigo 186º da Lei brasileira nº 9.279, de 14 de maio de 1996, que regula direitos e obrigações relativos à propriedade industrial, prevê que os tipos criminais estabelecidos nos artigos 183º a 185º desse diploma se aplicam «ainda que a violação não atinja todas as reivindicações

«Artigo 2º
Equivalentes
Para efeitos de determinação da extensão da proteção conferida por uma patente europeia, deve ter-se em conta todo o elemento equivalente a um elemento especificado nas reivindicações.»[655].

De acordo com o disposto no nº 1 do artigo 164º da CPE, o Protocolo Interpretativo do artigo 69º é parte integrante da convenção e, por essa via, integra o ordenamento jurídico dos Estados-Membros da OEP, incluindo Portugal. Assim, não subsistem dúvidas de que os tribunais portugueses deverão aplicar a doutrina dos equivalentes na interpretação das reivindicações e na determinação do âmbito da proteção conferida pelas patentes europeias, bem como, por razões de igualdade concorrencial e de segurança jurídica, das demais patentes concedidas para vigorar em Portugal, independentemente da via de proteção adotada (*i.e.*, nacional ou internacional)[656].

Contudo, para além de acolher expressamente a doutrina dos equivalentes, o artigo 2º do Protocolo Interpretativo do artigo 69º da CPE não regula os requisitos e os limites da sua aplicação[657]. Nada diz quanto à definição equivalência, quanto à noção de elemento equivalente ou quanto ao papel da doutrina dos equivalentes na determinação do

da patente ou se restrinja à utilização de meios equivalentes ao objeto da patente» (cf. GIULIANA BORGES ASSUMPÇÃO GATTASS, «A Doutrina dos Equivalentes», p. 502)

655 Tradução constante da Resolução da Assembleia da República nº 60-A/2007, em 30 de novembro de 2007, que aprovou o Ato de Revisão da Convenção sobre a Concessão de Patentes Europeias (Convenção sobre a Patente Europeia), ratificado pelo Decreto do Presidente da República nº 126-A/2007, de 12 de dezembro.

656 Cf., nesse sentido, LUÍS COUTO GONÇALVES, *Manual de Direito Industrial*, p. 98; JOSÉ MOTA MAIA, Propriedade Industrial, vol. II, p. 227; J. P. REMÉDIO MARQUES, *Biotecnologia(s) e Propriedade Intelectual*, p. 747; CARMEN SALVADOR JOVANI, *El Ámbito de Protección de la patente*, p. 270, e o Acórdão do Tribunal da Relação de Lisboa de 17 de setembro de 2009 (Processo nº 893/1995.L1-2; Relatora: ONDINA CARMO ALVES). Cf., no sentido da aplicação do artigo 69º da CPE e do Protocolo Interpretativo às patentes europeias e nacionais concedidas para vigora na Alemanha, ALFRED KEUKENSCHRIJVER, «The German Practice», p. 77 e 78.

657 HENRIK TIMMAN, «§ 6. Interpretation and scope of protection of patents», *in* MAXIMILIAN HAEDICKE & HENRIK TIMMANN, *Patent Law*, pp. 647 e 648.

âmbito da proteção conferida pela patente – questões que urgia resolver e que continuam sem resposta na lei positiva[658].

1.3. A inexistência de uma noção uniforme de equivalência

Face à falta de um regime legal uniformizado ou harmonizado – designadamente, perante o insucesso das propostas de tratados sobre o direito material de patentes no âmbito da OMPI e face à falta de respostas pela CPE e pelo Protocolo Interpretativo do artigo 69º da CPE –, não admira que, atualmente, não exista uma doutrina geral da equivalência ou sequer uma noção uniforme de meio equivalente, mesmo entre os Estados-Membros da OEP[659]. Com efeito, a definição do âmbito da patente é uma área do Direito de Patentes que tem levantado grandes dificuldades de harmonização internacional[660]. Apesar de a doutrina dos equivalentes ter surgido há mais de um século, continua a verificar-se divergências relevantes na sua aplicação entre os vários ordenamentos jurídicos que a acolhem, nomeadamente, quanto à sua importância para determinar o âmbito da patente, quanto ao papel do perito para esse efeito e quanto ao momento a considerar para aferir da existência de equivalência [661].

Na Europa, embora a CPE tenha entrado em vigor em 1977, essas divergências – e as suas consequências práticas – ficaram patentes no final dos anos oitenta/início dos anos noventa do século passado, a propósito dos 'casos *Epilady*'[662]. Em causa estava saber se a patente que protegia uma máquina depilatória que capturava o pelo através dos espaços abertos e subsequentemente fechados pela rotação de uma mola metálica helicoidal era violada pela comercialização de uma máquina depilatória que extraía o pelo através da rotação de uma haste de borracha, cilíndrica e convexa, cujos cortes radiais paralelos capturavam o pelo quando

[658] Acórdão arbitral de 30 de outubro de 2013, publicado no BPI nº 20/01/2016; ADRIANO VANZETTI & VICENZO DI CATALDO, *Manuale di Diritto Industriale*, p. 464.

[659] L. T. C. HARMS, *The Enforcement of Intellectual Property Rights*, p. 277; LUÍS COUTO GONÇALVES, *Manual de Direito Industrial*, p. 97; JOSÉ ANTÓNIO GOMEZ SEGADE, «Actividad Inventiva y Doctrina de los Equivalentes», 45; GIULIANA BORGES ASSUMPÇÃO GATTASS, «A Doutrina dos Equivalentes», p. 491.

[660] WILLIAM T. RALSTON, «Foreign Equivalents of the U.S. Doctrine of Equivalents», p. 178.

[661] CARMEN SALVADOR JOVANI, *El Ámbito de Protección de la patente*, pp. 270 a 279.

[662] Referidos na introdução do presente trabalho.

a barra era acionada. O titular da patente demandou o produtor desta máquina depilatória em diversas jurisdições europeias, com resultados divergentes[663]. Além disso, ficou claro que os tribunais dos vários Estados-Membros da OEP não seguiam o mesmo raciocínio para determinar o âmbito da proteção conferida por uma patente, uma vez que:

- O tribunal austríaco considerou que a infração por equivalência exige uma *compreensão imediata* de que o produto alegadamente infrator é substancialmente similar à reivindicação. Caso contrário, não há equivalência;
- O tribunal alemão entendeu que uma reivindicação pode ser estendida ao *princípio geral dedutível por abstração*. Um modo específico de execução da invenção não limita a proteção, se o perito na matéria se puder abstrair da redação das reivindicações e retirar da patente um ensinamento técnico geral;
- O tribunal italiano julgou que um produto que obtém um resultado similar pode ser infrator *mesmo que revista caráter inventivo;*
- O tribunal dos Países Baixos determinou que um produto que se inclua na *ideia inventiva geral*, tal como esta é expressa nas reivindicações, infringe a patente, a menos que essa conclusão ponha em perigo o direito de terceiros à segurança jurídica;
- O tribunal inglês aplicou o chamado *Catnic test* e concluiu pela não infração da patente[664].

De entre estas várias abordagens, há duas – a britânica e a alemã – que nos suscitam especial interesse, não só pela amplitude da sua aparente contradição (o que leva a que sejam frequentemente apontadas como expoentes máximos de abordagens diametralmente opostas à interpretação das reivindicações e à determinação do âmbito da patente[665]), mas também por servirem, não raras vezes, de fundamento às posições assumidas pelos tribunais dos ordenamentos jurídicos que lhe são mais próximos e pela relevância que têm revestido para o desenvol-

[663] Gerald Paterson, *The Law and Practice of the European Patent Convention*, p. 581.

[664] M. Franzosi, «Three European Cases on Equivalence », p. 113.

[665] Brad Sherman, «Patent Claim Interpretation», p. 505; W. Cornish, *Intellectual Property*, p. 178.

vimento da interpretação das reivindicações e da aplicação doutrina dos equivalentes nos demais Estados signatários da CPE.

Como veremos adiante em maior pormenor[666], a análise da evolução da discussão deste tema nesses dois ordenamentos permite-nos verificar que, nos Estados onde as reivindicações assumem tradicionalmente um papel mais preponderante na delimitação do âmbito da patente – ou seja, naqueles Estados onde vingou a '*peripheral definition theory*' (*e.g.*, no Reino Unido) –, a doutrina dos equivalentes apresenta menor relevância do que nos ordenamentos que adotaram uma posição próxima da '*central claiming theory*' – isto é, onde se entende que as reivindicações assinalam o núcleo da proteção conferida pela patente, cuja plena extensão deve ser alcançada a partir dos modos mais ou menos concretos de execução da invenção divulgados nas reivindicações, interpretadas de acordo com a descrição e os desenhos (como seja, *e.g.*, na Alemanha)[667].

Mesmo a revisão do artigo 69º da CPE, a revisão do respetivo Protocolo Interpretativo e a previsão expressa da aplicação da doutrina dos equivalentes na definição do âmbito da patente não permitiram dissipar todas as dúvidas e divergências entre os Estados-Membros da OEP[668].

No Reino Unido, continuou a entender-se que o âmbito da patente deveria ser determinado segundo o que o perito na matéria alcança ser a vontade expressa pelo requerente nas reivindicações, interpretando-as à luz do disposto na descrição e nos desenhos. A existência de meios equivalentes poderia ser parte relevante do conhecimento geral do perito e, nessa medida, influenciar o seu entendimento sobre o significado das reivindicações, mas não deveria resultar na expansão da proteção conferida pela patente além do resultado da interpretação teleológica das reivindicações[669].

Por seu turno, na Alemanha, continuou a entender-se que o direito de patente abrange não só os elementos expressamente reivindicados, mas também os seus equivalentes. A equivalência verificava-se quando o perito na matéria, ao interpretar as reivindicações à luz da descrição e dos desenhos, e tendo em conta o seu conhecimento geral na matéria, bem como o estado da técnica à data do pedido ou da prioridade, dedu-

[666] Cf. capítulo II, ponto 2. *infra*.

[667] Carmen Salvador Jovani, *El Ámbito de Protección de la patente*, pp. 277 a 278.

[668] Acórdão *Kirin-Amgen* (cf. capítulo II, ponto 2.4.3. *infra*).

[669] Acórdão *Kirin-Amgen* (cf. capítulo II, ponto 2.4.3. *infra*).

zia, sem atividade inventiva, que o elemento especificado nas reivindicações poderia ser substituído por um outro meio. Para tal, este outro meio ou variante, dito equivalente, deveria, no âmbito da solução técnica para o problema em causa, alcançar o mesmo efeito técnico do elemento especificado, de tal modo que a sua função fosse coincidente com a função técnica dos elementos citados nas reivindicações[670].

Tudo visto, constata-se que, apesar dos diversos esforços legislativos a nível *supra* estadual e dos avanços alcançados, atualmente continua a não existir uma conceção uniforme da doutrina dos equivalentes.

2. A aplicação da doutrina dos equivalentes noutras ordens jurídicas e pela Câmara de Recursos do IEP

2.1. Enquadramento do tema

Atualmente, não existe uma ordem ou um órgão jurisdicional supranacional com competência em matéria de patentes, mesmo tratando-se de patentes europeias e internacionais. Por isso, após a concessão da patente, cabe aos tribunais nacionais de cada Estado dirimir os litígios que lhe respeitem, independentemente da via de proteção seguida (nacional, europeia ou internacional), o que tem levado a diferentes entendimentos sobre a interpretação das patentes[671].

É certo que este panorama poderá vir a ser, pelo menos no âmbito da OEP, se e quando entrar em vigor o Acordo sobre o Tribunal Unificado de Patentes (ATUP)[672], dado que esse tribunal terá competência exclusiva para julgar litígios relacionados com patentes europeias com e sem efeito unitário (cf. artigo 1º do ATUP)[673]. Mas até à eventual entrada em funcionamento desse tribunal, a jurisdição sobre patentes europeias

[670] BENKARD ULLMANN, *Patentgesetz*, Beck, Munique, 1993, p. 535, *apud* CARMEN SALVADOR JOVANI, El Ámbito de Protección de la patente, p. 374.

[671] WILLIAM R. CORNISH, «The Practice in the UK», p. 224; HELEN E. NORMAN, *Intellectual Property Law*, pp. 157 e 158; BRIAN TURNER, «The German Formstein Case: an alternative harmony», p. 181.

[672] HELEN E. NORMAN, *Intellectual Porperty Law*, p. 162, citando MATT FISHER, «New Protocol, same old story? Patent Claim construction in 2007 looking to the fture», *Intellectual Property Quarterly*, 2008, p. 133-162.

[673] Cf. LUÍS COUTO GONÇALVES, *Manual de Direito Industrial*, p. 85.

continua entregue aos tribunais nacionais dos diversos Estados[674]. Assim, até à entrada em vigor do ATUP – como também posteriormente, a propósito das patentes nacionais e internacionais –, só será possível alcançar as tão desejadas harmonização e segurança jurídica em matéria de patentes se os tribunais nacionais dos diversos Estados utilizarem critérios homogéneos para proceder à interpretação das patentes, esbatendo, na medida do possível, as diferenças resultantes das suas tradições[675].

Por conseguinte, importa conhecer como é que as diversas ordens jurídicas têm respondido à questão de saber como se define o âmbito da proteção conferida pela patente e qual o papel desempenhado pela doutrina dos equivalentes nessa tarefa[676]. Deste modo, analisamos de seguida, ainda que de forma breve e não exaustiva, a jurisprudência fundamental sobre a aplicação da doutrina dos equivalentes noutras jurisdições de maior relevância. Esperamos, assim, recolher dados imprescindíveis para, posteriormente, podermos analisar de forma crítica os pressupostos de aplicação da doutrina à luz do Direito de Patentes vigente em Portugal.

Nesse sentido, despertam-nos especial interesse a construção britânica e a conceção alemã, que têm desempenhado um papel de grande relevo na evolução do Direito de Patentes na Europa e na aplicação da CPE, conforme é evidenciado pelo Protocolo Interpretativo do artigo 69º da CPE. Interessa-nos também a jurisprudência norte-americana, que nos serve de contraponto à prática europeia e nos permite observar como é que a doutrina dos equivalentes tem sido aplicada fora do âmbito da CPE. Começaremos por ver a jurisprudência deste último ordenamento, em respeito do facto de ter sido nos EUA que, pela primeira vez, um tribunal superior admitiu a possibilidade de infração não literal da patente. Seguiremos então para a análise da jurisprudência alemã e analisaremos posteriormente a jurisprudência britânica, ordenamento este onde os tribunais são mais relutante em reconhecer a aplicação da (ou de uma) doutrina dos equivalentes. Não obstante, para ilustrar que

[674] WILLIAM R. CORNISH, «The Practice in the UK», p. 224.

[675] J. P. REMÉDIO MARQUES, *Biotecnologia(s) e Propriedade Intelectual*, p. 747.

[676] Sobre a necessidade dos tribunais nacionais dos Estados-Membros da OEP (*in casu*, da Alemanha) terem em conta a abordagem desenvolvida noutros Estados-Membros, em virtude do efeito harmonizador do artigo 69º da CPE e do respetivo Protocolo Interpretativo, cf. ALFRED KEUKENSCHRIJVER, «The German Practice», pp. 77 e 78.

a discussão em torno da aplicação da doutrina dos equivalentes não se cinge a estes três ordenamentos, apresentamos também, embora muito brevemente, as linhas condutoras da aplicação da doutrina dos equivalentes noutros ordenamentos próximos do direito português.

Por fim, embora a doutrina dos equivalentes seja sobretudo discutida em litígios respeitantes à infração da patente e a Câmara de Recursos do IEP não tenha competência nessa matéria, este órgão teve já oportunidade de se pronunciar sobre o conceito de «meios equivalentes», na decisão do caso T 697/92, a propósito da análise da inventividade, pelo que importa também abordar essa decisão.

2.2. Nos tribunais norte-americanos

As questões levantadas pela interpretação das reivindicações, o âmbito da patente e a definição de equivalência são problemas transversais à aplicação do Direito de Patentes na generalidade dos ordenamentos que o consagrem. Nesse sentido, a discussão daquelas questões, mesmo tendo em vista a compreensão da aplicação da doutrina dos equivalentes em Portugal, será enriquecida se tivermos em conta algum exemplo da sua evolução noutros ordenamentos. Nesse sentido, abordaremos, ainda que sumariamente, como tem progredido a prática judicial dos EUA, onde a possibilidade de infração não literal de uma patente foi afirmada pela primeira vez num juízo de última instância[677].

Nos EUA não existe qualquer diploma que preveja ou regule a aplicação da doutrina dos equivalentes. Trata-se de uma construção puramente judicial[678]. Além disso, a sua evolução não tem sido uniforme, oscilando entre períodos de maior expansão e períodos de aplicação mais restritiva.

Por outro lado, para compreendermos a aplicação da doutrina dos equivalentes nos EUA, importa ter em conta que os seus contornos são limitados por uma outra doutrina, conhecida como *file-wrapper estoppel* ou *prosecution history estoppel*. Segundo esta teoria, o titular da patente poderá ser impedido de recorrer à doutrina dos equivalentes para reclamar a proteção de elementos a que tenha renunciado para garantir a

[677] Cf. acórdão *Winans v. Denmead*, analisado no Capítulo II, ponto 1.2. *supra*.

[678] Cf. Alan L. Durham, *Patent Law Essentials*, p. 182.

concessão da patente[679]. Trata-se de uma questão que, perante os tribunais norte-americanos, assume grande importância para a delimitação do âmbito da patente.

2.2.1. Acórdão *Graver Tank*

Em 1950, cerca de um século após o acórdão *Winans v. Denmead*[680], o Supreme Court norte-americano foi novamente chamado a pronunciar-se sobre a infração não literal de uma patente, no âmbito do caso *Graver Tank & Mfg. Co. v. Linde Air Products Co*[681]. Este acórdão marca o início da história contemporânea da doutrina dos equivalentes nos EUA[682], ao reconhecer formalmente a separação conceptual entre infração literal e não literal da patente e ao sintetizar e descrever a doutrina dos equivalentes[683].

Em causa estava a alegada infração de uma patente que reivindicava um composto para soldadura elétrica, contendo uma combinação de um silicato de metal alcalinoterroso e fluoreto de cálcio. O produto fabricado com base naquela patente continha silicato de cálcio e magnésio (que, na verdade, são dois silicatos de metal alcalinoterrosos). Por seu turno, o produto acusado usava manganésio em vez de magnésio, sendo que aquele não é um metal alcalinoterroso. Em tudo o mais, o produto acusado era idêntico ao reivindicado.

A questão colocada ao tribunal era então a de saber se, dadas as circunstâncias do caso e tendo em conta o estado da técnica, a substituição de magnésio (um metal alcalinoterroso) por manganésio (que não é um metal alcalinoterroso) era uma alteração de caráter substancial, capaz de afastar a aplicação da doutrina dos equivalentes, ou antes se, pelo contrário, a alteração era insubstancial e, por isso, o produto concorrente caía no âmbito de proteção da patente por força da aplicação da doutrina dos equivalentes, conforme entendeu o tribunal *a quo*.

O Supreme Court começou por explicar que, na sua conceção, para verificar se uma patente é infringida, é necessário realizar uma análise

[679] Cf. Matt Fisher, *Fundamentals of Patent Law*, p. 184.

[680] 56 U.S. 330 (1853), 330.

[681] 339 U.S. 605 (1950).

[682] Cf. *Warner Jenkinson Co., Inc. v. Hilton Davis Chemical Co.*, 530 U.S. 17 (1997, Supreme Ct.); Alan L. Durham, *Patent Law Essentials*, p. 183.

[683] Darcy August Paul, «The Judicial Doctrine of Equivalents», p. 256.

composta por duas fases[684]. Em primeiro lugar, deverá recorrer-se à redação das reivindicações. Se a matéria acusada cair claramente no âmbito da patente, verifica-se a infração. Todavia, refere o tribunal, a duplicação literal é um tipo de infração muito primário e raro. Além disso, caso uma patente apenas pudesse ser infringida literalmente, estar-se-ia a subordinar a substância à forma e o titular da patente seria colocado à mercê do verbalismo. Por isso, em segundo lugar, será necessário verificar se a patente é infringida ao abrigo da doutrina dos equivalentes. Segundo o tribunal, «[t]*he essence of the doctrine is that one may not practice a fraud on a patent*», ou seja, a essência da doutrina dos equivalentes é, portanto, evitar que alguém se aproveite de uma patente de forma fraudulenta.

Nestes termos, baseando-se nos precedentes firmados pelo U.S. Court of Appeals for the Second Circuit, no caso *Royal Typewriter Co. v. Remington Rand*[685], e pelo próprio Supreme Court, nos casos *Sanitary Refrigerator Co. v. Winters*[686] e *Union Paper-Bag Machine Co. v. Murphy*[687], o tribunal definiu o propósito, os pressupostos e a justificação da doutrina dos equivalentes à luz do direito norte-americano:

> «"Para mitigar a lógica implacável e impedir um infrator de se apropriar do benefício da infração" [citação retirada pelo Supreme Court do acórdão *Royal Typewriter Co. v. Remington Rand*] o titular da patente pode invocar esta doutrina para reagir contra o produtor de um dispositivo "se este executar substancialmente a mesma função, de modo substancialmente idêntico, para obter o mesmo resultado" *Sanitary Refrigerator Co. v. Winters* [referências omitidas]. A teoria em que se funda é que:
>
> > "se dois dispositivos fazem o mesmo trabalho, substancialmente do mesmo modo e alcançam o mesmo resultado, são a mesma coisa, apesar de divergirem no nome, na forma ou na configuração."»[688]

[684] Cf. Matt Fisher, *Fundamentals of Patent Law*, p. 184.

[685] 168 F.2d 691, 692

[686] 280 U.S. 30, 280.

[687] 97 U.S. 120.

[688] Tradução livre da nossa responsabilidade. No original: «"To temper unsparing logic and prevent an infringer from stealing the benefit of the invention," [...] *a patentee may invoke this doctrine to proceed against the producer of a device "if it performs substantially the same function in*

Deste modo, o Supreme Court formulou o princípio em que ainda hoje assenta a aplicação da doutrina dos equivalentes nos EUA e que ficou conhecido como triplo teste ou «*function-way-result test*»[689]. O elemento variante será considerado equivalente ao elemento reivindicado «*if it performs substantially the same function in substantially the same way to obtain the same result*».

Segundo o tribunal, a determinação do que constitui um meio equivalente deve ser feita no contexto da patente, do estado da técnica e das circunstâncias do caso concreto. A equivalência não está prisioneira de uma fórmula e não é um conceito abstrato. Deverá ser tido em consideração o propósito dado ao componente utilizado numa invenção patenteada, as suas qualidades quando combinado com outros componentes e a função que se destina a cumprir. Um fator importante será saber se o perito na matéria conheceria a sua substituibilidade com outro componente não contido na patente.

O tribunal acrescentou ainda que nem sempre a doutrina dos equivalentes será aplicada necessariamente a favor do titular da patente. Quando um produto cumprir a mesma função que um outro produto patenteado (ou uma função similar), mas de forma substancialmente diferente, por ter sido alterado de tal modo que se afasta do princípio subjacente à invenção patenteada, a doutrina dos equivalentes poderá ser utilizada para afastar a infração da patente, mesmo que o produto acusado caia no âmbito literal das reivindicações. Desta forma, o Supreme Court cristalizou a formulação já resultante da jurisprudência *Westinghouse v. Boyden Power Brake Co.*[690], que ficou conhecida como doutrina dos equivalentes inversa (*reverse doctrine of equivalents*)[691].

Posto isto, perante a prova feita nos autos, o Supreme Court considerou que o magnésio e o manganato são similares nas suas reações e que servem os mesmos propósitos. Segundo o tribunal, seria difícil conceber um caso mais apropriado à aplicação da doutrina dos equivalentes, uma

substantially the same way to obtain the same result." Sanitary Refrigerator Co. v. Winters [...]. *The theory on which it is founded is that, "if two devices do the same work in substantially the same way, and accomplish substantially the same result, they are the same, even though they differ in name, form or shape." Union Paper-Bag Machine Co. v. Murphy* [...].»

689 Luís Couto Gonçalves, *Manual de Direito Industrial*, p. 100.

690 170 US 383 (1901, Supreme Ct).

691 Cf. Matt Fisher, *Fundamentals of Patent Law*, p. 182.

vez que o estado da técnica evidenciava que o silicato de manganésio era um ingrediente útil nas composições para soldadura. Ou seja, embora não se verificasse uma infração literal da patente, as alterações introduzidas que evitaram essa infração eram meramente insubstanciais. Assim, foi mantida a decisão da instância inferior.

Apesar de realçar a importância das reivindicações para determinar o âmbito da proteção conferida pela patente, o acórdão *Graver Tank* serviu para, quase um século após a prolação do acórdão *Winans v. Denmead*[692], o Supreme Court confirmar a aplicação da doutrina dos equivalentes. Não obstante, deixou claro que se trata de uma ferramenta secundária ou suplementar para proceder à delimitação do âmbito da proteção face à interpretação das reivindicações[693]. Além disso, o tribunal determinou que, para que haja equivalência entre a invenção patenteada e a criação acusada, será necessário que todos os elementos da invenção protegida se encontrem duplicados no produto acusado, o que implica a análise individual de cada elemento (*all elements rule*)[694].

A decisão do Supreme Court não foi isenta de controvérsia e alguns dos juízes que formaram o tribunal dissidiram. No seu voto de vencido, JUSTICE BLACK invocou o princípio segundo o qual a matéria que não seja especificamente reivindicada cai no domínio público. Segundo este juiz, a lei proíbe que as reivindicações sejam maleadas de forma a indicar qualquer direção, por mera referência à descrição, para nelas incluir algo mais ou algo diferente do que resulta expressamente da sua redação. As reivindicações são uma exigência legal, imposta com o objetivo de, precisamente, obrigar o requerente da patente a definir o que é a sua invenção, pelo que seria injusto para o público e desrespeitoso da lei interpretar as reivindicações de forma diferente do seu teor literal. JUSTICE BLACK profetizou ainda que a doutrina dos equivalentes faria com que a ampliação das reivindicações se tornasse regra e não uma exceção.

Também a doutrina norte-americana teceu críticas ao acórdão *Graver Tank*, sustentando que o Supreme Court estava a aplicar uma teoria que não tem cabimento num sistema de reivindicações assente na teoria de definição periférica do âmbito da patente, dado que foi

[692] Cf. Capítulo II, ponto 1.2. *supra*

[693] Cf. MATT FISHER, *Fundamentals of Patent Law*, p. 186.

[694] Cf. ALAN L. DURHAM, *Patent Law Essentials*, p. 192; MATT FISHER, *Fundamentals of Patent Law*, p. 186.

desenvolvida para ser aplicada numa época em que as reivindicações não representavam a medida da proteção conferida pelas patentes, mas apenas o seu objeto (como observámos acima, ao analisar o caso *Winans v. Denmead*)[695]. Mais recentemente, e pelo contrário, a doutrina tem sustentado que o acórdão permitiu esclarecer o papel da doutrina dos equivalentes à luz da teoria de definição periférica, atualizando-a e aplicando-a à prática vigente como uma ferramenta suplementar após a constatação da inexistência de uma infração literal da patente – ao contrário do que acontecia à luz da teoria de definição central, quando o papel da teoria seria, desde logo e em primeira linha, permitir a análise da existência da infração[696].

2.2.2. Acórdão *Hughes Aircraft*

Nos anos seguintes à prolação do acórdão *Graver Tank*, a aplicação da doutrina dos equivalentes pelos tribunais norte-americanos foi marcada pela sua instabilidade. No início dos anos 80 do séc. XX, a inconsistência dos tribunais tornou-se um problema de tal ordem que, em 1982, foi adotado o *Federal Courts Improvement Act*, que criou o Court of Appeals for the Federal Circuit (adiante, Federal Circuit), resultando da fusão do United States Court of Customs and Patent Appeals e do United States Court of Claims, sendo o único tribunal com competência para julgar recursos em matéria de Direito de Patentes[697]. Um dos primeiros casos de que o Federal Circuit se ocupou foi, logo em 1983, o caso *Hughes Aircraft Co v. United States*[698].

Em causa estava uma patente para o controlo da orientação de satélites de comunicação, face à Terra e ao Sol. A patente do demandante reivindicava um processo para enviar informação do satélite à Terra, bem como os meios para receber e executar as instruções enviadas da Terra para o satélite, de modo a reajustar a sua posição. Durante o procedimento de concessão da patente, o demandante introduziu alterações às reivindicações apresentadas inicialmente, de modo a evitar o estado da

[695] Hantman, «Doctrine of Equivalents», JPTOS, vol. 70., p. 543, *apud* Matt Fisher, *Fundamentals of Patent Law*, p. 186.

[696] Matt Fisher, *Fundamentals of Patent Law*, p. 186.

[697] Matt Fisher, *Fundamentals of Patent Law*, pp. 189 e 190; Stephen M. Bodenheimer & John Beton, «Infringement by equivalents in the United States and Europe», p. 83.

[698] Matt Fisher, *Fundamentals of Patent Law*, pp. 189 e 190.

técnica entretanto divulgado, que incluía o dispositivo acusado de infração, conforme ficou expresso no fascículo da patente. Esse dispositivo estava equipado com tecnologia que permitia proceder ao reajustamento da sua posição sem necessitar de trocar informação com a Terra.

A primeira instância entendeu não se verificar qualquer infração literal da patente, nem qualquer infração ao abrigo da doutrina dos equivalentes, uma vez que, por força das limitações resultantes das alterações introduzidas durante o procedimento de concessão, essa doutrina apenas poderia ser invocada perante infratores que utilizem meios equivalentes óbvios e exatos dos elementos utilizados na invenção reivindicada. Ou seja, o requerente estaria impedido de invocar a doutrina dos equivalentes por funcionar a preclusão resultante das alterações constantes do processo de concessão da patente (*prosecution history estoppel*).

Todavia, o Federal Circuit entendeu o contrário. Segundo este tribunal, o satélite acusado seria idêntico ao satélite patenteado, exceto no que respeita à inclusão de equipamento sofisticado, posterior à patente do demandante, que permite controlar o satélite de uma forma que, basicamente, resultava da patente do demandante. Acrescentou ainda que as variações técnicas parciais, possibilitadas pelo desenvolvimento tecnológico posterior à patente do demandante, não permitia ao satélite acusado escapar à infração.

O tribunal decidiu ainda que a doutrina dos equivalentes se aplicava à invenção «como um todo», ou seja, em vez de comparar os elementos um a um (conforme sustentara o Supreme Court no acórdão *Graver Tank*), o tribunal poderia reconhecer a infração da patente se o objeto acusado fosse substancialmente similar à matéria reivindicada, na sua função, no seu modo de operar e no seu resultado, mesmo que omitisse alguns dos elementos da invenção patenteada. Além disso, os elementos do objeto acusado poderiam ser considerados equivalentes mesmo que a equivalência não fosse conhecida à data do pedido de patente[699].

A respeito das alterações introduzidas durante o procedimento de concessão da patente, o Federal Circuit entendeu serem prática comum, pelo que não existia nenhuma razão ou obrigação para que a aplicação da doutrina dos equivalentes fosse circunscrita aos elementos indicados nas reivindicações alteradas. As modificações podem ser de diferentes

[699] Cf. Matt Fisher, *Fundamentals of Patent Law*, p. 191.

tipos, naturezas e propósitos. Em função dessas diferenças, as alterações introduzidas podem ou não ter um efeito limitador da aplicação daquela doutrina. Esse efeito, que pode variar de amplitude, pode impedir a aplicação da teoria a um leque de equivalentes vasto o suficiente para abranger o produto acusado, mas não necessariamente.

De acordo com a doutrina norte-americana, este caso marca a maior latitude da expansão da doutrina dos equivalentes nos EUA. Por força do acórdão *Hughes Aircraft*, o titular da patente deixou de estar confinado à redação escolhida para suas reivindicações, o que só é possível à custa da segurança jurídica de terceiros[700]. Em nome da equidade, o tribunal alargou não só a interpretação das reivindicações – na medida em que a proteção conferida abrangeria equivalentes tendo em conta a invenção «como um todo», e não apenas após um exame elemento a elemento –, como também restringiu os mecanismos de salvaguarda da sua aplicação – designadamente, as limitações resultantes do procedimento de concessão da patente[701].

2.2.3. Acórdão *Pennwalt*

Poucos anos após o acórdão *Hughes Aircraft*[702], o Federal Circuit refreou a tendência expansionista de aplicação da doutrina dos equivalentes[703], ao decidir o caso *Pennwalt Corp v. Durand-Wayland Inc*[704], em 1987.

Em causa estavam duas máquinas de seleção de fruta. A máquina protegida pela patente da demandante possuía meios para localizar as peças de fruta ao longo da pista de seleção, que permitiam, no momento oportuno, descarregá-las para o recipiente reservado às peças do mesmo peso. A máquina acusada de infração não procedia à localização das peças de fruta ao longo da seleção. Ao invés, armazenava dados respeitantes ao peso da fruta, permitindo dessa forma separá-la por categorias. Por isso, o tribunal concluiu que o facto de a máquina acusada não possuir meios para proceder à localização da fruta era suficiente para negar a existência de infração literal da patente e prosseguiu para a sua análise à luz da doutrina dos equivalentes.

700 Matt Fisher, *Fundamentals of Patent Law*, p. 192.
701 Matt Fisher, *Fundamentals of Patent Law*, p. 194.
702 Cf. Capítulo II, ponto 2.2.2. *supra*.
703 Matt Fisher, *Fundamentals of Patent Law*, p. 197.
704 833 F.2d 931 (Fed. Cir. 1987) (*en banc*).

A esse propósito, o tribunal recordou que poderá verificar-se uma infração (mas não necessariamente) se o produto acusado realizar substancialmente a mesma função, de forma substancialmente idêntica, para obter substancialmente o mesmo resultado da invenção patenteada. Mais referiu que, embora o fundamento da doutrina dos equivalentes seja, quando necessário, em nome da equidade, libertar o titular do «casaco-de-forças» semântico das reivindicações, essa teoria não visa permitir que as reivindicações sejam reescritas de forma a abrangerem meios não equivalentes – ou seja, não visa permitir a expansão das reivindicações de forma a incluírem mais do que alterações não substanciais.

Além disso, o Federal Circuit decidiu que, para aplicar a doutrina dos equivalentes, será necessário analisar cada elemento, no contexto das reivindicações em que se integra, deste modo revertendo a jurisprudência *Hughes Aircraft*. Segundo o tribunal, a lei exige que o requerente da patente reivindique o que considera novo na sua invenção. Por isso, cada elemento é substancial e essencial. Só se verificará uma infração se cada um desses elementos ou um meio substancialmente equivalente estiverem presentes no objeto infrator. Ou seja, o termo «equivalentes» em «*doutrina dos equivalentes*» significa equivalente aos elementos reivindicados, e não equivalente da invenção reivindicada. Acresce que, para ser considerado substancialmente equivalente, a variante empregue no objeto acusado não pode alterar substancialmente a função realizada pela invenção reivindicada.

Posto isto, o Federal Court entendeu que o modo de funcionamento do dispositivo acusado não era substancialmente o mesmo da máquina patenteada e confirmou a decisão de primeira instância, por não se verificar uma infração da patente ao abrigo da doutrina dos equivalentes.

Também esta decisão não foi pacífica. As críticas apresentadas pelos juízes dissidentes foram no sentido de que o enquadramento traçado pelo tribunal para a aplicação da doutrina dos equivalentes, ao exigir um equivalente exato para cada elemento da invenção reivindicada, pouco mais seria do que a aferição redundante de uma infração literal. Desse modo, a aplicação da doutrina dos equivalentes seria de tal forma restritiva e inflexível que resultaria na sua inutilidade. Por isso, vários juízes sustentaram que a avaliação da eventual infração da patente por aplicação da doutrina dos equivalentes deveria continuar a ser feita tendo em conta a invenção como um todo, tal como resulta do acórdão *Hughes Aircraft*.

2.2.4. Acórdão *Warner Jenkinson*

Em 1997, dez anos após a prolação do acórdão *Pennwalt*[705], a abordagem seguida pelo Federal Circuit seria confirmada pelo Supreme Court norte-americano na decisão do caso *Warner Jenkinson Co., Inc. v. Hilton Davis Chemical Co.*[706], o primeiro caso sobre a doutrina dos equivalentes decidido por este tribunal desde o acórdão *Graver Tank*[707].

Em causa estavam dois processos para a purificação de corantes. A *Hilton Davis Chemical Co.* era titular de uma patente concedida em 1985, que protegia um processo de «ultrafiltração»[708] de corantes através de uma membrana porosa com níveis de pH entre 6.0 e 9.0. A especificação do nível de pH foi introduzida durante o procedimento de concessão da patente para evitar uma patente anteriormente concedida, que reivindicou um processo de «ultrafiltração» que operava a níveis de pH superiores a 9.0. Por seu turno, em 1986, a *Warner Jenkinson Co.* desenvolveu o seu próprio processo de «ultrafiltração», que operava a um nível de pH de 5.0. A *Hilton Davis Chemical Co.* processou a *Warner Jenkinson Co.* alegando uma infração à sua patente, baseando-se apenas na doutrina dos equivalentes.

As instâncias inferiores decidiram que o processo da *Warner Jenkinson Co.* infringia a patente da *Hilton Davis Chemical Co.* O Supreme Court, decidindo por unanimidade, começou por reafirmar que o princípio vertido na jurisprudência *Graver Tank* mantinha a sua pertinência. Portanto, em 1997, tal como em 1950, um produto ou processo que não infringe literalmente os termos expressos das reivindicações de uma patente pode, ainda assim, ser considerado infrator dessa patente se existir equivalência entre os elementos do processo ou produto acusado e os elementos reivindicados pela invenção patenteada. Não obstante, o tribunal também reconheceu que, tal como tinha vindo a ser aplicada, a doutrina dos equivalentes ganhara uma vida própria e deixou de estar vinculada pelas reivindicações, dando jus às preocupações expressas pelos juízes que dissidiram da decisão do caso *Graver Tank*. Segundo o Supreme Court, se for aplicada de forma ampla, a doutrina dos equiva-

[705] Cf. Capítulo II, ponto 2.2.3. *supra*.

[706] 530 U.S. 17 (1997, Supreme Ct.).

[707] Cf. Capítulo II, ponto 2.2.1. *supra*.

[708] Matt Fisher, *Fundamentals of Patent Law*, p. 200. Tradução livre da nossa responsabilidade. No original: «*ultrafiltration*».

lentes pode conflituar com a função das reivindicações, isto é, definir a invenção e informar o público dos limites do monopólio concedido pela patente.

Tendo isso em conta, o tribunal afirmou que, quando as reivindicações são expressas como uma combinação de elementos, a equivalência deverá aferir-se elemento a elemento:

> «Cada elemento contido na reivindicação de uma patente é considerado substancial na definição do âmbito da invenção patenteada e, por conseguinte, a doutrina dos equivalentes deve ser aplicada aos elementos individuais da reivindicação e não à invenção como um todo. É importante assegurar que a aplicação da doutrina, mesmo em relação a um elemento individual, não assuma uma interpretação tão ampla que elimine efetivamente esse elemento por completo. Desde que a doutrina dos equivalentes não se expanda para além dos limites acabados de descrever [...], estamos confiantes que a doutrina não viciará a função nuclear das próprias reivindicações.»[709]

Mais adiante no mesmo acórdão, o tribunal também esclareceu que o enquadramento linguístico usado para determinar a existência de equivalência – quer seja o chamado triplo teste ou o teste de diferenças não substanciais –, é de somenos importância perante a questão de saber se o produto ou processo acusado contém elementos idênticos ou equivalentes a cada um dos elementos reivindicados pela invenção patenteada:

> «Parece existir um consenso significativo de que, embora o teste da identidade tripla possa ser adequado para analisar dispositivos mecânicos, ele proporciona um fraco enquadramento para a análise de outros produtos ou processos. Por outro lado, o teste das diferenças não substanciais proporciona pouca orientação adicional para saber o que pode ser considerado uma diferença "não substancial".

[709] Tradução livre da nossa responsabilidade. No original: «*Each element contained in a patent claim is deemed material to defining the scope of the patented invention, and thus the doctrine of equivalents must be applied to individual elements of the claim, not to the invention as a whole. It is important to ensure that the application of the doctrine, even as to an individual element, is not allowed such broad play as to effectively eliminate that element in its entirety. So long as the doctrine of equivalents does not encroach beyond the limits just described* [...], *we are confident that the doctrine will not vitiate the central functions of the patent claims themselves.*»

Da nossa perspetiva, o enquadramento linguístico usado é menos importante do que saber se o teste responde à inquirição essencial: o produto ou processo acusado contém elementos idênticos ou equivalentes a cada elemento reivindicado com a invenção patenteada? Diferentes enquadramentos linguísticos poderão ser mais adequados em casos diferentes, consoante os seus factos particulares.»[710]

Para o Supreme Court, a imprecisão que poderia resultar da linguagem utilizada na análise da equivalência será consideravelmente reduzida se essa análise se concentrar nos elementos individualmente reivindicados e se tiver uma especial preocupação em evitar que o conceito de equivalência os elimine por completo:

> «Uma análise do papel desempenhado por cada elemento no contexto da específica reivindicação irá, deste modo, informar se um elemento substituto corresponde à função, modo de execução e resultado do elemento reivindicado, ou se o elemento substituto desempenha um papel diferente do elemento reivindicado.»[711]

De seguida, o tribunal ocupou-se das implicações da aplicação da doutrina *file-wrapper estoppel*, ou seja, de saber qual a importância, para a aplicação da doutrina dos equivalentes, das alterações de redação das reivindicações introduzidas pelo requerente da patente durante o processo de concessão – *maxime*, saber se essas alterações precludem ou não a invocação da doutrina dos equivalentes. Nesta sede, o tribunal esclareceu que a razão que justificou essas alterações durante o procedi-

[710] Tradução livre da nossa responsabilidade. No original: «*There seems to be substantial agreement that, while the triple identity test may be suitable for analyzing mechanical devices, it often provides a poor framework for analyzing other products or processes. On the other hand, the insubstantial differences test offers little additional guidance as to what might render any given difference "insubstantial." In our view, the particular linguistic framework used is less important than whether the test is probative of the essential inquiry: Does the accused product or process contain elements identical or equivalent to each claimed element of the patented invention? Different linguistic frameworks may be more suitable to different cases, depending on their particular facts.*»

[711] Tradução livre da nossa responsabilidade. No original: «An analysis of the role played by each element in the context of the specific patent claim will thus inform the inquiry as to whether a substitute element matches the function, way, and result of the claimed element, or whether the substitute element plays a role substantially different from the claimed element.»

mento de concessão da patente não é irrelevante para saber se o *estoppel* deve ou não ser aplicado de modo a impedir a invocação da doutrina dos equivalentes. Com efeito, para além das limitações que implicam a renúncia a elementos potencialmente abrangidos pela patente (*e.g.*, para evitar o anterior estado da técnica), existe uma variedade de razões para que o PTO exija uma alteração à redação das reivindicações sem que implique necessariamente que o requerente da patente abdique da aplicação da doutrina dos equivalentes aos elementos visados:

> «E se o PTO tem exigido alterações na redação das reivindicações sem o propósito de limitar a equivalência ou, com efeito, com a expectativa de que a redação exigida iria em muitos casos permitir um leque de equivalentes, deveremos ser extremamente relutantes em perturbar a assunção base do PTO sem uma razão substancial para o fazer. A nossa jurisprudência anterior tem aplicado o *estoppel* resultante do procedimento de concessão apenas quando as reivindicações tenham sido alteradas devido a um conjunto limitado de razões e não vemos uma razão substancial para exigir uma regra mais rígida que determine uma preclusão independentemente das razões da alteração.»[712]

Por conseguinte, caberá ao titular da patente demonstrar as razões por detrás da alteração introduzida, cuja suscetibilidade de provocar a aplicação do *estoppel* será aferida em juízo. Caso contrário (isto é, caso não seja oferecida nenhuma explicação para as limitações introduzidas durante o processo de concessão da patente) o tribunal deverá presumir que o PTO tinha uma razão substancial relacionada com a patenteabilidade da invenção para as exigir. Nessas circunstâncias, o *prosecution history estoppel* deverá impedir a aplicação da doutrina dos equivalentes a propósito do elemento abrangido pela limitação. Desta forma, espe-

[712] Tradução livre da nossa responsabilidade. No original: «*And if the PTO has been requesting changes in claim language without the intent to limit equivalents or, indeed, with the expectation that language it required would in many cases allow for a range of equivalents, we should be extremely reluctant to upset the basic assumptions of the PTO without substantial reason for doing so. Our prior cases have consistently applied prosecution history estoppel only where claims have been amended for a limited set of reasons, and we see no substantial cause for requiring a more rigid rule invoking an estoppel regardless of the reasons for a change.*»

rava o Supreme Court que o *estoppel* colocasse limites razoáveis à doutrina dos equivalentes e prevenisse conflitos adicionais com a lei.

Além do exposto, o tribunal esclareceu ainda que a aplicação da doutrina dos equivalentes, tal como exposta no acórdão *Graver Tank*, não exige a determinação da intenção do alegado infrator. Embora não se exclua a possibilidade de análise desse facto, o tribunal entendeu que a infração deve ser analisada de forma objetiva, pelo que a intenção do alegado infrator não tem qualquer relevância na aplicação da doutrina dos equivalentes. O tribunal também rejeitou a alegação de que, para minimizar os conflitos com a função das reivindicações de informação ao público, a doutrina deveria limitar-se aos equivalentes apresentados na documentação da própria patente.

No que respeita ao momento a considerar na análise dos equivalentes, o tribunal sustentou que «o momento apropriado para avaliar a equivalência – e, por conseguinte, o conhecimento da permutabilidade entre elementos – é a data da infração e não o momento em que a patente é concedida»[713].

Tudo visto, o tribunal sintetizou o seu juízo nos seguintes termos:

> «A determinação da equivalência deve ser aplicada como uma análise objetiva baseada numa análise elemento a elemento. O *estoppel* resultante do procedimento de concessão continua disponível como uma defesa perante a infração, mas se o titular da patente demonstrar que uma alteração requerida durante o procedimento teve um propósito não relacionado com a patenteabilidade, o tribunal deve ter esse propósito em consideração para decidir se a preclusão é prejudicada. Se o titular da patente for incapaz de demonstrar tal propósito, o tribunal deve presumir que o propósito subjacente à alteração requerida implica que a aplicação da preclusão resultante do procedimento de concessão.»[714]

[713] Tradução livre da nossa responsabilidade. No original: «*the proper time for evaluating equivalency--and thus knowledge of interchangeability between elements-- is at the time of infringement, not at the time the patent was issued*».

[714] Tradução livre da nossa responsabilidade. No original: «*The determination of equivalence should be applied as an objective inquiry on an element-by-element basis. Prosecution history estoppel continues to be available as a defense to infringement, but if the patent holder demonstrates that an amendment required during prosecution had a purpose unrelated to patentability, a court must consider that purpose in order to decide whether an estoppel is precluded. Where the patent holder is unable to*

Face ao exposto, o Supreme Court decidiu reverter a decisão do Federal Circuit e remeter-lhe os autos para que pudesse conhecer das razões por detrás da limitação introduzida pela *Hilton Davis Chemical Co.* durante o procedimento de concessão da sua patente, de forma a poder avaliar se implicavam ou não o funcionamento do *file-wrapper estoppel* e, consoante a sua conclusão, se a doutrina dos equivalentes era ou não aplicável.

2.2.5. Acórdão *Festo*

Em 2002, o Supreme Court norte-americano voltou a debruçar-se sobre a questão da aplicação da doutrina dos equivalentes e o papel das preclusões resultantes do processo de concessão da patente (*prosecution history estoppel*), a propósito do caso *Festo Corp. v. Shoketsu Kinzoku Kogyo Kabushiki Co., Ltd., et al.*[715]

A *Festo Corp.*, demandante, era titular de duas patentes que, segundo ela, teriam sido infringidas pela demandada. Essas patentes protegiam um cilindro magnético sem haste melhorado, isto é, um dispositivo movido por um pistão que utiliza magnetos para mover objetos num sistema de transporte. Acontece que, durante o procedimento de concessão daquelas patentes, foram introduzidas alterações a ambos os pedidos, de forma a introduzir novas limitações à matéria reivindicada, esclarecendo que as invenções continham dois anéis de vedação, com um rebordo de um dos lados. Além disso, o pedido da primeira patente foi ainda alterado para clarificar obscuridades no método de operação da invenção, introduzir algumas referências ao estado da técnica, corrigir a redação de algumas reivindicações, que tinham sido redigidas de forma não permitida, e indicar que o revestimento exterior da invenção era feito de material magnetizável.

Por seu turno, o dispositivo da demandada era similar ao da demandante mas, em vez de dois anéis de vedação, continha apenas um, com dois rebordos, e o seu revestimento exterior era feito de um material não magnetizável.

Foi dado como assente em juízo que o dispositivo da demandada não infringia as patentes da demandante de forma literal. Por isso, a questão

establish such a purpose, a court should presume that the purpose behind the required amendment is such that prosecution history estoppel would apply.»

[715] 535 U.S. 722 (2002).

era saber se as patentes eram infringidas ao abrigo da doutrina dos equivalentes, como sustentava a demandante, ou se esta estaria impedida de invocar a doutrina por força da aplicação da preclusão resultante das alterações introduzidas durante o procedimento de concessão das patentes (*prosecution history estoppel*).

O tribunal de primeira instância entendeu que aquela preclusão não era oponível à demandante, uma vez que as alterações em causa não foram introduzidas para evitar o estado da técnica. Em recurso, o Federal Circuit, em secção, começou por confirmar a decisão da primeira instância mas, reapreciando o caso em formação plena, reverteu a decisão e deu razão à demandada, sustentado que as alterações introduzidas durante o procedimento de concessão, por restringirem o âmbito da proteção requerida, davam azo à aplicação da preclusão emergente do historial do procedimento de concessão da patente. Além disso, o tribunal afastou o seu precedente, segundo o qual essa preclusão poderia impedir o recurso à doutrina dos equivalentes em alguns casos, mas nem sempre. Segundo o tribunal, a análise casuística da aplicação do *estoppel* não era viável. Por isso, entendeu que, sempre que fosse aplicável, essa preclusão impedia por completo a aplicação da doutrina dos equivalentes, o que promoveria a segurança jurídica na análise de casos de infração.

Ao conhecer do recurso desta decisão, o Supreme Court começou por recordar que o propósito do *prosecution history estoppel* é assegurar que a patente seja interpretada tendo em conta as reivindicações «que foram canceladas ou rejeitadas»[716]. De seguida, o tribunal abordou a relação entre a doutrina dos equivalentes e o *prosecution history estoppel*:

> «A doutrina dos equivalentes permite ao titular da patente reivindicar as variantes insubstanciais que não foram capturadas na redação das reivindicações iniciais da patente, mas que poderão

[716] Nesse sentido, lavrou que «[a] preclusão resultante do processo de concessão ["*prosecution history estoppel*"] requer que as reivindicações sejam interpretadas à luz dos trâmites perante o PTO durante o procedimento de concessão. A preclusão ["*estoppel*"] é uma "regra de interpretação da patente" que assegura que as reivindicações são interpretadas por referência àquelas "que foram canceladas ou rejeitadas".» Tradução livre da nossa responsabilidade. No original: «*Prosecution history estoppel requires that the claims of a patent be interpreted in light of the proceedings in the PTO during the application process. Estoppel is a "rule of patent construction" that ensures that claims are interpreted by reference to those "that have been cancelled or rejected."*».

ser criadas através de alterações triviais. Contudo, quando o titular da patente tiver inicialmente reivindicado matéria alegadamente infratora, mas tenha posteriormente restringido a reivindicação em resposta a uma rejeição, ele não pode sustentar que a área a que renunciou inclui matéria não prevista que deve ser considerada equivalente às reivindicações literais da patente concedida. Pelo contrário, "[a]través da alteração [o requerente da patente] reconheceu e enfatizou a diferença entre as duas redações [...] e [a] diferença a que [o requerente da patente] assim renunciou deve ser considerada substancial." [citações omitidas]»[717].

Segundo o tribunal, a rejeição de uma determinada reivindicação pelo instituto de patentes indica que este entende que a reivindicação original não pode ser patenteada. O facto de o requerente não impugnar essa decisão e optar por alterar a redação da reivindicação revela a aceitação de que a invenção patenteada não alcança o âmbito inicialmente reivindicado. Além disso, a preclusão assegura que a doutrina dos equivalentes se mantém ligada ao seu propósito. A doutrina visa proteger o requerente da patente contra as limitações da linguagem para descrever a essência da inovação patenteada. Ora, não é isso que se verifica quando o pedido inicial inclui a suposta variante equivalente, mas é depois alterado de forma a excluí-la, para assegurar a concessão da patente ou a sua validade. O requerente podia reivindicar a variante e fê-lo, inicialmente, mas acabou por desistir dessa matéria.

[717] Nas palavras do tribunal: «Quando o pedido inicial abrangeu o suposto equivalente, mas o requerente da patente restringiu as suas reivindicações para obter a patente ou para proteger a sua validade, não pode afirmar que não tinha como descrever a matéria em questão. A doutrina dos equivalentes fundamenta-se na inabilidade da linguagem para capturar a essência da inovação, mas um pedido anterior descrevendo os precisos elementos *sub judice* afasta essa premissa». Tradução livre da nossa responsabilidade. No original: «*The doctrine of equivalents allows the patentee to claim those insubstantial alterations that were not captured in drafting the original patent claim but which could be created through trivial changes. When, however, the patentee originally claimed the subject matter alleged to infringe but then narrowed the claim in response to a rejection, he may not argue that the surrendered territory comprised unforeseen subject matter that should be deemed equivalent to the literal claims of the issued patent. On the contrary, "[b]y the amendment [the patentee] recognized and emphasized the difference between the two phrases[,] ... and [t]he difference which [the patentee] thus disclaimed must be regarded as material."* [...]».

Posto isto, retomando o ponto em que deixou a questão no caso *Warner Jenkinson*[718], o tribunal determinou que podem dar azo à preclusão da aplicação da doutrina dos equivalentes as alterações que estejam relacionadas com a patenteabilidade da invenção, mas nem sempre. Cabe ao tribunal sindicar se o propósito das alterações é apto a fazer funcionar a preclusão. Além disso, o funcionamento do *estoppel* também pode ser provocado por outras situações, desde que o historial do processo de concessão da patente demonstre que a matéria não era indescritível. Deste modo, segundo o Supreme Court, a preclusão funciona quando a alteração é feita para assegurar a concessão da patente e restringe o âmbito da matéria reivindicada, o que se pode verificar quer para evitar o estado da técnica, quer para assegurar a suficiente sustentação das reivindicações na descrição[719].

Por outro lado, uma vez assente que o *estoppel* deveria funcionar por se verificar que a alteração introduzida durante o procedimento de concessão restringia o âmbito potencial da patente, colocava-se a questão de saber quais os efeitos da sua aplicação. Segundo o Supreme Court norte-americano:

> «Apesar de a preclusão resultante do historial do procedimento de concessão poder impedir o titular da patente de perseguir um amplo leque de alegados equivalentes produzidos ou distribuídos por concorrentes, o seu alcance exige a análise da matéria renunciada pela

[718] Cf. Capítulo II, ponto 2.2.4. *supra*.

[719] «A preclusão surge quando uma alteração é feita para assegurar a concessão da patente e a alteração restringe o âmbito da patente. [...] O requerente da patente que restringe uma reivindicação como condição para obter a patente renuncia à sua reivindicação mais ampla da matéria, quer a alteração seja feita para evitar o estado da técnica, quer para cumprir com o § 112 [segundo o qual o pedido de patente deve descrever, habilitar e apresentar o melhor modo de execução da invenção protegida através de reivindicações do tipo «*means- or step-plus-function*»]. Devemos considerar que o titular da patente admitiu a inabilidade de reivindicar matéria mais ampla ou que, pelo menos, abandonou o seu direito de impugnar a rejeição. Em qualquer caso, a preclusão pode ser aplicável». Tradução livre da nossa responsabilidade. No original: «*Estoppel arises when an amendment is made to secure the patent and the amendment narrows the patent's scope. [...] A patentee who narrows a claim as a condition for obtaining a patent disavows his claim to the broader subject matter, whether the amendment was made to avoid the prior art or to comply with § 112. We must regard the patentee as having conceded an inability to claim the broader subject matter or at least as having abandoned his right to appeal a rejection. In either case estoppel may apply.*»

alteração restritiva. Uma preclusão completa evita esta inquirição, ao determinar uma regra inflexível ("*per se*"); mas essa abordagem é desde logo inconsistente com o propósito da aplicação da preclusão – vincular o inventor às representações feitas durante o procedimento de concessão e às inferências que podem razoavelmente extrair-se da alteração. Ao alterar o pedido, considera-se que o inventor concedeu que a patente não alcança tão longe quanto a reivindicação inicial. Não quer dizer, todavia, que a reivindicação alterada é de tal modo perfeita na sua redação que ninguém possa conceber um equivalente. [...] A alteração restritiva pode demonstrar o que a reivindicação não é; mas pode ainda fracassar na captura precisa do que a reivindicação é.»[720]

Ou seja, nem todas as alterações introduzidas durante o procedimento de concessão justificam que o titular da patente deixe de poder invocar a doutrina dos equivalentes para demonstrar que uma determinada execução infringe a patente. Embora essas alterações demonstrem que seria possível reivindicar matéria que o requerente preferiu excluir do âmbito do seu pedido, não determinam que não possam existir equivalentes imprevistos que o requerente não poderia ter reivindicado e que ultrapassam a interpretação justa da matéria renunciada[721]. Por isso,

[720] Tradução livre da nossa responsabilidade. No original: «*Though prosecution history estoppel can bar a patentee from challenging a wide range of alleged equivalents made or distributed by competitors, its reach requires an examination of the subject matter surrendered by the narrowing amendment. The complete bar avoids this inquiry by establishing a per se rule; but that approach is inconsistent with the purpose of applying the estoppel in the first place-to hold the inventor to the representations made during the application process and to the inferences that may reasonably be drawn from the amendment. By amending the application, the inventor is deemed to concede that the patent does not extend as far as the original claim. It does not follow, however, that the amended claim becomes so perfect in its description that no one could devise an equivalent.* [...] *The narrowing amendment may demonstrate what the claim is not; but it may still fail to capture precisely what the claim is. There is no reason why a narrowing amendment should be deemed to relinquish equivalents unforeseeable at the time of the amendment and beyond a fair interpretation of what was surrendered.*»

[721] «Não há razão para que se entenda que uma alteração restritiva renuncia a equivalentes imprevistos à data da alteração e que extravasem uma interpretação justa do que foi renunciado. Nem existe qualquer exigência de preclusão de equivalência para aspetos da invenção que apenas têm uma relação periférica com a razão pela qual foi apresentada. A alteração não demonstra que o inventor, repentinamente, é mais clarividente a redigir reivindicações do que um inventor cujo pedido foi concedido sem apresentação de alterações.». Tradução

revertendo o acórdão recorrido, o tribunal reafirmou o princípio consagrado na jurisprudência *Warner-Jenkinson*:

> «Tal como o acórdão *Warner-Jenkinson* determinou que impende sobre o titular da patente o ónus da prova de que uma alteração não foi feita por uma razão que dê origem à preclusão, sustentamos agora que deve recair sobre o titular da patente o ónus de demonstrar que a alteração não renuncia ao equivalente particular em causa. [...]».[722]

Ou seja, uma alteração das reivindicações em sentido restritivo faz presumir que o potencial âmbito de proteção foi restringido e que a matéria renunciada não é equivalente à que consta da reivindicação que sobreviveu ao crivo do instituto de patentes. Contudo, essa presunção é ilidível. Cabe ao titular da patente demonstrar que não seria possível prever o meio equivalente à data da redação das reivindicações[723], que a justificação da alteração das reivindicações não se relaciona com a variante *sub judice* ou que não lhe seria exigível que redigisse as reivindicações de modo a abranger literalmente a variante alegadamente infratora ao abrigo da doutrina dos equivalentes[724]. Como estas questões não tinham sido analisadas pelo Federal Circuit, o Supreme Court revogou a decisão e devolveu o processo à instância inferior para o efeito.

livre da nossa responsabilidade. No original: «*There is no reason why a narrowing amendment should be deemed to relinquish equivalents unforeseeable at the time of the amendment and beyond a fair interpretation of what was surrendered. Nor is there any call to foreclose claims of equivalence for aspects of the invention that have only a peripheral relation to the reason the amendment was submitted. The amendment does not show that the inventor suddenly had more foresight in the drafting of claims than an inventor whose application was granted without amendments having been submitted.*»

[722] Tradução livre da nossa responsabilidade. No original: «*Just as Warner-Jenkinson held that the patentee bears the burden of proving that an amendment was not made for a reason that would give rise to estoppel, we hold here that the patentee should bear the burden of showing that the amendment does not surrender the particular equivalent in question.*»

[723] Recorde-se que, de acordo com o entendimento norte-americano da doutrina dos equivalentes, um dos seus propósitos é o de proteger o titular da patente contra desenvolvimentos técnicos que não poderia prever à data da redação das reivindicações. Cf. William T. Ralston, «Foreign Equivalents of the U.S. Doctrine of Equivalents», p. 183. Segundo o autor, o outro propósito da doutrina dos equivalentes seria proteger o titular da patente contra as imprecisões da linguagem utilizada na redação das reivindicações (cf. *op. cit.*, p. 182).

[724] Tanuja V. Garde, «Legal certainty, stare decisis and the doctrine of equivalents», p. 366.

2.3. Nos tribunais alemães

Como analisámos anteriormente[725], na Alemanha, até à aprovação da CPE, a definição do âmbito da patente fazia-se de acordo com a *central definition theory*, de forma expansiva e admitindo, em determinadas circunstâncias, a proteção da ideia geral da invenção. Embora o resultado desta abordagem dificilmente fosse tão vago quanto o Protocolo Interpretativo do artigo 69º da CPE poderá levar a crer[726], após a adoção da CPE e da entrada em vigor do Lei de Patentes de 1981, a jurisprudência alemã sofreu uma assinalável evolução no sentido de atribuir às reivindicações um papel mais determinante na interpretação do âmbito de proteção conferido pela patente[727].

2.3.1. Acórdão *Formstein*

Em 1986, ao decidir o caso *Formstein*[728], o BGH teve oportunidade de assinalar as alterações introduzidas pela Lei de Patentes de 1981 na interpretação do âmbito da patente[729]. Em causa estava a alegada infração de uma patente que protegia um lancil construído com base num molde, apresentando uma calha longitudinal e um sulco transversal, que se ramificava a partir da calha e abria para o lado do lancil virado para o centro da rua. O propósito da calha e do sulco era escoar água e detritos da rua, facilitando a drenagem e prevenindo inundações. As reivindicações não continham quaisquer limitações quanto à altura do lancil relativamente ao piso da rua. A titular da patente demandou um município que construiu as suas estradas com lancis vulgares disponíveis no mercado, deixando espaços entre esses lancis para permitir o escoamento das águas por esses espaços. A primeira instância julgou a ação procedente, mas o tribunal de recurso reverteu a decisão[730].

O BGH começou por destacar a alteração introduzida pelo § 14 do Lei de Patentes de 1981, reconhecendo que, ao contrário do que acontecia ao abrigo do regime legal anterior, as reivindicações deixaram de

[725] Cf. Capítulo I, ponto 2.2., *supra*.

[726] W. CORNISH, *et al.*, *Intellectual Property*, p. 178.

[727] MATT FISHER, *Fundamentals of Patent Law*, p. 241.

[728] Acórdão proferido pelo BGH a 29 de abril de 1986 (Processo nº X ZR28/85), cuja tradução em inglês foi publicada na *IIC*, vol. 18, 1987, pp. 795 ss.

[729] MAXIMILIAN HAEDICKE & HENRIK TIMMANN, *Patent Law*, p. 647.

[730] Cf. BERNHARD GEISSLER, «Comment on Formstein», pp. 795 e ss.

ser um mero ponto de partida para delimitar a proteção conferida pela patente e tornaram-se na sua base essencial[731]. Não obstante, o tribunal sublinhou que, de acordo com o Protocolo Interpretativo do artigo 69º da CPE, o âmbito de uma patente não englobava apenas o que decorre da formulação exata das reivindicações. A proteção deveria estender-se além das reivindicações e incluir os elementos técnicos equivalentes aos reivindicados. Segundo o BGH, seria essa a conceção legal vigente nos demais Estados-Membros da OEP, embora reconhecesse que existiam diferenças significativas respeitantes ao método de determinação do âmbito de proteção factual das patentes. De acordo com o tribunal, a questão de saber se um produto ou processo é equivalente à invenção protegida colocava-se nos seguintes termos:

> «A questão é se o perito na matéria, baseando-se na invenção protegida pelas reivindicações, é capaz de resolver o problema solucionado pela invenção através de meios igualmente eficazes, *i.e.*, alcançar o sucesso pretendido com outros meios que também levam ao mesmo resultado. As soluções que, em virtude do seu conhecimento profissional, o perito na matéria entenda, com base nas considerações orientadas para a invenção parafraseada nas reivindicações, serem igualmente eficazes, caem, em geral, no âmbito da proteção da patente. Assim o exige o objetivo de remuneração adequada do inventor, tendo em conta o aspeto da segurança jurídica.»[732]

Ou seja, segundo o BGH, após a entrada em vigor da CPE e à luz do disposto no Lei de Patentes de 1981, já não se trata de perceber se o «princípio» subjacente à invenção reivindicada é o mesmo que enqua-

[731] De acordo com a tradução em inglês publicada na *IIC*: «*In contrast to the legal situation until 1978, patent claims now are not merely the starting point but rather the essential basis for the determination of scope.*». Cf. Maximilian Haedicke & Henrik Timmann, *Patent Law*, p. 647.

[732] Tradução livre da nossa responsabilidade a partir da tradução em inglês publicada na *IIC*: «*The question is whether a person skilled in the art based on the invention protected by the claims, is able to clear up the problem solved by the invention with equally effective means, i.e. to achieve the desired success with other means which also lead to the same result. Solutions which the average person skilled in the art can determine due to his professional knowledge as being equally effective based on considerations oriented to the invention paraphrased in the claims will generally fall within the scope of protection of the patent. This is required by the goal of adequate remuneration for the inventor under consideration of the aspect of legal certainty.*»

dra o produto ou o processo alegadamente infrator[733]. Além disso, também desapareceu a distinção entre equivalentes evidentes e não evidentes[734]. Para determinar se há equivalência entre os elementos técnicos reivindicados e os elementos utilizados no objeto acusado importa agora determinar se o perito na matéria seria capaz de os alcançar a partir das reivindicações, tendo em conta a descrição e os desenhos e baseando-se na sua experiência profissional. Mas, se por um lado, em observância do disposto no artigo 69º da CPE, o acórdão *Formstein* demarcou a aplicação da nova lei de patentes alemã dos princípios interpretativos da prática judicial anterior – no sentido de que as reivindicações já não se limitam a assinalar o ponto de partida da interpretação do âmbito da proteção e tornaram-se na sua base fundamental[735] –, por outro, acaba por não se afastar decisivamente da jurisprudência anterior à entrada em vigor da lei de 1981, ao adotar comandos interpretativos com um reduzido grau de compromisso que mantiveram a possibilidade de abranger um largo escopo de proteção[736]:

> «A redação da patente em causa não é decisiva, mas antes o será saber que problema técnico, reconhecível pelo perito na matéria, é de facto (objetivamente) solucionado pela invenção.»[737].

Assim, nota-se desde logo que, à luz da jurisprudência alemã, a tónica da interpretação das reivindicações e da aferição do âmbito da patente é colocada não na autovinculação do requerente e na expressão da sua vontade resultante da redação das reivindicações (como sucede à luz da jurisprudência britânica, que analisaremos adiante[738]), mas apenas na perspetiva do intérprete da patente e na sua compreensão das

[733] José António Gomez Segade, «La Violación de la Patente por un Uso Equivalente», p. 639.

[734] Stephen M. Bodenheimer & John Beton, «Infringement by equivalents in the United States and Europe», p. 86.

[735] Alfred Keukenschrijver, «The German Practice», p. 79.

[736] Cf. Bernhard Geissler, «Comment on Formstein», pp. 795 e ss; Matt Fisher, *Fundamentals of Patent Law*, p. 243.

[737] Tradução livre da nossa responsabilidade a partir da tradução em inglês publicada na *IIC*: «*The wording of the patent at issue is not decisive, but rather, which technical problem recognizable to a person skilled in the art is actually (objectively) solved by the invention.*»

[738] Cf. capítulo II, ponto 2.4. *infra*.

reivindicações, de tal modo que, ao contrário dos tribunais ingleses, o BGH não se questiona se a redação dada às reivindicações poderá implicar a exclusão de meios equivalentes potencialmente incluídos no âmbito da patente, quando a interpretação levada a cabo pelo perito na matéria assim o determine.

Além do exposto, o BGH reconheceu a possibilidade de o estado da técnica poder limitar o alcance da doutrina dos equivalentes na determinação do âmbito da patente[739]:

> «Para determinar o âmbito da proteção ao abrigo do § 14 da Lei de Patentes de 1981, é admissível a exceção de que o modo de execução acusado e considerado equivalente não representa uma invenção patenteável face ao estado da técnica. O demandando numa ação de infração de patente pode, deste modo, não só defender-se com o facto de o modo de execução alegadamente infrator resultar do estado da técnica, como também pelo facto de que o mesmo é óbvio face ao estado da técnica»[740].

À luz do Direito de Patentes português, a conclusão exposta pelo BGH pode parecer uma trivialidade. Contudo, devemos ter em conta que, na Alemanha, a invalidade da patente – designadamente, à luz do estado da técnica –, apenas pode ser conhecida pelo Tribunal Federal de Patentes, com sede em Munique, em ações de revogação, tratando-se de patentes nacionais, ou de nulidade, tratando-se de patentes nacionais e europeias. Por seu turno, este tribunal não tem competência para decidir ações de infração de patentes[741]. Por conseguinte, os tribunais com competência para decidir ações de infração não podem conhecer da validade da patente alegadamente infringida, o que implica, desde logo, o enfraquecimento da defesa a que o alegado infrator pode recorrer para

[739] José António Gomez Segade, «La Violación de la Patente por un Uso Equivalente», pp. 639 e 640.

[740] Tradução livre da nossa responsabilidade a partir da tradução em inglês publicada na *IIC*: «*In the determination of the scope of protection under Sec. 14 of the 1981 Patent Act, the defence that the embodiment attacked and claimed to be an equivalent does not represent a patentable invention in view of the prior art is admissible. The defendant in patent infringement litigation can thus not only defend himself with the fact that the alleged patent infringing embodiment is known from the prior art, but also by the fact that it is obvious in view of the prior art.*»

[741] Alfred Keukenschrijver, «The German Practice», pp. 74 e 75.

fazer face à acusação de infração. O que o BGH decidiu é que, sem pôr em causa a divisão de competências dos tribunais no sistema dualista alemão, o tribunal que conhece da alegada infração da patente pode reconhecer a inexistência de infração por a variante em causa resultar do estado da técnica. Posto isto, entendeu que, no caso *sub judice*, a exceção do estado da técnica não foi devidamente discutida pela instância inferior e reenviou-lhe o caso para o efeito.

As decisões do BGH que se seguiram ao acórdão *Formstein* consolidaram a jurisprudência decorrente desse aresto. Em 1988, no acórdão *Ionenanalyse*[742], o tribunal reiterou que, ao abrigo da CPE e da Lei de Patentes de 1981, não basta que a invenção e o objeto acusado partilhem a mesma «ideia fundamental» ou tenham «efeitos equivalentes»:

> «[...] o tribunal de recurso apenas determinou que os dois tipos de dispositivos e os efeitos equivalentes que os mesmos alcançam partilham a mesma "ideia fundamental". Tal, contudo, não é fundamento suficiente para julgar verificada a infração da patente. O fator decisivo deverá ser se o perito na matéria, com base no seu conhecimento técnico, através do estudo da invenção conforme descrita nas reivindicações, poderia chegar aos meios alternativos empregados no dispositivo contestado.»[743]

Em 1989, no acórdão *Batteriekastenschnur*[744], o mesmo tribunal reafirmou a sua jurisprudência anterior sobre a definição do âmbito da patente ao abrigo da CPE e da nova lei de patentes alemã:

> «A utilização da invenção também se poderá verificar nos casos em que o modo de execução *sub judice* se desvia do significado do conteúdo das reivindicações da patente, mas o perito na matéria, baseando-se no significado do conteúdo da invenção definida nas

[742] Cuja tradução em inglês foi publicada na *IIC*, vol. 22, 1991, pp. 249 ss.

[743] «[...] *the appeal court has merely established that the two types of apparatus and the equivalent effects they achieve share the same "fundamental idea". That, however, is not sufficient grounds for holding that a patent has been infringed. The decisive factor should be whether a skilled person with his technical knowledge, by studying the invention as described in the claims, could arrive at the alternative means employed in the contested apparatus.*»

[744] Cuja tradução em inglês foi publicada na *IIC*, vol. 22, 1991, pp. 104 e ss.; cf. MATT FISHER, *Fundamentals of Patent Law*, p. 245.

reivindicações, seria capaz de, devido ao seu conhecimento técnico, identificar os meios modificados utilizados na execução acusada como sendo igualmente eficazes na solução do problema subjacente à invenção»[745].

2.3.2. Acórdão *Improver* (Alemanha)

Alguns anos depois da prolação do acórdão *Formstein* pelo BGH, a jurisprudência alemã (bem como a harmonização legal procurada pela CPE) viria a ser testada por força do já referido caso '*Epilady*', que opôs a *Improver Corp.* e a *Remington Consumer Product Ltd.* Conforme se aludiu acima[746], a Improver demandou a Remington em diversas jurisdições europeias, incluindo na Alemanha, alegando a infração da sua patente europeia que protegia um dispositivo depilatório que funcionava por ação de um motor elétrico, fazendo girar uma mola metálica helicoidal, de forma a abrir e subsequentemente fechar os espaços criados pelos seus enrolamentos, capturando e extraindo o pelo. No entender da Improver, a Remington infringiu a sua patente ao produzir e comercializar uma máquina depilatória que extraía o pelo através da rotação de uma haste cilíndrica de borracha convexa, cujos sulcos radiais paralelos capturavam o pelo quando a barra era acionada, abrindo e fechando os sulcos da haste com a rotação.

A demandante requereu o decretamento de uma providência cautelar contra a *Remington*, que foi concedida pela primeira instância, a 19 de julho de 1988, mas indeferida em recurso, junto do OLG de Düsseldorf, por acórdão de 27 de outubro de 1988[747]. Este tribunal considerou que, para se concluir pela infração da patente por equivalência, para além de ser necessário que se verifique a identidade de efeitos produzidos pela invenção reivindicada e pela variante, seria também necessário que

[745] Tradução livre da nossa responsabilidade, a partir da tradução em inglês publicada na *IIC*: «*Use of the invention may also exist in cases where the embodiment to be judged deviates from the meaning of the content of the patent claims but where the person skilled in the art, based on ideas deriving from the meaning of the content of the invention defined in the claims, was able, due to his technical expertise, to identify the modified means employed in the challenged embodiment as being equally effective in the solution of the problem underlying the invention*».

[746] Cf. Introdução do presente trabalho e capítulo II, ponto 1.3. *supra*.

[747] Processo nº 2 U 181/88. A tradução em inglês do acórdão foi publicada na *IIC*, vol. 21 (1990), pp. 572 e ss.

fosse possível ao perito na matéria reconhecer, com base no ensinamento fornecido pela patente e no seu conhecimento técnico especializado, que conseguiria alcançar o efeito pretendido através da utilização de um meio técnico que, em virtude da sua natureza, produziria um efeito equivalente ao efeito do elemento reivindicado, e que esse meio correspondia à variante acusada de infração. Todavia, o tribunal entendeu que não lhe seria possível tecer esse juízo sem recorrer à opinião de um perito na matéria e, não sendo possível obter o parecer de um perito num procedimento preliminar, indeferiu a medida cautelar requerida pela Improver.

Mais tarde, no âmbito da ação principal[748], o mesmo tribunal confirmou, em recurso, a decisão do tribunal de primeira instância, no sentido de que o produto da Remington violava a patente da Improver, por uso de meios equivalentes.

O tribunal esclareceu que não estava em causa a novidade ou a inventividade da operação depilatória através do uso de uma mola metálica ou dos seus resultados, uma vez que o uso de uma mola e as operações por esta permitidas – designadamente, a introdução do pelo no espaço aberto, a preensão do pelo e a sua extração por ação da rotação ou movimento da mola – resultavam já do estado da técnica e a patente da demandante não o alterava. A invenção da demandante visava antes solucionar o facto de a construção do dispositivo conhecido para proceder a essa operação ser cara e complexa, de tal modo que o tornava inadequado para o uso doméstico.

Além disso, o tribunal não teve dúvidas de que os efeitos da variante produzida pela Remington eram idênticos aos efeitos de um dispositivo construído de acordo com os ensinamentos resultantes da primeira reivindicação da patente da Improver. O facto de o dispositivo acusado extrair menos pelos do que o objeto da demandante não obstava a essa conclusão, pois essa seria uma questão respeitante à eficiência do produto e não quanto aos seus efeitos.

O tribunal acrescentou ainda que a avaliação do âmbito da patente não se circunscrevia à questão de saber se a variante terá os mesmos efeitos do produto construído de acordo a patente. Segundo o OLG:

[748] Processo nº 2 U 27/89. A tradução em inglês do acórdão proferido neste processo pelo OLG de Düsseldorf foi publicada na *IIC*, vol. 23 (1993), pp. 838 e ss.

«Para o propósito de delimitar de forma justa o efetivo melhoramento do conhecimento do campo tecnológico alcançado por um inventor com base no nº 1 do artigo 69º da CPE e no Protocolo Interpretativo, a invenção protegida só será considerada usada se o perito na matéria, com base nas reflexões retiradas do significado das reivindicações (*i.e.*, a invenção nelas descrita) puder entender, com a ajuda do seu conhecimento profissional à data da prioridade, que os meios modificados na execução acusada são meios idênticos em termos de efeitos para resolver o problema subjacente à invenção [citações omitidas]; assim, a concreta configuração do meio substituto será irrelevante se os elementos que o constituem não forem essenciais do ponto de vista da invenção, mas o meio substituto for considerado óbvio devido ao seu espírito [citações omitidas]»[749].

Posto isto, tendo em conta o depoimento do perito, o tribunal considerou que uma pessoa competente na matéria seria capaz de alcançar a variante produzida pela Remington, com base nas reivindicações da patente da Improver. Para chegar a esta conclusão, o tribunal cuidou que o perito na matéria, com base na sua experiência e conhecimento, entenderia que o ensinamento resultante da primeira reivindicação da patente não se refere ao uso de uma mola helicoidal como tal. Nesta sede, o OLG criticou o Court of Appeal de Londres, que anteriormente decidiu o mesmo litígio entre as mesmas partes perante a jurisdição britânica[750], sustentando que o tribunal britânico não teria tido esse facto em devida conta. De acordo com o tribunal alemão, as instruções da primeira reivindicação da patente da Improver seriam lidas de forma funcional pelo perito na matéria, ou seja, este apreenderia a indicação para considerar

[749] Tradução livre da nossa responsabilidade, a partir da tradução em inglês publicada na *IIC*: «*For the purpose of fairly delimiting the actual improvement of the field of technical knowledge achieved by an inventor on the basis of Art. 69 (1) EPC and the Protocol on Interpretation, the protected invention will only be considered to be used if a person skilled in the art, on the basis of reflections progressing from the meaning of the patent claims, i. e. the invention described therein, could find out, with the help of his professional knowledge at the priority date, the modified means used with the disputed embodiment as a means being identical in effect for solving the problem underlying the invention* [...]*; here, the concrete configuration of the replacement means will be of no importance in the elements by which it is constituted are not essential from the point of view of the invention, but the replacement means is to be considered obvious due to its genus* [...].»

[750] Cf. Capítulo II, ponto 2.4.2. *infra*.

um elemento cilíndrico elástico, compreendendo paredes materiais separadas, de tal modo que, se aquele elemento for dobrado, se formarão espaços no lado convexo e áreas de preensão no lado côncavo. Considerou ainda que o perito escolheria o material e a qualidade desse elemento tendo em conta que ele deve ser dobrado e rodado a alta velocidade, até porque a reivindicação nada dizia quanto ao material a utilizar. Além disso, resultando esse ensinamento da patente, seria óbvio para o perito que poderia utilizar-se um rolo com cortes como elemento extrator do pelo, como acontecia na variante produzida pela Remington. O tribunal considerou ainda que seria irrelevante saber se o corpo desse elemento era maciço ou oco, razão pela qual o perito na matéria poderia facilmente pensar na aplicação de um cilindro com cortes, uma vez que os problemas de manuseamento e estabilidade a enfrentar não eram significativos ao ponto de o impedirem de considerar e testar um rolo feito de material plástico borrachoso.

De acordo com o tribunal, o facto de o dispositivo acusado apresentar vantagens adicionais face ao dispositivo reivindicado (nomeadamente, o facto de extrair menos pelo de cada vez, diminuindo a dor infligida com a sua utilização) não impedia a conclusão de que os seus elementos eram equivalentes aos reivindicados: «[...] de acordo com o seu carácter, é idêntico, nos seus efeitos, ao dispositivo de acordo com a patente e poderá também, de acordo com o seu caráter, ser considerado uma alternativa ao dispositivo fazendo uso dos ensinamentos da primeira reivindicação da patente em causa por um perito na matéria, orientando-se pelo significado das reivindicações, com a ajuda do seu conhecimento profissional»[751].

Segundo o tribunal, esta conclusão seria evidenciada pelo facto de o ponto de partida para chegar à conceção do objeto acusado ter sido, de acordo com a jurisprudência britânica sobre o mesmo caso, um aparelho utilizando uma mola metálica, sem pôr em causa o princípio subjacente à invenção. Mais considerou que o facto de, no estado da técnica, apenas terem sido utilizadas, até àquela data, molas metálicas, não obstava à

[751] Tradução livre da nossa responsabilidade, a partir da tradução em inglês publicada na *IIC*: «[...] *according to its genus, is identical in effect to a device according to the patent, and could also, according to its genus, be found as an alternative to a device making use of the teaching of claim 1 of the patent in suit by a person skilled in the art orientating himself to the meaning of the patent claims, with the help of findings available to him due to his professional knowledge.*»

conclusão de que seria óbvio para o perito na matéria ser possível utilizar um elemento cilíndrico elástico.

2.3.3. Acórdão *Schneidmesser*

Em 2002, o BGH voltou a pronunciar-se sobre a interpretação do âmbito da patente a propósito de cinco casos decididos a 12 de março de 2002[752]. Entre eles, destaca-se o acórdão *Schneidmesser*[753], no qual o tribunal sintetizou a abordagem seguida pelos tribunais alemães para determinar se uma variante era ou não equivalente aos meios técnicos protegidos pela patente, através da formulação de três questões que ficariam conhecidas como «*Schneidmesser-Fragen*»[754].

Em causa estava saber se a patente da demandante, que protegia uma lâmina de corte para sistemas rotativos de corte de papel, disposta de maneira a que o seu eixo longitudinal formasse um ângulo agudo entre 9º e 12º, seria infringida por uma máquina cuja lâmina fosse disposta formando um ângulo entre 8º 40' e 12º 20'.

Conhecendo de direito, o tribunal recordou o princípio de que uma patente pode ser infringida de forma não literal, mas também realçou a importância das reivindicações na fixação do âmbito da patente:

> «No caso de uma execução que se afaste do significado essencial das reivindicações da patente, poderá verificar-se a sua utilização se o perito na matéria puder combinar considerações baseadas no significado essencial da invenção protegida pelas reivindicações com o seu conhecimento especializado de forma a entender que os meios modificados usados na execução acusada têm o mesmo efeito na solução do problema subjacente à invenção [...]. Nesta tarefa, a exigência de certeza jurídica, que goza da mesma importância da proteção razoável do feito inventivo, exige que o conteúdo semântico das reivindicações da patente, a ser determinado por interpretação, consti-

[752] Trata-se dos acórdãos *Kunststoffrohrteil, Schneidmesser I, Schneidmesser II, Custodiol I* e *Custodiol II*. Cf. Luís Couto Gonçalves, *Manual de Direito Industrial*, p. 99, ndr 221.

[753] Da qual foi publicada tradução em inglês dos excertos mais relevantes na *IIC*, vol. 33, 2002, pp. 873 ss.

[754] Cf., *e.g.*, Luís Couto Gonçalves, *Manual de Direito Industrial*, p. 99; Christian von Drathen, «Patens Scope in English and German Law Under the European Patent Convention 1973 and 2000», pp. 404 e 405.

tua não apenas o ponto de partida, mas também a base decisiva para a determinação do âmbito de proteção; esta determinação deve ser baseada nas reivindicações da patente [...].»[755].

De seguida, apresentou as mencionadas questões, que oferecem uma versão sintetizada do ensinamento resultante da corrente jurisprudencial iniciada pelo acórdão *Formstein*[756], propondo um teste em três etapas, que o intérprete deverá aplicar para aferir se a patente é ou não infringida por uma variante equivalente aos meios técnicos reivindicados:

> «Assim, para que uma realização que se afaste do significado essencial das reivindicações seja incluída no âmbito de proteção, não é suficiente que (1) resolva o problema subjacente à invenção através de meios modificados, mas objetivamente equivalentes, e (2) que o perito na matéria possa usar o seu conhecimento especializado para concluir que os meios modificados têm o mesmo efeito. Do mesmo modo que o efeito não pode ser encontrado sem se concentrar nas reivindicações da patente (3) as considerações a que o perito na matéria deve recorrer têm adicionalmente de se concentrar no significado essencial do ensinamento técnico protegido pela patente, de tal modo que o perito na matéria considere que as diferentes realizações, com os seus meios modificados, são equivalentes à solução em questão.»[757]

[755] Tradução livre da nossa responsabilidade, a partir da tradução em inglês publicada na *IIC*: «*In this process, the requirement of legal certainty, which enjoys the same importance as the reasonable protection of the inventive achievement, requires that the semantic content of the patent claims to be determined by interpretation forms not only the starting point but also the decisive basis for the determination of the extent of protection; this determination must be based on the patent claims* [...].»

[756] Cf. Capítulo II, ponto 2.3.1. *supra*.

[757] Tradução livre da nossa responsabilidade, a partir da tradução em inglês publicada na *IIC*: «*Thus, if an embodiment departing from the essential meaning of the patent claim is to be included within the extent of protection, it is not sufficient that (1.) it solves the problem underlying the invention with modified but objectively equivalent means and (2.) that the person skilled in the art is able to use his specialist knowledge to identify the modified means as having the same effect. Just as the same effect cannot be found without focusing on the patent claim, (3.) the considerations that the person skilled in the art must apply must in addition be focused on the essential meaning of the technical teaching protected in the patent claim in such a way that the person skilled in the art regards the different embodiment with its modified means as being equivalent to the solution in question.*»

Ou seja, segundo o BGH, uma variante será considerada equivalente à invenção protegida e incluída no âmbito da patente, ainda que não de forma literal, quando os meios modificados cumpram a mesma função das características técnicas reivindicadas e esse facto seja evidente para o perito na matéria, ao analisar o ensinamento técnico apresentado pela patente à luz do seu conhecimento especializado. Não obstante, o tribunal reconhece a responsabilidade do requerente da patente na redação das reivindicações e que as considerações tecidas pelo perito na matéria para, à luz do seu conhecimento especializado, concluir que as realizações alcançam o mesmo efeito técnico devem resultar do conteúdo semântico das reivindicações[758]. Segundo o BGH:

> «Da perspetiva do intérprete perito na matéria, os elementos concretizados podem, através do detalhe dos valores e das medidas, significar que o modo de execução objetivo a ser alcançado pela invenção deve ser definido de forma mais estrita e, quando apropriado, mais próximo do que seria o caso de uma mera definição verbal. Dado que é da responsabilidade do requerente assegurar que tudo aquilo para que requer proteção é fixado nas reivindicações da patente [...], o intérprete da patente poderá assumir que esta exigência também foi satisfeita através da inclusão de valores na redação das reivindicações da patente. Sobretudo quando o requerente, ao especificar os valores, tem uma razão particular para identificar o efeito da redação da reivindicação nos limites da proteção requerida com a patente»[759].

[758] ALFRED KEUKENSCHRIJVER, «The German Practice», p. 95.

[759] Tradução livre da nossa responsabilidade, a partir da tradução em inglês publicada na *IIC*: «*From the point of view of the specialist reader, concretized features can, through the details of figures and measurements, be made to mean that the objective achievement to be reached by the invention is to be defined more narrowly and where appropriate more closely than would be the case for a mere verbal definition. Since it is the applicant's responsibility to ensure that everything for which he requests protection is set out in the patent claims* [...], *the reader of the patent specification is entitled to assume that this requirement has also been satisfied through the inclusion of figures in the wording of the patent claims. This is all the more the case since the applicant, when specifying the figures, has a particular reason to identify the effect of the wording of the claim on the limits of the patent protection requested.*»

Por conseguinte:

«Se, considerada objetivamente, a patente é restringida a uma redação mais estrita da reivindicação do que seria apropriado de acordo com o conteúdo técnico da invenção comparada com o estado da técnica, os peritos poderão confiar que a proteção é restringida em conformidade. O titular da patente estará então impedido de subsequentemente reclamar proteção para algo que ele não protegeu. Isto aplica-se mesmo que o perito na matéria entenda que o efeito da invenção como tal [...] poder ser alcançado para além do escopo protegido pela reivindicação da patente»[760].

Desta forma, o BGH parece ultrapassar a consideração tecida anteriormente no acórdão *Formstein*, segundo a qual a redação da patente não seria decisiva, mas antes o seria saber que problema técnico, reconhecível pelo perito na matéria, é de facto (objetivamente) solucionado pela invenção[761]. Com efeito, o tribunal invoca agora claramente a «responsabilidade do requerente» na redação das reivindicações e em assegurar que estas refletem toda a matéria que pretende proteger[762].

Acontece que, em julgamento, estava uma patente cujas reivindicações especificavam que a realização do produto reivindicado deveria apresentar determinados valores angulares numéricos, que não eram seguidos pela alegada infratora. A esse respeito, o tribunal afirmou que, se por um lado, «[a] inclusão de valores ou medidas nas reivindicações torna clara a intenção de participarem e, dessa forma, limitarem a determinação da matéria da patente», por outro, «[c]omo qualquer outro elemento numa reivindicação da patente, os valores e dimensões são fundamentalmente suscetíveis de interpretação», sendo certo que «[...] o

[760] Tradução livre da nossa responsabilidade, a partir da tradução em inglês publicada na *IIC*: «*If, considered objectively, the patent is restricted to a narrower wording of the claim than would be appropriate according to the technical content of the invention and as compared with the state of the art, experts can rely on the fact that protection is restricted accordingly. The patentee is then prevented from claiming protection subsequently for something that he has not protected. This applies even if the person skilled in the art realizes that the effect according to the invention as such* [...] *could be achieved beyond the range protected in the patent claim.*»

[761] Cf. Capítulo II, ponto 2.3.1. *supra*.

[762] Christian von Drathen, «Patens Scope in English and German Law Under the European Patent Convention 1973 and 2000», pp. 409 e 410.

fator decisivo será saber como é que o perito na matéria compreende esses detalhes no contexto global da revindicação da patente, recorrendo à descrição e aos desenhos para elucidar esse contexto»[763]. Ou seja, o facto de se estar perante a especificação de valores numéricos nas reivindicações não é, por si só, suficiente para que se exclua a sua interpretação. Posto isto, o tribunal concluiu que o facto de as reivindicações terem sido duplamente limitadas através da inclusão de limites respeitantes aos ângulos de posicionamento da lâmina objeto de proteção «impede que todos os ângulos agudos sejam entendidos como equivalentes, mas não impede a assunção de que o perito na matéria identificaria um ângulo ligeiramente abaixo dos 9º como não sendo prejudicial ao efeito da invenção»[764]. Assim, embora tenha deixado clara a importância da redação das reivindicações, bem como a responsabilidade do requerente da patente na escolha da sua redação, o tribunal também demonstra que esse entendimento não tolhe a aplicação da doutrina dos equivalentes ao decidir que, face aos contornes do caso concreto, se verificava a infração da patente da demanda, por equivalência.

2.3.4. Acórdão *Okklusionsvorrichtung*

Se no acórdão *Schneidmesser* o BGH dá um passo na afirmação da responsabilidade do requerente da patente na definição do âmbito da patente, o tribunal foi ainda mais longe no acórdão proferido, a 10 de maio de 2011, no caso *Occlutech GmbH v. AGA Medical Corporation*[765]. Neste litígio, a demandante era detentora de uma patente europeia que protegia um dispositivo de oclusão intravascular e um método de fabrico do mesmo. A reivindicação 1 da patente dispunha o seguinte:

[763] Tradução livre da nossa responsabilidade, a partir da tradução em inglês publicada na *IIC*: «[t]*he inclusion of figures or measurements in the claim makes it clear that they are intended to participate in and hence also limit the determination of the subject matter of the patent* [...]», «[l]*ike any element of a patent claim, figures and dimensions are fundamentally capable of interpretation*» e «[...] *the decisive factor is how the person skilled in the art understands such details in the overall context of the patent claim, with the description and drawings also being used here to elucidate this context.*»

[764] Tradução livre da nossa responsabilidade, a partir da tradução em inglês publicada na *IIC*. No original: «*prevents every acute angle being regarded as equivalent, but does not prevent the assumption that the person skilled in the art would identify an angle slightly below 9º as being of no detriment to the effect of the invention*»

[765] Acórdão de 10 de maio de 2011 (Proc. nº X ZR 16/09).

«Um dispositivo médico oclusivo (60) compreendendo uma malha metálica formada por filamentos metálicos entrançados, o dispositivo (60) tendo uma configuração oclusa para colocação através de um canal no paciente e uma configuração expandida geralmente em haltere com duas porções de diâmetro expandido (64), separadas por uma porção de diâmetro reduzido (62) formada entre os extremos opostos do dispositivo, caraterizados por grampos (15) adaptados para prender os filamentos nas extremidades opostas do dispositivo.»[766]

A reivindicação 16 da mesma patente identificava:

«16. Um método para formar um dispositivo médico de acordo com qualquer uma das reivindicações precedentes, esse método compreendendo os passos para:

(a) Providenciar uma malha metálica formada por uma pluralidade de entrançamentos, esses entrançamentos sendo formados por um metal que pode ser aquecido e tratado para substancialmente estabelecer a forma desejada;

[...]

(e) Prender os extremos opostos dos entrançamentos do dispositivo com grampos.»[767]

Por seu turno, as demandadas comercializavam um implante oclusivo para tratamento de defeitos septais, feito de malha metálica, cujos filamentos eram invertidos a 180º de modo a possibilitar que a extremidade

[766] Tradução livre da nossa responsabilidade a partir da tradução em inglês: «*A collapsible medical device (60) comprising a metal fabric formed of braided metal strands, the device (60) having a collapsed configuration for delivery through a channel in a patient›s* [*sic*], *and has a generally dumbbell-shaped expanded configuration with two expanded diameter portions (64) separated by a reduced diameter portion (62) formed between opposed ends of the device, characterized in that clamps (15) are adapted to clamp the strands at the opposed ends of the device.*»

[767] Tradução livre da nossa responsabilidade a partir da tradução em inglês: «*16. A method of forming a medical device according to any one of the preceding claims, the method comprising the steps of:*

(a) providing a metal fabric formed of a plurality of braided strands, the strands being formed of a metal which can be heat treated to substantially set a desired shape;

[...]

(e) clamping the opposite ends of the strands of the device with clamps.»

de todos eles viesse ter à extremidade proximal do dispositivo. Após tratamento térmico para ganhar forma, seria colocada uma manga de nitinol no final do feixe dos fios, que é cortado e soldado àquela manga.

A demandante invocou que as demandadas infringiram a sua patente, literalmente ou, pelo menos, por equivalência. O OLG de Düsseldorf, tal como o tribunal de primeira instância, entendeu que os dispositivos acusados correspondiam literalmente aos ensinamentos técnicos da reivindicação 1 da patente da demandante.

Os tribunais não acolheram o argumento das demandadas segundo o qual não haveria infração porque o dispositivo acusado implicava que a extremidade dos filamentos que o compunham se encontrava apenas numa das suas extremidades, e não em ambas, como acontecia na invenção protegida[768]. De acordo com o OLG, a variante seria, ainda assim, abrangida pelo ensinamento técnico da patente, pois os grampos, que visam evitar que os filamentos se desentrelaçassem, só seriam necessários quando existisse um extremo cortado. O tribunal acrescentou ainda que a patente descrevia como proceder à fixação das extremidades do dispositivo de diversos modos, incluindo, no parágrafo 27 da descrição, em dispositivos oclusivos produzidos a partir de uma peça de malha lisa, levantando e juntando as suas pontas, caso em que apenas um grampo seria necessário e que, segundo o tribunal, deveria ser considerado abrangido pela proteção da patente. A patente referia que os grampos descritos serviriam para fixar as extremidades opostas do dispositivo mas, segundo o OLG, o perito na matéria não se deteria neste «entendimento puramente linguístico»[769], e compreenderia que os grampos servem para agregar os fios, independentemente de se encontrarem estendidos ou de estarem dobrados e as suas extremidades sobrepostas. De acordo com o tribunal, seria esse o único entendimento que o perito na matéria retiraria da referência aos grampos. O facto de as reivindi-

[768] O OLG de Düsseldorf rejeitou também a objeção apresentada pelas demandadas, segundo a qual, durante o procedimento de concessão da patente, a requerente teria renunciado à proteção pedida para a execução vertida no parágrafo 27 da descrição, «porque o processo de concessão não é, em princípio, material interpretativo admissível» (Tradução livre da nossa responsabilidade, a partir da tradução em inglês: «*because the grant files were not in principle admissible interpretation material*»).

[769] Tradução livre da nossa responsabilidade, a partir da tradução em inglês: «*purely linguistic understanding*».

cações utilizarem o plural «grampos» resultaria da circunstância de se tratar de uma «descrição genérica», e não uma indicação quanto ao número de extremidades que a invenção deveria ter[770].

Contudo, o BGH revogou a decisão do OLG Düsseldorf. Segundo aquele tribunal:

> «A Caraterística 5[[771]] exige grampos fixados nas extremidades opostas do dispositivo [...]. Um único grampo fixado num extremo do dispositivo não cumpre esta exigência.
>
> Certamente que nem o termo "grampos" nem o termo "extremidades" *per se* dizem o que quer que seja para além de quantos deles devem estar presentes; [...]. O tribunal *a quo* não teve, contudo, suficientemente em conta o facto de, através da formulação "nas extremidades opostas do dispositivo", ser determinado que os grampos devem ser fixados nas extremidades opostas do dispositivo e que, por isso, deverão estar presentes dois grampos, conforme observado pelo tribunal inglês [...] e pelo tribunal neerlandês»[772].

[770] Conforme se lê no acórdão: «Nestas várias formas de execução, só um sentido técnico surge a respeito da função dos grampos, o de fixar grampos onde exista efetivamente extremidades com fios soltos. O plural "grampos" usado na reivindicação não coloca qualquer obstáculo, uma vez que o perito na matéria entenderia a formulação, face ao contexto da execução explicada no parágrafo 27, como uma descrição genérica.». Tradução livre da nossa responsabilidade, a partir da tradução em inglês: «*In these variant embodiments, only one technical meaning would arise with respect to the function of the clamps, of affixing clamps where there were actually any free strand ends. The plural "clamps" used in the claim does not pose an obstacle to this, since the person skilled in the art would understand the formulation against the background of the embodiment explained in paragraph 27 as a generic description.*»

[771] De forma a facilitar a análise da reivindicação, o OLG de Düsseldorf dividiu-a por elementos, correspondendo a caraterística 5 a «grampos adaptados para prender os filamentos nos extremos opostos do dispositivo». O BGH seguiu a técnica do OLG de Düsseldorf.

[772] Tradução livre da nossa responsabilidade, a partir da tradução em inglês: «*Feature 5 further demands clamps attached on the opposing ends of the device* [...]. *A single clamp affixed at one end of the device does not meet this requirement. Certainly neither the term "clamps" nor the term "ends" per se says anything beyond how many of them must be present;* [...]. *The appellate court did not, however, take sufficient account of the fact that by the formulation "at the opposed ends of the device", a determination is made to the effect that clamps should be affixed at opposite ends of the device, and that therefore, necessarily, two clamps must be present, as also seen by the English court* [...] *and the Dutch court* [...]».

De acordo com o BGH, a referência às «extremidades opostas do dispositivo» contida na reivindicação 1 só podia ser entendida literalmente e as reivindicações e a descrição não permitiam sustentar o entendimento contrário. A propósito da interpretação das reivindicações à luz do disposto no artigo 69º da CPE, o BGH lavrou o seguinte:

> «De acordo com as orientações do art. 69º, nº 1, primeira frase, da CPE, a extensão da proteção conferida por uma patente deverá ser determinada pelas reivindicações. Para que esta estipulação possa produzir efeitos de modo a que o propósito do artigo 1º do Protocolo sobre Interpretação sejam alcançados, em primeiro lugar é necessário determinar, tendo em conta a descrição e os desenhos, o significado técnico atribuído à redação das reivindicações da perspetiva do perito na matéria. Apesar de um entendimento literal das reivindicações não ser adequado a apreender a matéria protegida, nem a matéria protegida poder ser ampliada pela generalização de soluções concretas expressas na reivindicação [citações omitidas]. Em particular, uma reivindicação mais estrita não pode ser interpretada de acordo com o critério de uma descrição mais ampla. Pelo contrário, a reivindicação tem primazia sobre a descrição [citações omitidas]. Tudo o que não for refletido nas reivindicações não pode ser protegido pela patente.»[773]

Posto isto, o BGH revogou a decisão recorrida, que julgou verificada a infração literal da patente, e concentrou-se na discussão da sua infração por meios equivalentes. Assim, o tribunal começou por referir que:

[773] Tradução livre da nossa responsabilidade, a partir da tradução em inglês: «*According to the guidance in Art. 69 (1), first sentence EPC, the extent of the protection conferred by a patent shall be determined by the claims. In order that this stipulation can take effect in such a way that the aims of Article 1 of the Protocol on Interpretation are achieved, it is firstly necessary to determine, taking into account description and drawings, the technical meaning which is attributed to the wording of the claim from the point of view of the person skilled in the art. Although a literal understanding of the claims is not suitable in order to grasp the protected subject matter, nor may the subject matter of protection be extended by generalisation of concrete solutions stated in the claim* [...]. *In particular, a more narrow claim cannot be interpreted according to the criterion of a more broadly worded description. On the contrary, the claim takes precedence over the description* [...]. *Anything not reflected in the claims cannot come under the protection of the patent.*»

«[...] o *design* das realizações acusadas, no qual apenas um grampo está presente, fixa todos os fios juntos num extremo do dispositivo (o proximal), enquanto o outro extremo está fechado porque os fios se invertem aí, usando meios que, embora modificados, têm objetivamente o mesmo efeito, resolve o mesmo problema que a matéria protegida pela reivindicação 1, na qual os grampos são colocados nas extremidades opostas do dispositivo, e o perito na matéria [...] é apto, devido ao seu conhecimento especializado, a entender que os meios modificados têm o mesmo efeito.

Por outro lado, deve negar-se que as considerações que o perito na matéria tem de fazer nesta situação são orientadas para o significado do ensinamento técnico protegido pelas reivindicações. A variante, com os seus meios modificados não é, por conseguinte, considerada de valor equivalente da perspetiva do perito na matéria [...]»[774].

De acordo com o tribunal, o perito na matéria não seria levado pelo ensinamento divulgado pela patente a dobrar os filamentos do dispositivo de modo a serem agregados todos do mesmo lado, por não resultar da patente qual seria a utilidade desse procedimento para preparar a invenção reivindicada, isto é, um dispositivo tubular, com extremidades com fios livres que deverão ser agregados com grampos em ambas as extremidades. Por conseguinte, o tribunal entendeu que:

«Na análise da orientação da reivindicação, que é uma exigência para a inclusão de uma variante que possa ser considerada de efeito equivalente do ensinamento literal no âmbito da proteção conferida pela patente, isto não deve ser desconsiderado. A orientação para as reivindicações exige que a reivindicação, em todos os seus elemen-

[774] Tradução livre da nossa responsabilidade, a partir da tradução em inglês: «[...] *the design of the disputed embodiments, in which only a single clamp is present, holds together all the wires at one (the proximal) end of the device, while the other end of the device is closed because of the wires inverted there, using means which, although modified, have objectively the same effect, solves the same problem as the subject matter placed under protection in claim 1, in which the clamps are executed on the opposing ends of the device, and that the person skilled in the art* [...] *is enabled by his specialised knowledge to discover the modified means as having the same effect. On the other hand, it must be denied that the considerations which the person skilled in the art must make here are oriented to the meaning of the technical teaching placed under protection in the claim. The different execution with its modified means is therefore not considered to be of equivalent value from the point of view of the person skilled in the art* [...]».

tos, forme não apenas o ponto de partida, mas também a base decisiva para as considerações do perito na matéria [...]. Se a reivindicação toma uma decisão seletiva entre várias opções para alcançar um efeito técnico, as considerações do perito sobre as possíveis modificações devem também estar de harmonia com, precisamente, esta decisão seletiva.»[775]

Deste modo, o BGH reforça a ideia de responsabilidade do requerente da patente na redação das reivindicações, que já resultava do acórdão *Schneidmesser*[776], e deixa claro que, por essa razão, o requerente deverá ser vinculado às autolimitações resultantes das escolhas vertidas na redação das reivindicações, conforme sejam reveladas pela interpretação do perito na matéria. A este propósito, o tribunal teve ainda oportunidade para abordar a polémica em torno da interpretação da equivalência entre os tribunais alemães e os tribunais britânicos e entre o teste *Schneidmesser*[777] e as «*Protocol questions*»[778]:

> «Ao contrário da interpretação do tribunal de recurso inglês, que sustentou que as "questões *Schneidmesser*" não continham nada que correspondesse à terceira questão colocada no caso *Improver v. Remington* [...] por J. Hoffmann, segundo a sua perceção da abordagem interpretativa de Lord Diplock no caso *Catnic* [...], a análise da orientação para as reivindicações conduz, por conseguinte, à exclusão do âmbito de proteção da patente de um modo de execução que, embora descrito ou que, de qualquer modo, poderia ser alcançado pelo perito na matéria, mas que, por alguma razão, o intérprete da patente tem de assumir que não deve ser protegida [...].»[779]

[775] Tradução livre da nossa responsabilidade, a partir da tradução em inglês: «*In the examination of the orientation to the claim, which is a requirement for the inclusion of a modification, which can be found to be of equivalent effect, of the literal teaching in the scope of protection of the patent, this must not be disregarded. Orientation to the claim requires that the claim, in all its features, forms not only the starting point but also the decisive basis for the considerations of the person skilled in the art* [...]. *If the claim makes a selective decision between various options of achieving a technical effect, the expert considerations on possible modifications must also be in harmony with precisely this selective decision.*»

[776] Cf. Capítulo II, ponto 2.3.3. *supra*.

[777] Cf. Capítulo II, ponto 2.3.3. *supra*.

[778] Cf. Capítulo II, ponto 2.4.2. *infra*.

[779] Tradução livre da nossa responsabilidade, a partir da tradução em inglês: «*Contrary to the interpretation of the English appeal court, which opined that the "cutting blade questions"*

Segundo se retira do trecho anterior, a terceira *Schneidmesser-Frage* («as considerações a que o perito na matéria deve recorrer têm adicionalmente de se concentrar no significado essencial do ensinamento técnico protegido pela patente, de tal modo que o perito na matéria considere que as diferentes realizações, com os seus meios modificados, são equivalentes à solução em questão»[780]) tem, de acordo com o BGH e deve conduzir a um resultado semelhante à terceira *Protocol question* («O intérprete perito na matéria retiraria da redação da reivindicação que o requerente da patente pretendeu que o estrito cumprimento com o significado primário fosse um requisito essencial da invenção?»[781]). Nestes termos, denota-se um sentido convergente na evolução da interpretação do âmbito não literal das reivindicações pelos tribunais britânicos e alemães.

A jurisprudência *Okklusionsvorrichtung* viria a ser posteriormente desenvolvida por outros acórdãos que se ocuparam da questão de saber quando é que poderá verificar-se uma «decisão seletiva» na redação das reivindicações. No acórdão *Diglycidverbindung*, de 13 de setembro de 2011[782], o BGH foi chamado a julgar a alegada violação de uma patente que protegia um método de produção de um reagente, que apresentava na descrição um método alternativo de produção desse reagente. As instâncias inferiores consideraram que patente era violada, porque a variante *sub judice* era uma solução alternativa que alcançava o mesmo efeito técnico do método de produção de um reagente protegido pela patente e que essa solução alternativa seria óbvia para o perito à data da prioridade. No entanto, o tribunal federal alemão reverteu a decisão recorrida, lavrando que se a descrição da patente revelar várias possibi-

contained nothing which corresponded to the third of the questions posed in Improver v Remington [...] *by J. Hoffmann as part of his account of Lord Diplock's interpretational approach in Catnic* [...], *the examination of the orientation to the claim therefore leads to the exclusion from the scope of protection of the patent of an embodiment which, although disclosed or which could be found in any case by the person skilled in the art, but for which the reader of the patent document must assume that – for whatever reason – it should not be placed under protection* [...].

[780] Cf. acórdão *Schneidmesser* (capítulo II, ponto 2.3.3. *supra*).

[781] Tradução livre da nossa responsabilidade. No original: «*Would the reader skilled in the art nevertheless have understood from the language of the claim that the patentee intended that strict compliance with the primary meaning was an essential requirement of the invention?*». Cf. acórdão *Improver* (Reino Unido), ponto 2.4.2. *infra.*

[782] Processo nº X ZR 69/10.

lidades para alcançar um efeito técnico específico e apenas uma dessas possibilidades for reivindicada, só será possível recorrer à doutrina dos equivalentes se os efeitos técnicos específicos da variante corresponderem à solução reivindicada e se distinguir da possibilidade não reivindicada, revelada na descrição, de forma idêntica à reivindicada.

Este entendimento foi confirmado pelo BGH no acórdão *Pemetrexed*, de 14 de junho de 2016[783], em que se discutiu se as patentes europeias da Eli Lilly eram violadas pelos produtos produzidos pelo grupo Actavis. O tribunal reafirmou que não se verifica a infração da patente ao abrigo da doutrina dos equivalentes quando a descrição revela várias possibilidades de alcançar o efeito técnico protegido, mas apenas uma delas é reivindicada. Contudo, também lavrou que, para que este princípio seja aplicável, não basta que a patente reivindique uma concretização de um ensinamento geral divulgado na descrição, que o concorrente conseguiu concretizar noutra solução. Nesse caso, não se verificaria uma decisão seletiva por parte do requerente da patente entre várias opções para alcançar o efeito técnico. Para tal, seria necessário que a descrição revelasse especificamente mais do que uma forma de realização da invenção. Ainda assim, o tribunal admitiu que, em abstrato, pode verificar-se uma decisão seletiva se, em certos casos, a descrição ou outras circunstâncias apontarem no sentido da preferência pela realização reivindicada. Por exemplo, quando a descrição divulgar um grupo possível de realizações, mas apenas uma delas for reivindicada e esta tenha características relevantes para o efeito técnico pretendido que a distinguem da demais, poderá haver uma decisão seletiva. Outra hipótese poderá verificar-se quando a patente for concedida com base numa reivindicação mais estreita do que o pedido inicialmente apresentado, se for claro que a linguagem das reivindicações da patente foi restringida para limitar a matéria reivindicada face ao estado da técnica. No caso concreto, o tribunal decidiu que não se verificava nenhuma dessas situações e, por conseguinte, decidiu pela infração da patente[784].

A evolução da jurisprudência alemã torna-se evidente, quando comparamos o acórdão *Formstein*[785] com o acórdão *Okklusionsvorrichtung*:

[783] Processo nº X ZR 29/15.

[784] Cf. MARKUS LENSSEN, «Doctrine of equivalence reloaded – Pemetrexed»; BRITTA BRÖKER, «Pemetrexed update – decision of the German Federal Court of Justice now published».

[785] Cf. Capítulo II, ponto 2.3.1. *supra*.

no primeiro caso, o BGH lavrou que «[a]s soluções que, em virtude do seu conhecimento profissional, o perito na matéria entenda, com base nas considerações orientadas para a invenção parafraseada nas reivindicações, serem igualmente eficazes, caem, em geral, no âmbito da patente» e que «[a] redação da patente em causa não é decisiva, mas antes o será saber que problema técnico, reconhecível pelo perito na matéria, é de facto (objetivamente) solucionado pela invenção»; no segundo, lavrou que «[a] orientação para as reivindicações exige que a reivindicação, em todos os seus elementos, forme não apenas o ponto de partida, mas também a base decisiva para as considerações do perito na matéria» e que «[s]e a reivindicação toma uma decisão seletiva entre várias opções para alcançar um efeito técnico, as considerações do perito sobre as possíveis modificações devem também estar de harmonia com, precisamente, essa decisão seletiva». Ainda que imputação de uma «decisão seletiva» ao requerente da patente seja feita em termos mais exigentes pelos tribunais alemães do que pelos tribunais britânicos, é visível a influência da jurisprudência britânica na importância que assumem, na definição do âmbito da patente pelos tribunais alemães, as opções do requerente, conforme são reveladas pela interpretação das reivindicações à luz da descrição. O acórdão *Okklusionsvorrichtung* deixou claro que também o BGH entende que a sua jurisprudência se aproxima da jurisprudência britânica[786], que analisaremos de seguida.

[786] Cf. também o acórdão proferido pelo BGH a 2 de março de 1999, no processo nº X ZR 85/96 (*Spannschraube*) – *IIC*, vol. 30 (199), pp. 932 e ss. O facto de, neste acórdão, o BGH criticar outras decisões de tribunais europeus e apenas citar, com aprovação, a jurisprudência *Catnic*, levou Mario Franzosi a sustentar que, enquanto os alemães parecem felizes com o acórdão *Catnic*, os ingleses estão descontestes com este acórdão por acreditarem que os alemães estão descontentes com ele (*in* «In defence of Catnic», *EIPR*, vol. 22, 2000, p. 242). Por seu turno, Jonathan D. C. Turner respondeu às considerações apresentadas por Mario Franzosi apontanto que o acórdão *Catnic* não foi a única decisão citada com aprovação no acórdão *Spannschraube*, uma vez que o BGH também citou jurisprudência a alemã anterior nessa decisão (*e.g.*, os acórdãos *Formstein* e *Ionenanalyse*). Além disso, refere o mesmo autor, o tribunal não discutiu a controversa terceira *Protocol question*, segundo a qual, mesmo que a variante seja um equivalente óbvio para o perito na matéria, deverá ainda ponderar-se se o requerente da patente a terá pretendido excluir do âmbito da sua patente (*in* «Purposive construction», *EIPR*, vol. 23, 2001, p. 118).

2.4. Nos tribunais britânicos

Para cumprir com as suas obrigações ao abrigo da CPE, o Reino Unido aprovou a Lei de Patentes de 1977[787]. Embora fosse de esperar que este diploma marcasse uma fronteira entre as patentes concedidas ao abrigo da lei anterior (*i.e.*, a Lei de Patentes de 1949) e as patentes outorgadas ao abrigo do novo regime, a verdade é que essa distinção – *rectius*, a distinção entre as regras aplicáveis a umas e a outras, nomeadamente, em matéria de interpretação das reivindicações e de delimitação do âmbito de proteção – foi esbatida pelo entendimento judicial de que a abordagem britânica anterior à entrada da nova lei era consentânea com o disposto no Protocolo Interpretativo do artigo 69º da CPE[788]. Ainda assim, as alterações introduzidas pela CPE e pela Lei de Patentes de 1977 surtiram algum efeito[789] e o entendimento sufragado pela doutrina e pela jurisprudência britânicas foi sendo modelado por diversas decisões que, embora apresentem ligações com a tradicional interpretação levada a cabo ao abrigo da doutrina *pith and marrow*, se afastam desta abordagem em direção a uma conceção que, pelo menos teoricamente, admite uma interpretação menos estrita da redação da patente.

2.4.1. Acórdão *Catnic*

O acórdão *Catnic*[790] foi proferido pela House of Lords, em novembro de 1982. Embora a patente em causa tenha sido concedida antes da entrada em vigor da CPE e da Lei de Patentes de 1977, a decisão deste caso constitui um marco de relevo na evolução da metodologia de interpretação das patentes no Reino Unido. Dada a primazia atribuída pelos tribunais britânicos à redação das reivindicações na sua interpretação, o acórdão manteve a sua da importância mesmo após a entrada em vigor daqueles diplomas[791].

Em causa estava uma alegada infração da patente da demandante, que reivindicava um lintel para ser usado em paredes duplas, feito de uma caixa de metal (em vez de madeira ou betão, o que facilitava a sua

[787] Cf. Capítulo I, ponto 2.4 *supra*.

[788] Matt Fisher, *Fundamentals of Patent Law*, pp. 291 e 295.

[789] William R. Cornish, «The Practice in the UK», p. 231.

[790] *Catnic Components v. Hill & Smith*, [1982] RPC 183 e *IIC*, vol. 22, 1981, pp. 699 ss.

[791] William R. Cornish, «The Practice in the UK», p. 234.

utilização)[792] e que compreendia placas horizontais paralelas suportadas por dois elementos rígidos, o primeiro dos quais inclinado e o segundo «estendendo-se verticalmente»[793] entre as arestas traseiras das placas horizontais ou desde perto destas. Por seu turno, a demandada produzia um lintel cuja única diferença em relação à invenção patenteada era o facto de o elemento de suporte traseiro não ser precisamente vertical, mas inclinado num ângulo de 6º ou 8º, consoante o lintel tivesse três ou duas placas, respetivamente.

O tribunal de primeira instância entendeu que o lintel da demandada não representava uma infração literal da patente da demandante, mas infringia-a ao abrigo da doutrina *pith and marrow*.

Em recurso, o Court of Appeal, decidindo por maioria, reverteu essa decisão. De entre os três juízes que compuseram o tribunal, apenas Sir David Cairns concordou com a decisão da primeira instância. Contudo, mesmo no seio da maioria, a fundamentação da decisão não foi unânime. Buckley L.J. considerou que, apesar de não ser essencial para o funcionamento da invenção que o segundo elemento de suporte fosse colocado de forma precisamente vertical, o requerente da patente, através da formulação escolhida para a redação das reivindicações, tornou essa precisão uma caraterística essencial da invenção, pelo que a sua inobservância afastaria a proteção conferida pela patente. Por seu turno, Waller L.J. interpretou «vertical» e também o advérbio «verticalmente» como sendo palavras que expressam precisão, o que seria decisivo perante qualquer alegada infração em que o segundo elemento de suporte das placas do lintel não fosse colocado exatamente a um ângulo de 90º.

A discussão do recurso perante a House of Lords foi dirigida por Lord Diplock, que começou por expor o seu entendimento sobre o processo interpretativo levado a cabo para determinar do âmbito da proteção concedida pela patente:

> «[...] nas suas exposições escritas perante este Tribunal, densamente fundamentadas, e durante as alegações orais, ambas as partes neste recurso propenderam para o tratamento da "infração textual" e da infração substancial da invenção como se dois fundamentos

[792] William R. Cornish, «The Practice in the UK», p. 237.

[793] Tradução livre da nossa responsabilidade. No original «*extended vertically*».

separados se tratassem, sendo a verificação do primeiro uma questão apenas de interpretação e o segundo decorrente de um princípio mais amplo de evasão artificiosa. Na minha opinião, essa dicotomia não existe; existe apenas um único fundamento e tratá-lo de forma diferente, especialmente em casos como o do presente recurso, pode gerar confusão.»[794]

Assim, segundo o tribunal britânico, a interpretação das patentes é uma operação unitária e não um processo intelectual bipartido. Ou seja, não há que distinguir entre infração literal e infração substancial da patente.

No que respeita à natureza e à função das reivindicações, LORD DIPLOCK frisou o seguinte:

> «[...] a descrição da patente [*"patent specification"*, que inclui a descrição e as reivindicações, tal com as conhecemos] é uma declaração unilateral do requerente da patente, com uma redação da sua própria escolha, dirigida àqueles que poderão ter um interesse prático na matéria da sua invenção (*i.e.*, "peritos na matéria"), com a qual os informa do que reivindica serem as caraterísticas essenciais do novo produto ou processo para o qual a patente lhe concede um monopólio. São apenas estas novas caraterísticas, que ele considera ser essenciais, que constituem a designada essência [*"pith and marrow"*] da reivindicação.»[795]

[794] Tradução livre da nossa responsabilidade. No original: «[...] *in their closely reasoned written cases in this House and in the oral argument, both parties to this appeal have tended to treat "textual infringement" and infringement of the "pith and marrow" of an invention as if they were separate causes of action, the existence of the former to be determined as a matter of construction only and of the latter upon some broader principle of colourable evasion. There is, in my view, no such dichotomy; there is but a single cause of action and to treat it otherwise, particularly in cases like that which is the subject of the instant appeal, is liable to lead to confusion.*»

[795] Tradução livre da nossa responsabilidade. No original: «[...] *a patent specification is a unilateral statement by the patentee, in words of his own choosing, addressed to those likely to have a practical interest in the subject matter of his invention (i. e. "skilled in the art"), by which he informs them what he claims to be the essential features of the new product or process for which the letters patent grant him a monopoly. It is those novel features only that he claims to be essential that constitute the so-called "pith and marrow" of the claim.*»

Deste modo, o tribunal coloca em evidência o propósito informativo das reivindicações e a sua importância para a delimitação do âmbito do direito, bem como a responsabilidade do requerente da patente na escolha da sua redação. Trata-se da concretização prática do entendimento tradicional britânico da função de delimitação periférica do âmbito da patente desempenhada pelas reivindicações, conforme analisámos acima[796]. Segundo esta conceção, a patente é concebida como um incentivo à atividade inventiva através da concessão de um monopólio[797] que, não fosse esse propósito, seria indesejado[798]. Por essa razão, a lei privilegia o interesse social subjacente ao direito de patente[799], atribuindo às reivindicações a função de circunscrever a proteção conferida ao seu titular[800], em prol da segurança jurídica e protegendo o interesse de terceiros[801]. Assim, de acordo com o tribunal, para saber se se verifica ou não a contrafação da patente, será necessário verificar qual é o significado que o intérprete retira das reivindicações, embora não baste, para o efeito, saber qual é o significado literal dos termos utilizados na sua redação:

> «A questão em cada caso é: se as pessoas com conhecimento prático e experiência no género de trabalhos para os quais a invenção foi concebida entenderiam que o requerente da patente pretendeu que a observância estrita de uma palavra ou frase descritiva em particular, tal como surge numa reivindicação, fosse entendida como um requisito essencial da invenção, de tal modo que qualquer variante cairia fora do monopólio reivindicado, apesar de poder não ter qualquer efeito substancial no modo de funcionamento da invenção. A descrição da patente deve ser interpretada de forma teleológica [«*purposive construction*»] e não de forma puramente literal, resultante da

[796] Cf. Capítulo I, ponto 2.3. *supra*.

[797] Matt Fisher, *Fundamentals of Patent Law*, p. 8; Carmen Salvador Jovani, *El Ámbito de Protección de la patente*, p. 71.

[798] Jinseok Park, «Interpretation of patent claims in the EPO, USPTO and JPO», p. 237.

[799] Matt Fisher, *Fundamentals of Patent Law*, p. 8; Jinseok Park, «Interpretation of patent claims in the EPO, USPTO and JPO», p. 237.

[800] W. Cornish, *et al.*, *Intellectual Property*, p. 177.

[801] J. P. Remédio Marques, *Biotecnologia(s) e Propriedade Intelectual*, pp. 728 e 729; W. Cornish, *et al.*, *Intellectual Property*, p. 254; Matt Fisher, *Fundamentals of Patent Law*, p. 7; Jinseok Park, «Interpretation of patent claims in the EPO, USPTO and JPO», p. 237.

aplicação do género de análise verbal meticulosa para a qual os advogados são muitas vezes tentados a deixar-se levar por força da sua formação»[802]

Assim, o tribunal ultrapassa o entendimento resultante, até então, da aplicação judicial da doutrina *pith and marrow*, segundo o qual a especificação das caraterísticas de um elemento técnico reivindicado, resultante das opções de redação do requerente da patente, seria suficiente para o considerar essencial à execução da invenção, donde resultaria que a sua substituição por uma variante escaparia ao âmbito da patente[803]. De acordo com a nova orientação plasmada no acórdão *Catnic*, importa interpretar as reivindicações teleologicamente («*purposive construction*») para compreender o propósito dos elementos especificados e da sua reivindicação para, desse modo, determinar a sua relevância na delimitação do âmbito do exclusivo. Só assim seria possível verificar se a variante acusada infringe ou não a patente[804].

Por outras palavras, de acordo com a jurisprudência *Catnic*, fundamental será determinar se, ao interpretar as reivindicações, o perito no domínio da invenção conclui que, tendo em conta o propósito da linguagem utilizada, o requerente da patente empregou um determinado termo estritamente no seu sentido literal, pressupondo a sua exata observância na execução da invenção, ou antes se, pelo contrário, o fez de forma figurada ou não determinante, admitindo um sentido mais lato da redação utilizada, que abranja possíveis variantes do elemento em questão. Segundo Lord Diplock, esta questão só se coloca quando o elemento técnico em análise não tenha um efeito substancial no funcionamento da invenção e isso seja óbvio para o perito na matéria, tendo em conta a sua experiência e o estado da técnica à data da publicação

802 Tradução livre da nossa responsabilidade. No original: «*The question in each case is: whether persons with practical knowledge and experience of the kind of work in which the invention was intended to be used, would understand that strict compliance with a particular descriptive word or phrase appearing in a claim was intended by the patentee to be an essential requirement of the invention so that any variant would fall outside the monopoly claimed, even though it could have no material effect upon the way the invention worked. A patent specification should be given a purposive construction rather than a purely literal one derived from applying to it the kind of meticulous verbal analysis in which lawyers are too often tempted by their training to indulge.*»

803 Cf. Capítulo I, ponto 2.3. *supra*.

804 Luís Couto Gonçalves, *Manual de Direito Industrial*, p. 102.

das reivindicações. Caso contrário, a variante acusada escapa necessariamente ao âmbito da patente[805].

Acresce que, a menos que o contrário resulte de forma clara para o perito, este deverá assumir que o requerente da patente teve boas razões para limitar a sua reivindicação de acordo com a redação dada às reivindicações, mesmo que posteriormente venha a verificar-se que essa limitação era desnecessária. Ou seja, só deverá entender-se que o requerente da patente não quis limitar as reivindicações da sua invenção aos termos estritos da sua redação se for aparente ao perito na matéria que aquele não pretendeu afastar a realização da invenção utilizando variantes menores dos meios reivindicados, sem efeito substancial no funcionamento desta:

> «Quando não seja óbvio à luz do conhecimento existente à data, o intérprete tem o direito de assumir que o requerente da patente pensou que, à data da descrição, tinha boas razões para limitar o seu monopólio de forma tão estrita e que pretendeu fazê-lo, mesmo que o trabalho subsequente no campo da invenção, seu ou de outros, possa mostrar que a limitação era desnecessária. Deve responder-se negativamente apenas quando fosse aparente a qualquer intérprete competente na matéria que o requerente da patente, que também é perito na matéria, não poderia ter pretendido que uma determinada palavra ou frase descritiva utilizada numa reivindicação pudesse excluir variantes menores que, de acordo com o seu conhecimento e com o conhecimento dos intérpretes a quem a patente é dirigida, não pudessem ter efeitos materiais no modo de funcionamento da invenção.»[806]

[805] Cf. W. Cornish, *et al.*, *Intellectual Property*, p. 258; Helen E. Norman, *Intellectual Property Law*, p. 156.

[806] Tradução livre da nossa responsabilidade. No original: «*Where it is not obvious, in the light of then-existing knowledge, the reader is entitled to assume that the patentee thought at the time of the specification that he had good reason for limiting his monopoly so strictly and had intended to do so, even though subsequent work by him or others in the field of the invention might show the limitation to have been unnecessary. It is to be answered in the negative only when it would be apparent to any reader skilled in the art that a particular descriptive word or phrase used in a claim cannot have been intended by a patentee, who was also skilled in the art, to exclude minor variants which, to the knowledge of both him and the readers to whom the patent was addressed, could have no material effect upon the way in which the invention worked.*»

No caso *Catnic*, o tribunal entendeu não existir uma razão plausível para que o titular da patente pretendesse limitar a sua patente às situações em que os elementos horizontais e os elementos de suporte formassem um ângulo exato de 90º. Doutro modo, a patente seria praticamente inútil, pois bastaria que um concorrente utilizasse um elemento de suporte com um ou dois graus de inclinação face a um ângulo reto para escapar ao monopólio. Segundo o tribunal, não se justificava que as expressões vertical e verticalmente fossem entendidas com precisão geométrica, uma vez que o relator da patente e os seus intérpretes não eram geómetras. Mais lavrou o tribunal que a utilização dessas expressões para descrever um produto fabricado para formar um elemento de sustentação de trabalhos de alvenaria seria apta a significar um posicionamento suficientemente próximo da verticalidade geométrica que permitisse desempenhar satisfatoriamente todas as funções que desempenharia se fosse precisamente vertical. Seria deste modo que, de acordo com o tribunal, o perito na matéria entenderia a patente. Por conseguinte, o tribunal reconheceu a infração da patente.

Ao longo do tempo, o acórdão *Catnic* tem suscitado um grande debate em seu torno[807]. Nomeadamente, foi criticado o facto de o tribunal entender que não se deverá supor que o perito na matéria tenha conhecimentos de Direito de Patentes, mas ainda assim sustentar que as reivindicações devem ser interpretadas teleologicamente. Segundo Jonathan D. C. Turner, se o perito na matéria não tem conhecimento de Direito de Patentes só poderá saber qual é o propósito das reivindicações quando este lhe for explicado por um jurista e, nessa ocasião, ele interpretará as reivindicações consoante o entendimento que lhe seja transmitido. Nessa medida, o intérprete olharia para as reivindicações de forma diferente consoante lhe fosse explicado que marcam os limites exteriores do âmbito da patente, de acordo com a tradição britânica, ou que são orientações para encontrar a ideia inventiva exposta de forma mais detalhada na descrição, de acordo com a tradição alemã[808].

[807] Cf., *e.g.*, Matt Fisher, *Fundamentals of Patent Law*, pp. 298 e ss.; Jonathan D. C. Turner «Purposive Construction: seven reasons why Catnic is wrong», pp. 481 e ss.; Franzosi, Mario, «In Defence of Catnic», p. 242; Jonathan D. C. Turner, «Purposive construction», *EIPR*, vol. 23, 2001, p. 118.

[808] Jonathan D. C. Turner «Purposive Construction: seven reasons why Catnic is wrong», p. 481; cf., no mesmo sentido, Matt Fisher, *Fundamentals of Patent Law*, p. 299.

Contudo, em nosso entender, dificilmente se poderá sustentar que o intérprete da patente não tem qualquer conhecimento de Direito de Patentes. Nesse caso, nem se compreenderia porque é que se preocuparia em procurar conhecer a invenção patenteada com base em asserções concisas e sucintas, como são as reivindicações, quando pode consultar uma explicação extensiva da invenção na descrição. Além disso, a jurisprudência britânica posterior ao acórdão *Catnic* viria a reverter o entendimento expresso neste acórdão, a respeito do conhecimento atribuído ao perito. Os tribunais do Reino Unido viriam a considerar que o intérprete da patente terá de ter algum conhecimento legal, designadamente, quanto aos princípios básicos de patenteabilidade[809]. Ora, para além de ter presente que só as invenções novas, implicando atividade inventiva, suscetíveis de aplicação industrial, poderão ser objeto de patente (artigo 52º, nº 1, da CPE, e artigo 50º, nº 1, do CPI[810]), estamos em crer que, para poder interpretar devidamente as reivindicações, o perito na matéria também terá pelo menos de saber que o âmbito da proteção é determinado pelas reivindicações (artigo 69º, nº 1, da CPE, e artigo 98º, nº 1, do CPI[811]) e que a sua interpretação visa encontrar o sentido que ele pode deduzir do comportamento do requerente da patente, salvo se este não puder razoavelmente contar com ele (artigo 236º, nº 1, do Código Civil), desde que tenha um mínimo de correspondência no texto do respetivo documento, ainda que imperfeitamente expresso (artigo 238º, nº 1, do CC). Certamente que não se pode imputar ao intérprete das reivindicações um conhecimento especializado sobre Direito de Patentes, mas pelo menos um conhecimento básico dos referidos pressupostos deverá ter, pois de outro modo não se compreenderia como é que sabe que documento é este ou o que é suposto fazer com ele.

Acresce que a «*purposive construction*» acolhida no acórdão *Catnic* não se cinge à consideração da função periférica das reivindicações na definição do âmbito da patente. Com efeito, o que resulta de mais inovador ou relevante da interpretação teleológica proposta por Lord Diplock é que as reivindicações devem ser lidas tendo em conta o propósito da linguagem e da terminologia utilizada pelo seu relator para especificar

[809] Cf. acórdão *Kirin-Amgen* (capítulo II, ponto 2.4.3. *infra*).
[810] Cf. artigo 51º, nº 1, do CPI 2003.
[811] Cf. artigo 97º, nº 1, do CPI 2003.

as características técnicas reivindicadas. Nessa medida, as reivindicações poderão não se limitar a circunscrever literalmente a invenção reivindicada face ao estado da técnica e de acordo com a invenção descrita, mas poderão também, tendo em conta a linguagem utilizada, apresentar um sentido não estrito que, de acordo com o contexto em que se inserem (*i.e.*, tendo em conta a descrição e os desenhos à luz do conhecimento especializado do perito), abrangem uma classe de meios que cumprem a mesma função técnica das características técnicas reivindicadas ou que apresentam o mesmo modo de funcionamento destas, representada pelo elemento literalmente reivindicado.

Matt Fisher aponta também o receio de que, ao abrigo do acórdão *Catnic*, se agravem os efeitos da tendência de os tribunais substituírem a análise do propósito do requerente da patente pelo perito na matéria com o seu próprio entendimento do que são os elementos essenciais da invenção reivindicada[812]. É certo que, a existir essa tentação por parte dos tribunais, ela deve ser evitada. A interpretação das reivindicações deve ser feita do prisma do perito na matéria, e não da perspetiva do tribunal. Não obstante, deverá sublinhar-se que o perito na matéria é uma ficção jurídica[813], isto é, uma abstração normativa[814] que não corresponde a nenhuma pessoa real em concreto. Por conseguinte, embora não seja legítimo ao tribunal substituir o conhecimento especializado no domínio da invenção pelo seu entendimento, também não deve entregar a um perito a decisão da questão da interpretação das reivindicações, da definição do âmbito da patente ou da sua infração[815].

A discussão gerada pelo acórdão *Catnic* poderá parecer anacrónica, se tivermos em conta que a patente *sub judice* foi concedida ao abrigo do *Patente Act* de 1949, anterior à entrada em vigor da CPE. Acontece que a jurisprudência subsequente viria a considerar que a metodologia proposta por Lord Diplock estava de acordo com o disposto no Protocolo Interpretativo do artigo 69º da CPE e, por isso, devia ser adotada para proceder à interpretação das reivindicações ao abrigo da Lei de Patentes

[812] Matt Fisher, *Fundamentals of Patent Law*, p. 302.

[813] Cf. acórdão arbitral publicado no BPI nº 20/01/2016.

[814] Maximilian Haedicke & Henrik Timmann, *Patent Law*, p. 613.

[815] William R. Cornish, «The Practice in the UK», pp. 229 e 230. Cf. capítulo I, ponto 3.5. *supra*.

de 1977[816]. É essa a visão que ainda hoje prevalece no Reino Unido, isto é, que a justa proteção do requerente e um grau razoável de segurança jurídica para terceiros (cf. artigo 1º do Protocolo Interpretativo do artigo 69º da CPE) só poderão ser alcançados se a análise de uma alegada infração da patente se centrar na interpretação teleológica das reivindicações[817]. Por conseguinte, a jurisprudência britânica posterior em matéria de interpretação de patentes desenvolveu-se com base nos ensinamentos colhidos no acórdão *Catnic*[818].

2.4.2. Acórdão *Improver* (Reino Unido)

Em 1988, ao decidir o litígio *Improver Corp. v. Remington Consumer Products Ltd.*[819], também conhecido como 'caso *Epilady*', o Court of Appeal de Londres afirmou que o entendimento resultante da jurisprudência *Catnic* quanto à interpretação do âmbito da patente estava de acordo com Protocolo Interpretativo do artigo 69º da CPE[820] e converteu o ensinamento de Lord Diplock num teste composto por três perguntas para determinar se uma variante era ou não abrangida pelo âmbito da patente. Mais tarde, essas perguntas viriam a ficar conhecidas como «*Protocol questions*»[821], aludindo ao mencionado protocolo[822].

Conforme se aludiu anteriormente[823], discutiu-se nesse litígio se a patente europeia que protegia um dispositivo de depilação que funcionava através da rotação de uma mola metálica helicoidal seria infringida por um dispositivo de depilação que funcionava através da rotação de uma haste cilíndrica de borracha, desenvolvida pela *Remington*.

A discussão foi dirigida por Hoffmann J.[824], que sintetizou a questão *sub judice* como «um pequeno mas, sem dúvida, difícil problema de

816 Brad Shaman, «Comment on "Epilady United Kingdom"», pp. 561 ss.

817 William R. Cornish, «The Practice in the UK», p. 236.

818 W. Cornish, *et al.*, *Intellectual Property*, p. 256.

819 Publicado em *IIC*, vol. 21,1990, pp. 561 ss. Embora tenha havido várias decisões judiciais a propósito deste litígio, incluindo em sede cautelar, reportamo-nos aqui ao acórdão proferido em sede de recurso da decisão de primeira instância, que pôs termo ao litígio no Reino Unido.

820 Matt Fisher, *Fundamentals of Patent Law*, p. 305.

821 Cf. acórdão *Wheatley (Davina) v. Drillsafe Ltd*, *in* [2001] RPC 133.

822 Matt Fisher, *Fundamentals of Patent Law*, p. 305.

823 Cf. introdução do presente trabalho e capítulo II, pontos 1.3 e 2.3.2 *supra*.

824 À data, juiz no Court of Appeal de Londres. Mais tarde ascenderia à House of Lords e viria a ficar conhecido como Lord Hoffmann, tendo tomado parte na decisão de casos como

interpretação, a saber, se a haste de borracha no invento da demandada é uma "mola helicoidal" com o sentido da expressão utilizada nas reivindicações da patente *sub judice*»[825]. Para resolver essa questão, o juiz recordou a metodologia seguida ao abrigo da Lei de Patentes de 1949, tal como resulta do acórdão *Catnic*, mas sistematizando a construção de Lord Diplock no mencionado teste em três questões[826]:

> «A abordagem adequada à interpretação das patentes inglesas registadas ao abrigo da Lei de Patentes de 1949 foi explicada por Lord Diplock no acórdão Catnic Components Ltd. v. Hill & Smith Ltd. A sua linguagem deverá ser objeto de uma interpretação "teleológica" e não necessariamente literal. Se a questão é saber se um elemento integrante de uma realização alegadamente infratora que cai fora do significado primário, literal ou contextual de determinada palavra ou expressão descritiva presente na reivindicação ("uma variante") estava, ainda assim, abrangido pela sua redação devidamente interpretada, o tribunal deverá perguntar a si mesmo as três questões seguintes:
>
> (1) A variante tem um efeito substancial no modo de funcionamento da invenção? Se sim, a variante está fora do âmbito da reivindicação. Se não:
> (2) Esse facto (*i.e.*, o facto de a variante não ter efeito substancial) seria, à data de publicação da patente, óbvio para o intérprete perito na matéria? Se não, a variante está fora do âmbito da reivindicação. Se sim:
> (3) O intérprete perito na matéria retiraria da redação da reivindicação que o requerente da patente pretendeu que o estrito cumprimento com o significado primário fosse um requisito essencial da invenção? Se sim, a variante está fora do âmbito da reivindicação.

o caso *Kirin-Amgen*, que analisaremos adiante (cf. capítulo II, ponto 2.4.3. *infra*).

825 Cf. acórdão *Improver Corp. v. Remington Consumer Products Ltd.* Tradução livre da nossa responsabilidade. No original: «*a short but undoubtedly difficult point of construction, namely whether the rubber rod in the defendant's invention is a "helical spring" as that expression is used in the claims of the patent in suit*».

826 Cf. Jennifer Davis, *Intellectual Property Law*, 4ª Edição, Oxford University Press, Oxford, 2012, 315; Franzosi, Mario, «In Defence of Catnic», p. 242.

Por outro lado, uma resposta negativa à última questão levará à conclusão de que o requerente da patente pretendeu que a palavra ou expressão não tivesse um significado literal, mas figurativo (uma forma de sinédoque ou metonímia), denotando uma classe de objetos que incluem a variante e o significado literal, sendo este último talvez o exemplo mais perfeito, reconhecido ou elucidativo dessa classe.»[827]

A questão será sempre saber se o objeto acusado está ou não coberto pela linguagem das reivindicações, ou seja, conforme lavrou Fox LJ no acórdão *Anchor Building Products Ltd. v. Redland Roof Tiles Ltd.*[828] (citado por Hoffmann J., no acórdão *Improver*), saber se o objeto acusado é «uma variante insignificante que o perito na matéria consideraria encontrar-se contida no âmbito da linguagem»[829] utilizada pelo requerente da patente na formulação das suas reivindicações. Para o efeito, não basta ao intérprete ter em consideração apenas o ensinamento técnico resultante da patente, mas também a redação dada às reivindicações, pois, segundo Hoffmann J.:

[827] Tradução livre da nossa responsabilidade. No original: «*The proper approach to the interpretation of English patents registered under the Patents Act 1949 was explained by Lord Diplock in Catnic Components Ltd. v. Hill & Smith Ltd. The language should be given a "purposive" and not necessarily a literal construction. If the issue was whether a feature embodied in an alleged infringement which fell outside the primary, literal or a contextual meaning of a descriptive word or phrase in the claim ("a variant") was nevertheless within its language as properly interpreted, the court should ask itself the following three questions:*

(1) *Does the variant have a material effect upon the way the invention works? If yes, the variant is outside the claim. If no-*

(2) *Would this (i.e. that the variant had no material effect) have been obvious at the date of publication of the patent to a reader skilled in the art. If no, the variant is outside the claim. If yes-*

(3) *Would the reader skilled in the art nevertheless have understood from the language of the claim that the patentee intended that strict compliance with the primary meaning was an essential requirement of the invention? If yes, the variant is outside the claim.*

On the other hand, a negative answer to the last question would lead to the conclusion that the patentee was intending the word or phrase to have not a literal but a figurative meaning (the figure being a form of synecdoche or metonymy) denoting a class of things which included the variant and the literal meaning, the latter being perhaps the most perfect, best-known or striking example of the class.» Cf. Jennifer Davis, *Intellectual Property Law*, p. 315.

[828] [1990] RPC 283.

[829] Tradução livre da nossa responsabilidade. No original: «*an immaterial variant which a person skilled in the trade would have regarded as being within the ambit of the language*».

> «Até uma interpretação teleológica da linguagem da patente pode levar à conclusão de que, apesar de a variante não fazer uma diferença considerável e de isso mesmo ser óbvio à data, o requerente da patente poderá, por alguma razão, ter confinado a sua reivindicação ao seu significado primário, excluindo a variante»[830].

O tribunal reconheceu que o acórdão *Catnic* foi proferido ao abrigo da Lei de Patentes de 1949, revogada pela Lei de Patentes de 1977, cujos artigos 125º, nºs 1 e 3, e 130º, nº 7, estabelecem que o objeto da proteção e o seu âmbito será determinado de acordo com as reivindicações, interpretadas segundo o disposto no artigo 69º da CPE e do respetivo Protocolo Interpretativo. Não obstante, entendeu que o que resulta desses preceitos é que «o âmbito da invenção deve ser encontrado na linguagem das reivindicações»[831]. Nesse sentido, a descrição deve ser usada na interpretação das reivindicações, mas não pode sustentar uma alegada infração da patente que as reivindicações, interpretadas literal ou teleologicamente, não comportem[832]. O tribunal sublinhou que «[...] as reivindicações não devem ser interpretadas literalmente, mas antes de uma forma que "assegure simultaneamente uma proteção justa ao titular da patente e um grau razoável de segurança jurídica para terceiros."»[833]. Ou seja, de acordo com a lei britânica, que acolhe o disposto no artigo 69º da CPE e no respetivo Protocolo Interpretativo, só a matéria especificada, de forma literal ou não, pelo requerente da patente nas reivindicações pode ser objeto do direito exclusivo, mas a justa proteção

[830] Tradução livre da nossa responsabilidade. No original: «*Even a purposive construction of the language of the patent may lead to the conclusion that although the variant made no material difference and this would have been obvious at the time, the patentee for some reason was confining his claim to the primary meaning and excluding the variant.*»

[831] Tradução livre da nossa responsabilidade. No original: «*the scope of the invention must be found in the language of the claims*».

[832] «Materiais extrínsecos, como a descrição, podem ser usados para interpretar essas reivindicações, mas não podem providenciar fundamentos independentes a uma ação judicial que a redação das reivindicações, interpretada literal ou figuradamente, não possa sustentar». Tradução livre da nossa responsabilidade. No original: «*Extrinsic material such as the description can be used to interpret those claims but cannot provide independent support for a cause of action which the language of the claim, literally or figuratively construed, simply cannot bear.*»

[833] Tradução livre da nossa responsabilidade. No original: «[...] *the claims should not be interpreted literally but in a way which "combines a fair protection for the patentee with a reasonable degree of certainty for third parties."*»

do titular da patente, conjugada com um grau razoável de certeza para terceiros, exige que as reivindicações sejam interpretadas teleologicamente, e não de forma literal.

HOFFMANN J. não se alargou na comparação do regime vigente com o regime anterior, nem aprofundou a discussão respeitante à metodologia a seguir ao abrigo do *Patent Act* de 1977. O juiz entendeu que estava vinculado pelo precedente fixado pela decisão da providência cautelar apresentada nesse mesmo processo, bem como pelo acórdão *Anchor Building Products Ltd. v. Redland Roof Tiles Ltd.*[834], proferido pelo Court of Appeal de Londres, e em duas outras sentenças de primeira instância não publicadas. Por conseguinte, cabia-lhe «[...] colocar as três questões formuladas por *Lord Diplock* para indagar se a expressão "mola helicoidal" deveria ser interpretada de forma a significar uma classe de hastes dobráveis e fendidas, da qual uma mola helicoidal com enrolamentos próximos é, no seu significado primário, um exemplo elucidativo e elegante, mas que inclui a haste de borracha da demandada.»[835].

Ao levar a cabo esse teste, o tribunal evidenciaria a importância que tem, na perspetiva britânica, a intenção do requerente objetivamente refletida na redação das reivindicações para responder à primeira e à terceira questões[836]. Segundo o tribunal, a resposta à primeira questão («A variante tem um efeito substancial no modo de funcionamento da invenção?») depende do nível de generalidade com que é descrito o funcionamento da invenção. HOFFMANN J. nota que não seria indiferente dizer que a invenção funciona através da captura e extração do pelo ou antes que funciona capturando o pelo através dos sulcos entre os enrolamentos circulares metálicos numa espiral contínua em torno de um centro oco. Assim, correto será ter em consideração o nível de generalização com que o funcionamento da invenção é descrito nas reivindicações. Dito isto, o tribunal não teve dúvidas que o objeto acusado funcionava do mesmo modo como a invenção é descrita. A propósito

[834] [1990] RPC 283; cf. CHRISTIAN VON DRATHEN, «Patens Scope in English and German Law Under the European Patent Convention 1973 and 2000», p. 390.

[835] Tradução livre da nossa responsabilidade. No original: «[...] *ask Lord Diplock's three questions to ascertain whether "helical spring" should be interpreted to mean a class of bendy, slitty rods of which a close-coiled helical spring in its primary sense is a striking and elegant example but which includes the defendant's rubber rod.*»

[836] BRAD SHAMAN, «Comment on "Epilady United Kingdom"», pp. 561 ss.

da segunda questão [«Esse facto (*i.e.*, o facto de a variante não ter efeito substancial) seria, à data de publicação da patente, óbvio para o intérprete perito na matéria?»], o tribunal referiu que, para lhe responder, será necessário que o perito na matéria seja informado tanto da invenção como da variante e questionado se seria óbvio que esta funcionaria da mesma forma que a invenção patenteada. Perante a prova pericial produzida nos autos, o tribunal também não teve dúvidas em responder afirmativamente a essa questão. No que respeita à terceira questão (que, *in casu*, o tribunal parafraseou como «[s]erá que o intérprete, perito na matéria, teria ainda assim entendido que o requerente da patente pretendeu confinar a sua reivindicação ao significado primário de mola helicoidal?»[837]), o tribunal teve em consideração o depoimento dos peritos indicados pelas litigantes. Segundo o perito nomeado pela demandante[838]:

> «[...] teria sido óbvio, para mim, que tudo o que o inventor queria com a referência a uma mola helicoidal era uma barra dobrada e rotativa conveniente, na qual os sulcos formados pelos enrolamentos adjacentes abrissem e fechassem pela rotação daquela. Teria então sido óbvio para mim que ele não pretenderia excluir equivalentes como a haste [de borracha]. [...] ao pensar em equivalentes, sinto-me orientado, pelo último parágrafo da descrição antes das reivindicações [que apresentava uma «cláusula de equivalência»], a pensar que o inventor estava a tentar fazer-me pensar em equivalentes da mola helicoidal.»[839]

[837] Tradução livre da nossa responsabilidade. No original: «*Would the skilled reader nevertheless have understood that the patentee intended to confine his claim to the primary meaning of a helical spring?*».

[838] *Apud* John P. Hatter, Jr., «The Doctrine of Equivalents in Patent Litigation: An Analysis of the Epilady Controversy», *Ind. Int'l & Comp. L. Rev.*, vol. 5, nº 2, 1995, p. 481;

[839] Tradução livre da nossa responsabilidade. No original: «[I]*t would have been obvious to me that all the inventor wanted a helical spring for was a conveniente rotating bent beam in wich slits formed by the adjacent windings would open and close as it rotated. It would then have been equally obvious to me that he could have not intended to exclude equivalents like the* [rubber] *rod.* [...] *in thinking of equivalents I feel driven by the last paragraph of the specification before the claims* [the equivalents clause] *to think that the inventor was trying to make me think of equivalents for the helical spring*».

Por seu turno, o perito indicado pela demandada depôs no seguinte sentido[840]:

> «Já li a patente europeia várias vezes e é claro que nada para além da mola helicoidal é referido. Se havia alternativas a uma mola helicoidal que o inventor ou o relator das reivindicações tivesse em mente, ele não indicou que essa alternativa poderia ser utilizada. [...]
>
> Se a descrição [...] contivesse quaisquer referências como "ou quaisquer outras configurações de um ou mais membros elásticos cuja rotação cause uma orientação em afastamento em determinada posição e uma orientação junta por pressão noutra posição ou ponto no ciclo", então poderíamos ser levados a pensar em alternativas à mola helicoidal.
>
> [...]
>
> É verdade que é feita referência a realizações 'noutras formas específicas' e que se pede aí para que seja feita referência às 'reivindicações em anexo, em vez da descrição adiante'. Mas o que se segue é uma série de reivindicações nas quais as variantes se referem todas a matérias como o ângulo subtendido da parte arqueada, o grau de abertura dos enrolamentos, várias opções de impulsão mecânica e diferentes velocidades de superfície. Uma caraterística constante de todas as reivindicações é a indicação de uma mola helicoidal, que é, ela mesma, o único tipo de elemento mencionado no texto da descrição e mostrado pelos desenhos.»[841]

[840] *Apud* JOHN P. HATTER, JR., «The Doctrine of Equivalents in Patent Litigation», p. 482.

[841] Tradução livre da nossa responsabilidade. No original: «*I have now read the European Patent several times and it is clear that nothing other than a helical spring is referred to. If there were alternatives to a helical spring which the inventor or draftsman had in mind he did not indicate anywhere that such alternative might be used.* [...] *If* [...] *specification contained anywhere such words as "or any other configuration of an elastic member or members whereby rotation of the member or members causes a spread apart orientation at one position and a pressed together orientation at another position or point in the cycle" then at least one might be led to think about alternatives to the helical spring.* [...] *It is true that* [the equivalents clause] *reference is made to embodiment 'in other specific forms' and it aks there for reference to be made 'to the appended claims rather than the foregoing description'. But what follows is a series of claims in which the variations are all on such matters as the angle subtended by the arcue portion, the degree of opening of the windings, various mechanical drive options, and different surface speeds. A constant feature of all the claims is the specification of a helical spring which itself is the only type of element mentioned in the text of the specification and shown in the figures*».

Conforme referia o perito da demandada, a descrição da patente *sub judice* terminava com aquilo que HOFFMANN J. designou por «cláusula de equivalência» («*equivalents clause*»), e que dispunha o seguinte:

> «Será evidente para os peritos na matéria que a invenção não se limita aos detalhes das realizações exemplificadas adiante, e que a presente invenção poderá ser realizada noutras formas específicas sem se afastar dos atributos essenciais daquelas, pelo que se pretende que as presentes realizações sejam consideradas, em todos os sentidos, ilustrativas e não restritivas, tomando-se por referência as reivindicações em anexo, em vez da descrição adiante, e pretende-se que todas as variantes que caibam no significado e alcance da equivalência das reivindicações sejam abrangidas por estas.»[842]

Contudo, conforme decidiu o tribunal, esta cláusula não poderia significar que todas as referências feitas nas reivindicações devem incluir quaisquer elementos que, em qualquer circunstância, funcionem do mesmo modo, independentemente da impressão em contrário que a redação das reivindicações transmita ao perito na matéria. Segundo HOFFMANN J., a «cláusula de equivalência» deveria tão-somente ser entendida no sentido de que todas as variações abrangidas pelo âmbito da patente devem resultar do significado das reivindicações e que a referência a «*range of equivalency*» não significava mais do que «não esquecer que as reivindicações devem ser interpretadas de acordo com o acórdão *Catnic* e o Protocolo»[843]. Posto isto, o tribunal expôs a sua interpretação:

> «Interpretada desta forma, não nos parece que possa ser dado um significado genérico à terminologia "mola helicoidal" e acolhemos o parecer do perito designado pela demandada, no sentido de que o

[842] Tradução livre da nossa responsabilidade. No original: «*It will be evident to those skilled in the art that the invention is not limited to the details of the foregoing illustrative embodiments, and that the present invention may be embodied in other specific forms without departing from the essential attributes thereof. and it is therefore desired that the present embodiments be considered in all respects as illustrative and not restrictive, reference being made to the appended claims, rather than to the foregoing description, and all variations which come within the meaning and range of equivalency of the claims are therefore intended to be embraced therein*»

[843] Tradução livre da nossa responsabilidade. No original: «*don't forget that the claims must be interpreted in accordance with Catnic and the Protocol.*»

perito na matéria não a entenderia desta forma. [...] A haste de borracha não se aproxima de uma mola helicoidal. É um objeto diferente que pode, em circunstâncias limitadas, funcionar do mesmo modo. Nem pode a mola ser entendida como "inessencial" ou que a troca de uma mola em metal para uma haste em borracha seja uma variação menor.»[844]

Ou seja, Hoffmann J. entendeu que a resposta à terceira questão proposta pelo seu teste seria que, ao interpretar as reivindicações, o perito na matéria entenderia ser essencial à implementação da patente que fosse utilizada uma mola helicoidal[845]. O tribunal indagou, então, se poderia existir alguma razão para que o requerente da patente quisesse restringir a sua invenção aos termos literais com que redigiu as suas reivindicações e se o intérprete teria fundamentos para entender que teria sido esse o seu propósito. Segundo Hoffmann J., essa questão teria, neste caso, uma resposta pronta e positiva:

> «Seria óbvio que a haste de borracha levanta problemas de histerese, que podem ser muito difíceis de ultrapassar. O inventor da autora não desenvolveu qualquer trabalho em hastes de borracha. Certamente que a haste de borracha não pode ser usada com a configuração em laço que é a forma de execução preferencial. Por outro lado, redigir a reivindicação em termos genéricos amplos, de forma a cobrir alternativas como a haste de borracha, pode ser inaceitável para o instituto de patentes. Não nos parece que se pressuponha que o hipotético perito na matéria também seja perito em Direito de Patentes e, na nossa opinião, teria fundamento para pensar que o requerente da patente teve boas razões para se limitar, como obviamente parece ter feito, a uma bobine helicoidal.»[846]

[844] Tradução livre da nossa responsabilidade. No original: «*Thus interpreted, I do not think that "helical spring" can reasonably be given a wide generic construction and I accept the expert for the defendant's reasons for thinking that a skilled man would not understand it in this sense.* [...] *The rubber rod is not an approximation to a helical spring. It is a different thing which can in limited circumstances work in the same way. Nor can the spring be regarded as an "inessential" or the change from metal spring to rubber rod as a minor variant.*»

[845] William R. Cornish, «The Practice in the UK», p. 240.

[846] Tradução livre da nossa responsabilidade. No original: «*It would be obvious that the rubber had problems of hysteresis which might be very difficult to overcome. The plaintiff's inventor had*

Posto isto, o tribunal entendeu ainda que a «cláusula de equivalência» não poderia justificar um entendimento contrário, sob pena negar a terceiros o grau de segurança jurídica a que têm direito à luz do Protocolo Interpretativo do artigo 69º da CPE.

O tribunal teve ainda oportunidade de considerar a posição do Landgericht de Düsseldorf sobre o mesmo litígio, à luz da jurisdição alemã, que decidiu a favor da demandante. Na opinião de Hoffmann J., a razão de ser dos diferentes entendimentos resultaria do facto de o tribunal de Düsseldorf, tendo respondido às duas primeiras questões em sentido idêntico ao adotado pelo tribunal britânico, entender não ser necessário colocar a terceira questão. O juiz britânico não concordou com o entendimento assumido pelo Landgericht, segundo o qual a descrição levaria o perito a considerar que a mola helicoidal deveria ser entendida em termos funcionais e que aquele não teria dificuldades em compreender esse significado como o ensinamento técnico resultante da patente. Segundo Hoffmann J., essa interpretação seria «mais próxima de tratar a interpretação da linguagem das reivindicações como uma "orientação" do que como o meio-termo exigido pelo Protocolo»[847], o que não seria aceitável.

Face ao exposto, a House of Lords decidiu que não se verificava a alegada infração e absolveu a demandada.

Embora o acórdão *Epilady* não tenha escapado a críticas – desde logo pelos críticos do acórdão *Catnic*, por seguir na esteira deste[848] –, a sua relevância é destacada pela doutrina britânica, por vários motivos: em primeiro lugar, por esclarecer que a jurisprudência *Catnic*, embora colhida ao abrigo da Lei de Patentes de 1949, é também aplicável à interpretação das patentes concedidas após a entrada em vigor da Lei de Patentes de 1977, uma vez que, segundo os tribunais britânicos, a «*purposive construction*» sustentada por Lord Diplock está de acordo com o disposto

done no work on rubber rods. Certainly the rubber rod cannot be used in the loop configuration which is the plaintiff's preferred embodiment. On the other hand, drafting the claim in wide generic terms to cover alternatives like the rubber rod might be unacceptable to the patent office. I do not think that the hypothetical skilled man is also assumed to be skilled in patent law and he would in my judgment be entitled to think that patentee had good reasons for limiting himself, as he obviously appeared to have done, to a helical coil.»

[847] Tradução livre da nossa responsabilidade. No original: «*closer to treating the language of the claims as a "guideline" than the median course required by the Protocol.*»

[848] Cf. Matt Fisher, *Fundamentals of Patent Law*, p. 312.

no Protocolo Interpretativo do artigo 69º da CPE; em segundo lugar, porque evidencia que a doutrina dos equivalentes faz parte do Direito de Patentes britânico, uma vez que as duas primeiras perguntas propostas HOFFMANN J., ao questionar se a variante tem um efeito substancial no modo de funcionamento da invenção e se o facto de não ter seria óbvio para um perito na matérias, mais não fazem do que que aferir da existência de equivalência entre o meio técnico reivindicado e a variante acusada de infringir a patente; em terceiro lugar, porque aperfeiçoou a aplicação da metodologia subjacente à «*purposive construction*», através da conceção do teste de três perguntas para aferir se o objeto acusado se encontra ou não dentro do âmbito de proteção da patente, clarificando a teoria proposta por LORD DIPLOCK no acórdão *Catnic*[849].

Quanto a este último ponto, resulta evidente do acórdão *Epilady* que a terceira questão colocada por HOFFMANN J. funciona como um limite à aplicação da doutrina dos equivalentes pelos tribunais britânicos. Assim acontecerá quando a interpretação das reivindicações pelo perito na matéria não contradiga a aparência de que uma limitação expressa pelo requerente nas reivindicações foi propositada – isto é, por outras palavras, quando nada obsta à consideração de que o requerente da patente teria boas razões para limitar as suas reivindicações[850].

2.4.3. Acórdão *Kirin-Amgen*

Após a prolação do acórdão *Improver*, os tribunais britânicos tiveram várias oportunidades para abordar os temas da interpretação das reivindicações e da definição do âmbito da patente (cf., *e.g.*, acórdãos *PLG Research v. Ardon International*[851], *Assidoman Multipack Ltd. v. The Mead*

[849] Cf. BRAD SHAMAN, «Comment on "Epilady United Kingdom"», pp. 561 ss.

[850] Cf. BRAD SHAMAN, «Comment on "Epilady United Kingdom"», pp. 561 ss.

[851] [1995] RPC 287. Neste caso, tanto a primeira instância como o Court of Appeal de Londres se afastaram do teste propugnado no acórdão *Improver*. Segundo MILLET J., que dirigiu a discussão do caso perante o Court of Appeal de Londres, com a revogação da Lei de Patentes de 1949, a relevância do acórdão *Catnic* tornou-se meramente histórica. À luz da CPE e da Lei de Patentes de 1977, a interpretação das reivindicações deveria respeitar uma abordagem menos estrita – ou, no seu entender, mais germânica. Em vez de seguir a jurisprudência *Catnic*, os tribunais britânicos deveriam aferir, à semelhança do que fazem os tribunais alemães, se a variante acusada de infringir a patente poderia ser encontrada pelo perito na matéria ao interpretar as reivindicações à luz da descrição e dos desenhos e tendo em conta o seu conhecimento especializado (cf. MATT FISHER, *Fundamentals of Patent Law*, pp. 317-319;

Corporation[852] e *Wheatley & Anor v. Drillsafe Ltd & Ors*[853]). Contudo, só

WILLIAM R. CORNISH, «The Practice in the UK», p. 236; HELEN E. NORMAN, *Intellectual Porperty Law*, p. 159).

852 [1995] RCP 321. Neste acórdão, proferido pelo Patents Court, estava em causa a alegada infração de duas patentes, uma delas concedida ao abrigo da Lei de Patentes de 1949 e a outra após a entrada em vigor da CPE e da Lei de Patentes de 1977. Quanto à interpretação da primeira patente, não havia dúvida da relevância do acórdão *Catnic* para o efeito. Nessa sede, a diferença entre os acórdãos *Catnic* e *Assidoman* reside no facto de o primeiro considerar que a redação das reivindicações deveria ser interpretada presumindo que o requerente da patente pretendeu restringir-se à sua interpretação literal, a menos que o perito a matéria concluísse que essa não poderia ter sido a sua intenção, enquanto, no segundo acórdão, o tribunal considerou que, em caso de dúvida sobre a essencialidade de um elemento da invenção, esta não deve ser resolvida como se existisse uma presunção a favor ou contra uma interpretação estrita. Contudo, o Patents Court não esclareceu como é que essa questão deveria ser decidida. Este tribunal apenas lavrou que a nova abordagem deveria permitir proceder a uma ponderação mais equitativa da justa proteção do titular da patente face à segurança jurídica de terceiros.
Por outro lado, a propósito da análise da alegada infração à segunda patente, o tribunal viria a afastar a jurisprudência resultante do acórdão *PLG Research*, proferido duas semanas antes (cf. nota de rodapé anterior). A este respeito, o tribunal referiu que dificilmente seria legítimo sustentar que uma abordagem (*i.e.*, a abordagem britânica ou a abordagem alemã) estaria mais em linha com o Protocolo Interpretativo do artigo 69º da CPE do que a outra, acrescentando que as decisões divergentes entre os tribunais de um e de outro país não implicavam necessariamente que uma das conceções estivesse correta e a outra errada, pois «a conclusão num dos tribunais poderá ter sido errada, apesar de os princípios legais aplicados estarem corretos» («*the conclusion in one of the courts could have been wrong, even though the principles of law applied were right*»). Além disso, o tribunal considerou que o facto de a patente *sub judice* no caso *PLG Research* utilizar a palavra «substancialmente» impedia uma interpretação exata e literal, donde resultava que a decisão desse litígio não deveria ter implicado avaliar se o teste *Catnic/Improver* estava de acordo com o Protocolo Interpretativo. Por essa razão, as considerações tecidas pelo Court of Appeal sobre a pertinência do teste *Catnic/Improver* deveriam ser consideradas *obiter dictum*, o que implicava que o acórdão *PLG Research* não era apto a estabelecer um precedente. Por conseguinte, o Patents Court entendeu que não teria de acatar aquele acórdão do Court of Appeal e manteve-se fiel à jurisprudência *Catnic/ /Improver*. O entendimento exposto no acórdão *Assidoman* viria posteriormente a ser aceite e confirmado por outros acórdão que, descartando a fundamentação vertida no acórdão *PLG Research*, expressaram o entendimento de que a jurisprudência *Catnic/Improver* representava «a *via media* exigida pelo Protocolo» («*represent the* via media *called for by the Protocol*») – acórdão *Beloit Technologies Inc v. Valmet Paper Machinery Inc* [1995] RCP, 705 (cf. MATT FISHER, *Fundamentals of Patent Law*, pp. 325 – 328; HELEN E. NORMAN, *Intellectual Porperty Law*, p. 160).

853 [2001] RPC 133. Cf. MARIO FRANZOSI «Patents: Court of Appeal divided on third "Catnic" question», *EIPR*, vol 22, 2000, pp. 176 e 177. Foi neste acórdão que ALDOUS LJ cunhou a expressão «*Protocol questions*» para designar o teste proposto no acórdão *Improver* (Reino Unido), evidenciado a aceitação do entendimento de que as mesmas alcançavam o meio-termo

em 2004 a House of Lords voltaria a entrar na discussão, a propósito do caso *Kirin-Amgen, Inc. v. Hoechst Marion Roussel Ltd.*[854]. A discussão foi dirigida por LORD HOFFMANN, o mesmo juiz que, em 1988, dirigira a discussão do caso *Improver* no Court of Appeal de Londres.

Neste litígio, a demandante era a titular de uma patente europeia que protegia a produção artificial de eritropoietina através da introdução de uma sequência de ADN exógena, codificada para a produção eritropoietina (EPO), numa célula hospedeira na qual a eritropoietina se manifestaria. Por seu turno, o processo utilizado pela demandada consistia na ativação genética do gene endógeno à célula humana, de forma a expressar EPO.

procurado pelo Protocolo (MATT FISHER, *Fundamentals of Patent Law*, p. 332). Além disso, a relevância deste acórdão resulta da alteração proposta para proceder à interpretação das reivindicações, ao centrar a análise na «forma de funcionamento da invenção», transferindo algum do peso da terceira questão para as duas primeiras. Em vez de partir do princípio resultante do acórdão *Catnic* – segundo o qual o requerente da patente terá pretendido cingir a proteção reivindicada ao significado literal das reivindicações, a menos que resultasse o entendimento contrário da interpretação das reivindicações à luz da descrição e dos desenhos – ALDOUS LJ propôs que se partisse do princípio oposto, segundo o qual deverá pressupor-se que o titular da patente pretendeu incluir na proteção requerida as variantes que não alteram a forma de funcionamento da invenção, exceto quando a redação das reivindicações deixar claro que o requerente da patente pretendeu excluir um determinado significado da redação das suas reivindicações (*i.e.*, determinada variante do âmbito do seu direito), caso em que não deverá considerar-se que a exploração de tal variante infringe a patente. Embora a maioria dos juízes que compunha o tribunal tenha sufragado a interpretação da lei proposta pelo relator do acórdão, entendeu que, *in casu*, não se verificava a infração porque, conforme expôs MANCE LJ, «[a] referência ao intérprete perito na matéria não pode constituir um convite a reescrever ou interpretar a patente de acordo com a linguagem ou o âmbito que o requerente razoavelmente poderia ou teria em mente caso tivesse previsto, ou concebido como praticável, a variante agora desenvolvida» («[t]*he reference to the reader skilled in the art cannot constitute an invitation to re-write or interpret the patent according to the language or scope that the patentee could or would reasonably have had in mind, had it only foreseen, or seen as workable, the variant now developed*») – cf. MATT FISHER, *Fundamentals of Patent Law*, p. 331-336; HELEN E. NORMAN, *Intellectual Porperty Law*, p. 160. Segundo JONATHAN D. C. TURNER (*in* «Purposive Construction», p. 118), a pressuposição sustentada por Aldous LJ neste acórdão permitiria combinar a justa proteção do titular da patente com um grau razoável de certeza jurídica. Todavia, essa perspetiva não viria a vingar entre a jurisprudência britânica, como veremos de seguida.

[854] [2005] RPC 169; cf. CHRISTIAN VON DRATHEN, «Patens Scope in English and German Law Under the European Patent Convention 1973 and 2000», p. 392.

Em causa estava saber se o método da demandada infringia a patente da demandante, designadamente, a reivindicação 19, que protegia a eritropoietina que fosse um produto da expressão de uma sequência de ADN exógena, e a reivindicação 26, lida tendo em conta o disposto na reivindicação 1, que protegia a eritropoietina que fosse um produto da expressão, numa célula hospedeira, de uma sequência de ADN para utilização de forma a assegurar a expressão de eritropoietina numa célula hospedeira.

A primeira instância entendeu que a reivindicação 19 era inválida, por ser insuficientemente fundamentada pela descrição, mas que a reivindicação 26 era válida e fora infringida. O Court of Appeal decidiu que ambas as reivindicações eram válidas, mas nenhuma delas fora infringida. Ambas as partes recorreram desta decisão.

Lord Hoffmann começou por enquadrar a questão da determinação do âmbito da proteção da patente de acordo com o seu entendimento do disposto no artigo 69º da CPE. Segundo o juiz, a convenção (na redação anterior à revisão levada a cabo pela Conferência Diplomática de 2000, que só entrou em data posterior à prolação do acórdão) afirma «inequivocamente» que a extensão da proteção deverá ser determinada pelos termos das reivindicações, conforme há muito resultava do direito britânico[855]. Nesse sentido, recordou as palavras de Lord Russell of Killowen no caso *EMI Ltd. et al. v. Lissen*[856], bem como a exigência de que a amplitude do direito de proibir seja encontrada na redação das reivindicações e não em qualquer outro documento da patente. Segundo Lord Hoffmann:

> «A necessidade de estabelecer limites claros ao monopólio não se coloca apenas, como enfatizou Lord Russell, no interesse de outros que precisem de conhecer a área "dentro da qual eles serão invasores", mas também no interesse do titular da patente, que precisa de ser capaz de tornar claro que não reivindica matéria incluída no

[855] «*In stating unequivocally that the extent of protection shall be "determined" (in German, "bestimmt") by the "terms of the claims" (den Inhalt der Patentansprüche) the Convention followed what had long been the law in the United Kingdom.*» Relembre-se que o texto da CPE revisto pela Conferência Diplomática de 2000 só entrou em vigor em dezembro de 2007.

[856] Cf. Capítulo I, ponto 2.3. *supra*.

estado da técnica ou produtos e processos insuficientemente descritos que invalidem a sua patente.»[857]

Posto isto, o tribunal afastou a possibilidade de existir qualquer presunção sobre a amplitude das reivindicações, nomeadamente, no sentido de que o requerente pretenderia dar ao seu direito um âmbito tão amplo quanto possível, uma vez que, por diversas razões, o requerente da patente pode reivindicar menos matéria do que a divulgada pelo ensinamento da patente ou do que a que este permite alcançar[858]. Deste modo, a House of Lords confirmou o afastamento da jurisprudência *PLG Research*, conforme vinha sendo sustentado nos acórdãos *Assidoman* e posteriores, proferidos pelas instâncias inferiores[859].

Por outro lado, o tribunal também clarificou que, à data da entrada em vigor do Protocolo Interpretativo do artigo 69º CPE, as regras interpretativas que este diploma pretendia afastar já tinham sido abandadas pelos tribunais britânicos. Após a prolação do acórdão *Catnic*, ficou claro que as reivindicações não devem ser interpretadas de forma literal, mas

[857] Tradução livre da nossa responsabilidade. No original: «*The need to set clear limits upon the monopoly is not only, as Lord Russell emphasised, in the interests of others who need to know the area "within which they will be trespassers" but also in the interests of the patentee, who needs to be able to make it clear that he lays no claim to prior art or insufficiently enabled products or processes which would invalidate the patent.*»

[858] Nas palavras do tribunal: «*There is no presumption about the width of the claims. A patent may, for one reason or another, claim less than it teaches or enables.*» No acordão *Wheatley v. Drillsafe*, o Court of Appeal de Londres sufragou o entendimento do juiz ALDOUS LJ, segundo o qual, em vez de partir do princípio resultante do acórdão *Catnic* de que o requerente da patente terá pretendido cingir a proteção reivindicada ao significado literal das reivindicações, a menos que o entendimento contrário resulte da interpretação das reivindicações à luz da descrição e dos desenhos, o intérprete deve partir do princípio contrário, segundo o qual deverá pressupor-se que o titular da patente pretendeu incluir na proteção requerida as variantes que não alteram a forma de funcionamento da invenção, exceto quando a redação das reivindicações deixar claro que o requerente da patente pretendeu excluir determinado significado da redação das suas reivindicações (*i.e.*, determinada variante do âmbito do seu direito), caso em que não deverá considerar-se que a exploração de tal variante infringe a patente. O cerne da tarefa interpretativa seria, desse modo, deslocado da interpretação da vontade expressa do requerente para o modo de funcionamento da invenção, transferindo grande parte da importância da terceira *Protocol Question* para as duas primeiras (cf. MATT FISHER, *Fundamentals of Patent Law*, p. 332).

[859] JONATHAN D. C. TURNER «Purposive Construction: seven reasons why Catnic is wrong», p. 481; Cf. notas de rodapé 851 e 852 *supra*.

sim teleologicamente, procurando o propósito da linguagem utilizada das reivindicações. Não quer isto dizer que a interpretação fosse subjetiva, visando reconstruir a vontade do requerente. De acordo com LORD HOFFMANN:

> «A interpretação, seja de uma patente, seja de qualquer outro documento, não trata, claro está, do que o autor quis dizer. [...] A interpretação é objetiva, no sentido de que trata do que uma pessoa razoável, a quem a elocução se dirige, entenderia que o autor quis dizer através do uso das palavras. Note-se, contudo, que isto não é, como por vezes é dito, "o significado das palavras usadas pelo autor", mas antes o que o hipotético destinatário teria entendido que o autor queria dizer ao utilizar essas palavras.
> [...]
> No caso da descrição e da reivindicação das patentes, o destinatário hipotético é o perito na matéria. Ele [...] lê a descrição da patente tendo em conta o conhecimento geral comum na matéria. E lê a descrição e as revindicações pressupondo que o seu propósito é em simultâneo descrever e demarcar uma invenção – uma ideia prática que o titular da patente teve para um novo produto ou processo – e não um manual em matemática ou química, ou uma lista de compras de químicos ou de equipamento. É este entendimento que está no cerne da interpretação teleológica ["*purposive construction*"]»[860].

O tribunal explicou o que se entende por interpretação teleológica das reivindicações:

> «"Interpretação teleológica" não significa que se está a expandir ou a ir além da definição dos elementos técnicos para os quais o titu-

[860] Tradução livre da nossa responsabilidade. No original: «*Construction, whether of a patent or any other document, is of course not directly concerned with what the author meant to say. [...] Construction is objective in the sense that it is concerned with what a reasonable person to whom the utterance was addressed would have understood the author to be using the words to mean.*
[...]
In the case of a patent specification, the notional addressee is the person skilled in the art. He [...] comes to a reading of the specification with common general knowledge of the art. And he reads the specification on the assumption that its purpose is to both to describe and to demarcate an invention – a practical idea which the patentee has had for a new product or process – and not to be a textbook in mathematics or chemistry or a shopping list of chemicals or hardware. It is this insight which lies at the heart of "purposive construction".».

lar da patente requereu proteção com as reivindicações. A questão é sempre o que o perito na matéria teria entendido que o titular da patente ou o autor de qualquer outro documento queria dizer ao usar a linguagem das reivindicações. Para esse propósito, a linguagem que ele escolheu é normalmente de importância fulcral. As convenções respeitantes ao significado das palavras e à sintaxe permitem-nos expressar as nossas aceções com grande precisão e subtileza, e normalmente o perito na matéria assumirá que o titular da patente escolheu a sua linguagem em conformidade. Como diversos juízes notaram, a descrição e as reivindicações formam um documento unilateral composto por palavras da escolha do titular da patente. Além disso, as palavras serão normalmente escolhidas após aconselhamento especializado. A descrição e as reivindicações não são documentos *inter rusticos* que mereçam grandes complacências.»[861]

No que respeita à doutrina dos equivalentes, o tribunal recordou que a sua origem remonta à época em que a interpretação se fazia valorizando «o significado natural e ordinário» das palavras, razão pela qual os tribunais britânicos e norte americanos sentiram necessidade de fazer face a alterações não substanciais introduzidas pelos concorrentes do titular da patente para defraudar o monopólio legal resultante desse título[862]. Segundo LORD HOFFMANN:

«Em Inglaterra, tal facto conduziu ao desenvolvimento de uma teoria de infração através do uso da essencialidade [*"pith and marrow"*] da invenção [...], por oposição à infração literal. [...]

[861] Tradução livre da nossa responsabilidade. No original: «*"Purposive construction" does not mean that one is extending or going beyond the definition of the technical matter for which the patentee seeks protection in the claims. The question is always what the person skilled in the art would have understood the patentee to be using the language of the claim to mean. And for this purpose, the language he has chosen is usually of critical importance. The conventions of word meaning and syntax enable us to express our meanings with great accuracy and subtlety and the skilled man will ordinarily assume that the patentee has chosen his language accordingly. As a number of judges have pointed out, the specification is a unilateral document in words of the patentee's own choosing. Furthermore, the words will usually have been chosen upon skilled advice. The specification is not a document inter rusticos for which broad allowances must be made.*»

[862] «*At the time when the rules about natural and ordinary meanings were more or less rigidly applied, the United Kingdom and American courts showed understandable anxiety about applying a construction which allowed someone to avoid infringement by making an "immaterial variation" in the invention as described in the claims*».

> Nos Estados Unidos, onde um princípio similar é chamado de "doutrina dos equivalentes", é abertamente reconhecido que ele permite ao titular da patente ampliar o seu monopólio para além das reivindicações. [...]
>
> O efeito da doutrina é, portanto, ampliar a proteção a algo fora das reivindicações que realiza substancialmente a mesma função, substancialmente da mesma forma, para obter o mesmo resultado.»[863]

Da perspetiva do tribunal, uma vez assente que a interpretação estritamente literal das reivindicações não permite atribuir uma proteção justa ao titular da patente, há duas possibilidades para o fazer: a primeira será complementar essa interpretação literal com o desenvolvimento de uma doutrina dos equivalentes, como se verificou nos EUA; a segunda será seguir a metodologia resultante do acórdão *Catnic* que, segundo aquele juiz, supera a interpretação literal da patente[864]. Assim, a questão que se coloca é se a jurisprudência *Catnic* se coaduna com o disposto no Protocolo Interpretativo do artigo 69º da CPE:

> «O Protocolo, como disse, é um Protocolo para a interpretação do artigo 69º e não consagra expressamente qualquer princípio para a interpretação das reivindicações. Antes refere que princípios não devem ser seguidos, nomeadamente, o velho literalismo inglês, mas em sentido contrário apenas diz que não se deve ir além das reivindicações. Refere, todavia, que o objetivo é combinar uma proteção justa do titular da patente com um grau razoável de certeza para

[863] Tradução livre da nossa responsabilidade. No original: *In England, this led to the development of a doctrine of infringement by use of the "pith and marrow" of the invention* [...] *as opposed to a "textual infringement".* [...]
In the United States, where a similar principle is called the "doctrine of equivalents", it is frankly acknowledged that it allows the patentee to extend his monopoly beyond claims. [...]
The effect of the doctrine is thus to extend protection to something outside the claims which performs substantially the same function in substantially the same way to obtain the same result.
39. However, once the monopoly had been allowed to obtain the same result.

[864] «*If literalism stands in the way of construing patent claims so as to give fair protection to the patentee, there are two things that you can do. One is to adhere to literalism in construing the claims and evolve a doctrine which supplements the claims by extending protection to equivalents. That is what the Americans have done. The other is to abandon literalism. That is what the House of Lords did in the Catnic case* [...]».

terceiros. Como poderá ser alcançado? As reivindicações têm de ser interpretadas de forma a tentar, na medida do possível num mundo imperfeito, não desapontar as expectativas razoáveis de qualquer um dos lados.»[865]

Segundo Lord Hoffmann, o modo de garantir uma proteção justa ao titular da patente passava por ultrapassar o teor literal das reivindicações e interpretá-las de modo teleológico, de forma a respeitar a pretensão do requerente quanto ao âmbito da proteção reivindicada. Não obstante essa pretensão seria aferida objetivamente, através da consideração do que o perito na matéria compreenderia que o requerente quis significar com a linguagem utilizada na redação das reivindicações. Desta forma, através da interpretação do âmbito da patente por via do padrão objetivante do perito na matéria, seria alcançado o grau de segurança para terceiros exigível[866]. De outro modo – ou seja, caso a interpretação das reivindicações pudesse levar à extensão da matéria reivindicada para além daquela que o requerente da patente pretendeu reivindicar –, o requerente da patente ficaria potencialmente exposto, de forma desrazoável, a alegações de invalidade com fundamento em antecipação pelo estado da técnica ou na insuficiência da descrição[867].

[865] Tradução livre da nossa responsabilidade. No original: «*The Protocol, as I have said, is a Protocol for the construction of article 69 and does not expressly lay down any principle for the construction of claims. It does say what principle should not be followed, namely the old English literalism, but otherwise it says only that one should not go outside the claims. It does however say that the object is to combine a fair protection for the patentee with a reasonable degree of certainty for third parties. How is this to be achieved? The claims must be construed in a way which attempts, so far as is possible in an imperfect world, not to disappoint the reasonable expectations of either side.*»

[866] Paul Quan Kaih Shiuh & Teo Guan Siew, «Interpreting Patent CLaims: Some Thoughts on the UK *Kirin-Amgen* Decision», *Singapore Academy of Law Journal*, vol. 18, 2006, p. 212.

[867] «*What principle of interpretation would give fair protection to the patentee? Surely, a principle which would give him the full extent of the monopoly which the person skilled in the art would think he was intending to claim. And what principle would provide a reasonable degree of protection for third parties? Surely again, a principle which would not give the patentee more than the full extent of the monopoly which the person skilled in the art would think that he was intending to claim. Indeed, any other principle would also be unfair to the patentee, because it would unreasonably expose the patent to claims of invalidity on grounds of anticipation or insufficiency.*»

Nestes termos, o juiz concluiu que «[o] princípio interpretativo *Catnic* está, por isso, na minha opinião, precisamente de acordo com o Protocolo»[868].

Mas, assim sendo, pergunta-se qual será o papel dos equivalentes na determinação do âmbito da proteção resultante da patente. Embora à data da decisão do caso *Kirin-Amgen* a revisão da CPE aprovada pela Conferência Diplomática de 2000 ainda não tivesse entrado em vigor, desde a conclusão dessa conferência que se conhecia que o novo nº 2 do Protocolo Interpretativo do artigo 69º da CPE previa que o intérprete das reivindicações tivesse em consideração «todo o elemento equivalente a um elemento especificado nas reivindicações» para apurar o alcance da proteção conferida pela patente. Segundo LORD HOFFMANN:

> «Apesar de o artigo 69º proibir que a equivalência amplie a proteção além das reivindicações, não há razão para que não seja uma parte importante do contexto dos factos conhecidos pelo perito na matéria, que afetaria o que entende ser o significado das reivindicações. Tal não é mais do que senso comum.»[869]

Posto isto, importava saber qual a metodologia a seguir para proceder à aplicação dos princípios hermenêuticos expostos anteriormente. Após reconhecer que, desde a prolação do acórdão *Improver*, os tribunais britânicos têm, para o efeito, recorrido às «questões do Protocolo», LORD HOFFMANN esclareceu que o que se retira de imprescindível da jurisprudência *Catnic* é a necessidade de se proceder à interpretação teleológica das reivindicações, por respeito ao disposto no Protocolo Interpretativo do artigo 69º da CPE:

> «Estas questões, que o Court of Appeal, no acórdão *Wheatley v. Drillsafe Ltd* [...] apelidou de "as questões do Protocolo" [«*the Protocol questions*»] têm sido usadas pelos tribunais ingleses nos passados quinze anos como enquadramento para decidirem se os equivalentes

[868] Tradução livre da nossa responsabilidade. No original: «*The Catnic principle of construction is therefore in my opinion precisely in accordance with the Protocol.*»

[869] Tradução livre da nossa responsabilidade. No original: «*Although article 69 prevents equivalence from ex-tending protection outside the claims, there is no reason why it cannot be an important part of the background of facts known to the skilled man which would affect what he understood the claims to mean. That is no more than common sense.*».

caem no âmbito das reivindicações. [...] Quando se fala no "princípio *Catnic*" é importante distinguir entre, por um lado, o princípio da interpretação teleológica que eu sustentei dar efeito às condições do Protocolo, e, por outro lado, as orientações para aplicar esse princípio aos equivalentes, que são encapsulados nas questões do Protocolo. O primeiro é fundamental à interpretação das reivindicações, universalmente aplicável. Os últimos são apenas orientações, mais úteis nuns casos do que noutros»[870].

Assim, o juiz esclareceu que o teste por si mesmo formulado ao dirigir a decisão do caso *Improver* apenas propõe um conjunto de orientações para procurar auxiliar à interpretação teleológica da patente e não um algoritmo que deva ser escrupulosamente seguido. Com efeito, Lord Hoffmann reconheceu que as *Protocol questions* poderiam, por vezes, gerar mais dificuldades do que ajudar à interpretação das reivindicações. Essa situação poderá verificar-se, designadamente, em duas situações. A primeira, quando a interpretação das reivindicações não se debata com palavras ou frases capazes de ter não só um sentido literal, mas também um sentido figurado. *In casu*, refere o juiz que «[n]inguém sugere que "uma sequência exógena de ADN codificada para assegurar a expressão de EPO" possa ter um significado mais amplo que inclua "uma sequência endógena de ADN codificada para assegurar a expressão de EPO"»[871]. Nesse caso, embora a sujeição da interpretação dessa frase às *Protocol questions* devesse levar ao mesmo resultado, esse exercício será, sobretudo, gerador de confusão[872]. A segunda situação

[870] Tradução livre da nossa responsabilidade. No original: «*These questions, which the Court of Appeal in Wheatly v Drillsafe Ltd [...] dubbed "the Protocol questions" have been used by English courts for the past fifteen years as a framework for deciding whether equivalents fall within the scope of the claims. [...] When speaking of the "Catnic principle" it is important to distinguish between, on the one hand, the principle of purposive construction which I have said gives effect to the requirements of the Protocol, and on the other hand, the guidelines for applying that principle to equivalents, which are encapsulated in the Protocol questions. The former is the bedrock of patent construction, universally applicable. The latter are only guidelines, more useful in some cases than in others.*»

[871] Tradução livre da nossa responsabilidade. No original: «*No one suggests that "an exogenous DNA sequence coding for EPO" can have some looser meaning which includes "an endogenous DNA sequence coding for EPO".*»

[872] Paul Quan Kaih Shiuh & Teo Guan Siew, «Interpreting Patent CLaims», pp. 219 e 220. Os autores entendem que o teste colocado pelas *Protocol questions* poderá ainda ser per-

surge quando esteja em causa nova tecnologia. Se o perito na matéria não conseguir avaliar se a variante é sequer apta a resolver o problema subjacente à invenção, por se tratar de nova tecnologia, não será capaz de dizer se apresenta o mesmo modo de funcionamento da invenção, conforme pergunta a primeira *Protocol question*. Por conseguinte, nesse caso, o teste proposto no acórdão *Improver* será de reduzida utilidade[873]. Nestes termos, LORD HOFFMANN sustentou que essencial para conhecer o âmbito da patente será a interpretação teleológica das reivindicações:

> «A determinação do âmbito da proteção conferida por uma patente Europeia é uma análise onde apenas há uma pergunta obrigatória: o que é que o perito na matéria entenderia que o titular da patente quer dizer com a linguagem utilizada. Tudo o resto, incluindo as questões do Protocolo, são meras orientações a um juiz que tenta responder àquela questão.»[874]

Ou seja, é o princípio subjacente à interpretação teleológica das reivindicações que põe em prática os princípios hermenêuticos resultantes do Protocolo Interpretativo do artigo 69º da CPE. As «questões do Protocolo» são apenas «orientações para aplicar esse princípio aos equivalentes»[875]. No que se refere às diferenças metodológicas verificadas entre os tribunais britânicos e os tribunais alemães, o juiz expôs o seguinte:

> «Os tribunais alemães têm as suas próprias diretrizes para lidar com os equivalentes, que têm algumas semelhanças com as questões do Protocolo. [...] Por exemplo, os juízes alemães não perguntam se uma variante "funciona da mesma maneira", mas antes se resolve o

tinente para equilibrar a justa proteção do titular da patente com a segurança jurídica de terceiros, de acordo com o disposto no artigo 1º do Protocolo Interpretativo do artigo 69º da CPE.

873 PAUL QUAN KAIH SHIUH & TEO GUAN SIEW, «Interpreting Patent CLaims», p. 221.

874 Tradução livre da nossa responsabilidade. No original: «*The determination of the extent of protection conferred by a European patent is an examination in which there is only one compulsory question, namely that set by article 69 and its Protocol: what would a person skilled in the art have understood the patentee to have used the language of the claim to mean? Everything else, including the Protocol questions, is only guidance to a judge trying to answer that question.*»

875 Tradução livre da nossa responsabilidade. No original: «*guidelines for applying that principle to equivalents*».

problema subjacente à invenção, por meios que têm o mesmo efeito técnico. Talvez seja uma melhor forma de colocar a questão, por evitar a ambiguidade ilustrada no caso *American Home Products Corporation v. Novartis Pharmaceuticals UK Ltd* [...] sobre se "funciona da mesma maneira" implica a assunção de que funciona de todo. Por outro lado, como é ilustrado pelo presente caso, tudo dependerá do que se entende por "problema subjacente à invenção". Parece-me, todavia, que os tribunais alemães também estão a abordar a questão dos equivalentes com vista a responder à derradeira questão conforme sugeri que é levantada pelo artigo 69º, nomeadamente, o que o perito na matéria entenderia que o titular da patente quer dizer com a linguagem da reivindicação»[876].

Lord Hoffmann teve ainda oportunidade para referir que, na sua opinião, deverá entender-se que o perito na matéria é conhecedor dos princípios básicos de patenteabilidade, ultrapassando o entendimento contrário anteriormente resultante do acórdão *Improver*[877]. Além disso, expôs o seu entendimento sobre a relevância dos avanços tecnológicos para a determinação do âmbito da proteção conferida pela patente:

> «[...] o perito na matéria (que, na minha opinião, deve assumir-se conhecedor dos princípios básicos de patenteabilidade) pode bem ter pensado que as reivindicações se restringiram à tecnologia existente, devido a dúvidas sobre a suficiência [da descrição], em vez de falta de visão sobre possíveis desenvolvimentos. [...]
>
> Não ponho em causa que uma reivindicação possa, em virtude da sua apropriada interpretação, cobrir produtos ou processos que

[876] Tradução livre da nossa responsabilidade. No original: «*For example, German judges do not ask whether a variant "works in the same way" but whether it solves the problem underlying the invention by means which have the same technical effect. That may be a better way of putting the question because it avoids the ambiguity illustrated by American Home Products Corporation v Novartis Pharmaceuticals UK Ltd [...] over whether "works in the same way" involves an assumption that it works at all. On the other hand, as is illustrated by the present case, everything will depend upon what you regard as "the problem underlying the invention." It seems to me, however, that the German courts are also approaching the question of equivalents with a view to answering the same ultimate question as that which I have suggested is raised by Article 69, namely what a person skilled in the art would have thought the patentee was using the language of the claim to mean.*»

[877] Cf. capítulo II, ponto 2.4.2. *supra*.

impliquem o uso de tecnologia desconhecida à data de redação das reivindicações. A questão é se o perito na matéria entenderia a descrição de maneira suficientemente geral para incluir nova tecnologia»[878].

Face ao exposto, no que respeita à decisão do caso *sub judice*, o tribunal interpretou a patente em causa como protegendo um processo de obtenção de eritropoietina e não a substância eritropoietina, até porque esta não era um produto novo. O tribunal anulou a patente por considerar que a descrição era insuficiente para sustentar a reivindicação 19 e que a reivindicação 26 era antecipada pelo estado da técnica.

A jurisprudência britânica posterior ao caso *Kirin-Amgen* acolheu o ensinamento resultante deste acórdão. Nesse sentido, as «*Protocol questions*» perderam a importância que tinham assumido até então e os tribunais passaram a preocupar-se sobretudo em responder à questão de saber o que é que o intérprete, perito na matéria, entende que o requerente da patente quer dizer com a linguagem utilizada na redação das reivindicações[879]. Embora se conheçam algumas decisões em que a interpretação das reivindicações foi simplesmente enquadrada nesses termos[880], desenvolveu-se uma corrente doutrinária que verteu os princípios expostos por Lord Hoffmann no acórdão *Kirin-Amgen* não num teste ou num algoritmo, mas numa lista de princípios que deve constituir um guia prático a ser tido em consideração na interpretação do âmbito da patente[881]. Assim, de acordo com acórdão *Halliburton Energy Services v. Smith Internacional*[882], proferido pelo High Court of Justice em 2005:

[878] Tradução livre da nossa responsabilidade. No original: «[...] *the person skilled in the art (who must, in my opinion, be assumed to know the basic principles of patentability) might well have thought that the claims were restricted to existing technology because of doubts about sufficiency rather than lack of foresight about possible developments. I do not dispute that a claim may, upon its proper construction, cover products or processes which involve the use of technology unknown at the time the claim was drafted. The question is whether the person skilled in the art would understand the description in a way which was sufficiently general to include the new technology.*»

[879] Matt Fisher, *Fundamentals of Patent Law*, p. 376.

[880] Matt Fisher, *Fundamentals of Patent Law*, pp. 376 e 378, referindo-se aos acórdãos *Smith International Inc v. Specialised Petroleum Services Group Ltd.* [2005] EWHC 686 e *Merz Pharma GmbH v. Allergan Inc.* [2006] EWHC 2686.

[881] Matt Fisher, *Fundamentals of Patent Law*, pp. 376 e 377; Helen E. Norman, *Intellectual Porperty Law*, pp. 162 e 163; Christian von Drathen, «Patens Scope in English and German Law Under the European Patent Convention 1973 and 2000», p. 398.

[882] [2006] RPC 25.

«Os princípios a aplicar [na interpretação das reivindicações] foram expostos no discurso de Lord Hoffmann no caso *Kirin-Amgen v. TKT* [2004] UKHL 46, §§ 30-35. Dada a aprovação atribuída a esse discurso nas observações de Jacob LJ no caso *Rockwater Ltd v. Technip France SA* [2004] EWCA Civ 381, devo dar a conhecer essa útil lista de princípio aplicável. Assumo a responsabilidade por modificar ligeiramente os princípios (e) e (f), tendo em conta a única crítica que Lord Hoffmann faz a essa lista.

'«a) O primeiro princípio, primordial, é o que resulta do próprio artigo 69º [da CPE]. Por vezes pergunto-me se as pessoas despendem mais tempo com o glossário do artigo 69º, o Protocolo, do que com o próprio artigo, apesar de ser o artigo que é o principal preceito.

(b) O artigo 69º estabelece que o âmbito da proteção é determinado pelos termos das reivindicações. Mas acrescenta que a descrição e os desenhos devem ser usados para interpretar as reivindicações. Em suma, as reivindicações devem ser interpretadas contextualmente.

(c) Além disso, as reivindicações devem ser interpretadas teleologicamente [«*construed purposively*»] – sendo o propósito do inventor [«*the inventor›s purpose*»] apurado com base na descrição e nos desenhos.

(d) Acresce que as reivindicações não devem ser interpretadas isoladamente – recorrendo aos desenhos e à descrição apenas para resolver alguma ambiguidade. O protocolo afasta expressamente tal método interpretativo mas, na minha opinião, seria ainda assim caso o Protocolo não existisse. O propósito é vital à interpretação das reivindicações.

(e) Ao aferir o propósito do inventor, deverá ser tido em conta que ele pode ter tido diversos propósitos, dependendo do nível de generalização da sua invenção. Por exemplo, um inventor terá normalmente um, geralmente, mais do que um modo de realização específico, bem como um conceito generalizado. Mais não existe qualquer presunção de que o requerente da patente pretendeu necessariamente que fosse dado o significado mais amplo consistente com o propósito às palavras por si usadas: propósito e significado são diferentes.

(f) Assim, o propósito não é o princípio e o fim. No fim de contas, a preocupação será ainda o significado da linguagem usada. Por conseguinte, o outro extremo do protocolo – uma mera orientação – também é afastado pelo próprio artigo 69º São os termos das reivindicações que delineiam o território do requerente da patente.

(g) Por isso, se o requerente da patente inclui uma limitação óbvia e deliberada nas suas reivindicações, ela deve ter algum significado. Não é possível ignorar elementos deliberadamente intencionais. Hoffmann LJ expressa-o do seguinte modo no acórdão *STEP v. Empson* [1993] RPC 522:

> "O bem conhecido princípio de que as reivindicações das patentes devem ser interpretadas teleologicamente não significa que um elemento integrante possa ser excluído se não parecer fazer qualquer diferença ao conceito inventivo. Pode ter outro propósito ligado ao estado da técnica e mesmo que não seja discernível, o requerente da patente pode ter tido alguma razão própria para o introduzir."

(h) Pela mesma razão, quando o requerente da patente tenha usado uma palavra ou frase que, fora do contexto, possa ter um significado particular (restritivo ou amplo), não significa necessariamente que tenha esse significado no contexto. Um bom exemplo disso mesmo é o próprio caso Catnic – "vertical", no contexto, não significava "geometricamente vertical"; significava "suficientemente vertical para cumprir a função" (de suportar a placa horizontal superior). As chamadas "*Protocol questions*" (formuladas por Hoffmann J no acórdão *Improver v. Remington* [1990] FSR 181, 189) são particularmente importantes aquando da análise de uma palavra ou frase fora do contexto e dessa palavra ou frase no contexto. Nessa altura, as duas primeiras *Protocol questions* são relevantes. Mas assim que se visa a palavra no contexto, a abordagem das *Protocol question* não resolve a última questão – o que é que a palavra ou a frase que efetivamente dizer, quando interpretada teleologicamente? Isso só pode ser feito pela linguagem usada, lida no contexto.

(i) Acresce que não existe uma "doutrina dos equivalentes" geral. Qualquer estudante de direito das patentes sabe que vários ordenamentos legais permitem esse conceito, mas não conseguem chegar a um entendimento sobre o que ele é ou deveria ser. Não é este o lugar para expor a miríade de versões dessa doutrina. Da minha parte, não penso que o próprio artigo 69º permita tal conceito – ele diz que a extensão da proteção deve ser determinada pelos termos das reivindicações. Tanto quanto percebo, as versões francesa e alemã significam o mesmo. Nem vejo como o Protocolo poderá criar tal doutrina.

(j) Por outro lado, a interpretação teleológica pode conduzir à conclusão de que uma trivialidade técnica ou uma diferença menor entre um elemento de uma reivindicação e o correspondente elemento da variante alegadamente infratora cai, ainda assim, no âmbito do significado do elemento quando lido teleologicamente. Não quer isso dizer que exista uma doutrina dos equivalentes: será assim porque é a forma justa de ler a reivindicação no contexto.

(k) Finalmente, a interpretação teleológica leva à exclusão daquilo a que Lord Diplock chamou, no acórdão Catnic (§ 243):

"o género de análise verbal meticulosa para a qual os advogados são muitas vezes tentados a deixar-se levar por força da sua formação"

O pedantismo e as patentes são incompatíveis. No acórdão Catnic, a "análise verbal meticulosa" era o argumento de que, como a palavra "horizontal" foi qualificada por "substancialmente", mas "vertical" não, esta deve significar "geometricamente vertical".»[883]

[883] Tradução livre da nossa responsabilidade. No original: «*The principles to be applied are set out in Lord Hoffmann's speech in Kirin- Amgen v TKT [2004] UKHL 46, paragraphs 30-35. Given the approval that is given in that speech to the observations of Jacob LJ in Rockwater Ltd v Technip France SA [2004] EWCA Civ 381 I shall set out that useful list of applicable principles. I take the responsibility for modifying principles (e) and (f) slightly to take account of the single criticism that Lord Hoffmann makes of this list.*

'(a) The first, overarching principle, is that contained in Art 69 itself. Sometimes I wonder whether people spend more time on the gloss to Art 69, the Protocol, than to the Article itself, even though it is the Article which is the main governing provision.

(b) Art 69 says that the extent of protection is determined by the terms of the claims. It goes on to say that the description and drawings shall be used to interpret the claims. In short the claims are to be construed in context.
(c) It follows that the claims are to be construed purposively – the inventor's purpose being ascertained from the description and drawings.
(d) It further follows that the claims must not be construed as if they stood alone – the drawings and description only being used to resolve any ambiguity. The Protocol expressly eschews such a method of construction but to my mind that would be so without the Protocol. Purpose is vital to the construction of claims.
(e) When ascertaining the inventor's purpose, it must be remembered that he may have several purposes depending on the level of generality of his invention. Typically, for instance, an inventor may have one, generally more than one, specific embodiment as well as a generalised concept. But there is no presumption that the patentee necessarily intended the widest possible meaning consistent with his purpose be given to the words that he used: purpose and meaning are different.
(f) Thus purpose is not the be-all and end-all. One is still at the end of the day concerned with the meaning of the language used. Hence the other extreme of the Protocol – a mere guideline – is also ruled out by Art 69 itself. It is the terms of the claims which delineate the patentee's territory.
(g) It follows that if the patentee has included what is obviously a deliberate limitation in his claims, it must have a meaning. One cannot disregard obviously intentional elements. Hoffmann LJ put it this way in STEP v Empson [1993] RPC at 522:
"The well known principle that patent claims are given a purposive construction does not mean that an integer can be treated as struck out if it does not appear to make any difference to the inventive concept. It may have some other purpose buried in the prior art and even if this is not discernible, the patentee may have had some reason of his own for introducing it."
(h) It also follows that where a patentee has used a word or phrase which, acontextually, might have a particular meaning (narrow or wide) it does not necessarily have that meaning in context. A good example of this is the Catnic case itself – "vertical" in context did not mean "geometrically vertical", it meant "vertical enough to do the job" (of supporting the upper horizontal plate). The so-called "Protocol questions" (those formulated by Hoffmann J in Improver v Remington [1990] FSR 181 at p.189) are of particular value when considering the difference of meaning between a word or phrase out of context and that word or phrase in context. At that point the first two Protocol questions come into play. But once one focuses on the word in context, the Protocol question approach does not resolve the ultimate question – what does the word or phrase actually mean, when construed purposively? That can only be done on the language used, read in context.
(i) It further follows that there is no general "doctrine of equivalents." Any student of patent law knows that various legal systems allow for such a concept, but that none of them can agree what it is or should be. Here is not the place to set forth the myriad versions of such a doctrine. For my part I do not think that Art. 69 itself allows for such a concept – it says the extent of protection shall be determined by the terms of the claims. And so far as I can understand, the French and German versions mean the same thing. Nor can I see how the Protocol can create any such doctrine.
(j) On the other hand purposive construction can lead to the conclusion that a technically trivial or minor difference between an element of a claim and the corresponding element of the alleged

Em suma, estes princípios interpretativos, que ficaram conhecidos como princípios *Technip*, afirmam a primazia do artigo 69º da CPE [alíneas a) e b)], a importância da interpretação teleológica [alíneas c) e e)] e contextual das reivindicações, a responsabilidade do requerente da patente pela redação assumida pelas reivindicações [alíneas f), g) e h)], a inexistência de uma doutrina dos equivalentes geral ou univocamente aceite [alínea i)] e a necessidade de incluir alterações insignificantes ou triviais no âmbito de proteção da patente [alínea j)][884]. Esta metodologia continuou a ser seguida e aplicada pelos tribunais ingleses nos anos seguintes, conforme resulta, por exemplo, dos acórdãos *Virgin Atlantic Airways Limited v Premium Aircraft Interiors UK Limited*[885], proferido pelo High Court of Justice em 22 de outubro de 2009, *Convatec Limited v Smith & Nephew Healthcare Limited*[886], proferido pelo Court of Appeal a 2 de maio de 2012, *Generics (UK) Ltd (t/a Mylan) v Yeda Research & Development*[887], proferido pelo High Court of Justice em 11 de julho de 2012, *Mölnlycke Health Care AB and Mölnlycke Health Care Limited v BSN Medical Limited and BSN Medical GMBH*[888], proferido pelo High Court of Justice a 9 de novembro de 2012.

2.4.4. Acórdão *Actavis*

Face ao desenvolvimento jurisprudencial encetado em meados da década passada pelo acórdão *Kirin-Amgen*, o teste colocado pelas *Protocol Questions* para determinar se a variante é ou não abrangia pela proteção resultante da patente parecia ultrapassado.

infringement nonetheless falls within the meaning of the element when read purposively. This is not because there is a doctrine of equivalents: it is because that is the fair way to read the claim in context.

(k) Finally purposive construction leads one to eschew what Lord Diplock in Catnic called (at p. 243):

"the kind of meticulous verbal analysis which lawyers are too often tempted by their training to indulge."

Pedantry and patents are incompatible. In Catnic the rejected "meticulous verbal analysis" was the argument that because the word "horizontal" was qualified by "substantially" whereas "vertical" was not, the latter must mean "geometrically vertical.""».

884 Christian von Drathen, «Patens Scope in English and German Law Under the European Patent Convention 1973 and 2000», p. 398.

885 [2009] EWCA Civ 1062.

886 [2012] EWCA Civ 520, [2013] R.P.C. 7.

887 [2012] EWHC 1848 (Pat).

888 [2012] EWHC 3157 (Pat).

No entanto, o acórdão *Actavis v Eli Lilly*[889], proferido a 12 de julho de 2017 pelo Supreme Court britânico – que, na sequência da reforma constitucional de 2005, substituiu a House of Lords enquanto mais alta instância jurisdicional do Reino Unido –, relatado por LORD NEUBERGER, veio alterar essa perceção e dar uma nova vida ao teste proposto (e deposto) por LORD HOFFMANN. Nesse aresto, o supremo tribunal britânico pronunciou-se sobre qual deve ser a abordagem correta a seguir na interpretação das reivindicações ao abrigo do direito britânico e, em particular, de acordo com a CPE, no que respeita aos meios equivalentes e no que toca ao recurso ao expediente de concessão da patente para determinar o seu âmbito. O acórdão afastou qualquer dúvida que ainda pudesse existir quanto à vigência da doutrina dos equivalentes no Reino Unido, mas levantou outras questões quanto aos contornos que, de ora em diante, assumirá a interpretação das reivindicações[890].

Em causa estava saber se três dos produtos produzidos pelo grupo Actavis infringiam a patente europeia da empresa Eli Lilly & Company, que protegia a utilização de pemetrexedo dissódico (um sal) na fabricação de um medicamento para ser usado em combinação com vitamina B12 no tratamento do cancro. O principal ensinamento divulgado pela patente era que os efeitos secundários tóxicos da utilização do pemetrexedo poderiam ser evitados se fosse administrado em combinação com vitamina B12. Por seu turno, os produtos da Actavis incluíam pemetrexedo diácido (ácido livre), ditrometamina de pemetrexedo ou pemetrexedo dipotássico.

O tribunal de primeira instância decidiu que nenhum dos produtos da Actavis infringia a patente da Eli Lilly. Por sua vez, a segunda instância entendeu que aqueles produtos infringiriam a patente da Actavis, mas apenas indiretamente. Ambas as partes recorreram para o Supreme Court. A Eli Lilly, invocando que existia infração direta da sua patente. A Actavis, invocando que não havia sequer infração indireta. A solução do caso passava por perceber qual era a abordagem correta a seguir na interpretação das reivindicações ao abrigo do direito britânico e de acordo com a CPE, especialmente no que respeita aos meios equivalentes.

889 [2017] UKSC 48.

890 Cf. CHRISTOPHER DE MAUNY, «Deconstructing Actavis v Eli Lilly».

Importava ainda esclarecer em que medida o intérprete poderia recorrer ao expediente de concessão da patente para determinar o seu âmbito.

De acordo com o Supreme Court, o significado normal da terminologia «pemetrexedo dissódium», assim expressa nas reivindicações, não poderia ser outro senão esse sal em particular e nenhum outro composto, nomeadamente, o respetivo ácido livre. A linguagem normal (*«ordinary language»*) das reivindicações não permitia sustentar que a patente abrangesse compostos de pemetrexedo além de pemetrexedo dissódico. No entanto, há que ter em conta as orientações resultantes do Protocolo Interpretativo do artigo 69º da CPE na determinação do âmbito da proteção conferida pela patente. Segundo o tribunal, resultam do protocolo dois pontos essenciais: o primeiro é o de que o âmbito da patente não deve ser limitado pelo significado literal das reivindicações, embora o protocolo não responda à questão de saber até onde o intérprete se pode afastar do significado literal das reivindicações; o segundo é o de que é possível, pelo menos potencialmente, que o âmbito da patente seja mais amplo que o resultado da interpretação da sua redação e que, para determinar esse âmbito, é necessário ter em conta os meios equivalentes às características técnicas protegidas, embora o protocolo também não dê qualquer indicação do que se deve entender por equivalentes e em que medida eles devem ser tidos em consideração.

Após fazer uma breve análise histórica da jurisprudência britânica e de outros Estados-Membros da OEP, o tribunal versou então sobre a questão de saber qual deve ser a abordagem a seguir para aferir se uma patente é ou não violada por um produto concorrente. Segundo LORD NEUBERGER – e ao contrário do entendimento de LORD DIPLOCK, conforme consta do acórdão *Catnic*[891] –, saber se uma variante infringe ou não uma patente não é apenas uma questão de interpretação, e entender o problema da infração como um mero problema de interpretação da patente poderá levar a resultados errados. Pelo contrário, para saber se a variante infringe a patente será necessário responder a duas questões:

> «(i) a variante infringe alguma das reivindicações de acordo com uma interpretação normal; e, se não, (ii) a variante, ainda assim, infringe [a patente] porque varia da invenção de forma ou formas que é

[891] Cf. capítulo II, ponto 2.4.1. *supra*.

ou são irrelevantes? Se a resposta for "sim" a qualquer uma das questões, há uma infração; senão, não há.»[892]

De acordo com o tribunal, a primeira etapa pretende aferir que significado se retira da redação das reivindicações e a segunda etapa visa definir até onde vai o âmbito da patente para além desse significado. Em ambos os casos, deverá ter-se em conta a perspetiva do destinatário das reivindicações – *i.e.*, o perito na matéria. A primeira etapa será, *strictu sensu*, uma questão de interpretação de um documento escrito, a que o juiz chamou de «*normal interpretation*»[893]. A segunda acarreta um problema mais complexo, pois terá de responder à questão de saber o que é que se entende por variação irrelevante.

Para responder a esta segunda questão, o tribunal considerou que as três questões sugeridas por Lord Hoffmann no acórdão *Improver*[894] oferecem um auxílio proveitoso, tanto mais que formam um teste similar (mas não idêntico) aos testes seguidos pelos tribunais de outros Estados-Membros da OEP. No entanto, o tribunal entendeu que essas questões – ou seja, as *Protocol Questions* – careciam de alguma reformulação, especialmente, a segunda questão.

Assim, a primeira questão (recorde-se: «[a] variante tem um efeito substancial no modo de funcionamento da invenção?»[895]) será, de acordo com o Supreme Court, satisfatória em termos gerais. Ainda assim, a ênfase que normalmente se coloca em saber como é que a invenção funciona, deverá ser redirecionada para o problema subjacente à invenção, isto é, o problema inventivo. Segundo o tribunal, «[...] a questão é se a

[892] Tradução livre da nossa responsabilidade. No original: «*(i) does the variant infringe any of the claimas as matter of normal interpretation; and, if not, (ii) does the variant nonetheless infringe because ir varies from the invention in a way or ways which i sor are imaterial? If the answer to either issue is "yes", there is na infringement; otherwise, there is not.*»

[893] Após a prolação do acórdão *Actavis*, já várias instâncias inferiores britânicas se debruçaram sobre a questão de saber no que consiste a «*normal interpretation*» propugnada por Lord Neuberger, tendo decidido que essa interpretação não pode deixar de ser teleológica («*purposive*»). Cf. Tom Bosworth, «One year later, how has Actavis v Eli Lilly impacted on patent scope in the UK?», citando diversa jurisprudência; Brian Cordery, «Actavis and Equivalents – One Year On».

[894] Cf. capítulo II, ponto 2.4.2. *supra*.

[895] Cf. capítulo II, ponto 2.4.2. *supra*.

variante alcança o mesmo resultado, substancialmente da mesma forma da invenção»[896].

Quanto à segunda questão – ou seja, se «[e]sse facto (*i.e.*, o facto de a variante não ter efeito substancial) seria, à data de publicação da patente, óbvio para o intérprete perito na matéria?»[897] –, entendeu o tribunal que é excessivo exigir que o perito perceba que a variante funciona para que se considere equivalente à invenção reivindicada. Esse fardo excessivo é evidente no campo da química, onde, por exemplo, as características dos sais dificilmente podem ser generalizáveis, razão pela qual se efetuam exercícios frequentes para determinar de que modo se comportará um determinado sal. Assim, exigir ao destinatário que fosse óbvio que a variante funciona do mesmo modo da invenção, quando o destinatário pode nem ser capaz de dizer se a variante alcança o mesmo resultado da invenção (*i.e.*, se funciona), oneraria excessivamente o titular da patente (ou, por outras palavras, colocaria um limite demasiado estrito ao âmbito do seu direito). No entendimento do Supreme Court, esse ónus não seria compatível com a «justa proteção» exigida pelo nº 1 do Protocolo Interpretativo. Por isso, o tribunal entendeu que a segunda *Protocol Question* deveria ser feita no pressuposto de que o perito na matéria sabe que a variante alcança o mesmo resultado da invenção, na medida em que o faz. Segundo o tribunal, esta questão também deverá ser colocada mesmo quando estejam em causa variantes que resultem de desenvolvimentos tecnológicos posteriores à invenção, ainda que a variante apresente atividade inventiva.

Quanto à terceira questão («[o] intérprete perito na matéria retiraria da redação da reivindicação que o requerente da patente pretendeu que o estrito cumprimento com o significado primário fosse um requisito essencial da invenção?»[898]), entendeu o tribunal que se trata de um teste aceitável.

Assim, o tribunal apresentou, com palavras suas, a versão reformulada das *Protocol Questions* – não sem antes salvaguardar que não se trata de de regras estritas, mas de orientações, e que, por vezes, será necessário adaptar a terminologia do teste ao caso concreto:

[896] Tradução livre da nossa responsabilidade. No original: «[...] the question is whether the variant achieves the same result in substancially the same way as the invention».

[897] Cf. capítulo II, ponto 2.4.2. *supra*.

[898] Cf. capítulo II, ponto 2.4.2. *supra*.

> «i) Apesar de não se conter no significado literal da(s) reivindicação(ões) relevante(s), a variante alcança substancialmente o mesmo resultado, substancialmente da mesma forma da invenção, *i.e.*, o conceito inventivo revelado pela patente?
> ii) Seria óbvio para o perito na matéria, ao ler a patente na data da prioridade, mas sabendo que a variante alcança substancialmente o mesmo resultado da invenção, que o faz substancialmente da mesma forma que a invenção?
> iii) Teria o leitor da patente concluído que o requerente da patente, ainda assim, pretendeu que o estrito cumprimento com o significado literal da(s) reivindicação(ões) da patente fosse um requisito essencial da invenção?
>
> Para demonstrar que existe infração num caso em que não há infração literal, o requerente da patente terá de demonstrar que a resposta às duas primeiras questões foi "sim" e a resposta à terceira questão foi "não".»[899]

No caso concreto, o Supreme Court entendeu que os produtos da Actavis infringiam a patente da Eli Lilly. Designadamente no que respeita à terceira questão, o tribunal entendeu que a 2ª instância colocou demasiada ênfase na redação da patente e deu importância a menos ao disposto no artigo 2º do Protocolo Interpretativo do artigo 69º da CPE, ao considerar que o perito na matéria entenderia que o requerente da patente pretendeu claramente limitar o seu direito ao sal pemetrexedo

[899] Tradução livre da nossa responsabilidade. No original: «*i) Notwithstanding that i tis not within the literal meaning of the relevant claim(s) of the patent, does the variant achieve substanciallu the same result in substantially the same way as the invention, ie the inventive concept revealed by the patent?*
ii) Would it be obvious to the person skilled in the art, Reading the patent at the priority date, but knowing that the variant achieves substantially the same result as the invention, that it does so in substantially the same way as the invention?
iii) Would such a reader of the patent have concluded that the patentee nonetheless intended that strict compliance with the literal meaning of the relevant claim(s) of the patent was na essential requirement of the invention?
In order to establish infringement in a case where there is no literal infringement, a patentee would have to establish that the answer to the first two questions was "yes" anda that the answer to the third question was "no".»

dissódico. Segundo o tribunal, uma abordagem como a que foi seguida pela 2ª instância demonstraria o problema de se confundir a questão da interpretação das reivindicações com a determinação do âmbito de proteção da patente. Afinal, se a redação literal das reivindicações fosse um aspeto decisivo na determinação do âmbito da patente, não faria sequer sentido colocar as três questões.

Para além do exposto, o tribunal debruçou-se ainda sobre a questão da importância do expediente do processo de concessão da patente para a determinação do âmbito da proteção. *In casu*, a Actavis entendia que o expediente de concessão da patente *sub judice* demonstrava que o seu requerente visou abranger apenas o pemetrexedo dissódico, e não outros compostos de pemetrexedo, nomeadamente, o ácido livre. Segundo o Supreme Court, os tribunais deverão ter uma atitude cética, mas não absolutista, no que respeita à consulta do expediente de concessão da patente para proceder à sua interpretação ou para aferir da sua infração. Segundo o tribunal, há situações em que, por uma razão de justiça, é exigível que se tenha em conta o conteúdo do processo de concessão da patente, designadamente, quando:

> «[...] i) o ponto em questão seja verdadeiramente incerto se nos confinarmos à descrição e às reivindicações da patente, e se o conteúdo do processo resolver esse ponto de forma inequívoca ou ii) seria contrário ao interesse público que o conteúdo do processo fosse ignorado. O primeiro tipo de circunstâncias é, espero, autoexplanatório; o segundo poderia ser exemplificado com o caso em que o requerente da patente deixou claro perante o IEP que não pretende que a sua patente, caso seja concedida, estenda o seu âmbito ao tipo de variante que agora alega que a infringe.»[900]

In casu, o tribunal entendeu que o teor do expediente do processo de concessão da patente não afastava a conclusão a que chegara anteriormente, ou seja, que as variantes Actavis infringiam a patente da Eli Lilly.

[900] Tradução Livre da nossa responsabilidade. No original: «[...]*i) the point at issue is truly nuclear i fone confines oneself to the specification and claims of the patente, and the contente of the file unambiguously resolve the point, or ii) it would be contrary to the public interest for the contentes of the file to be ignored. The fisrt type of sircumstance is, I hope, self-explanatory; the second would be exemplified by a case where the patentee had made it clear to the EPO that he war no seeking to contend that his patent, if granted, would extend its scope to the sort of variant which he now claims infringes.*»

2.5. Noutras jurisdições

As questões levantadas pela interpretação do âmbito da patente e a aplicação da doutrina dos equivalentes não se colocam apenas nos EUA, na Alemanha, no Reino Unido ou em Portugal. Acresce que, até há pouco tempo, pouca harmonização havia no modo como cada ordenamento respondia a essas questões. Conforme referimos acima, o caso *Epilady* evidenciou como, no final dos anos oitenta/início dos anos noventa do século passado, mesmo os Estados-Membros da OEP seguiam diferentes abordagens para determinar o âmbito da proteção conferida pela patente face à sua alegada infração[901].

O presente trabalho não pretende proceder a um estudo exaustivo de todas as conceções existentes sobre o âmbito da patente e a doutrina dos equivalentes. Não obstante, será certamente proveitoso conhecer, ainda que sucintamente, como têm sido abordados esses temas noutros ordenamentos jurídicos próximos do ordenamento português. Para o efeito, tomamos ainda como exemplo a aplicação da doutrina dos equivalentes em França e em Espanha.

Assim, de acordo com a jurisprudência francesa, a aplicação da doutrina dos equivalentes assenta em dois pressupostos. Em primeiro lugar, para que a variante seja abrangida pelo âmbito de proteção da patente, exige-se que os meios essenciais reivindicados sejam substituídos por meios equivalentes[902]. Por meios essenciais entende-se as características técnicas necessárias e suficientes à produção do efeito técnico cujo resultado é procurado pelo inventor[903]. A mera alteração de elementos que escapem a este critério é considerada uma infração literal e não carece de ser examinada ao abrigo da doutrina dos equivalentes para que se conclua pela violação da patente[904].

Em segundo lugar, a aplicação da doutrina dos equivalentes pressupõe que a patente proteja um meio geral («*moyen général*») e não um

[901] Cf. M. Franzosi, «Three European Cases on Equivalence», p. 113. Cf. acórdão *Improver* (Alemanha e Reino Unido), capítulo II, pontos 2.3.2. e 2.4.2. *supra*.

[902] Stephen M. Bodenheimer & John Beton, «Infringement by equivalents in the United States and Europe», p. 88.

[903] Jochen Pagenberg, Alexander Harguth & Julien Frénaux, «The French Practice», p. 123.

[904] Pierre Véron, «Doctrine of Equivalents – France *vs.* The Rest of the world», 2001, p. 4.

meio particular («*moyen particulier*»). Ou seja, a doutrina dos equivalentes só poderá ser aplicada quando o requerente da patente reivindique um âmbito amplo para a sua invenção, que abranja não apenas a sua forma, mas a função desempenhada pelas características técnicas reivindicadas. Nesse caso, qualquer meio que cumpra a função da invenção infringirá a patente. Por conseguinte, a jurisprudência francesa considera que «são equivalentes dois meios de formas diferentes que, exercendo a mesma função, isto é, o mesmo efeito técnico primário, proporcionam um resultado similar»[905] e que «em princípio são equivalentes os meios que, apesar de serem de formas diferentes, exercem as mesmas funções tendo em vista um resultado similar»[906]. Ou seja, exige-se que os dois meios em confronto partilhem a mesma função (*i.e.*, produzam o mesmo efeito técnico primário imediata e diretamente resultante da sua implementação[907]) e alcancem um resultado semelhante. Não quer isso dizer que o resultado seja patenteável ao abrigo da lei francesa. Com efeito, o meio técnico que possibilite alcançar o mesmo resultado através não só de uma forma diferente da reivindicada, como também da função protegida, não será considerado equivalente ao elemento reivindicado[908].

Quando o requerente apenas reivindicar uma forma de realização específica da sua invenção – nomeadamente, porque a função desempenhada pelos elementos caracterizantes reivindicados já integra o estado da técnica –, a patente protegerá apenas o modo com se cumpre essa função e não a função desempenhada pelos elementos da invenção patenteada. Por outras palavras, protegerá um meio particular («*moyen particulier*») e não um meio geral («*moyen général*»). Nesse caso, a patente

[905] Cour d'Appel de Paris, 11 set. 1996, *PIBD*, 1996 nº 621, III, 577, *apud* Jacques Azéma & Jean-Christophe Galloux, *Droit de la propriété industrielle*, p. 441. Tradução livre da nossa responsabilidade. No original: «*sont equivalentes deux moyens de forme différent mais qui, exerçant la meme fonction, c'est-à-dire le même effet technique premier, procurent un resultat semblant*».

[906] *Apud* Jacques Azéma & Jean-Christophe Galloux, *Droit de la propriété industrielle*, p. 441, que atribui a citação a diversas decisões judiciais, entre as quais o acórdão do TGI Paris, 14 juin 1996, *PIBD* 1996 nº 621, III, 577. Tradução livre da nossa responsabilidade. No original: «*il est de principe que sont equivalentes des moyens, qui, bien qu'étant de forms différentes, exercent les mêmes fonctions en vue d'um résultat semblable*».

[907] Pierre Véron, «Doctrine of Equivalents», p. 2.

[908] Pierre Véron, «Doctrine of Equivalents», p. 3.

apenas poderá ser infringida literalmente, e não por equivalência[909]. Por conseguinte, a variante que desempenha a mesma função de modo diverso não será abrangida pela proteção concedida pela patente ao abrigo da doutrina dos equivalentes. Nesse sentido pronunciou-se, *e.g.*, a Cour de Cassation, por acórdãos de 20 de novembro de 2007[910] e de 23 de novembro de 2010[911], bem como o Tribunal de Grand Instance de Paris, por acórdão de 2 de julho de 2010[912]. Por outro lado, resulta do exposto que a infração por equivalência não pressupõe que o elemento equivalente apresente o mesmo *modus operandi* da invenção reivindicada[913].

Não obstante, embora a jurisprudência supramencionada aparente que o teste de equivalência exige apenas uma dupla identidade entre a invenção e a variante, dispensando que esta funcione do mesmo modo da invenção, não é perfeitamente claro que este terceiro elemento não deva ser tomado em consideração. Com efeito, alguns autores citam a jurisprudência norte-americana para sustentar que a análise da equivalência em França é tripartida e, embora não corresponda precisamente à formulação apresentada no acórdão *Graver Tank*[914], deve ter em conta (i) os meios, que deverão ser equivalentes, (ii) a função, que deverá ser a mesma, e (iii) o resultado, que deverá ser similar para que a variante seja considerada equivalente à invenção[915]. Além disso, o modo de funcionamento da variante terá sido analisado por vários acórdãos franceses dos anos 90 do século passado, para aferir se a variante era ou não equivalente à invenção, quer de forma expressa, quer implicitamente[916].

Em Espanha, a doutrina dos equivalentes é pacificamente considerada aplicável pela jurisprudência mais recente e pelos autores que

[909] Jacques Azéma & Jean-Christophe Galloux, *Droit de la propriété industrielle*, pp. 441 e 442; Pierre Véron, «Doctrine of Equivalents», pp. 4 e 5; Jochen Pagenberg, Alexander Harguth & Julien Frénaux, «The French Practice», p. 123.

[910] Cour de Cassation, Chambre Commercial, 20 nov. 2007, recurso nº 06-17.95.

[911] Cour de Cassation, Chambre Commercial, 23 nov. 2010, recurso nº 09-15668.

[912] TGI Paris, 3e Chambre, 3e Section, 2 jul. 2010, recurso nº 09-15668.

[913] Stephen M. Bodenheimer & John Beton, «Infringement by equivalents in the United States and Europe», p. 88.

[914] Cf. capítulo II, ponto 2.2.1. *supra*.

[915] Jochen Pagenberg, Alexander Harguth & Julien Frénaux, «The French Practice», p. 130; Jacques Azéma & Jean-Christophe Galloux, *Droit de la propriété industrielle*, p. 443.

[916] Pierre Véron, «Doctrine of Equivalents», p. 3, citando jurisprudência do TGI e do Cour d'Appel de Paris.

versam sobre o âmbito e a infração das patentes, tanto mais que se considera que o Protocolo Interpretativo do artigo 69º da CPE é aplicável não só às patentes europeias, mas também às patentes nacionais[917]. Alguma doutrina considera que a conceção alemã seria prevalecente entre os autores espanhóis[918], que definem meios equivalentes como «aqueles meios que, de acordo com os conhecimentos normais de um perito na matéria, são capazes de realizar a mesma função para conseguir um mesmo resultado ou para a produção de um mesmo efeito, sem que a sua recíproca substituição suponha alguma modificação essencial à solução dada»[919]. No entanto, essa perspetiva foi posta em causa por alguns autores que, dada a escassez de jurisprudência sobre o tema, sustentaram que não existe uma base sólida para sustentar que a equivalência pressupõe (apenas) a dupla identidade entre a função e o resultado técnico dos meios utilizados ou, ao invés, a tripla identidade entre função, resultado e modo de funcionamento desses meios[920]. Na verdade, a jurisprudência espanhola mais recente parece propender no sentido de que o juízo de equivalência não se basta com a dupla identidade entre a variante e a invenção, aproximando-se da conceção sustentada pela jurisprudência britânica.

É verdade que a sentença proferida pelo Juzgado de Primera Instancia núm. 37, de Barcelona, a de 10 de setembro de 2002 – *i.e.*, uma das primeiras decisões conhecidas sobre a aplicação da doutrina dos equivalentes em sede de infração da patente, ultrapassando a preponderância atribuída à doutrina da essencialidade[921] –, não se ocupou do modo

[917] Pascual Segura Cámara, «The role of equivalents and prosecution history in defining the scope of patent protection», p. 1; Ángel García Vidal, «La Infracción De Una Patente Por Equivalentes», p. 1.

[918] Cf. Luís Couto Gonçalves, *Manual de Direito Industrial*, p. 104.

[919] José António Gomez Segade, «Actividad Inventiva y Doctrina de los Equivalentes», p. 43. Tradução livre da nossa responsabilidade. No original: *«aquelles médios que, de acuerdo com los conocimientos normales de um perito em la matéria, son capaces de realizar la misma función para la consecución de un mismo resultado o para la prodicuión de un mismo efecto, sin que su recíproca sustituición suponha ninguna modificación essencial a la solución dada»*; Carmen Salvador Jovani, *El Ámbito de Protección de la patente*, p. 280-282.

[920] Pascual Segura Cámara, «The role of equivalents and prosecution history in defining the scope of patent protection», p. 3.

[921] São conhecidas decisões judiciais espanholas anteriores que fazem referência à doutrina dos equivalentes, mas que, propriamente dito, não a aplicam na resolução de litígios respeitantes à infração da patente. Veja-se, por exemplo, o acórdão proferido pela Sala 3ª

de funcionamento da variante, sugerindo que a análise da equivalência poderia bastar-se com a dupla identidade entre a função e o resultado técnico dos meios utilizados pela invenção e pela variante. Segundo lavrou o tribunal, a doutrina dos equivalentes implicaria «dar menos valor às características estruturais da invenção e centrar a invenção na função que desempenham, estendendo a proteção àqueles casos em que um elemento da invenção é substituído por outro elemento, distinto quanto à estrutura, mas que realiza a mesma função dentro da invenção»[922].

No entanto, por acórdão proferido a 20 de abril de 2005, a Audiencia Provincial de Barcelona decidiu que o teste da dupla identidade deveria ser corrigido para evitar que a sua aplicação, sem mais, implique que a patente abranja o resultado da realização da invenção. Por conseguinte,

do Tribunal Supremo de España a 10 de junho de 1968, que aborda a teoria dos equivalentes a propósito da patenteabilidade e define equivalentes como «as variantes de forma, matéria, tamanho, disposição de elementos, incluindo toda a substituição de esses elementos por outros, quando não alterem o princípio fundamental da invenção descrita, reivindicada e amaparada pela patente ou pelo modelo de utilidade» (tradução da nossa responsabilidade; no original, *apud* sentença da Audiencia Provincial de Barcelona, de 18 de setembro de 2000, «variantes de forma, matéria, tamaño, disposició de elementos e incluso toda sustitución de esos elementos por otros, cuando com ellos no se altere el princípio fundamental de la invención descrita, reivindicada y amaparada por la patente o el modelo de utilidad»); o acórdão da Audiencia Provincial de Barcelona, de 20 de outubro de 1999 ou o aórdão do mesmo tribunal, de 18 de setembro de 2000 (*cit.*), que, embora cite a definição de elemento equivalente contante do acórdão da 10 de junho de 1968 da Sala 3ª do Tribunal Supremo de España, bem como a definição de meios equivalentes constante da decisão decisão T 697/92 da Câmara de Recursos do IEP, (cf. Capítulo II, ponto 2.6. *infra*), acaba por recorrer à teoria da essencialidade, decidindo que a variante não é equivalente à invenção porque «[...] os produtos de partida do procedimento [variante] diferenciam-no do processo reivindicado nas patentes [...], sendo distinta a estratégia estereoquímica utilizada nuns e noutros [...] e os meios de atuação sobre as matérias-primas [...], pelo que, em última análise, se diferencia essencialmente do reivindicado pelas patentes [...]» (tradução da nossa responsabilidade; no original «[...] *los productos de partida del procedimiento* [...] *diferencian aquél del proceso reivindicado en las patentes* [...] *siendo distinta la estrategia estereoquímica utilizada en unos y otro* [...], *y los medios de actuación sobre las materias primas* [...], *por lo que, a la postre, se diferencia esencialmente del reivindicado por las patentes* [...]») – cf. Miguel Vidal-Quadras Trias de Bes, *Estudio Sobre los Requisitos de Patentabilidad, el alcance y la violación del derecho de patente*, pp. 222 a 229.

[922] Cf. Ángel García Vidal, «La Infracción De Una Patente Por Equivalentes», 2009, pp. 2 – 3. Tradução livre da nossa responsabilidade. No original: «*dar menos valor a las características estructurales de la invención y centrar la invención en la función que desempeñan, extendiendo la protección a aquellos casos en que un elemento de la invención es sustituido por otro elemento, distinto en cuanto a la estructura, pero que realiza la misma función dentro de la invención*».

segundo o tribunal, deverá recorrer-se ao «chamado teste da tripla equivalência, que exige a mesma função, o mesmo *modus operandi* e o mesmo resultado»[923]. Curiosamente, aquele tribunal espanhol não distingue entre a abordagem alemã e a abordagem britânica, uma vez que, segundo o mesmo, «[e]sta conceção foi aceite pelo Tribunal Federal alemão desde a conhecida Sentença Formstein (29 de abril de 1986), que condensa praticamente os mesmos critérios que aplicados pelos Tribunais britânicos desde a Sentença Catnic (1982) e Improver (1989) [...]»[924]. Por acórdão de 7 de junho de 2005, o mesmo tribunal decidiu que, enquanto o teste da dupla identidade apresenta vantagens quando se trata de aferir a equivalência de uma variante face a uma invenção no campo químico-farmacêutico, o teste da tripla identidade será mais adequado a invenções mecânicas[925]. Por acórdão de 8 de janeiro de 2008, voltou a aplicar a doutrina dos equivalentes, citando a jurisprudência alemã e britânica, designadamente, os acórdãos Formstein, Catnic e Improver (Reino Unido), parafraseando o teste formulado neste último acórdão. Por acórdão de 30 de janeiro de 2009, o mesmo tribunal reiterou o entendimento de que o ponto de partida para aplicar a doutrina dos equivalentes é o teste da dupla identidade, mas que esse teste deve ser colmatado pelo teste da tripla identidade, designadamente, quando se trate de invenções mecânicas mais simples. Assim, segundo a Audiencia Provincial de Barcelona, para que uma variante seja considerada equivalente à invenção patenteada será necessário responder a três questões:

> «a) a variante altera o funcionamento da invenção? (o elemento equivalente proporciona praticamente o mesmo resultado que o elemento reivindicado?); se a resposta é afirmativa, não há equivalência; se é negativa, há-que responder à pergunta seguinte;
>
> b) a variante seria óbvia para o perito médio na matéria que lesse a patente na data da sua publicação? Se a variante não era óbvia (ou é

[923] Tradução da nossa responsabilidade. No original: «*el llamado test de la triple equivalência que exige la misma función, el mismo moduz operandi y el mismo resultado*».

[924] Tradução da nossa responsabilidade. No original: «[e]*sta concepción ha sido aceptada por el Tribunal Federal alemán a partir de la conocida Sentencia Formstein (29 de abril de 1986), que condensa prácticamente los mismos criterios que se manejan por los Tribunales* británicos a partir de la Sentencia Catnic (1982) e Improver (1989) [...]».

[925] Ángel García Vidal, «La Infracción De Una Patente Por Equivalentes», pp. 3 e 4.

inventiva) não há equivalência; mas se a resposta é afirmativa é, todavia, necessário perguntar-se:

c) o perito médio na matéria que lesse a patente entenderia, tendo em conta os termos da reivindicação, que o titular quisera que a sujeição ao estrito sentido dos mesmos fosse um requisito essencial da invenção?; em caso afirmativo, não pode haver equivalência.»[926]

Como é bom de ver, o teste proposto pela Audiencia Provincial de Barcelona é muito semelhante às «*Protocol questions*» formuladas por HOFFMANN J. ao dirigir a discussão do caso *Improver* (Reino Unido), analisado acima[927]. Por conseguinte, face à jurisprudência mais recente, e ao contrário do que sustenta alguma doutrina espanhola[928], tudo indica que os tribunais do seu país tenderão a aproximar-se da jurisprudência britânica no que respeita à aplicação da doutrina dos equivalentes e à definição do âmbito não literal da patente.

Este entendimento parece ser reforçado pelo acórdão proferido pelo Tribunal Supremo Espanhol de 29 de abril de 2015, com o qual decidiu o recurso interposto do acórdão proferido pela Audiencia Provincial de Barcelona em 19 de dezembro de 2012 sem pôr em causa o teste seguido pelo tribunal *a quo*, – mais uma vez, próximo das «*Protocol questions*» sugeridas por HOFFMANN J. –, centrando a sua análise na questão verdadeiramente controvertida nos autos, ou seja, saber, a propósito da segunda questão do teste seguido, o que se entende por alternativa óbvia para o perito na matéria.

[926] *Apud* Ángel García Vidal, «La Infracción De Una Patente Por Equivalentes», pp. 4 e 5. Tradução livre da nossa responsabilidade. No original:

«*a) ¿altera la variante el funcionamiento de la invención? (¿proporciona el elemento equivalente prácticamente el mismo resultado que el elemento reivindicado?); si la respuesta es afirmativa, no hay equivalencia; si es negativa, hay que responder a la pregunta siguiente;*

b) ¿habría sido obvia la variante para el experto medio en la materia que leyera la patente en la fecha de su publicación? Si la variante no era obvia (o es inventiva) no hay equivalencia; pero si la respuesta es afirmativa todavía es necesario preguntarse:

c) ¿habría entendido el experto medio en la materia que leyera la patente, dados los términos de la reivindicación, que el titular quiso que la sujeción al estricto sentido de los mismos fuera un requisito esencial de la invención?; en caso afirmativo, no puede haber equivalencia.»

[927] Cf. capítulo II, ponto 2.4.2. *supra*.

[928] Cf. JOSÉ ANTÓNIO GOMEZ SEGADE, «Actividad Inventiva y Doctrina de los Equivalentes», p. 43; CARMEN SALVADOR JOVANI, *El Ámbito de Protección de la patente*, p. 280-282.

2.6. Na Câmara de Recursos do IEP

Embora não tenha competência para decidir litígios respeitantes à infração de patentes – onde o seu âmbito é mais discutido e, por isso, onde a doutrina dos equivalentes é mais relevante e debatida –, a Câmara de Recursos do IEP teve já oportunidade de versar sobre o conceito de «meios equivalentes», na decisão do caso T 697/92, a propósito da análise da inventividade. De acordo com a Câmara de Recursos, dois meios serão equivalentes se, apesar de apresentarem formas de realização diferentes, cumprirem a mesma função, visando o mesmo resultado. Ambos os meios cumprem a mesma função se partilharem a mesma ideia básica, isto é, se aplicarem o mesmo princípio da mesma maneira. Além disso, para que a variante seja considerada um meio equivalente, o resultado alcançado deve ser do mesmo tipo e qualidade. Por conseguinte, um meio não será equivalente se, por causa da sua diferente forma de realização, conduzir a um resultado do mesmo tipo, mas com diferente grau de qualidade ou eficiência. Para tal, não é necessário que o resultado deva ser melhor, pois será suficiente que seja diferente, uma vez que o não é o próprio resultado que é patenteável, mas sim os meios que permitem alcançá-lo[929].

3. A aplicação da doutrina dos equivalentes em Portugal: O estado da questão

3.1. Enquadramento do tema

A importância que o direito internacional de patentes assume no Direito de Patentes atual exige que se tenha em conta os desenvolvimentos verificados noutros Estados nessa matéria (designadamente, entre os Estados da OEP, mas não só). Por essa razão, a análise crítica dos pressupostos da aplicação da doutrina dos equivalentes em Portugal, enquadrada pelo disposto no artigo 69º da CPE e no respetivo Protocolo Interpretativo, exige que se analise, ainda que de forma sucinta, as

929 Cf. Legal Research Service of the Boards of Appeal, *Case Law of the Boards of Appeal of the European Patent Office*, pp. 233 e 234. Sobre o entendimento da Câmara de Recurso do IEP a propósito do resultado da variante e da sua importância para a aplicação da doutrina dos equivalentes, veja-se a nossa crítica *infra* no ponto 3.2.3. do presente Capítulo.

conceções vigentes nos ordenamentos que maior influência têm tido na discussão dessa questão[930] – o que procurámos fazer. Não obstante, não será certamente menos importante que se examine os termos em que se tem discutido a interpretação do âmbito da patente na doutrina e na jurisprudência portuguesas.

Em Portugal, o debate em torno das questões levantadas pela determinação do âmbito da proteção conferida pelo direito de patente não tem sido particularmente profuso[931]. Não obstante, é possível encontrar autores nacionais que têm versado sobre o tema, ainda que, salvo raras exceções, de forma não exaustiva. Na jurisprudência nacional, a discussão também não é inédita, mas é igualmente pouco abundante. Não temos notícia de qualquer decisão dos tribunais mais altos da hierarquia judicial nacional sobre esta matéria e, nas últimas décadas, só recentemente surgiram alguns casos que permitiram ao TRL e ao TCAS abordar o assunto. Por outro lado, com a entrada em vigor a Lei nº 62/2011, de 12 de dezembro – cujo artigo 2º, na sua redação originária, determinava que os litígios emergentes da invocação de direitos de propriedade industrial relacionados com medicamentos de referência perante medicamentos genéricos estavam sujeitos a arbitragem necessária[932] –, tornou-se mais frequente ver este tema abordado em tribunal, ainda que arbitral, conforme abordaremos adiante.

3.2. Na doutrina

Como vimos acima[933], Américo da Silva Carvalho sustentou que, ao abrigo do CPI 1940 e em respeito ao princípio da segurança jurídica, o âmbito da proteção conferida pela patente era determinado pelas reivindicações, uma vez que, após o pedido de patente, apenas estas eram publicadas[934]. Não obstante, o autor admitia a aplicação da «chamada

[930] Alfred Keukenschrijver, «The German Practice», p. 78.

[931] Cf. acórdão arbitral de 16 de dezembro de 2012, publicado no BPI de 17 de maio de 2013, pp. 6 ss. (esp. p. 41).

[932] Após as alterações introduzidas pelo Decreto-Lei nº 110/2018 (cf. artigo 4º deste diploma), a arbitragem dos litígios emergentes da invocação de direitos de propriedade industrial relacionados com medicamentos de referência deixou de ser obrigatória e passou a ser meramente voluntária.

[933] Cf. capítulo I, ponto 2.5.1. *supra*.

[934] Américo da Silva Carvalho, *O Objeto da Invenção*, p. 42.

teoria dos meios equivalentes», embora «com grande circunspeção», sob pena de «compreender-se na designação de meios equivalentes meios inteiramente novos»[935].

Segundo AMÉRICO DA SILVA CARVALHO, a teoria ou doutrina dos equivalentes seria aplicável a «cada um dos tipos ou categorias de invenções»[936] e pressuponha a verificação de três condições:

> «a) *Identidade da ideia base da invenção*
>
> [...] É o princípio ou princípios de que o inventor parte para alcançar o resultado que se propõe obter. [...]
> A ideia base não necessita de ser expressamente indicada pelo inventor, mas convém que o seja, pois deixando que o intérprete conclua qual é a ideia base de uma invenção, o inventor pode sujeitar-se a que esta seja limitada aos modos de execução na mesma descritos, quando, em muitos casos, tais modos de execução constituem apenas exemplos, não limitam o conteúdo da invenção
>
> b) *Os meios empregados devem desempenhar a mesma função*
>
> Se numa invenção um meio desempenha determinada função e um terceiro substitui esse meio por outro que desempenha equivalente função, haverá identidade de meios [...]
>
> c) *Os meios empregados devem servir para se obter o mesmo resultado técnico*
>
> Se os resultados técnicos obtidos são diferentes, a teoria da equivalência de meios não tem aplicação.
> Mas, se com a segunda invenção, se obtém o mesmo resultado da primeira, utilizando-se a mesma ideia base e os meios da primeira, aquela deve considerar-se abrangida por esta, ainda que o inventor não tivesse indicado ou previsto o resultado, pois este não precisa de ser indicado.»[937]

[935] AMÉRICO DA SILVA CARVALHO, *O Objeto da Invenção*, p. 76.
[936] AMÉRICO DA SILVA CARVALHO, *O Objeto da Invenção*, p. 73.
[937] AMÉRICO DA SILVA CARVALHO, *O Objeto da Invenção*, pp. 73 e 74.

Ainda de acordo com o mesmo autor, «quando a ideia base da invenção é conhecida[,] sòmente os modos descritos e os que neles estão implícitos ou são consequência dos mesmos ou a estrutura da invenção são protegidos, sendo, porém, abrangidos por ela *as variantes de execução*, pois de outra forma um terceiro fàcilmente infringiria a mesma.» Por outro lado, «[s]e o inventor não indica a função desempenhada pelos meios que emprega [...], qualquer outro meio que desempenhe a mesma função é considerado como equivalente, desde que se verifiquem as demais condições indicadas. [...] Se, porém, tal função não se consegue descortinar é evidente que não se pode falar em equivalência de meios [...]»[938]. Acrescentava ainda que «não se pode compreender sob o nome dos equivalentes, meios inteiramente novos, – apenas pela razão de, através deles, se obterem os mesmos resultados técnicos – pois de outra forma chegaríamos a proteger uma patente de resultado»[939].

Ao abrigo do CPI 1940, também JUSTINO CRUZ, baseando-se na doutrina de autores franceses como ROUBIER, MATHÉLY ou CASALONGA, sustentou que, «para que haja contrafacção não é necessário que se esteja na presença de uma reprodução total ou completa do objecto da invenção», pois «é suficiente que os elementos da invenção sejam reproduzidos no que constitui a sua substância: o que deve ser reproduzido é a própria essência da invenção [...]»[940]. Todavia, citando ROUBIER, o autor constatava as dificuldades por vezes sentidas para determinar quando é que essa situação se verifica, «dado o espírito de fraude dos contrafactores que procuram dissimular o seu intento por forma a iludir o monopólio concedido pela patente»[941]. Para fazer face a este problema, o autor refere que «foi desenvolvida por KOHLER a teoria dos equivalentes, que fundamentalmente se baseia na distinção entre os meios, as funções e os resultados e que Casalonga explicita da seguinte forma:

> "L'utilisation d'un moyen analogue à um [*sic*] moyen breveté constitue une contrefaçon de ce dernier si, malgré les différences entre moyens, les fonctions techniques, c'est-à-dire les résultats indus-

[938] AMÉRICO DA SILVA CARVALHO, *O Objeto da Invenção*, p. 76.

[939] AMÉRICO DA SILVA CARVALHO, *O Objeto da Invenção*, p. 77.

[940] JUSTINO CRUZ, *Código da Propriedade Industrial*, 2ª Edição, Livraria Arnaldo, Coimbra, 1983, p. 392; cf. J. P. REMÉDIO MARQUES, *Biotecnologia(s) e Propriedade Intelectual*, vol. I, p. 738.

[941] JUSTINO CRUZ, *Código da Propriedade Industrial*, p. 392.

triels premiers ou encore les rôles joués, sont les mêmes; ainsi, deux moyens différents, mais remplissant la même fonctions seront considérés comme équivalents."»[942]

Justino Cruz sintetizava a doutrina dos equivalentes do seguinte modo:

> «As diferenças nas modalidades de execução não suprimem a contrafacção a não ser, unicamente, que modifiquem o meio patenteado no que ele tem de essencial, isto é, na sua forma geral e nas suas funções.
>
> São equivalentes os meios que embora de forma diferente:
>
> – realizam a mesma função, isto é, produzem o mesmo efeito técnico. É esta identidade de funções que caracteriza a equivalência;
>
> – procuram no exercício da mesma função, resultados semelhantes. Estes devem ser da mesma natureza, não se tornando necessário que sejam do mesmo grau ou da mesma qualidade. O resultado deve ser semelhante mas não idêntico.»[943]

Assim, embora ao abrigo do CPI 1940 a doutrina exigisse que o alcance da proteção concedida fosse necessariamente o que resultasse das reivindicações[944], admitia que essa proteção pudesse ser estendida a elementos considerados equivalentes por, partindo da mesma «ideia base» para chegar a resultados semelhantes, partilharem a mesma função dos elementos reivindicados, mas não necessariamente o mesmo modo de execução. Denota-se a influência da conceção francesa quanto à equivalência[945], uma vez que, quando a «ideia base da invenção» não fosse nova, a aplicação da doutrina dos equivalentes apenas poderia abranger as respetivas *«variantes de execução»*. Podemos, por isso, dizer que, ao abrigo do CPI 1940, as reivindicações assumiram uma função periférica na delimitação da proteção conferida pela patente[946], mas a conceção

942 Justino Cruz, *Código da Propriedade Industrial*, p. 392.

943 Justino Cruz, *Código da Propriedade Industrial*, p. 393.

944 Américo da Silva Carvalho, *O Objeto da Invenção*, p. 42. Cf., em sentido que nos parece idêntico, J. P. Remédio Marques, *Biotecnologia(s) e Propriedade Intelectual*, p. 738.

945 Cf. capítulo II, ponto 2.5. *supra*.

946 Cf. capítulo I, ponto 2.5.1. *supra*.

vigente no que respeitava à aplicação da doutrina dos equivalentes permitia mitigar os resultados mais estritos dessa conceção.

Mais recentemente, já ao abrigo do CPI 2003, Teresa Silva Garcia toca o tema do âmbito da proteção conferida pela patente a propósito da inventividade[947]. De acordo com esta autora, «[a]s reivindicações são a peça própria para caracterizar a invenção, para expor a matéria nova e com actividade inventiva; e só estas. Não havendo porém, norma para interpretação do citado artigo [artigo 97º, nº 1, do CPI[948]], deve considerar-se como referencial o Protocolo de interpretação do art. 69º CPE [...]»[949].

Além disso, Teresa Silva Garcia sustenta que seria possível encontrar alguma relação entre o estado do desenvolvimento industrial de um país e a sua posição face à aplicação da doutrina dos equivalentes: «um país mais desenvolvido tem interesse na equivalência ampla, um país pouco desenvolvido tecnologicamente tem interesse em deixar mais espaço livre e deverá realizar uma interpretação mais literal»[950]. Contudo, não nos parece que se possa dizer que o Reino Unido seja um país tecnologicamente pouco desenvolvido, pese embora seja frequentemente apontado como um dos países onde o âmbito não literal da patente é interpretado de forma mais estrita[951]. Na verdade, o que a análise exposta anteriormente sugere a propósito da relação entre a função das reivindicações e a doutrina dos equivalentes nos diversos Estados estudados[952] é que a aplicação desta teoria depende do papel atribuído às reivindicações na definição do objeto da patente. Com efeito, nos ordenamentos jurídicos em que se permite uma maior generalização do protegido, a interpretação do âmbito não literal das reivindicações será tendencialmente mais estrita. Por outro lado, nos ordenamentos em que o objeto da patente deve ser concretamente definido, a aplicação da teoria dos equivalentes será tendencialmente aplicada de forma a abranger um

[947] Teresa Silva Garcia, «A Inventividade», *Direito Industrial*, vol. V, Almedina, Coimbra, 2008, pp. 299 – 302.

[948] Cf. artigo 98º, nº 1, do CPI 2018.

[949] Teresa Silva Garcia, «A Inventividade», p. 300.

[950] Teresa Silva Garcia, «A Inventividade», p. 300.

[951] Cf., *e.g.*, Pedro Sousa e Silva, *Direito Industrial*, p. 73.

[952] Cf. capítulo I, ponto 2. e capítulo II, ponto 2. *supra*.

leque de realizações equivalentes mais amplo[953]. Não se trata necessariamente de uma questão de maior ou menor desenvolvimento tecnológico estado de proteção, mas antes de diferentes pontos de equilíbrio entre os vários elementos que compõem o sistema de patentes, alcançados de modos distintos em virtude das diversas tradições jurídicas.

No que respeita ao conceito de equivalência, TERESA SILVA GARCIA toma em consideração o facto de a jurisprudência dos vários Estados eurpeus não ser homogénea, o que a leva a recorrer à jurisprudência da Câmara de Recursos do IEP. Assim, considera que «dois meios são equivalentes se, apesar de terem estruturas/formas diferentes cumprirem a mesma função em relação ao mesmo resultado» e «dois meios realizam a mesma função quando partilham a mesma ideia base, i.e., se aplicam o mesmo princípio da mesma maneira». A autora deixa ainda um conjunto de «questões que se põem relativamente à segunda invenção»:

«a. A equivalência não pode ser usada para apreciar a novidade, porque a novidade só é destruída por uma anterioridade;

b. Quanto à atividade inventiva: [...] se não chegar à atividade inventiva boa para patentear, ficará no campo da evidência. [...] É uma forma de defraudar os reais inventores nos seus legítimos direitos. [...]

c. O momento de referência para apreciação da equivalência de meios é, tal como para a actividade inventiva, a data de apresentação do pedido. O meio equivalente tem que já existir à data da apresentação do pedido de patente, tem que fazer parte do estado da técnica. Se não existir, surgindo posteriormente, ainda que constituindo um novo meio que vale o mesmo, não é equivalente, goza de novidade e mesmo de actividade inventiva. [...]

d. Os meios equivalentes devem conduzir ao mesmo tipo e qualidade de resultado. Caso o resultado seja igual mas de qualidade diferente, em função da diferença estrutural do meio, já não será considerada equivalência. [...]»[954].

[953] MATT FISHER, *Fundamentals of Patent Law*, p. 243.

[954] TERESA SILVA GARCIA, «A Inventividade», p. 301.

António Campinos e Luís Couto Gonçalves, no *Código de Propriedade Industrial Anotado*[955], também abordam, ainda que de forma sucinta, a determinação do âmbito da proteção conferida pela patente. Os autores dão conta do disposto no Protocolo Interpretativo do artigo 69º da CPE, bem como da jurisprudência da Câmara de Recursos do IEP sobre o seu propósito (designadamente, a decisão G 2/88). Referem também a definição de equivalentes proposta pela OMPI no projeto de tratado apresentado em 1991 na conferência diplomática de Haia para a aprovação de um tratado suplementar à Convenção da União de Paris em matéria de patentes[956], a decisão T 697/92 da Câmara de Recursos do IEP[957], e mencionam as *Schneidmesser-Fragen* adotadas pelo BGH para avaliar a aplicação da doutrina dos equivalentes[958].

Luís Couto Gonçalves também se ocupou do tema no seu *Manual de Direito Industrial*. Depois de assinalar a origem da teoria e a sua adoção pelo Protocolo Interpretativo ao artigo 69º da CPE após a revisão de 2000, o autor nota que, ainda assim, aquele protocolo não responde às principais questões que fazem divergir a aplicação da doutrina nos diversos Estados-Membros da OEP e entre estes e os EUA, designadamente, como se define a equivalência ou qual o momento que deve ser considerado para a sua apreciação[959]. Procede, então, à sucinta exposição das diversas interpretações que a doutrina dos equivalentes tem merecido na Alemanha, nos EUA, no Reino Unido e em Itália[960], e toma posição, nos seguintes termos:

> «Da nossa parte pensamos que a proposta alemã, também subscrita pela melhor doutrina espanhola, é tecnicamente mais bem elaborada. Neste sentido, propendemos a considerar que há infracção do direito de patente por equivalência se a invenção patenteada e a

[955] António Campinos & Luís Couto Gonçalves, *Código da Propriedade Industrial Anotado*, pp. 258 e 259.

[956] Sobre a projeto de tratado apresentado em 1991 na conferência diplomática de Haia para a aprovação de um tratado suplementar à Convenção da União de Paris em matéria de patentes, cf. Capítulo I, ponto 1.2. *supra*.

[957] Sobre o conteúdo da decisão T 697/92 da Câmara de Recursos do IEP, cf. Capítulo II, ponto 2.6. *supra*.

[958] Sobre a origem e o teor das *Schneidmesser-Fragen*, cf. Capítulo II, ponto 2.3.3. *supra*.

[959] Cf. Luís Couto Gonçalves, *Manual de Direito Industrial*, pp. 97 e 98.

[960] Cf. Luís Couto Gonçalves, *Manual de Direito Industrial*, pp. 99-104.

invenção questionada se situarem no âmbito do mesmo problema técnico, apresentarem uma solução idêntica e os elementos modificados (ou variantes) estiverem ao alcance de um perito na especialidade, a partir da interpretação *lógica* (não estritamente literal) e *objectivista* (a procura da vontade declarada deve sobrepor-se à procura da vontade do titular da patente) do conteúdo das reivindicações da invenção protegida, de acordo com a orientação hermenêutica do art. 1º do Protocolo Interpretativo do art. 69º da CPE. Todavia, apesar da equivalência, o âmbito da protecção de uma invenção não deve abranger o equivalente se este for insusceptível de protecção ou for considerado evidente face ao estado da técnica.

O momento determinante para a apreciação dos equivalentes deve ser o do pedido de patente, por razões de coerência legislativa e de segurança jurídica. [...]»[961].

Pedro Sousa e Silva também aborda a questão do âmbito da patente na obra *Direito Industrial – Noções Fundamentais*. Segundo o autor:

> «O texto das reivindicações aceites pelos examinadores constitui assim o "núcleo duro" da patente já que, como refere o nº 4 do art. 101º do CPI, *os direitos conferidos pela patente não podem exceder o âmbito das reivindicações*. Por outras palavras, as reivindicações são a medida da inovação e, consequentemente, a medida da protecção.» [962]

No que respeita à doutrina dos equivalentes, que acaba por centrar a análise do autor quanto à interpretação do âmbito da proteção conferida pela patente, refere a alteração introduzida pela revisão de 2000 ao Protocolo Interpretativo do artigo 69º da CPE, bem como a aceitação da aplicação da doutrina pelos tribunais portugueses, não só às patentes europeias, mas a todas aquelas concedidas para vigorar no território nacional, «por razões de igualdade concorrencial e de segurança jurídica»[963].

Pedro Sousa e Silva alerta também para as diversas questões suscitadas pela aplicação da doutrina, incluindo a determinação da equi-

[961] Luís Couto Gonçalves, *Manual de Direito Industrial*, pp. 104 e 105.

[962] Cf. Pedro Sousa e Silva, *Direito Industrial*, pp. 71.

[963] Cf. Pedro Sousa e Silva, *Direito Industrial*, pp. 72 e 73.

valência[964]. Dá-nos conta, por um lado, da jurisprudência britânica, «centrada no *teor literal* das reivindicações e considerando que só haverá violação da patente quando o pretenso infractor faça uso da *essência da invenção* [...]»[965]; e, por outro, «no extremo oposto [...] a jurisprudência tradicional alemã, mais favorável ao titular da patente, por não se prender ao teor literal das reivindicações, que seriam apenas um ponto de partida para determinar o âmbito de protecção» e segundo a qual «[e]ssencial, para que houvesse equivalência, é que a segunda solução resolvesse o mesmo problema técnico através de meios que, não sendo coincidentes com os descritos nas reivindicações da patente, fossem uma *alternativa evidente* para o perito na especialidade». Mais ilustra as divergências existentes entre os dois ordenamentos jurídicos referidos com o resultado divergentes verificados no caso '*Epilady*'[966].

Contudo, o autor não toma posição expressa quanto à metodologia que deveria ser seguida na aplicação da doutrina dos equivalentes. Ainda assim, aborda o disposto no artigo 1º Protocolo Interpretativo do artigo 69º da CPE, notando que a sua «formulação vaga e compromissória tem suscitado inúmeras interrogações», mas que poderá «funcionar como um "farol" orientador dos tribunais nacionais, ao navegarem nas ondas alterosas deste mar de imprecisão»[967]. Ainda sobre o protocolo, refere que «[...] significará, pelo menos, que as reivindicações constituem o *referencial básico* do juízo a efectuar de uma potencial infracção, podendo ser *complementado* pelo recurso a outros elementos interpretativos, mas tendo sempre como *limite* o respectivo texto, com o qual terá obrigatoriamente um mínimo de correspondência»[968].

Pedro Sousa e Silva expressa também o seu entendimento de que o momento determinante para a análise da equivalência deverá ser «a data do *pedido* de patente e não o da pretensa infracção»[969]. Segundo o autor:

> «Não seria justo que o titular da patente viesse a beneficiar de uma esfera de protecção superior à medida do seu contributo para

[964] Pedro Sousa e Silva, *Direito Industrial*, p. 73.
[965] Pedro Sousa e Silva, *Direito Industrial*, p. 73.
[966] Pedro Sousa e Silva, *Direito Industrial*, p. 74.
[967] Pedro Sousa e Silva, *Direito Industrial*, p. 75.
[968] Pedro Sousa e Silva, *Direito Industrial*, pp. 75 e 76.
[969] Pedro Sousa e Silva, *Direito Industrial*, p. 76.

o estado da técnica existente à data em que divulgou o seu invento. Neste, como noutros domínios da Propriedade Industrial, a medida da protecção deve coincidir com a medida da inovação»[970].

Para além dos juristas mencionados acima[971], J. P. Remédio Marques tem sido um dos autores que, em Portugal, mais aprofundou a discussão das matérias de que nos ocupamos. Do seu trabalho, destacam-se o § 5 da sua tese de doutoramento, intitulada *Biotecnologia(s) e Propriedade Intelectual*, que a propósito da discussão do âmbito da proteção do direito de patente de biotecnologia, aborda os problemas gerais respeitantes à determinação do âmbito tecnológico do direito de patente[972]; mas também o capítulo «O conteúdo dos pedidos de patente (em especial de produtos químicos e farmacêuticos): a descrição do invento e a importância das reivindicações – algumas notas», integrante da obra *Medicamentos* versus *Patentes*[973], e os artigos «As implicações da entrada em vigor da nova versão da patente europeia»[974] e «O âmbito de proteção das patentes biotecnológicas»[975].

Na sua obra, J. P. Remédio Marques expõe as diferentes conceções das funções das reivindicações em diversos estados europeus (incluindo Portugal) e nos EUA, bem como a sua evolução ao longo tempo[976]. Segundo o autor:

> «Sendo certo que as *reivindicações* definem o *objecto da invenção* e da protecção requerida [...], o propósito último do moderno sistema de reivindicações, nascido em meados do século XIX, é o de delimitar

[970] Pedro Sousa e Silva, *Direito Industrial*, p. 76.

[971] E de outros que também têm publicado em Portugal, *e.g.*, José António Gomez Segade (cf. «Actividad Inventiva y Doctrina de los Equivalentes») ou Giuliana Borges Assumpção Gattass (cf. «A Doutrina dos Equivalentes»).

[972] J. P. Remédio Marques, *Biotecnologia(s) e Propriedade Intelectual*, vol. I, pp. 727-1087.

[973] J. P. Remédio Marques, *Biotecnologia(s) e Propriedade Intelectual*, vol. I, pp. 719 ss., e «O Conteúdo dos Pedidos de Patente», *in Medicamentos versus Patentes*, Coimbra Editora, Coimbra, 2008, pp. 377-469.

[974] J. P. Remédio Marques, «As implicações da entrada em vigor da nova versão da patente europeia», *O Direito*, Ano 141º, vol. III, 2009, pp. 568-610.

[975] J. P. Remédio Marques, «O âmbito de proteção das patentes biotecnológicas», *Revista de Direito Intelectual*, nº 1, 2015, pp. 225-307.

[976] J. P. Remédio Marques, *Biotecnologia(s) e Propriedade Intelectual*, vol. I, pp. 727-746.

o "círculo de poder" e o "círculo de proibição" que o ordenamento jurídico permite [que] seja outorgado ao titular de uma patente.

Esta função última subdivide-se em três objectivos: primeiro, fornecer aos concorrentes uma *informação expressa* sobre o tipo de actividades ou comportamentos que constituem (ou podem constituir) uma violação do direito de patente; segundo, reduzir a *zona de incerteza* que pode afectar a actividade de pesquisa e desenvolvimento de novas soluções técnicas, por parte de todos os terceiros (concorrentes ou não), entidades públicas ou particulares – isto porque um dos objectivos principais do subsistema do direito de patente é o *incentivo à inovação* e *promoção da eficiência tecnológica* [...]; terceiro, *but not least*, aquela reclamada clareza e concisão permite conceder ao titular o *poder de auto-avaliação do âmbito (tecnológico) de protecção* do seu direito de patente, prevendo uma eventual excessiva litigiosidade por este promovida contra terceiros»[977].

O autor reconhece a importância da interpretação das reivindicações para a determinação do âmbito da proteção conferida pela patente:

«[...] o *âmbito tecnológico de protecção* de um direito de patente deve adequar-se à *intensio* e à *extensio* da solução técnica plasmada nas reivindicações e na descrição, pois ele acha-se (indirectamente) conexionado com o *teor das reivindicações*, o que implicará a realização de uma delicada tarefa interpretativa desse teor»[978].

Por isso, versa sobre os problemas levantados por essa tarefa[979], incluindo a sua abordagem também noutros ordenamentos jurídicos, o impacto do artigo 69º da CPE e do respetivo Protocolo Interpretativo, bem como o recurso à doutrina dos equivalentes[980]. Segundo o autor:

«[...] constatada a inexistência de *violação literal* do conteúdo das reivindicações – na sequência da que me parece ser a melhor doutrina e jurisprudência europeias sobre a *equivalência*, haverá violação quando, cumulativamente:

[977] J. P. Remédio Marques, *Biotecnologia(s) e Propriedade Intelectual*, vol. I, pp. 751 e 752.

[978] J. P. Remédio Marques, *Biotecnologia(s) e Propriedade Intelectual*, vol. I, p. 763.

[979] J. P. Remédio Marques, «O conteúdo dos pedidos de patente», pp. 451-469.

[980] Cf. J. P. Remédio Marques, *Biotecnologia(s) e Propriedade Intelectual*, vol. I, pp. 747-799.

(1) O dispositivo do réu produz o mesmo *efeito técnico* da invenção reivindicado pelo autor,
(2) O perito na especialidade pode discernir, *sem o exercício de actividade inventiva*, que, reportado à data da prioridade ou à data do pedido de protecção, a substituição visa desempenhar a mesma função, e
(3) O perito na especialidade percepciona facilmente esta variante (ou essa "relação de substituição") como uma *solução tecnicamente equivalente*, uma variante técnica e suficientemente próxima da invenção anteriormente protegida, não obstante utilize *meios diferentes*, caso a equivalência não puder ser estabelecida senão através da *interpretação das reivindicações*.

Todavia, creio que se postulam, ademais, três *requisitos negativos*, de cuja verificação decorre sempre a *inexistência de violação do direito de patente*, quais sejam: sempre que, *em alternativa*,

(1) O dispositivo acusado, utilizado pelo réu, não pode ser objecto de direito de patente na data da prioridade ou na data do pedido de protecção da patente do autor (excepção do *estado livre da técnica*); ou seja, não haverá violação da patente se o dispositivo ou processo utilizados pelo réu constituir uma *variante evidente do estado da técnica*.
(2) As reivindicações, a *descrição* ou o *restante fascículo da patente* exibem *renúncias* ou *declarações limitativas*, efectuadas pelo titular originário do direito de patente, susceptíveis de fazer exorbitar o dispositivo ou processo acusados do *âmbito (tecnológico) da patente do autor*.
(3) Os elementos técnicos utilizados pelo réu no dispositivo acusado *constam da descrição*, mas não foram especificamente *reivindicados* pelo titular»[981].

J. P. Remédio Marques pronuncia-se também sobre outras questões que se levantam a propósito da análise do âmbito da patente, designadamente, a data relevante para a determinação do alcance da proteção, a consideração dos meios equivalentes em face de desenvolvimentos

[981] J. P. Remédio Marques, «O conteúdo dos pedidos de patente», pp. 458-460.

tecnológicos posteriores, a relevância das renúncias efetuadas pelo requerente durante o procedimento de concessão da patente, entre outros[982].

3.3. Na jurisprudência

a) Até à entrada em vigor do CPI de 2003

J. P. Remédio Marques dá-nos conta da evolução jurisprudencial anterior ao CPI 1940 e durante a vigência deste código, denotando como, até meados da década de 70 do século XX, a doutrina da essencialidade prevaleceu nos tribunais portugueses[983]. Nesse sentido, cita diversas decisões (algumas das quais não versam sobre casos de infração de patentes, mas antes, *e.g.*, sobre a verificação da novidade das patentes em causa), entre as quais:

- Uma sentença do Tribunal do Comércio de Lisboa de 1919[984], que apreciou o disposto no artigo 47º da lei de 21 de maio de 1896, segundo o qual seria punível «o que de má fé, com simples mudança de título ou na descrição, obtiver em Portugal uma patente de invenção que não difira essencialmente doutra»;
- Uma sentença do 2º Juízo Cível do Tribunal de Comarca de Lisboa, de 23 de novembro de 1954[985], que apreciou a validade de uma patente portuguesa que «diz respeito essencialmente a "melhoramentos em fornos eléctricos [...] para fundição e extracção contínua de certos metais e produção de outras substâncias, como carboneto de cálcio [...]"», perante uma patente espanhola que «pretende essencialmente "uma boa recuperação dos gases e poeiras, pelo emprego do forno tapado, reivindicando-se vários dispositivos que asseguram a estanquidade do forno e as precipitações das poeiras»;
- Uma sentença do 4º Juízo Cível do Tribunal de Comarca de Lisboa, de 23 de abril de 1957[986], confirmada por acórdão do TRL de

[982] Cf. J. P. Remédio Marques, *Biotecnologia(s) e Propriedade Intelectual*, vol. I, pp. 800 ss.

[983] J. P. Remédio Marques, *Biotecnologia(s) e Propriedade Intelectual*, vol. I, pp. 738 e 739.

[984] BPI, 1919, nº 3, pp. 84 e 85.

[985] BPI, 1955, nº 3, p. 178.

[986] BPI, 1959, nº 11, p. 1112.

29 de janeiro de 1958[987], que considerou diferente do estado da técnica o processo de tratamento de tecidos com produtos resinosos de condensação «numa atmosfera de vapor sobreaquecido de pelo menos 20 por cento, pois que, segundo processos até [então] usados e conhecidos, essa percentagem nunca atingiu aquele limite, não ultrapassando 2,5 sem injecção contínua de vapor e 9 com essa injecção»;
- O acórdão do TRL, de 27 de abril de 1960[988], que em recurso de uma decisão de recusa de registo de patente entendeu que, tal como a primeira instância «não concluiu que haja qualquer diferenciação substancial», «não pode deixar de se chegar a tal conclusão, nada se encontrando de essencial e importante que diferencie os registos de patentes, pedidos pela recorrente sob os nºs 33 886 e 34 493 do actual pedido de patente, feito sob o nº 35 184»; e
- O acórdão do TRL, de 30 de janeiro de 1973[989], segundo o qual, por à data dos factos resultar do disposto no artigo 215º do CPI 1940 que «quem obtiver patente de invenção que não difira essencialmente de outra anterior», decorre que «a novidade se afere em função da essência mesmo da patente, e não pormenores, detalhes ou modalidades de execução», ou seja, «[t]odo o pedido de patente de invenção que não difira essencialmente de inventos já concedidos ou do que tenha sido publicado e utilizado, embora contenha algumas diferenças de pormenores, carece de novidade».

Segundo o mesmo autor, terá sido durante a década de 70 do século passado que os tribunais portugueses adotaram a doutrina dos equivalentes, conforme resulta dos seguintes acórdãos do TRL[990]:

- Acórdão de 24 de maio de 1974[991], cujo sumário dita que «[a] teoria dos "meios equivalentes", reconduzindo-se ao princípio da

[987] J. P. Remédio Marques, *Biotecnologia(s) e Propriedade Intelectual*, vol. I, p. 739.

[988] Publicado no BPI, 1960, nº 10, pp. 1007 e 1008.

[989] Publicado no BPI, 1974, nº 3, pp. 414-417 (esp. p. 416).

[990] J. P. Remédio Marques, *Biotecnologia(s) e Propriedade Intelectual*, vol. I, p. 739.

[991] Publicado no BPI, 1975, nº 4, pp. 532-534. O sumário do acórdão foi publicado no BMJ nº 237 (1974), nº 6, p. 297. Embora J. P. Remédio Marques refira dois acórdãos distintitos, proferidos pelo TRL a 24 de maio de 1974 e a 23 de abril de 1975 (cf. *Biotecnologia(s) e Propriedade Intelectual*, vol. I, pp. 739 e 740), estamos em crer que se trata do mesmo aresto. Se-

novidade, é perfeitamente invocável perante o sistema jurídico português». Em causa estava a novidade da patente portuguesa que protegia um processo de preparação de metaciclinas (antibióticos) pela desalogenação de tetraciclinas, utilizando um processo de redução por hidrazina-catalizador de metal nobre, perante duas patentes norte americanas e uma patente portuguesa que também protegiam a preparação de metaciclinas, mas sem recorrer à hidrazina para proceder à desalogenação da tetraciclina[992]. O TRL ponderou a aplicação da doutrina dos equivalentes ao caso, por entender que, «admitindo a nossa lei o princípio da novidade, não pode excluir, compreensivelmente, aquele dos meios equivalentes». Deste modo, o TRL acolheu as observações apresentadas pelo Procurador da República no seu parecer, que sustentava «não se justificar ainda a também invocada inaplicabilidade da teoria dos meios equivalentes ao direito português, pelo que, se os meios empregados pelo titular da patente concedida desempenharem uma função técnica equivalente nas reações às desempenhadas pelos meios empregados, segundo as patentes americanas, é evidente que aquela patente não tem novidade e por isso não pode ser registada». Todavia, o TRL não aferiu se os meios utilizados pela patente *sub judice* desempenhavam ou não uma função técnica equivalente aos meios empregados pelas patentes americanas, por considerar que a novidade daquela patente estaria suficientemente demonstrada pelo parecer da Direção-Geral do Comércio junto aos autos e pela sentença recorrida; e

- Acórdão de 26 de junho de 1974[993], cujo sumário refere que «[n]ão se opõe o Código da Propriedade Industrial através das disposições dos artigos 4º, 5º, 8º e 10º a que se lance mão da conheci-

gundo nos parece, a data do segundo acórdão, conforme consta do BPI, é de 24 de maio de 1974, e não de 23 de abril de 1975 como, por lapso, o autor terá considerado. Esta segunda data será a data em que o escrivão de direito certificou a conformidade das cópias da sentença do 1º Juízo Cível da Comarca de Lisboa e do acórdão do TRL para publicação no BPI. A este propósito note-se ainda que, segundo consta do BPI, a data da sentença de primeira instância é 3 de março de 1973, e não 3 de março de 1975, como, certamente por lapso, também refere o autor (cf. BPI, 1975, nº 4, pp. 530-532).

[992] Cf. sentença do 1º Juízo Cível da Comarca de Lisboa, publicada no BPI, 1975, nº 4, pp. 530-532, objeto do recurso decidido pelo acórdão do TRL, de 24 de maio de 1974.

[993] Cujo sumário foi publicado no BMJ nº 238 (1974), nº 7, p. 277.

da teoria "*dos meios equivalentes*". [...] São três as condições necessárias para a existência de dois meios equivalentes: a 1ª de derivarem da mesma *idea-mater* os dispositivos em que são empregados os dois meios; a 2ª de os dois meios deverem preencher a mesma função; e a 3ª desses dois meios deverem visar o mesmo resultado».

Mas desde então, e até recentemente, a discussão sobre a determinação do âmbito da proteção conferida pela patente e a aplicação da doutrina dos equivalentes foi escassa na jurisprudência portuguesa.

b) Ao abrigo do CPI 2003

Tribunal da Relação de Lisboa

Tanto quanto nos foi possível apurar, só em 2009 o TRL voltou a ter oportunidade de se pronunciar a propósito da aplicação da teoria dos equivalentes, por acórdão de 17 de setembro de 2009 (processo nº 893/1995.L1-2; relatora: ONDINA CARMO ALVES) [994], referenciado na introdução deste trabalho.

Neste litígio, o tribunal foi chamado a decidir se uma patente que protegia um processo de halogenação das tetraciclinas na presença de uma base orgânica, utilizado no processo de fabrico do antibiótico doxiciclina, era infringida por um processo semelhante, mas efetuado na presença de uma base inorgânica. Colocava-se também a questão de saber se, ainda a propósito do processo de fabrico da doxiciclina, a patente, que protegia um processo de hidrogenação catalítica da metaciclina através da utilização de um catalisador cujo componente principal é o ródio, era infringida por um processo idêntico, mas que utilizava um composto compreendendo um metal de transição, cobre, cobalto, níquel e vestígios de ródio.

No que respeita à determinação da equivalência, o TRL adotou a doutrina de LUÍS COUTO GONÇALVES, nos termos seguintes:

«Como salienta LUÍS M. COUTO GONÇALVES [citação omitida], verifica-se infracção do direito de patente por equivalência sempre que:

a) A invenção patenteada e a invenção questionada se situarem no âmbito do mesmo problema técnico;

[994] Disponível em www.dgsi.pt.

b) Ambas apresentarem uma solução idêntica e os elementos modificados (ou variantes) estiverem ao alcance de um perito na especialidade, a partir da interpretação lógica (não estritamente literal) e objectivista (a procura da vontade declarada deve sobrepor-se à procura da vontade do titular da patente do conteúdo das reivindicações da invenção protegida, de acordo com a orientação hermenêutica do artigo 1º do Protocolo interpretativo do artigo 69º da Convenção Europeia da Patente.

Mas, pese embora a equivalência, o âmbito de protecção de uma invenção não deve abranger o equivalente se este foi insusceptível de protecção ou for considerado evidente face ao estado da técnica.»

Posto isto, o tribunal decidiu verificar-se a infração da patente em causa, por aplicação da «teoria da equivalência», uma vez que:

«[...] atento o que acima ficou dito acerca da infracção do direito de patente por equivalência, sempre se terá de entender que as invenções patenteadas (as da autora/apelada) e as invenções questionadas (as da ré/apelante) se situam no âmbito dos mesmos problemas técnicos, apresentando ambas soluções técnicas idênticas.

A base orgânica ou inorgânica é, ao cabo e ao resto, utilizada com a mesma finalidade, o mesmo sucedendo com os componentes catalíticos.

Produzem ambos os processos os mesmos resultados, realizando ambos substancialmente as mesmas funções e de modo idêntico.»

Assim, a relatora do acórdão redigiu o respetivo sumário nos termos seguintes:

«[...] 4. A denominada "doutrina dos equivalentes" que, no essencial, visa qualificar o grau de evidência ou de originalidade da invenção, é susceptível de ser aplicada sempre que ocorre identidade do efeito técnico, evidência dos meios modificados e semelhança da solução técnica encontrada.

5. Deve considerar-se verificada a infracção do direito de patente por equivalência sempre que: a) A invenção patenteada e a invenção questionada se situarem no âmbito do mesmo problema técnico; b) Ambas apresentarem uma solução idêntica e os elementos modifi-

cados estiverem ao alcance de um perito na especialidade, a partir da interpretação lógica e objectivista do conteúdo das reivindicações da invenção protegida, de acordo com a orientação hermenêutica do artigo 1º do Protocolo interpretativo do artigo 69º da Convenção Europeia da Patente.»[995]

Posteriormente, o TRL voltaria ao tema da doutrina dos equivalentes no acórdão de 6 de fevereiro de 2014 (processo nº 866/13.4YRLSB-2; relator: Jorge Leal)[996], também mencionado na introdução deste trabalho, em sede de recurso interposto do acórdão proferido por tribunal arbitral constituído nos termos e para os efeitos do disposto no artigo 2º da Lei nº 62/2011.

Em primeira instância, estava em causa saber se o medicamento genérico que as demandas pretendiam introduzir no mercado português – cuja composição continha uma combinação de abacavir (forma livre), lamivudina e zidovudina como substância ativa, na dosagem de 300 mg, 150 mg e 300 mg, respetivamente – infringia as patentes e o certificado complementar de proteção de que as demandantes eram titulares, a saber:

i. Patente portuguesa 321 (adiante, PT 321), vigente até 30 de março de 2013, e do certificado complementar de proteção 55 (adiante, CCP 55), vigente até 28/06/2014, que protegia a substância ativa abacavir (isolada ou em combinação com outros princípios ativos), desde que fosse produzida de acordo com o processo reivindicado na PT 321;
ii. Patente europeia 271 (adiante, PE 271), vigente até 14 de maio de 2018, que protegia o sal hemissulfato de abacavir ou um seu solvato, formações farmacêuticas contendo esse composto e a sua utilização em medicina, especificamente no tratamento de infeção pelo vírus de HIV e de hepatite; e
iii. Patente europeia 637 (adiante, PE 637), vigente até 28 de março de 2016, que protegia combinações terapêuticas anti-HIV de abacavir, zidovudina e lamiduvina, composições farmacêuticas con-

[995] Pelas suas implicações a propósito da aplicação da doutrina dos equivalentes, analisaremos este acórdão em maior detalhe adiante, no ponto 3.3.2. do presente capítulo.
[996] Disponível em www.dgsi.pt.

tendo as referidas combinações e a sua utilização no tratamento de infeções por HIV.

Ficou provado nos autos que o sal hemissulfato de abacavir e a sua forma livre produzem o mesmo efeito depois de administrados no organismo humano. Por conseguinte, o tribunal arbitral concluiu que o medicamento da demandada infringia as patentes e o certificado complementar das demandantes, uma vez que as duas substâncias seriam tecnicamente equivalentes, e condenou as demandadas a «a absterem-se de importar, fabricar, oferecer, armazenar, introduzir no comércio ou utilizar, em Portugal, medicamentos genéricos com combinação das três substâncias ativas Abacavir, Zidovudina e Lamivudina como princípio ativo, enquanto os direitos de propriedade industrial das demandantes se encontrarem em vigor, ou seja, até 14 de Maio de 2018».

O recurso interposto pelas Demandadas cingiu-se à questão de saber se o medicamento genérico que pretendiam introduzir no mercado português infringia a PE 271 detida pelas demandantes. Entre outras razões, as Demandadas/Recorrentes alegaram que, se o sal hemissulfato de abacavir e a sua forma livre eram duas substâncias tecnicamente equivalentes, não se compreendia como lograram as Demandantes obter uma patente protegendo aquele sal, quando a substância ativa já integrava anteriormente o estado da arte (cf. patente PT 321 detida pelas demandantes).

O TRL aproveitou o ensejo para tecer uma extensa exposição acerca do estado da discussão sobre a aplicação da doutrina dos equivalentes na determinação do âmbito da proteção conferida pela patente. Baseando-se na doutrina de Remédio Marques, Luís Couto Gonçalves e Pedro Sousa e Silva, expôs as conceções vigentes no Reino Unido, na Alemanha e nos EUA, tendo em conta, no caso dos dois primeiros países, a tradição anterior à entrada da CPE, o impacto desta convenção no direito desses Estados e a sua evolução posterior.

Feito esse excurso, o TRL procedeu à ponderação das posições sustentadas pela doutrina nacional, tendo já em vista a decisão do caso *sub judice*. Assim, lavrou que «Luís Couto Gonçalves propende, de facto, para a visão alemã desta matéria» e também «Remédio Marques adopta posição semelhante a esta».[997] O tribunal fez ainda referência à decisão

[997] Sobre a posição destes autores, cf. Capítulo II, ponto 3.2. *supra*.

proferida pela Câmara de Recurso do Instituto Europeu de Patentes no caso T 697/92[998] e, no que respeita ao acolhimento da doutrina dos equivalentes pela jurisprudência nacional, referiu o já mencionado acórdão de 17 de setembro de 2009.

Antes de versar sobre a questão que lhe era colocada, o TRL teve ainda oportunidade de abordar a questão de saber que momento deverá ser tido em conta para proceder à avaliação da equivalência entre os elementos patenteados e as variantes alegadamente infratoras da patente:

> «No que concerne ao momento temporal a ter em consideração na apreciação da similitude ou equivalência dos dispositivos em conflito, que determinará o estado da técnica ou os conhecimentos a ter em conta pelo perito na especialidade para se pronunciar, entende-se que deverá ser o momento do pedido da patente ou da prioridade invocada, e não o momento da alegada violação da patente, por aquele ser o mais consentâneo com os interesses em presença, seja os da proteção dos legítimos interesses do titular da patente, seja os da preservação da segurança jurídica e das legítimas expetativas de terceiros (neste sentido, REMÉDIO MARQUES, *Medicamentos e patentes*, citado, pág. 461 e *Biotecnologia(s)*, citado, páginas 825 a 827; COUTO GONÇALVES, *Manual de Direito Industrial*, citado, pág. 101; PEDRO SOUSA E SILVA, *Direito Industrial*, citado, pág. 76; JOSE ANTONIO GOMEZ SEGADE, "Actividad inventiva y doctrina de los equivalentes", *in Direito Industrial*, vol. IV, 2005, páginas 53 a 55).»

Posto isto, o tribunal centrou-se em discernir o problema técnico resolvido pela patente, o qual, no caso *sub judice*, assumiu uma importância fulcral para saber se a patente da demandante era ou não infringida pela variante da demandada, à luz da doutrina dos equivalentes[999]. Assim, segundo o TRL:

> «Na avaliação do âmbito de proteção de uma patente, em confronto com o produto, o processo ou a utilização apresentada por terceiro, importa levar em consideração o problema técnico cuja resolução se visa com a invenção patenteada.

[998] Cf. capítulo II, ponto 2.6. *supra*.

[999] A esse propósito, voltaremos a este acórdão adiante (cf. capítulo II, ponto 4.2. *infra*).

Quanto às patentes europeias, o Regulamento de Execução (que faz parte da Convenção Sobre a Concessão de Patentes Europeias - artº 164º nº 1 da CPE) estipula que a descrição deve descrever a invenção, tal como é caracterizada nas reivindicações, de forma a permitir a compreensão do problema técnico, mesmo que não seja expressamente designado como tal, e a compreensão da solução do problema; mais deve indicar, se for o caso, as vantagens trazidas pelo invento, em relação ao estado da técnica (regra 42, nº 1 alínea c).

Com efeito, "a apreensão do problema e a sua solução permite compreender a invenção reivindicada, não somente para o efeito de ser sindicada a novidade e o nível inventivo, mas também para determinar o âmbito tecnológico de protecção do direito já constituído, na medida em que os terceiros tenham utilizado elementos essenciais da invenção ou meios equivalentes enquanto solução do mesmo problema: na verdade, as formas de execução que não correspondam ao problema técnico resolvido pelo titular da patente não se acham normalmente compreendidas nesse âmbito de protecção. E isto mesmo ocorre nas invenções químicas" (REMÉDIO MARQUES, *Biotecnologia(s)*, citado, pág. 875).»

O tribunal procedeu à análise da descrição da PE 271, tendo apurado que o problema técnico que a invenção visa resolver, tal como foi exposto pelos requerentes da patente, era «a preparação do composto "de uma forma apropriada para facilidade de isolamento em produção em larga escala e para facilidade de formulação num produto aceitável para administração a humanos"». Segundo os requerentes da patente, «"a produção da base livre do composto produz um sólido amorfo que se liga [a]o solvente e é, portanto, inadequado para purificação em larga escala ou para formulação, sem técnicas de purificação adicionais."» Por isso, segundo a descrição da patente, face a esse problema técnico, «[a] solução apresentada pelos requerentes é, pois, o sal hemissulfato de abacavir, e processo da sua produção [...]».

Conforme notou o tribunal, não ficou provado nos autos que o medicamento genérico tivesse hemissulfato de abacavir na sua composição. Pelo contrário, o respetivo pedido de autorização de introdução no mercado refere-se a um medicamento contendo abacavir na forma livre, e não hemissulfato de abacavir (ou um seu solvato). Além disso, o acórdão arbitral proferido em primeira instância reconhece que o hemissulfato de abacavir e a forma livre desta substância são distintos do ponto de vista químico. Nestes termos, o TRL decidiu o seguinte:

> «É certo que se deu como provado que o sal hemissulfato de abacavir ou a forma livre depois de administrados no organismo humano produzem o mesmo efeito [...]. Mas não é o efeito terapêutico da substância protegida pela EP ... que a define e caracteriza face ao estado da técnica, conferindo-lhe nível inventivo, pois, como se reconhece na descrição e aliás resulta das outras patentes tituladas pela demandante, que têm datas de prioridade anteriores à da EP ... [...] o abacavir e a sua utilização terapêutica já eram conhecidos à data da apresentação do pedido da patente EP ..., estando inclusivamente protegidos pelas outras patentes e pelo certificado complementar de proteção titulados pela demandante. Assim, a substância ativa abacavir, na forma livre, à data do pedido de patente EP ... fazia parte do estado da técnica, não sendo, sem mais, patenteável. Ou seja, não só a substância ativa abacavir, na forma livre, não é tecnicamente equivalente ao hemissulfato de abacavir, tal como este é protegido pela EP ..., pois não resolve o problema técnico aí encarado, como, mesmo que as duas substâncias fossem qualificáveis como tecnicamente equivalentes, a proteção conferida pela EP ... não poderia abarcar o abacavir na forma livre, pois este fazia parte do estado da técnica à data do pedido da EP (requisito negativo *supra* referido, indicado por Remédio Marques e também por Couto Gonçalves). De facto, como vem sendo aliás defendido na jurisprudência de além-fronteiras (vide Remédio Marques, Medicamentos versus patentes, citado, pág. 460, nota 524), o titular da patente não pode, por via da aplicação da doutrina dos equivalentes, obter proteção para algo que não teria conseguido patentear.»

Ou seja, não só a forma livre de abacavir não poderia ser protegida pela patente em causa, por fazer parte do estado da técnica, como o problema técnico solucionado pelo sal hemissulfato de abacavir, protegido pela patente, é distinto do problema técnico solucionado pela mesma substância em forma livre, pelo que se trata de invenções diversas com efeitos técnicos diferentes.

Por conseguinte, o TRL, acolhendo a doutrina de J. P. Remédio Marques – segundo a qual o titular da patente não pode, por via da aplicação da doutrina dos equivalentes, obter proteção para algo que não teria conseguido patentear[1000] –, o tribunal decidiu revogar parcialmente o acórdão recorrido e apenas condenar as demandadas a absterem-se de importar, fabricar, oferecer, armazenar, introduzir no comércio ou utilizar, em Portugal, medicamentos genéricos que combinassem o abacavir com zidovudina e lamivudina, enquanto vigorassem os direitos de propriedade industrial das Demandantes sobre essa combinação (ou seja, até 28 de março de 2016) quanto à combinação que utiliza abacavir (base livre) e até 14 de maio de 2018 quanto à combinação que utiliza hemissulfato de abacavir.

Mais recentemente, a 7 de setembro de 2015 (processo nº 336/15.6YRL SB.L1.-1; relator: Manuel Marques)[1001], o TRL voltou a pronunciar-se sobre a aplicação da doutrina dos equivalentes, a propósito do recurso interposto do acórdão proferido a 11 de fevereiro de 2015 por tribunal arbitral constituído ao abrigo do disposto no artigo 2º da Lei nº 62/2011[1002].

Em causa estava saber se os medicamentos genéricos abrangidos pela autorização de introdução no mercado obtida pela demandada, respeitante a um sistema transdérmico (ou TTS, que corresponde à sigla inglesa para *transdermal therapeutic system*), contendo a substância ativa rivastigmina, infringiam a patente europeia '219, de que a demandante era titular e que reivindicava «[r]ivastigmina para utilização num método para prevenir, tratar ou retardar a progressão da demência ou da doença de Alzheimer, em que a rivastigmina é administrada num TTS [...]».

O acórdão recorrido decidiu que os medicamentos genéricos da demandada eram idênticos à composição protegida pela patente da demandante em composição e funções dos respetivos sistemas de tratamento transdérmico. Segundo o tribunal arbitral, as diferenças detetadas entre as características técnicas dos medicamentos da demandada e a composição reivindicada eram irrelevantes por não terem qualquer influência na ação terapêutica da rivastigmina e os elementos modifica-

[1000] Cf. J. P. Remédio Marques, «O Conteúdo dos Pedidos de Patente», p. 460, nota de rodapé 524.

[1001] Disponível em www.dgsi.pt.

[1002] Publicado no BPI nº 2015/07/23.

dos seriam «funcionalmente equivalentes aos reivindicados». Assim, o tribunal arbitral decidiu que «[...] mesmo que a existência daquelas diferenças obste a considerar como literal a violação da EP '219 pelos TTS da Demandada, sempre deverá entender-se que há uma violação por uso de meios equivalentes, conforme resulta do artigo 2º do Protocolo Interpretativo do artigo 69º da CPE [...]».

Após citar a doutrina de J. P. Remédio Marques e de Luís Couto Gonçalves, o TRL aderiu aos fundamentos da decisão arbitral recorrida. Assim, reproduziu o entendimento constante do acórdão recorrido, segundo o qual «[n]o TTS utilizado pelo medicamento genérico da Demandada não "falta" qualquer elemento [...] que ponha em causa aquilo para que o mesmo TTS releva no âmbito da reivindicação única da patente, isto é, para efeitos da sua funcionalidade na economia da invenção [...]» e acrescentou que «[...] no medicamento genérico utiliza-se um TTS (fabricado em atmosfera inerte) que desempenha exactamente as mesmas funções do descrito na patente (no processo de fabrico usa-se um agente antioxidante), visando ambos evitar a degradação da substância activa (rivastigmina), não constituindo, por isso, o antioxidante um elemento essencial da invenção patenteada». Por conseguinte, o TRL decidiu que «[à] luz da teoria dos equivalentes, trata-se, por isso, de formas de materialização do mesmo conceito inventivo», concluindo «[...] como na decisão recorrida, pela verificação de infracção no medicamento genérico da demandada, quando carregado com 9 mg de Rivastigmina».

Tribunal Central Administrativo Sul

Por seu turno, também o TCAS já teve o ensejo de se pronunciar sobre os contornos da aplicação da doutrina dos equivalentes na definição do âmbito da proteção conferida pela patente. Em 2010 aquele tribunal proferiu quatro acórdãos muito semelhantes, cujo relator foi, em todos eles, o Juiz Desembargador Paulo Carvalho, a saber:

- Acórdão de 18 de março de 2010 (processo nº 05893/10);
- Acórdão de 2 de junho de 2010 (processo nº 06225/10);
- Acórdão de 21 de outubro de 2010 (processo nº 05797/09) e
- Acórdão também datado de 21 de outubro de 2010 (processo nº 06585/10).

Nestes acórdãos, o tribunal acolhe e transcreve a posição assumida pelo TRL no acórdão proferido a 17 de setembro de 2009 (processo nº 893/1995.L1-2; relatora: ONDINA CARMO ALVES), analisado acima. Por essa via, como refere PEDRO SOUSA E SILVA[1003], o TCAS acolheu *ipsis verbis*, a orientação perfilhada por LUÍS COUTO GONÇALVES. Contudo, a decisão desses litígios não exigia que o TCAS conhecesse de alguma questão de equivalência ou que aplicasse a doutrina dos equivalentes, pelo que as considerações supratranscritas deverão ser considerados meros *obiter dictum*.

Nota ainda para a declaração de voto apresentada pela Juíza Desembargadora CRISTINA SANTOS, que ficou vencida em três dos quatro acórdãos mencionados[1004]. Em dois deles[1005], a Juíza Desembargadora expôs o diferente enquadramento que daria à questão do âmbito da patente, do qual se destaca a seguinte conclusão:

> «O âmbito tecnológico de protecção conferido pela patente é definido pelos resultados interpretativos do conteúdo ou teor das reivindicações, cuja função essencial é de delimitar o âmbito da ideia inventiva industrial para a qual a protecção tenha sido pedida e, posteriormente, concedida».

Tribunais Arbitrais constituídos à luz da Lei nº 62/2011

A entrada em vigor da Lei nº 62/2011 levou ao aparecimento de diversas decisões de tribunais arbitrais versando sobre a determinação do âmbito da proteção conferida pela patente e sobre a aplicação da doutrina dos equivalentes[1006]. Assim, retira-se o seguinte dos acórdãos de 26 de novembro de 2012, publicado no BPI nº 2013/05/10 (cf. pp. 33 e 34), e de 16 de dezembro de 2012, publicado no BPI nº 2013/05/17 (cf. pp. 40 e 41):

> «A doutrina dos equivalentes tem vindo a ser objecto de diversas formulações ao longo do tempo [...].

[1003] *In Direito Industrial*, p. 75, nota de rodapé 142.

[1004] A exceção foi o acórdão de 2 de junho de 2010 (processo nº 06225/10).

[1005] Cf. acórdãos de 21 de outubro de 2010 (processos nº 05797/09 e nº 06585/10).

[1006] Note-se que, com as alterações ao artigo 2º da Lei nº 62/2011 introduzidas pelo Decreto-Lei nº 110/2018 (cf. artigo 4º deste diploma), a arbitragem dos litígios emergentes da invocação de direitos de propriedade industrial relacionados com medicamentos de referência deixou de ser necessária e passou a ser meramente voluntária

De acordo com as teorias desenvolvidas acerca da doutrina da equivalência, e no seu entendimento mais geralmente aceite, o meio ou o processo protegido pela patente cobre todos os meios ou processos equivalentes, que envolvam os elementos essenciais, ou as características significativas, ou o objecto principal, desse meio ou processo patenteado que, por conseguinte, constituam o "coração da invenção".

[...] o Tribunal da Relação de Lisboa adoptou a formulação proposta por Couto Gonçalves, alicerçado na doutrina alemã, decidindo "*verificar-se infracção do direito de patente por equivalência sempre que:*

a) A invenção patenteada e a invenção questionada se situarem no âmbito do mesmo problema técnico;

b) Ambas apresentarem uma solução idêntica e os elementos modificados (ou variantes) estiverem ao alcance de um perito na especialidade, a partir da interpretação lógica (não estritamente literal) e objectivista (a procura da vontade declarada deve sobrepor-se à procura da vontade do titular da patente do conteúdo das reivindicações da invenção protegida, de acordo com a orientação hermenêutica do artigo 1º do Protocolo interpretativo do artigo 69º da Convenção Europeia da Patente".»

Posto isto, os acórdãos remetem para a fundamentação acolhida pelo TRL no supramencionado acórdão de 17 de setembro de 2009 que, por sua vez, adota a doutrina de Luís Couto Gonçalves.

Em acórdão de 28 de fevereiro de 2013, publicado no BPI nº 2013/ /05/24, lavrou-se o seguinte (cf. pp. 51-54 do BPI):

«[...] a protecção conferida pela patente estende-se ainda às regras técnicas equivalentes das que tenham sido literalmente reivindicadas. A interpretação das reivindicações – que deve ser uma interpretação teleológica – é conduzida, de uma forma objectiva (pois visa, igualmente, proteger os interesses de terceiros), pelo Tribunal, sob o "perfil" de um sujeito ideal (ou de uma equipa de sujeitos, consoante os casos concretos): o perito na especialidade ou o perito na matéria.

O que está em causa é exatamente *determinar o que o Tribunal se convence ou acredita que o perito na especialidade terá entendido, na data do pedido da patente (ou na data da prioridade), a partir da leitura do fascículo da patente, em particular das reivindicações, em termos de a solução técnica realizada pelas Requeridas poder ser, ou não, qualificada como sendo uma solução literalmente igual ou similar à reivindicada ou uma solução tecnicamente equivalente, por desempenhar a mesma função técnica, substancialmente da mesma maneira, com vista a alcançar os mesmos resultados técnicos.* Trata-se de um método semelhante ao que é utilizado para sindicar a atividade inventiva de uma invenção, por ocasião do exame substancial do pedido de patente.»

Do acórdão proferido a 28 de março de 2014, publicado no BPI nº 2014/05/26, retira-se o seguinte (cf. pp. 49-51 do BPI):

«Para se apurar se um determinado processo cai no âmbito de protecção de uma patente de processo, não basta verificar se existe uma identidade ou sobre posição "literal" dos dois processos, total ou parcial (nos seus aspetos caraterizadores), porque, para esse efeito, é suficiente que entre eles haja uma relação de equivalência. Quer dizer, pode faltar essa identidade e a utilização do segundo processo violar a patente, à luz da chamada *doutrina dos equivalentes.*

Remédio Marques identifica os seguintes elementos, cuja ocorrência cumulativa implicará tal violação: (i) o dispositivo do réu produz o mesmo efeito técnico da invenção reivindicada pelo autor (*identidade do efeito técnico*); (ii) na visão de um perito na especialidade, reportando-se à data do pedido de proteção (ou de propriedade), a substituição operada pelo réu – ou variante por este utilizada – visa cumprir a mesma função (*identidade funcional*); (iii) para o perito, é fácil perceber que tal variante é tecnicamente equivalente, ou seja, apesar de utilizar meios diferentes, não passa de uma variante técnica próxima da invenção protegida (*evidência da equivalência*). Claro está que, se os elementos técnicos utilizados pelo réu constam da descrição da patente, mas não das reivindicações, ou se o dispositivo do réu cai dentro de eventuais renúncias ou declarações limitativas constantes da patente, tal violação não se verifica.»

Do acórdão de 13 de março de 2015, publicado no BPI nº 2015/10/13, consta o seguinte (cf. pp. 29-32 do BPI):

«[...] a equivalência é um *conceito normativo* e funcionalmente orientado à tutela de um exclusivo, titulado em certa patente. Isto implica que, na determinação da existência de equivalência no caso concreto, se parta dos termos das reivindicações para, em seguida, se verificar se existe uma variação crítica que exclua certo processo ou produto daquilo que ainda se possa considerar integrado na esfera de proteção do exclusivo.

Apesar da aparente simplicidade, a aplicação da doutrina dos equivalentes "suscita sérias dificuldades", já que o legislador internacional e nacional remeteram a definição para a jurisprudência. E, quanto a esta, são conhecidas as disparidades detectáveis entre os diversos sistemas de ponderação. Não obstante estas disparidades, aos diversos sistemas de ponderação subjaz sempre um denominador comum: determinar se o referido fator crítico distintivo pode ou não ser encontrado quando, em caso de alegada violação de uma patente, se confrontam o processo ou o produto protegidos com aquele que alegadamente deles se distinguem.

Isto parece indiciar que concomitantemente com o conceito de equivalência, o aplicador é chamado a manusear o conceito de *diferença relevante*, uma vez que a equivalência corresponderá à inexistência de uma diferença significativa entre o processo ou o produto protegidos e aquele processo ou produto alegadamente violador da patente. No entanto, também o conceito de diferença relevante é valorativo, só passível de concretização à luz da delimitação da esfera de proteção do direito exclusivo titulado na patente (traduzido, no seu transverso, num direito de exclusão).

Estando em causa, nas patentes, a tutela de uma invenção, é necessário questionar se aquilo que se compara com o seu objecto de proteção, revela uma diversidade não reconduzível ao que nela se contém. Deste modo, a infracção da patente por equivalência há de implicar a resolução de um mesmo problema através de uma solução idêntica, desde que esta possa ser inferida, por um especialista ou perito, das reivindicações.

Pelo contrário, se um mesmo problema for solucionado através de vias não expressamente reivindicadas, mas que, no entanto, faziam já parte do estado da técnica, a sua adopção por terceiro não implicará violação da patente. Isto porque tais soluções não devem considerar-se integradas no escopo de proteção da patente, uma vez que, relativamente a elas, não se descortina a concretização de uma invenção.

Neste contexto, é especialmente relevante atender às *Schneidmesser-Fragen* formuladas pela jurisprudência alemã no conhecido acórdão *Schneidmesser*. A doutrina em causa tem sido consistentemente seguida nas diversas instâncias dos tribunais germânicos, sendo, por último, adoptada em acórdão do mesmo Supremo Tribunal em 10 de maio de 2011. Este acórdão é particularmente relevante na resolução de parte dos problemas que se suscitam na presente arbitragem, razão pela qual sublinharemos a sua doutrina central:

(a) Verificando-se uma contradição entre as reivindicações e as descrições, não devem considerar-se abrangidas na esfera de proteção da patente aquelas descrições que não encontrem expressão nas reivindicações. A descrição só pode ser tomada em consideração na medida em que ela possa ser considerada como explicativa do objeto da patente.
(b) Revelando a descrição múltiplas possibilidades de obtenção de um mesmo efeito técnico, mas sendo apenas uma dessas possibilidades acolhida na reivindicação, a utilização de uma das outras vias possíveis não constitui, em regra, uma violação da patente através de meios alternativos».

O acórdão de 30 de outubro de 2013, publicado no BPI nº 2016/ /01/20[1007], versa sobre a origem da doutrina dos equivalentes, a CPE e o Protocolo Interpretativo do artigo 69º, a decisão proferida no processo T 697/92 pela Câmara de Recurso do IEP, as diferentes abordagens seguidas pelo Reino Unido, pela Alemanha, pelos EUA e pela Itália e cita a opinião de Remédio Marques a propósito dos requisitos de aplicação da doutrina da equivalência (exceto os requisitos ditos negativos pelo autor, que o tribunal entendeu não relevar para o caso *sub judice*), bem como as considerações do mesmo autor sobre o momento determinante para análise da alegada infração (cf. pp. 85 – 89 do BPI). Posteriormente, transcreve o sumário do acórdão do TRL de 17 de setembro de 2009, suprarreferido, e toma posição nos termos seguintes:

«Prefere-se seguir o método que privilegie não o casuísmo americano de apreciação elemento por elemento, à luz do "movediço"

[1007] Objeto de recurso cuja decisão foi publicada no mesmo BPI.

critério da substancialidade, mas o que faça a apreciação *comparativa global* sobre se estamos perante o mesmo problema técnico, se a solução encontrada e as variantes usadas, ao alcance de um perito na especialidade, fazendo uma interpretação apropriada, não literalista, e coetânea das reivindicações, levam a uma solução semelhante, a uma solução suficientemente próxima da prevista na "Patente".

Colocaríamos, todavia, o acento tónico sobretudo nos meios; se estes conduzem a um resultado da mesma natureza e qualidade há equivalência; se os meios são diferentes e levam a um resultado da mesma natureza mas de qualidade ou eficácia diferentes não há equivalência.»

Nota ainda para o acórdão de 24 de agosto de 2016, publicado no BPI nº 2018/10/15[1008], onde o tribunal – após se ter considerado incompetente para conhecer, mesmo em sede incidental, da invalidade da patente em causa, conforme ficou decido em despacho saneador proferido anteriormente (cf. p. 60 do BPI) –, se ocupou da interpretação da reivindicação única da Patente Europeia nº 2292219B1 («*Transdermal therapeutic system for the administration of rivastigmine*»). Para além das habituais referências ao artigo 69º da CPE, ao respetivo protocolo interpretativo, à justa proteção do titular da patente, à segurança jurídica de terceiros e à orientação objetivista da interpretação, o tribunal referiu ainda o seguinte, com interesse para a nossa investigação:

«Deverão ser excluídos, em regra, do processo interpretativo, os atos do titular praticados durante a fase de exame e os procedimentos orais perante o EPO, tendo em conta os citados artº 69º do CPE e respetivo *Protocolo Interpretativo*, a jurisprudência do IEP e, outrossim, a circunstância de a Conferência Diplomática de 2000, que reviu a CPE, ter expressamente afastado a fase do exame perante o IPE como elemento de interpretação das patentes. Vai no mesmo sentido, também, a doutrina representativa [citando doutrina alemã].»

[1008] Objeto de recurso cuja decisão foi publicada no mesmo BPI e que decidiu pela inutilidadesuperveniente da lide, devido à revogação da patente que fundamentava o pedido.

Contudo, pouco adiante se lê nesse mesmo acórdão que a interpretação das reivindicações da patente e da terminologia utilizada deve ter em conta o «"diálogo" que ocorre junto dos institutos de propriedade industrial». Ainda segundo o mesmo acórdão:

> «A interpretação das reivindicações não escapa, em última *ratio*, às regras, adotadas na nossa lei civil relativas à interpretação – a interpretação segundo a "*impressão do destinatário*" (cfr. o nº 1 do artº 236º CC) atento o "*mínimo de correspondência*" verbal com o texto interpretando imposto pelo nº 1, do artº 238º, do mesmo diploma, sendo que, na hipótese vertente, o "*destinatário*" relevante deverá ser um especialista na área da farmotecnologia e na da neurologia ou psiquiatria ou, mesmo, gerontopsiquiatria.»

Destaque também para o voto de vencida apresentado por Teresa Silva Garcia, que integrou o tribunal arbitral, e discordou da interpretação da patente acolhida pelo tribunal, valorizando as limitações ao âmbito da proteção resultantes da redação da sua reivindicação.

4. Os pressupostos de aplicação da doutrina dos equivalentes

4.1. Enquadramento do tema

Por tudo o que vem exposto – *i.e.*, o reconhecimento da necessidade de proteger o titular da patente além do teor estritamente literal das reivindicações e de encontrar um critério apto a determinar quando é que uma variante não literal da invenção ainda é abrangida pelo âmbito da patente; a adoção, para o efeito, da doutrina dos equivalentes, pela jurisprudência de outros Estados, dentro e fora do âmbito da CPE; a exigência expressa pelo nº 2 do Protocolo Interpretativo do artigo 69º da CPE; o ensinamento da doutrina e da jurisprudência portuguesas – torna-se seguro afirmar que a doutrina dos equivalentes é acolhida pelo ordenamento jurídico nacional e que a delimitação do âmbito da proteção conferida pelas patentes vigentes em Portugal depende da sua ponderação. Por conseguinte, uma variante que seja considerada equivalente ao elemento técnico reivindicado invade o direito exclusivo do titular da patente, estabelecido pelo nº 1 do artigo 102º do CPI[1009], e poderá infringi-lo, se não for consentida por quem de direito[1010].

Como profetizou JUSTICE BLACK aquando da decisão do caso *Graver Tank*[1011], a invocação da doutrina dos equivalentes deixou de ser uma exceção para se tornar regra nas ações de infração da patente – razão pela qual é imprescindível definir os seus termos de aplicação[1012]. Todavia, tal como acontece na generalidade dos ordenamentos jurídicos, a lei portuguesa não regula a aplicação da doutrina dos equivalentes, o que levanta a questão de saber quais são os pressupostos da sua aplicação no nosso país, quais os critérios interpretativos que enformam a análise desses pressupostos e qual a importância da equivalência na determinação do âmbito das patentes vigentes em território nacional. Para responder a estas questões, examinámos anteriormente não só a doutrina e a jurisprudência nacionais que versam sobre o tema, mas também a jurisprudência estrangeira que maior influência tem tido no desenvolvimento do Direito de Patentes europeu e mundial – e que, como tal, serve de fundamento à discussão do tema nos tribunais nacionais e entre os autores portugueses. Não obstante, estamos em crer que a complexidade do tema não permite simplesmente optar pela aplicação de uma das conceções versadas acima, em detrimento das demais. Antes se exige a análise crítica aprofundada de cada pressuposto de aplicação da doutrina dos equivalentes e das suas condicionantes, confrontando as várias perspetivas elencadas acima e procurando responder às questões que se vão colocando a cada passo. Para o efeito, também será certamente relevante ter em conta a análise exposta no capítulo I deste trabalho sobre a função das reivindicações na definição do âmbito da patente e a interpretação do seu significado técnico, à luz do direito português.

Por isso, de seguida, dissecamos e discutimos cada um dos requisitos essenciais da aplicação da doutrina dos equivalentes, para que nos seja possível apresentar a nossa proposta quanto aos pressupostos da sua verificação.

1009 Cf. artigo 101º, nº 1, do CPI 2003.

1010 J. P. REMÉDIO MARQUES, *Biotecnologia(s) e Propriedade Intelectual*, pp. 725 e 726.

1011 Cf. capítulo II, ponto 2.2.1. *supra*.

1012 TANUJA V. GARDE, «Legal certainty, stare decisis and the doctrine of equivalents», p. 365.

4.2. O problema técnico

Em primeiro lugar, a aplicação da doutrina dos equivalentes pressupõe que o problema técnico solucionado pela variante seja o mesmo que é resolvido pela invenção protegida. Embora possa parecer evidente que só possa haver equivalência quando duas realizações resolvam o mesmo problema técnico, a complexidade dos factos que frequentemente enformam o caso submetido a juízo pode levantar problemas ao intérprete. Não obstante, trata-se de uma exigência transversal às várias ordens jurídicas analisadas.

A jurisprudência alemã determina com clareza que, «para que uma realização que se afaste do significado essencial das reivindicações seja incluída no âmbito de proteção», será necessário que «resolva o problema subjacente à invenção através de meios modificados, mas objetivamente equivalentes»[1013].

Por seu turno, os tribunais britânicos e os tribunais norte-americanos não expressam essa exigência de forma tão evidente, mas não há dúvida que é pressuposta ou resulta implicitamente da sua jurisprudência.

No Reino Unido, questionava-se, à luz das «*Protocol questions*», se a variante «tem um efeito substancial no modo de funcionamento da invenção»[1014]. É certo que não resulta expressamente dessa formulação que a invenção e a variante devem visar o mesmo problema técnico, mas não faria sentido pressupor o contrário, quando se analisa se duas realizações são equivalentes. De todo o modo, a jurisprudência mais recente permite afastar qualquer dúvida a esse respeito. Com efeito, segundo a House of Lords, mais vantajoso do que questionar «se uma variante "funciona da mesma maneira"», como faziam tradicionalmente os tribunais britânicos, poderá ser perguntar «se resolve o problema subjacente à invenção, por meios que têm o mesmo efeito técnico», como fazem os tribunais alemães[1015]. Esta segunda formulação evidencia que o entendimento dos tribunais britânicos sempre foi de que o âmbito da patente só poderá abranger realizações que visem resolver o mesmo problema técnico que está subjacente à invenção protegida.

[1013] Acórdão *Schneidmesser* (cf. capítulo II, ponto 2.3.3. *supra*).

[1014] Acórdão *Improver* (Reino Unido), capítulo II, ponto 2.2.2. *supra*.

[1015] Acórdão *Kirin-Amgen* (cf. capítulo II, ponto 2.4.3. *supra*).

Por seu turno, nos Estados Unidos, o mesmo pressuposto está subjacente à análise da aplicação da doutrina dos equivalentes desde o dia em que o Supreme Court analisou se dois carros para o transporte de carvão sobre carris com os mesmos usos práticos poderiam ou não ser considerados equivalentes[1016]. Com efeito, a equivalência aferida com a aplicação do triplo teste *function-way-result* fundamenta-se na conceção de que dois dispositivos devem ser tratados como se fossem a mesma coisa quando fazem «o mesmo trabalho» (substancialmente do mesmo modo e alcançando o mesmo resultado, apesar de divergirem no nome, na forma ou na configuração)[1017], e não será razoável sustentar que duas realizações executam o mesmo trabalho se, antes de mais, não solucionarem o mesmo problema técnico.

Em Portugal, o TRL também se pronunciou no sentido de que a equivalência pressupõe a solução do mesmo problema, seguindo de perto a doutrina de Luís Couto Gonçalves e de J. P. Remédio Marques[1018]. Assim, no acórdão de 17 de setembro de 2009 (processo nº 893/1995.L1-2; relatora: Ondina Carmo Alves), refere o tribunal que «verifica-se infracção do direito de patente por equivalência sempre que: A invenção patenteada e a invenção questionada se situarem no âmbito do mesmo problema técnico; [...]». No acórdão de 6 de fevereiro de 2014 (processo nº 866/13.4YRLSB-2; relator: Jorge Leal), o tribunal lavrou que «[n]a avaliação do âmbito de proteção de uma patente, em confronto com o produto, o processo ou a utilização apresentada por terceiro, importa levar em consideração o problema técnico cuja resolução se visa com a invenção patenteada». Além disso, citando o mencionado professor de Coimbra, o tribunal destaca a importância de saber se a invenção patenteada e a variante alegadamente equivalente visam ou não resolver o mesmo problema:

> «[...] a apreensão do problema e a sua solução permite compreender a invenção reivindicada, não somente para o efeito de ser sindicada a novidade e o nível inventivo, mas também para determinar o âmbito tecnológico de protecção do direito já constituído, na medida em que os terceiros tenham utilizado elementos essenciais da inven-

[1016] Acórdão *Winans v. Denmead* (cf. capítulo II, ponto 1.2. *supra*).

[1017] Acórdão *Graver-Tank* (cf. capítulo II, ponto 2.2.1. *supra*).

[1018] Cf. ponto 3.1.3, b), do presente capítulo.

ção ou meios equivalentes enquanto solução do mesmo problema: na verdade, as formas de execução que não correspondam ao problema técnico resolvido pelo titular da patente não se acham normalmente compreendidas nesse âmbito de protecção»[1019].

No acórdão de 7 de setembro de 2015 (processo nº 336/15.6YRLSB.L1-1), o tribunal também refere que «existe infracção do direito de patente por equivalência se: (i) a invenção patenteada e a invenção questionada se situarem no âmbito do mesmo problema técnico [...]».

Assim, é pacífico que a equivalência pressupõe que a variante solucione o mesmo problema técnico que a invenção reivindicada. Todavia, a CPE e o CPI não exigem que o problema subjacente à invenção seja expressamente descrito com o pedido de patente. O CPI apenas determina que «[a] descrição deve indicar, de maneira clara, sem reservas nem omissões, tudo o que constitui o objecto da invenção, contendo uma explicação pormenorizada de, pelo menos, um modo de realização da invenção, de maneira que um perito na especialidade a possa executar» (artigo 62º, nº 4, do CPI[1020]). Por seu turno, a CPE estipula que «[a] invenção deve ser descrita no pedido de patente europeia de forma suficientemente clara e completa para que um perito na matéria a possa executar» (artigo 83º). Não obstante, o RECPE determina que a descrição deve «expor a invenção, conforme reivindicada, em termos que permitam compreender o problema técnico, mesmo que não seja expressamente designado como tal, e a sua solução, e indicar quaisquer efeitos vantajosos da invenção face ao estado da técnica anterior»[1021] [Regra 42, nº 1, alínea c)].

Aquando do exame da inventividade, o IEP também tem necessidade de conhecer o problema técnico que a invenção visa resolver, recorrendo, para o efeito à abordagem problema-solução. As Orientações

[1019] A citação foi retirada da obra *Biotecnologia(s) e Propriedade Intelectual*, vol. I, p. 723.

[1020] Mantém a substância do preceito com a mesma numeração no CPI 2003, salvo alterações de redação menores.

[1021] Tradução livre da nossa responsabilidade, tendo em conta a tradução da Regra 27, nº 1, alínea c), do RECPE apresentada pelo INPI, tal como modificada por decisão do Conselho de Administração da OPE, de 13 de dezembro de 2011. Na versão oficial em inglês: «*disclose the invention, as claimed, in such terms that the technical problem, even if not expressly stated as such, and its solution can be understood, and state any advantageous effects of the invention with reference to the background art*».

de Exame estabelecem os elementos a ter conta para o efeito[1022], que também poderão ser de grande utilidade para o intérprete do âmbito da patente, nomeadamente, em caso de litígio quanto à sua validade ou infração, quando esteja em causa a aplicação da doutrina dos equivalentes. Assim, segundo as Orientações de Exame do IEP, o problema técnico deve ser determinado de forma objetiva, tendo em conta a patente, o estado da técnica mais próximo e a diferença entre este e as características técnicas, estruturais ou funcionais, da invenção reivindicada. Face a estes elementos, o intérprete deve identificar quais as características distintivas da invenção face ao estado da técnica e qual o seu efeito (*i.e.*, o progresso técnico alcançado pela invenção), de onde deverá extrair o problema técnico visado. O problema técnico objetivamente definido ao abrigo da abordagem problema-solução corresponde, deste modo, ao propósito ou à tarefa de modificar o estado da arte mais próximo de modo a alcançar o efeito técnico providenciado pela invenção, que ultrapassa o estado da técnica.

O problema técnico visado pela invenção é aquele que é efetivamente resolvido à luz do estado da técnica mais próximo, o que pode não corresponder ao estado da técnica conhecido ou à disposição do requerente da patente[1023]. Por isso, é possível que a interpretação da patente e a análise do estado da técnica levem o intérprete a concluir que o problema técnico efetivamente solucionado não corresponde ao problema técnico exposto pelo requerente da patente na descrição. Por exemplo, tendo em conta o estado da técnica, poderá concluir-se que o problema solucionado pela invenção não corresponde ao seu melhoramento, mas apenas ao desenvolvimento de um produto ou de um processo alternativo às soluções já conhecidas. A noção de problema técnico deve ser interpretada em termos amplos e não apenas no sentido de que a solução técnica reivindicada implica um melhoramento do estado da arte. Nada obsta a que o problema técnico consista no desenvolvimento de uma alternativa a produtos ou processos conhecidos, que providencie o mesmo resultado ou um resultado similar, ou que seja economicamente mais eficiente[1024].

[1022] Cf. EPO, *Guidelines*, G-VII, § 5.2.

[1023] Cf. Legal Research Service of the Boards of Appeal, *Case Law of the Boards of Appeal of the European Patent Office*, p. 172, citando a decisão proferida no processo T 576/95.

[1024] Cf. EPO, *Guidelines*, G-VII, § 5.2.

O supramencionado acórdão de 6 de fevereiro de 2014, proferido pelo TRL[1025], proporciona um exemplo interessante da definição do problema técnico e da sua relevância para a aplicação da doutrina dos equivalentes[1026]. Em causa estava, recorde-se, uma patente que protegia um medicamento de referência que utilizava hemissulfato de abacavir, cujo titular entendia que seria infringida pela introdução no mercado de um medicamento genérico contendo, na sua composição, abacavir na forma livre. O tribunal concluiu que ambas as substâncias tinham o mesmo efeito após a sua administração no organismo humano, mas não era o efeito terapêutico que atribuía nível inventivo à patente que protegia a utilização de hemissulfato de abacavir. De acordo com a descrição da patente, o problema técnico solucionado pela invenção protegida era «a preparação do composto "de uma forma apropriada para facilidade de isolamento em produção em larga escala e para facilidade de formulação num produto aceitável para administração a humanos"». Para tal, a utilização do abacavir sob a forma de hemissulfato apresentava vantagens face à forma livre dessa substância que, de acordo com o requerente da patente, seria inadequada «para purificação em larga escala ou para formulação, sem técnicas de purificação adicionais». Por conseguinte, se o abacavir em forma livre e o hemissulfato de abacavir não possuíam as mesmas características técnicas distintivas, não produziam o mesmo efeito técnico e não poderiam solucionar o mesmo problema técnico, pelo que, conforme concluiu o TRL, não poderiam ser consideras tecnicamente equivalentes. Por isso (e também porque a forma livre de abacavir já integrava ao estado da técnica) a mera utilização de abacavir, na sua forma livre, não infringia a patente *sub judice*, ao contrário do que tinha decidido o tribunal arbitral *a quo*.

Não obstante, embora a aplicação da doutrina dos equivalentes pressuponha que a invenção patenteada e a variante solucionem o mesmo problema técnico e embora a análise deste possa ser um elemento importante para a interpretação das reivindicações, importa não esquecer que o âmbito da patente é determinado pelas reivindicações e não pelo problema técnico resolvido pela invenção. Designadamente, as reivindi-

[1025] Cf. capítulo II, ponto 3.3.b) *supra*.

[1026] Para além deste aresto, também o acórdão arbitral proferido a 26 de novembro de 2016 (cf. BPI nº 2017/04/13) reflete a importância do problema técnico solucionado pela invenção para a interpretação das reivindicações.

cações não podem ser interpretadas forma a abranger ou a excluir algo que, tendo em conta o problema técnico subjacente à invenção, o intérprete da patente entende que seria mais adequado delas constar ou não[1027].

4.3. O resultado

Para que a doutrina dos equivalentes seja aplicável, é também necessário que o resultado obtido pela variante seja idêntico ao resultado alcançado pela invenção patenteada[1028]. De acordo com a abordagem problema-solução referida anteriormente, por resultado deve entender-se o efeito técnico produzido pelas características técnicas distintivas da invenção reivindicada, que ultrapassa o estado da técnica[1029]. Contudo, nem sempre é fácil distinguir o resultado da invenção da função das características técnicas reivindicadas. A função dos elementos reivindicados distingue-se do resultado da invenção por ser o «efeito técnico primário» direta e imediatamente resultante da implementação do meio técnico, enquanto o resultado representa a vantagem imaterial acrescentada pela invenção ao estado da técnica[1030].

O entendimento de que a equivalência pressupõe a identidade de resultados técnicos alcançados pela invenção e pela variante também é transversal à doutrina e à jurisprudência nacionais e estrangeiras. É desde logo notório na formulação do triplo teste aplicado pela jurisprudência norte-americana: o elemento variante será considerado equivalente ao elemento reivindicado «*if it performs substantially the same function in substantially the same way to obtain the same result*»[1031]. Mas também está presente na jurisprudência alemã, que procura saber se «os meios modificados usados na execução acusada têm o mesmo efeito na solução do

[1027] M. Franzosi, «Three European Cases on Equivalence », p. 118.

[1028] José António Gomez Segade, «Actividad Inventiva y Doctrina de los Equivalentes», p. 52. A relevância do problema técnico solucionado pela invenção para a interpretação das reivindicações – não em sede de aplicação da doutrina dos quivalentes, mas em termos gerais – é também ilustrada pelo acórdão arbitral proferido a 26 de novembro de 2016 (cf. BPI nº 2017/04/13).

[1029] Cf. EPO, *Guidelines*, G-VII, § 5.2.

[1030] Pierre Véron, «Doctrine of Equivalents», pp. 3 e 4; Casalonga, *apud* Justino Cruz, *Código da Propriedade Industrial*, p. 392.

[1031] Acórdão *Graver Tank* (cf. capítulo II, ponto 2.2.1. *supra*).

problema subjacente à invenção»[1032], formulação cujas vantagens são, conforme se referiu no ponto anterior, reconhecidas pela jurisprudência britânica[1033]. O mesmo resulta da decisão do caso T 697/92 pela Câmara de Recursos do IEP (citada nas decisões T 818/93 e T 929/02), segundo a qual, recorde-se, dois meios serão equivalentes se, apesar de apresentarem formas de realização diferentes, cumprirem a mesma função visando o mesmo resultado[1034].

A doutrina e a jurisprudência portuguesas seguem um entendimento idêntico. Já em 1970 Américo da Silva Carvalho sustentava que, para se aplicar a doutrina dos equivalentes, «[o]*s meios empregados devem servir para se obter o mesmo resultado técnico*» (que o autor não confundia com a função desses meios, visto que, autonomamente, também exigia que «[o]*s meios empregados devem desempenhar a mesma função»)*[1035]. Mais recentemente, num acórdão proferido em 2009, já ao abrigo do CPI 2003, o TRL acolheu o entendimento exposto por Luís Couto Gonçalves, segundo o qual a aplicação da doutrina dos equivalentes pressupõe que exista «semelhança da solução técnica encontrada» pela invenção patenteada e pela variante[1036]. Veja-se ainda, em termos concordantes, os acórdãos de 26 de novembro de 2012[1037] e de 16 de dezembro de 2012[1038], proferidos por tribunais arbitrais constituídos à luz da Lei nº 62/2011.

Também Teresa Silva Garcia afirma que a equivalência entre dois meios pressupõe que alcancem o «mesmo resultado»[1039]. Todavia, a posição desta autora levanta a questão de saber se os resultados alcançados pela invenção e pela variante devem ser da mesma qualidade para se considerarem idênticos. Segundo Teresa Silva Garcia, «[c]aso o resultado seja igual mas de qualidade diferente, em função da diferença estrutural

[1032] Acórdão *Schneidmesser* (cf. capítulo II, ponto 2.3.3. *supra*).

[1033] Acórdão *Kirin-Amgen* (cf. capítulo II, ponto 2.4.3. *supra*).

[1034] Cf. Legal Research Service of the Boards of Appeal, *Case Law of the Boards of Appeal of the European Patent Office*, pp. 233 e 234.

[1035] Américo da Silva Carvalho, *O Objeto da Invenção*, p. 73 (cf. capítulo II, ponto 3.2. *supra*).

[1036] Acórdão de 17 de setembro de 2009 (processo nº 893/1995.L1-2; relatora: Ondina Carmo Alves). Recorde-se que este acórdão foi também seguido pelo TCAS em diversas ocasiões [cf. Cf. capítulo II, ponto 3.3, b), *supra*].

[1037] BPI nº 2013/05/10, pp. 33 e 34.

[1038] BPI nº 2013/05/17, pp. 40 e 41.

[1039] Teresa Silva Garcia, «A Inventividade», p. 301 (cf. capítulo II, ponto 3.2. *supra*).

do meio, já não será considerada equivalência. [...]»[1040]. Trata-se de um entendimento que também resulta da citada decisão T 697/92 da Câmara de Recuso do IEP, segundo a qual, para que a variante seja considerada um meio equivalente ao reivindicado, o resultado alcançado deve ser do mesmo tipo e qualidade. Segundo a Câmara de Recurso do IEP, uma variante não será considerada equivalente ao meio reivindicado se, por causa do seu diferente modo de realização, conduzir a um resultado do mesmo tipo, mas com diferente grau de qualidade ou eficiência. Além disso, para se excluir a equivalência, não seria sequer necessário que o resultado da variante fosse melhor. Bastaria que fosse diferente, uma vez que não é o próprio resultado que é patenteável, mas sim os meios que permitem alcançá-lo[1041].

Contudo, não podemos concordar este entendimento. Como resulta, e bem, da decisão T 697/92 da Câmara de Recurso do IEP, o objeto da patente são os meios técnicos reivindicados, e não o resultado da invenção. Enquanto a variante permitir obter o mesmo efeito técnico que os elementos patenteados, o seu resultado coincide com a vantagem imaterial oferecida pela invenção ao estado da técnica[1042]. O tipo ou a qualidade desse resultado respeita à eficiência da variante, e não aos seus efeitos técnicos, conforme resulta do acórdão *Improver*, proferido pelo OLG de Düsseldorf[1043]. Se o mesmo efeito técnico é alcançado por ambas as realizações, embora com qualidades, quantidades ou graus diferentes, o seu resultado é ainda coincidente[1044]. Por conseguinte, essa diferença de qualidade, quantidade ou grau não é suficiente para afastar, *per se*, a aplicação da doutrina dos equivalentes e a infração da patente, a menos que permita alcançar uma nova vantagem imaterial não contida no estado da técnica[1045] ou faça com que a variante deixe de alcançar a

[1040] Teresa Silva Garcia, «A Inventividade», p. 301 (*idem*).

[1041] Cf. Legal Research Service of the Boards of Appeal, *Case Law of the Boards of Appeal of the European Patent Office*, pp. 233 e 234.

[1042] Jacques Azéma & Jean-Christophe Galloux, *Droit de la propriété industrielle*, p. 441.

[1043] Neste ponto, o tribunal pronunciava-se sobre a relevância das diferenças entre a quantidade de pelo extraído e a dor infligida pela invenção protegida e pela variante (cf. capítulo II, ponto 2.3.2. *supra*).

[1044] Jacques Azéma & Jean-Christophe Galloux, *Droit de la propriété industrielle*, p. 441.

[1045] Cf. acórdão *Improver* (Reino Unido), analisado no Capítulo II, ponto 2.4.2. *supra*.

vantagem imaterial permitida pela invenção[1046]. Doutra forma, bastaria que uma variante fosse, intencionalmente ou não, menos eficiente que a invenção defraudada para escapar à infração da patente.

4.4. A função

Para que uma variante seja considerada equivalente à invenção patenteada, além de resolver o mesmo problema técnico através da mesma solução, será também necessário que os meios modificados cumpram a mesma função das características técnicas protegidas[1047], ou seja, que proporcionem o mesmo efeito técnico primário, obtido direta e imediatamente através da sua implementação[1048].

Mais uma vez, trata-se de um pressuposto transversal às diversas conceções analisadas anteriormente, embora nem sempre seja tratado de forma expressa. Com efeito, segundo a decisão T 697/92 da Câmara de Recursos do IEP a verificação da equivalência depende, entre outros requisitos, da identidade de funções entre os meios de ambas as realizações. O triplo teste norte-americano também é claro ao exigir que a variante modificada desempenhe substancialmente a mesma função que os elementos patenteados (para além de exigir que o faça substancialmente do mesmo modo para alcançar substancialmente o mesmo resultado)[1049]. De acordo com a jurisprudência alemã, será necessário que o perito na matéria, ao interpretar as reivindicações da patente, «possa usar o seu conhecimento especializado para concluir que os meios modificados têm o mesmo efeito»[1050]. No que respeita ao Reino Unido, a jurisprudência nem sempre versou expressamente sobre a questão de saber se as características técnicas reivindicadas deveriam apresentar a mesma função para serem consideradas abrangidas pelo

[1046] Jochen Pagenberg, Alexander Harguth & Julien Frénaux, «The French Practice», p. 131; Pierre Véron, «Doctrine of Equivalents», p. 3, citando jurisprudência francesa para sustentar a sua posição; Alfred Keukenschrijver, «The German Practice», pp. 95 e 96.

[1047] José António Gomez Segade, «Actividad Inventiva y Doctrina de los Equivalentes», p. 52.

[1048] Jochen Pagenberg, Alexander Harguth & Julien Frénaux, «The French Practice», pp. 130 e 131; Pierre Véron, «Doctrine of Equivalents», p. 2; Casalonga, *apud* Justino Cruz, *Código da Propriedade Industrial*, p. 392.

[1049] Acórdão *Graver Tank* (cf. capítulo II, ponto 2.2.1. *supra*).

[1050] Acórdão *Schneidmesser* (cf. capítulo II, ponto 2.3.3. *supra*), que sintetizou em três questões o entendimento desenvolvido pelos acórdãos *Formstein* e *Improver* (cf. capítulo II, ponto 2.3.1. e 2.3.2. *supra*), que o precederam.

âmbito da patente. De acordo com as «*Protocol questions*», a tónica estaria em saber se a variante tinha ou não um «efeito substancial no modo de funcionamento da invenção» e se, ao interpretar a patente, o perito na matéria entenderia que o requerente da patente pretendeu que o ensinamento reivindicado fosse estritamente cumprido[1051], isto é, que o âmbito da patente se cingisse à literalidade das suas reivindicações. Por conseguinte, ao aplicar este teste, os tribunais britânicos não perguntam se os meios em confronto cumprem a mesma função, ou seja, se a sua implementação resulta no mesmo efeito técnico primário. Todavia, não se vislumbra como é que os meios técnicos utilizados por duas realizações, que resolvem o mesmo problema técnico através do mesmo resultado e cujos modos de funcionamento são substancialmente idênticos, poderão ter funções diferentes. Por outras palavras, se a variante não tem um efeito substancial no modo de funcionamento da invenção, o efeito técnico primário obtido direta e imediatamente pelas suas caraterísticas técnicas será muito provavelmente idêntico ao dos meios reivindicados – ou seja, cumpre a mesma função destes. Assim, os tribunais britânicos não perguntavam tradicionalmente se os meios em confronto cumpriam a mesma função porque iam mais além e perguntavam se funcionavam do mesmo modo. Mas, se dúvidas houvesse que, embora implicitamente, a identidade de funções entre as características técnicas patenteadas e os meios modificados era um requisito para que estes se considerassem integrantes do âmbito da patente, foram esclarecidas pelo acórdão *Kirin-Amgen*[1052], ao reconhecer o mérito da primeira *Schneidmesser-Frage* que, em vez aferir «se uma variante "funciona da mesma maneira"», questiona «se resolve o problema subjacente à invenção, por meios que têm o mesmo efeito técnico» – e, portanto, se a variante apresenta a mesma função dos elementos patenteados.

Em Portugal, já ao abrigo do CPI 1940 Américo da Silva Carvalho sustentava que «[o]s meios empregados devem desempenhar a mesma função», para que a variante seja considerada equivalente à invenção patenteada. O mesmo resulta da doutrina de Justino Cruz, citando

[1051] Acórdão *Improver* (Reino Unido), cf. capítulo II, ponto 2.4.2. *supra*, que sintetizou em três questões o entendimento desenvolvido no acórdão *Catnic* (cf. capítulo II, ponto 2.4.1. *supra*).

[1052] Cf. capítulo II, ponto 2.4.3. *supra*.

CASALONGA[1053]. Mais recentemente, ao abrigo do CPI 2003, a doutrina continuava a exigir o preenchimento do mesmo requisito, como resulta, *e.g.*, da doutrina de TERESA SILVA GARCIA, citando a jurisprudência da Câmara de Recursos do IEP[1054], ou de REMÉDIO MARQUES[1055]. Este último autor é também citado no acórdão de 28 de março de 2014 proferido por tribunal arbitral constituído ao abrigo do disposto no artigo 2º da Lei nº 62/2011[1056].

4.5. O modo de funcionamento

Coloca-se ainda a questão de saber se os meios modificados apesentados pela variante devem seguir o mesmo modo de funcionamento das características técnicas reivindicadas ou se basta que desempenhem a mesma função para que lhes sejam considerados equivalentes.

O triplo teste *function-way-result* exige expressamente que a variante apresente o mesmo *modus operandi* dos elementos reivindicados. Segundo a jurisprudência norte americana, o propósito da doutrina dos equivalentes é evitar que um concorrente do titular da patente se sirva de argumentos lógicos ou linguísticos para se aproveitar, de forma fraudulenta, da invenção protegida. Por conseguinte, para ser considerada equivalente ao elemento reivindicado, a variante deverá «executar substancialmente a mesma função, de modo substancialmente idêntico, para obter o mesmo resultado». Este entendimento, resultante do acórdão *Graver Tank*[1057], viria a ser confirmado posteriormente pelo acórdão *Warner Jenkinson*[1058], segundo o qual a não exigência de que a variante apresentasse o *modus operandi* da invenção, resultaria na ampliação da doutrina dos equivalentes, o que poderia conflituar com a função das reivindicações de definir a invenção e informar o público dos limites do monopólio concedido pela patente. Não obstante, este acórdão também deixou aberta uma válvula de escape à estrita aplicação do triplo teste, ao afirmar que a equivalência não está prisioneira de uma fórmula, não

[1053] JUSTINO CRUZ, *Código da Propriedade Industrial*, p. 392.

[1054] TERESA SILVA GARCIA, «A Inventividade», pp. 299-302.

[1055] J. P. REMÉDIO MARQUES, «O conteúdo dos pedidos de patente», pp. 458-460.

[1056] BPI nº 2014/05/26, pp. 49-51.

[1057] Cf. capítulo II, ponto 2.2.1. *supra*.

[1058] Cf. capítulo II, ponto 2.2.4. *supra*.

é um conceito abstrato e deve ser aplicada tendo em conta o propósito dado pela invenção às características técnicas utilizadas, as suas qualidades quando combinado com outros componentes e a função que se destina a cumprir, bem como o conhecimento do perito na matéria, nomeadamente, o conhecimento da substituibilidade de algum elemento da invenção por outro componente não contido na patente[1059].

Na Europa, a aplicação da teoria dos equivalentes parece afastar-se de pressupostos tão estritos. Desde logo, o entendimento sustentado pela Câmara de Recursos do IEP aponta no sentido de que a equivalência não exige que a variante siga o *modus operandi* da invenção patenteada. Segundo a decisão proferida no caso T 697/92[1060], dois meios serão considerados equivalentes se, apesar de apresentarem formas de realização diferentes, cumprirem a mesma função, visando o mesmo resultado. Mas também a jurisprudência dos diversos estados da OEP parece inclinar-se no sentido de que uma variante poderá, pelo menos em certas circunstâncias, ser considerada equivalente às características técnicas reivindicadas mesmo que não apresente o mesmo modo de funcionamento.

Na Alemanha, será essa a conceção prevalecente, isto é, de que a variante não tem necessariamente de seguir o mesmo *modus operandi* dos elementos reivindicados, embora a jurisprudência mais recente tenha introduzido algumas limitações a esse entendimento. De acordo com o BGH, a variante será considerada equivalente à invenção patenteada se o perito na matéria, ao interpretar as reivindicações à luz da descrição e dos desenhos, de acordo com o seu conhecimento especializado, concluir que os meios modificados têm o mesmo efeito técnico (portanto, a mesma função) que as características reivindicadas e se esse facto lhe for evidente[1061]. Por conseguinte, na medida em que o mesmo efeito técnico for alcançável por meios alternativos que não funcionem do mesmo modo, a variante que os implemente poderá ainda ser considerada equivalente à invenção reivindicada, se for óbvia para o perito na matéria. Assim, para que sejam considerados equivalentes, a jurisprudência alemã exige tão-somente que os elementos técnicos da invenção patenteada e da variante cumpram a mesma função e que esse facto seja

[1059] Cf. acórdão *Warner Jenkinson* (capítulo II, ponto 2.2.4. *supra*).

[1060] Cf. capítulo II, ponto 2.6. *supra*.

[1061] Cf. acórdãos *Formstein* e *Schneidmesser* (capítulo II, pontos 2.3.1. e 2.3.3. *supra*).

inteligível para o perito na matéria. Não obstante, recentemente, o BGH admitiu que a interpretação das reivindicações pode afastar do âmbito da patente algum modo de realização da invenção que, embora pudesse ser alcançado pelo perito com base nas reivindicações, deverá considerar-se excluído da proteção[1062]. Assim, embora a aferição da equivalência entre os meios reivindicados e os meios modificados implementados pela variante continue a fazer-se a partir do critério exposto nas *Schneidmesser-Fragen*[1063], o BGH entende que a terceira questão implica que não basta saber se, ao interpretar as reivindicações, o perito na matéria conseguiria, à luz do seu conhecimento especializado, dizer que ambas as realizações têm o mesmo efeito técnico, pois será também necessário aferir se as reivindicações, interpretadas à luz da descrição, não afastam o modo de realização da invenção implementado pela variante. Conforme lavrou o tribunal, «[s]e a reivindicação toma uma decisão seletiva entre várias opções para alcançar um efeito técnico, as considerações do perito sobre as possíveis modificações devem também estar de harmonia com, precisamente, esta decisão seletiva»[1064]. Por conseguinte, o *modus operandi* da variante poderá implicar a sua exclusão do âmbito da patente quando resultar da interpretação das reivindicações que o requerente da patente o afastou da matéria reivindicada, ainda que, se não fosse a redação dada às reivindicações, a variante em causa seria considerada equivalente à invenção patenteada. Esta perspetiva representa um desenvolvimento significativo face à jurisprudência anterior do mesmo tribunal, nomeadamente, perante o entendimento vertido no acórdão *Formstein*, segundo o qual a redação da patente não seria decisiva, mas antes o seria «saber que problema técnico, reconhecível pelo perito na matéria, é de facto (objetivamente) solucionado pela invenção»[1065].

No Reino Unido, mesmo após a entrada em vigor da CPE, os tribunais exigiam que a variante apresentasse o mesmo *modus operandi* dos elementos reivindicados para que se pudesse considerar que ainda se encontrava no âmbito da proteção conferida pela patente. De acordo

[1062] Acórdão *Okklusionsvorrichtung* (cf. capítulo II, ponto 2.3.4. *supra*).

[1063] Cf. Acórdão *Schneidmesser* (cf. capítulo II, ponto 2.3.3. *supra*), que sintetizou em três questões o entendimento desenvolvido pelos acórdãos *Formstein* e *Improver* (cf. capítulo II, ponto 2.3.1. e 2.3.2. *supra*), que o precederam.

[1064] Acórdão *Okklusionsvorrichtung* (cf. capítulo II, ponto 2.3.4. *supra*).

[1065] Cf. capítulo II, ponto 2.3.1. *supra*.

com as «*Protocol questions*»[1066], a primeira tarefa do tribunal seria aferir se os meios modificados tinham ou não um efeito substancial no modo de funcionamento da invenção, sendo certo que uma resposta afirmativa a este quesito implicaria a exclusão da variante do âmbito da reivindicação. Contudo, a jurisprudência mais recente veio conferir alguma flexibilidade a esta análise, ao destacar que a questão imprescindível para determinar o âmbito da patente era saber o que é que o perito na matéria retira da interpretação da redação dada às reivindicações pelo requerente da patente, designadamente, se «[o] intérprete perito na matéria retiraria da redação da reivindicação que o requerente da patente pretendeu que o estrito cumprimento com o significado primário fosse um requisito essencial da invenção»[1067]. Assim, a jurisprudência britânica abriu caminho para que, em certas condições, uma variante com um *modus operandi* diferente das caraterísticas técnicas reivindicadas possa ser considerada incluída no âmbito da patente – ou, pelo menos, não exclui à partida que, por apresentar um diferente modo de funcionamento, a variante escape desde logo ao âmbito da patente. Deste modo, a jurisprudência britânica aproximou-se da abordagem alemã à interpretação do âmbito da patente, o que mais é reforçado pelas considerações positivas tecidas por LORD DIPLOCK, no acórdão *Kirin-Amgen*, a propósito do teste aplicado pelos tribunais alemães, no sentido de perguntar se a variante «resolve o problema subjacente à invenção, por meios que têm o mesmo efeito técnico», em vez de questionar, como faziam os tribunais britânicos, se «uma variante "funciona da mesma maneira"». Aquela formulação não pressupõe necessariamente que a variante apresente o mesmo modo de funcionamento da característica técnica reivindicada, pelo que, eventualmente, poderá abranger a variante com um *modus operandi* diverso do elemento reivindicado, que será incluída no âmbito não literal da patente teleologicamente interpretada. É certo que o recente acórdão *Actavis*, proferido pelo Supreme Court, retorna às «*Protocol questions*» e sugere, ainda que a título de orientação, que os tribunais devem analisar se «a variante alcança substancialmente o mesmo resultado da invenção, [...] substancialmente da mesma forma que a invenção».

1066 Cf. acórdão *Improver* (Reino Unido), analisado no capítulo II, ponto 2.4.2. *supra*, que sintetizou em três questões o entendimento desenvolvido no acórdão *Catnic* (cf. capítulo II, ponto 2.4.1. *supra*).

1067 Cf. acórdão *Kirin-Amgen* (capítulo II, ponto 2.4.3. *supra*).

No entanto, esse acórdão também deixa claro que o que se pretende analisar com essa questão é se «o conceito inventivo revelado pela patente» também é seguido pela variante. Além disso, é notória, ao longo do acórdão, a preocupação do tribunal com a justa proteção do titular da patente, salvaguardada pelo nº 2 do Protocolo Interpretativo do artigo 69º da CPE, pelo que não deverá entender-se aquela reformulação da 1ª *Protocol question* como um retorno a uma exigência mais estrita da aplicação da doutrina dos equivalentes (veja-se o que decidiu o tribunal sobre o caso concreto *sub judice*, a propósito da ponderação da 3ª questão[1068]).

Deste modo, ao admitir que uma variante possa ainda ser abrangida pelo âmbito da patente mesmo quando não apresente o *modus operandi* das características técnica reivindicadas, a jurisprudência britânica e alemã afasta-se da jurisprudência norte-americana e das exigências colocadas pelo *triple test*, apresentado no acórdão *Graver Tank*. Não obstante, as diferenças entre as conceções europeia e americana poderão ser menores do que aparentam, por duas ordens de razões. Por um lado, como observámos, e embora reafirme a pertinência do *triple test*, o acórdão *Warner Jenkinson* também afirma que a equivalência não é um conceito abstrato e que a sua verificação não está presa a uma fórmula, o que indicia que as circunstâncias do caso concreto poderão amenizar os pressupostos restritivos da aplicação do *triple test*. Por outro lado, a abertura que os tribunais britânicos e alemães têm demonstrado perante a possibilidade de a doutrina dos equivalentes se aplicar à variante que não segue estritamente o mesmo modo de funcionamento das características técnicas reivindicadas – ou, dito de outra forma, a possibilidade de uma variante que não siga o *modus operandi* dos elementos reivindicados ser abrangida pelo âmbito da patente – não implica que simplesmente abdiquem de saber se a variante funciona ou não do mesmo modo que a invenção patenteada para que seja abrangida pelo âmbito da patente. Esse requisito só não será exigido quando o resultado da interpretação das reivindicações pelo perito na matéria assim o determine.

Em Portugal, tudo indica que a doutrina e a jurisprudência propendem no sentido de que, preenchidos os demais pressupostos de aplicação da doutrina dos equivalentes, não será exigível que a variante apre-

[1068] Cf. capítulo II, ponto 2.4.4. *supra*.

sente o mesmo modo de funcionamento da invenção protegida para que seja abrangida pelo âmbito da patente e nem sequer se colocam os limites levantados pela jurisprudência britânica e alemã a esse entendimento. Nesse sentido, TERESA SILVA GARCIA sufraga o entendimento da Câmara de Recursos do IEP no caso T 697/92, exposto acima[1069]. LUÍS COUTO GONÇALVES – cujo ensinamento foi acolhido no acórdão de 17 de setembro de 2009, proferido pelo TRL[1070], e nos acórdãos de 26 de novembro de 2012[1071] e de 16 de dezembro de 2012[1072], proferidos por tribunais arbitrais constituídos ao abrigo do disposto no artigo 2º da Lei nº 62/2011 –, sufraga a conceção alemã, mas sem retirar do acórdão *Okklusionsvorrichtung* as consequências supra expostas[1073]. Segundo este autor, os meios serão considerados equivalentes quando, para além de se encontrarem preenchidos os demais requisitos de aplicação da doutrina dos equivalentes, os elementos modificados estejam ao alcance do perito na matéria, baseando-se na interpretação lógica, não estritamente literal e objetivista do conteúdo das reivindicações, de acordo com os princípios hermenêuticos estabelecidos pelo artigo 1º do Protocolo Interpretativo do artigo 69º da CPE[1074]. Por conseguinte, embora não o refira de forma expressa, estamos em crer que LUÍS COUTO GONÇALVES também não exige que a variante apresente o meso *modus operandi* dos elementos reivindicados para que lhes seja considerada equivalente. J. P. REMÉDIO MARQUES – cuja doutrina foi acolhida pelo acórdão de 28 de março de 2014[1075], proferido por tribunal arbitral constituído ao abrigo do disposto no artigo 2º da Lei nº 62/2011 –, também não se afasta daquele entendimento, pois sustenta que se verifica a infração não literal da patente quando a variante alcançar o mesmo efeito técnico da invenção reivindicada e o perito na matéria conseguir identificar não só que os meios modificados cumprem a mesma função das características protegidas, mas também que a variante constitui uma «*solução tecnicamente*

[1069] TERESA SILVA GARCIA, «A Inventividade», p. 300.

[1070] Processo nº 893/1995.L1-2; relatora: ONDINA CARMO ALVES. Cf. capítulo II, ponto 3.3. b) *supra*.

[1071] BPI nº 2013/05/10, pp. 33 e 34.

[1072] BPI nº 2013/05/17, pp. 40 e 41.

[1073] Cf. capítulo II, ponto 2.3.4. *supra*.

[1074] LUÍS COUTO GONÇALVES, *Manual de Direito Industrial*, pp. 104 e 105.

[1075] BPI nº 2014/05/26, pp. 49-51.

equivalente», por ser «suficientemente próxima da invenção anteriormente protegida»[1076].

Contudo, da nossa parte, e como veremos detalhadamente adiante, estamos em crer que existem boas razões para exigir saber, como fazem os tribunais britânicos e alemães, se se retira da interpretação das reivindicações que deva ser observado um determinado modo de execução da invenção para que uma variante lhe seja considerada equivalente ou se algum modo de funcionamento se encontra excluído da matéria reivindicada. Naqueles países, tal como em Portugal (e, bem assim, na generalidade dos ordenamentos contemporâneos que consagram o direito de patente), as reivindicações não são apenas o ponto de partida para a definição do âmbito do direito exclusivo, mas também o limite do âmbito da patente. Por conseguinte, a interpretação do perito na matéria tem de se conformar com as reivindicações e com as opções tomadas pelo seu relator. Conforme resulta do acórdão *Okklusionsvorrichtung*, proferido pelo BGH, se o intérprete retira da interpretação das reivindicações (designadamente, mas não só, face à descrição) que o requerente da patente tomou uma opção que afasta uma ou mais possibilidades de implementação do ensinamento revelado, as suas conclusões sobre o âmbito da patente devem respeitar essa opção.

Assim, saber se uma variante se inclui ou não no âmbito do direito exclusivo pressupõe saber se resolve o problema técnico subjacente à invenção protegida, através de meios técnicos modificados que obtenham o mesmo efeito técnico dos elementos reivindicados, para chegar a um resultado idêntico. No entanto, a interpretação das reivindicações, de acordo com a descrição e os desenhos, à luz do conhecimento especializado do perito na matéria, poderá levar à exigência de que a variante respeite o mesmo modo de funcionamento da invenção protegida para que lhe seja considerada equivalente. Por isso, saber se também é exigível que a variante revista o mesmo modo de funcionamento da invenção protegida para que se verifique a infração por equivalência depende da interpretação que o perito na matéria faz das reivindicações.

[1076] J. P. Remédio Marques, «O conteúdo dos pedidos de patente», pp. 458-460.

5. A interpretação das reivindicações à luz da doutrina dos equivalentes

5.1. Enquadramento do tema

Conforme se assinalou anteriormente, a interpretação das reivindicações é particularmente importante para saber se basta que uma variante cumpra a mesma função da característica técnica reivindicada (*i.e.*, que obtenha mesmo efeito técnico primário, obtido direta e imediatamente através da sua implementação[1077]) ou se é também exigível que apresente o mesmo modo de funcionamento da invenção para se considerar que a patente foi infringida à luz da doutrina dos equivalentes. Todavia, a relevância da interpretação não se cinge à análise da exigibilidade de idêntico *modus operandi* entre a invenção protegida e a variante, enquanto pressuposto de aplicação da doutrina dos equivalentes. Com efeito, essa tarefa é igualmente imprescindível para analisar a verificação dos demais pressupostos elencados acima. A interpretação das reivindicações é, desde logo, crucial para identificar as características técnicas distintivas da invenção e a sua função. Só a interpretação das reivindicações permite saber se a característica reivindicada e a respetiva variante desempenham a mesma função ou se apresentam o mesmo modo de funcionamento, pois só assim se poderá saber que função ou que modo de funcionamento é esse. Além disso, só após a interpretação das reivindicações, tendo em conta o estado da técnica mais próximo, será possível encontrar o problema técnico resolvido pela invenção protegida, bem como a vantagem imaterial que esta oferece ao estado da técnica, fatores que balizam os meios cuja potencial equivalência se pretende analisar (*e.g.*, durante uma ação de infração da patente).

Não obstante, a interpretação do âmbito não literal da patente não é entendida do mesmo modo em todos os ordenamentos jurídicos que aceitam que a proteção conferida pelo direito de patente não pode cingir-se ao seu teor estritamente literal. Por exemplo, nas três jurisdições analisadas com maior profundidade neste trabalho – EUA, Reino Unido e Alemanha –, vigoram três visões distintas sobre a interpretação do

[1077] Jochen Pagenberg, Alexander Harguth & Julien Frénaux, «The French Practice», pp. 130 e 131; Pierre Véron, «Doctrine of Equivalents», p. 2; Casalonga, *apud* Justino Cruz, *Código da Propriedade Industrial*, p. 392.

âmbito não literal das reivindicações. Nos EUA, a definição da proteção conferida pela patente é feita em duas etapas: em primeiro lugar, será necessário proceder à interpretação das reivindicações para determinar o significado técnico da sua redação; só posteriormente será invocada e aplicada a doutrina dos equivalentes para ampliar a proteção conferida pela patente além do significado das reivindicações, de forma a abranger as variantes que realizam «substancialmente a mesma função, de modo substancialmente idêntico, para obter o mesmo resultado»[1078]. Na Alemanha, desde o início do século XX que a doutrina dos equivalentes é parte integrante da interpretação do âmbito da patente, de tal modo que, ao contrário do que acontece nos EUA, a sua aplicação não é vista como a segunda etapa de uma análise bipartida entre o significado das reivindicações e a aplicação da doutrina dos equivalentes, mas antes se entende que é intrínseca à própria interpretação do escopo da proteção conferida pela patente. Nesse sentido, entende-se que a doutrina dos equivalentes não fornece uma proteção suplementar ao titular da patente, uma vez que o direito exclusivo abrange tanto os meios equivalentes como os elementos literalmente reivindicados[1079]. Por seu turno, no Reino Unido, a jurisprudência era tradicionalmente avessa a admitir que recorre à doutrina dos equivalentes para proceder à definição da extensão da proteção conferida pela patente. Segundo a LORD HOFFMANN[1080], ao contrário dos tribunais norte-americanos, os tribunais britânicos não precisavam de recorrer à doutrina dos equivalentes para proteger devidamente o titular da patente, pois desde a adoção da doutrina da essencialidade («*pith and marrow*») que a interpretação literal das reivindicações foi ultrapassada no Reino Unido, o que tornaria desnecessário proceder à extensão da proteção resultante da interpretação das reivindicações. Esse entendimento terá sido reforçado com a prolação do acórdão *Catnic*, que deixou assente que as reivindicações devem ser interpretadas teleologicamente *(«purposive construction»)*, mas foi posto

[1078] Acórdão *Graver Tank* (cf. capítulo II, ponto 2.2.1. *supra*; JANICE M. MUELLER, *Patent Law*, p. 466; MATT FISHER, *Fundamentals of Patent Law*, p. 184; *Kirin-Amgen* (capítulo II, ponto 2.4.3. *supra*).

[1079] MATT FISHER, *Fundamentals of Patent Law*, p. 244.

[1080] Cf. acórdão *Kirin-Amgen* (capítulo II, ponto 2.4.1. *supra*).

em causa pelo recente acórdão *Actavis*[1081], onde se distinguiu entre a interpretação das reivindicações e a análise da infração da patente.

Por outro lado, também os princípios seguidos na interpretação do âmbito não literal da patente não são isentos de dúvidas e divergências. É certo que a CPE e outros acordos internacionais em matéria de patentes (*e.g.*, o Acordo sobre Aspectos dos Direitos de Propriedade Intelectual Relacionados ao Comércio, usualmente conhecido pela sigla inglesa TRIPS), bem como o facto de os tribunais terem em conta a análise de idênticos problemas levada a cabo pelos tribunais de outros Estados (*maxime*, entre os Estados-Membros da OEP[1082]), têm permitido aproximar o direito de vários ordenamentos jurídicos no que respeita ao direito de patente, à sua interpretação e ao âmbito de proteção conferido[1083]. Ainda assim, conforme resulta da jurisprudência dos vários ordenamentos analisada acima, os problemas levantados pela delimitação da proteção conferida pela patente para além do teor literal das suas reivindicações continuam a dar origem a respostas diversas, influenciadas pelas diferentes conceções vigentes em cada Estado quanto ao propósito das patentes e em virtude das diferentes tradições jurídicas no que respeita à função das reivindicações. A ponderação da importância relativa da função técnica das características reivindicadas face ao seu modo de funcionamento ou a relevância da matéria alcançada pelo perito na matéria intérprete das reivindicações face à intenção do requerente da patente objetivamente resultante da interpretação das reivindicações são algumas das condicionantes da aplicação da doutrina dos equivalentes que são valoradas de forma diferente nos diversos ordenamentos jurídicos.

Por isso, de seguida discutimos os parâmetros interpretativos das reivindicações à luz da doutrina dos equivalentes e as condicionantes que se colocam à verificação dos pressupostos de aplicação desta doutrina, para que nos seja possível apresentar a nossa proposta quanto à sua conceção e verificação.

1081 Cf. Capítulo II, ponto 2.2.4. *supra*.

1082 Alfred Keukenschrijver, «The German Practice», p. 78.

1083 William T. Ralston, «Foreign Equivalents of the U.S. Doctrine of Equivalents», p. 179.

5.2. Critérios interpretativos do âmbito não literal das reivindicações

5.2.1. Regras e princípios legais

De acordo com o disposto no nº 1 do artigo 98º do CPI[1084] e no nº 1 do artigo 69º da CPE, o âmbito da proteção conferida pela patente é determinado pelas reivindicações, interpretadas à luz da descrição e dos desenhos. Por conseguinte, o primeiro princípio que o intérprete deve ter presente é que as reivindicações se integram num documento mais amplo que as enforma – a patente ou o pedido de patente –, pelo que devem ser interpretadas no seu contexto[1085]. Não obstante, mesmo quando o intérprete procura determinar o âmbito não literal das reivindicações, estas não são um mero ponto de partida para delimitar a proteção conferida pela patente, mas antes a sua base essencial[1086], conforme resulta do Protocolo Interpretativo do artigo 69º da CPE, cujo valor hermenêutico é pacificamente aceite pela doutrina e pela jurisprudência, não só no que respeita à interpretação das patentes europeias, mas também em relação às patentes nacionais e internacionais concedidas para vigorar em Portugal[1087].

Em bom rigor, o Protocolo não define regras diretamente aplicáveis à interpretação das reivindicações. Ao invés, refere-se à interpretação do nº 1 do artigo 69º da CPE e, a esse propósito, oferece indicações sobre o que deve e o que não deve ser a interpretação das reivindicações[1088].

Em primeiro lugar, e como se referiu acima[1089], o nº 1 do Protocolo afasta duas abordagens interpretativas antagónicas, que não deverão

[1084] Cf. artigo 97º, nº 1, CPI 2003.

[1085] J. P. Remédio Marques, «O Conteúdo dos Pedidos de Patente», p. 462; A. Lucci, *Compendio di Dirito Industriale*, 9ª Edição, Edizione Giuridiche Simone, Nápoles, 2015, p. 110.

[1086] Cf. acórdão *Formstein* (capítulo II, ponto 2.3.1. *supra*).

[1087] Cf., nesse sentido, Luís Couto Gonçalves, *Manual de Direito Industrial*, p. 98; José Mota Maia, Propriedade Industrial, vol. II, p. 227; J. P. Remédio Marques, *Biotecnologia(s) e Propriedade Intelectual*, p. 747; Pedro Sousa e silva, *Direito Industrial*, p. 73; e o Acórdão do Tribunal da Relação de Lisboa de 17 de setembro de 2009 (Processo nº 893/1995.L1-2; Relatora: Ondina Carmo Alves), disponível em www.dgsi.pt. Cf., no sentido da aplicação do artigo 69º e do Protocolo Interpretativo às patentes europeias e nacionais concedidas para vigora na Alemanha, Alfred Keukenschrijver, «The German Practice», pp. 77 e 78.

[1088] Cf. acórdão *Kirin-Amgen* (Capítulo II, ponto 2.4.3. *supra*); Paul Quan Kaih Shiuh & Teo Guan Siew, «Interpreting Patent Claims», p. 212.

[1089] Cf. Capítulo I, ponto 2.4. *supra*.

ser aceites à luz do disposto no nº 1 do artigo 69º da CPE. Por um lado, não deverá admitir-se que a interpretação cinja as reivindicações ao seu «sentido estrito e literal» e que apenas recorra à descrição e aos desenhos para esclarecer ambiguidades emergentes da sua interpretação. Por outro, não deverá considerar-se que as reivindicações «servem unicamente como orientação» na definição do âmbito da patente, de tal modo que o direito exclusivo se estenda à matéria que o intérprete, tendo em conta a descrição e os desenhos, entenda que o requerente da patente contemplou[1090]. Assim, o legislador da CPE procurou afastar as conceções que, antes da adoção da convenção, vigoraram tradicionalmente no Reino Unido e na Alemanha (embora normalmente lhe seja imputado algum exagero e arcaísmo na forma como as retrata[1091]).

Em segundo lugar, o nº 1 do Protocolo determina que a boa aplicação do disposto no artigo 69º da CPE deverá conduzir à interpretação das reivindicações que, entre os extremos representados pelas conceções afastadas, garanta simultaneamente a justa proteção do titular da patente e um grau razoável de segurança jurídica para terceiros. Assim, o legislador da CPE acolheu uma posição compromissória entre os dois vetores que enquadram o direito de patente[1092]: por um lado, o estímulo à atividade inventiva, através da concessão de um monopólio que permite ao seu titular procurar obter uma recompensa pelo seu contributo

[1090] A tradução portuguesa do Protocolo Interpretativo do artigo 69º da CPE, publicada com o Decreto nº 52/91, de 30 de agosto, e com o Decreto do Presidente da República nº 126-A/ /2007, de 12 de dezembro, não é perfeitamente fidedigna à versão nas línguas oficiais da OPE, sobretudo no que concerne à parte final do trecho a que nos reportamos. Na versão em língua inglesa lê-se: «*Nor should it be taken to mean that the claims serve only as a guideline and that the actual protection conferred may extend to what, from a consideration of the description and drawings by a person skilled in the art, the patent proprietor has contemplated*». Por seu turno, na versão em língua portuguesa lê-se «Nem deve ser considerado como significando que as reivindicações servem unicamente como orientação e que a protecção se estende também ao que, da consideração da descrição e desenhos por um especialista na matéria, o titular da patente entendeu proteger». Estamos em crer que mais próximo da versão oficial será «[...] o titular da patente contemplou», em vez de «[...] o titular da patente entendeu proteger», o que, de resto, seria mais consoante com a conceção germânica anterior à Convenção, que admitia a proteção da 'ideia geral da invenção' (cf. Capítulo I, ponto 2.2. *supra*), conceção essa que normalmente se admite ser a que, neste trecho, o protocolo pretendeu afastar (cf. W. Cornish, *et al.*, *Intellectual Property*, p. 178).

[1091] W. Cornish, *et al.*, *Intellectual Property*, p. 178.

[1092] Pedro Sousa e Silva, *Direito Industrial*, p. 75.

para o desenvolvimento tecnológico; por outro, o incentivo à divulgação de conhecimento técnico e a informação do público dos contornos do direito exclusivo do titular da patente. Segundo o protocolo, a boa interpretação do âmbito da patente será aquela que equilibra a proteção equitativa do titular do direito com a segurança jurídica de terceiros, *maxime*, seus concorrentes. Para o efeito, o intérprete deverá ainda ter em conta todos os elementos equivalentes aos meios especificados nas reivindicações, conforme resulta do nº 2 do Protocolo, acrescentado pelas alterações introduzidas pela Conferência Diplomática de 2000.

Deste modo, o Protocolo Interpretativo do artigo 69º da CPE estabelece um conjunto de princípios que deve enquadrar a interpretação das reivindicações[1093], mas não define uma metodologia para proceder à sua aplicação em concreto. Além disso, nada diz quanto ao que se entende por elemento equivalente e qual a sua importância na definição do âmbito da patente[1094]. Ainda assim, pese embora a formulação vaga que apresenta, dele decorre que as reivindicações, interpretadas de acordo com a descrição e os desenhos e não de modo necessariamente literal, são o suporte determinante da definição do âmbito da patente. Por conseguinte, o resultado da interpretação das reivindicações, ainda que possa ser complementado por outros elementos interpretativos, não pode deixar de ter correspondência com o texto daquelas[1095].

Além disso, a definição do âmbito não literal da patente é ainda parte da tarefa interpretativa das reivindicações. Por isso, partilha também dos princípios que guiam a interpretação do seu significado técnico[1096], nomeadamente, o facto de dever seguir as regras da interpretação de um negócio jurídico[1097] e de dever ser racional, contextual, teleológica e objetiva[1098]. Acontece que a concretização desses princípios não é isenta de dúvidas e divergências, evidenciadas pela jurisprudência dada a conhecer anteriormente. Em causa está sempre a definição do âmbito da

[1093] Pedro Sousa e Silva, *Direito Industrial*, pp. 75 e 76.

[1094] Luís Couto Gonçalves, *Manual de Direito Industrial*, p. 98.

[1095] Pedro Sousa e Silva, *Direito Industrial*, p. 75; W. Cornish, *et al.*, *Intellectual Property*, p. 178.

[1096] Cf. capítulo I, ponto 3. *supra*.

[1097] Cf. capítulo I, ponto 3.3. *supra*.

[1098] J. P. Remédio Marques, «O Conteúdo dos Pedidos de Patente», pp. 462-465. Cf. acórdão proferido a 26 de novembro de 2016 (publicado no BPI nº 2017/04/13), por tribunal arbitral constituído ao abrigo do disposto no artigo 2º da Lei nº 62/2011, que também acolhe o ensinamento do autor citado.

patente de forma objetiva, através da interpretação não estritamente literal das reivindicações. Contudo, os tribunais de diferentes ordens jurídicas seguem, ainda hoje, diferentes parâmetros nessa tarefa.

5.2.2. Súmula das perspetivas comparadas

Conforme observámos acima[1099], os tribunais dos EUA consideram que o âmbito da patente abrange, para além da invenção literalmente reivindicada, as variantes que desempenhem substancialmente a mesma função, substancialmente o mesmo modo para alcançar o mesmo resultado. Desta forma, a jurisprudência norte-americana entende que a doutrina dos equivalentes pretende proteger o titular da patente contra os concorrentes que procurem aproveitar-se fraudulentamente do conhecimento técnico divulgado, esquivando-se ilegitimamente ao escopo direito exclusivo[1100]. Todavia, sem maior concretização do que se pode considerar por meio equivalente, o critério da substancialidade proposto pelo *triple test* norte-americano poderá tornar-se casuístico e movediço, conforme lavrou o TRL em acórdão de 17 de setembro de 2009 mencionado anteriormente (processo nº 893/1995.L1-2; relatora: ONDINA CARMO ALVES)[1101], oferecendo pouca segurança jurídica a terceiros e, bem assim, ao próprio titular da patente, quanto aos limites do direito exclusivo.

Por seu turno, na Alemanha[1102], a perceção do perito na matéria é crucial para a definição do âmbito da patente, incluindo o seu conteúdo não literal[1103]. A aplicação da doutrina dos equivalentes centra-se em saber que ensinamento o perito na matéria alcança a partir das reivindicações. Perante a alegada contrafação da invenção, importa saber se o perito conseguiria intuir a variante com base no ensinamento divulgado pela patente e se a considera equivalente aos elementos reivindicados[1104], interpretando as reivindicações de acordo com a descrição e os desenhos, à luz do seu conhecimento técnico especializado. Assim,

[1099] Cf. capítulo II, pontos 2.4. *supra*.

[1100] Acórdão *Graver Tank* (capítulo II, ponto 2.2.1. *supra*).

[1101] Cf. capítulo II, ponto 3.3.b) *supra*.

[1102] Cf. capítulo II, pontos 2.3. *supra*.

[1103] ALFRED KEUKENSCHRIJVER, «The German Practice», p. 79.

[1104] PAUL TAUCHNER, «The Principles of the Doctrine of Equivalence in Germany», p. 2, citando jurisprudência sobre o tema.

«[a]s soluções que, em virtude do seu conhecimento profissional, o perito na matéria entenda, com base nas considerações orientadas para a invenção parafraseada nas reivindicações, serem igualmente eficazes, caem, em geral, no âmbito da proteção da patente»[1105].

Tendo em conta a jurisprudência e a doutrina anteriores à CPE, é visível que este entendimento surge como o desenvolvimento da tradição alemã no que respeita à interpretação do âmbito da patente. Com efeito, até à entrada em vigor da convenção e da Lei de Patentes de 1981, prevaleceu na Alemanha a teoria da definição central do âmbito da patente, segundo a qual a função das reivindicações seria concretizar o objeto da invenção e indicar, ao invés de delimitar, o âmbito da patente. A extensão da proteção concedida seria posteriormente determinada pelos tribunais, em juízo, independentemente das intenções do requerente ao redigir as reivindicações ou do entendimento do Instituto de Marcas e Patentes, ao conceder a patente[1106]. Conforme analisámos, trata-se de uma corrente doutrinária e jurisprudencial que, na Alemanha, se desenvolveu ao longo de várias décadas do século XX, marcou o Direito de Patentes desse país e valoriza a recompensa atribuída pelo direito de patente ao inventor pelo seu contributo para o estado da técnica.

Segundo se retira da jurisprudência posterior à adoção da CPE, os tribunais alemães entendem que a convenção não terá afastado este entendimento, pelo menos por completo. Com efeito, embora o BGH tenha assinalado, no acórdão *Formstein*, as alterações introduzidas pelo artigo 69º da CPE e pelo § 14 do Lei de Patentes de 1981 – no sentido de que as reivindicações deixaram de ser apenas o ponto de partida do âmbito da patente, como eram interpretadas até então, para constituírem a base essencial do âmbito da patente –, a perceção que as reivindicações despertam no destinatário continuou a ser privilegiada em detrimento da sua redação, possibilitando alcançar um vasto campo de proteção através da interpretação pouco compromissória das reivindicações[1107]. Segundo o BGH, resulta do Protocolo Interpretativo do artigo 69º da CPE que o âmbito de uma patente não engloba apenas a matéria que decorre da formulação literal das reivindicações, o que permite sus-

1105 Acórdão *Formstein* (cf. capítulo II, ponto 2.3.1. *supra*).

1106 Cf. capítulo I, ponto 2.2. *supra*.

1107 Cf. Bernhard Geissler, «Comment on Formstein», pp. 795 e ss; Matt Fisher, *Fundamentals of Patent Law*, p. 243.

tentar que «[a] redação da patente em causa não é decisiva, mas antes o será saber que problema técnico, reconhecível pelo perito na matéria, é de facto (objetivamente) solucionado pela invenção»[1108]. Deste modo, segundo a jurisprudência alemã, a perceção do perito na matéria supera a redação escolhida pelo requerente da patente para as reivindicações. Assim, conforme resulta das *Schneidmesser-Fragen*, a interpretação do âmbito não literal da patente visa apurar se uma variante resolve o problema técnico visado pela invenção «através de meios modificados, mas objetivamente equivalentes», se o perito consegue identificar a similitude de efeitos entre as duas realizações com base no seu conhecimento técnico e se considera que, apesar de utilizar meios modificados, a variante é equivalente à invenção patenteada[1109]. Caso a resposta a estas questões seja afirmativa, a variante é considerada equivalente à invenção protegida e, por conseguinte, abrangida pelo âmbito da patente.

Todavia, a jurisprudência alemã mais recente veio mitigar este entendimento. Segundo o BGH, a interpretação do âmbito da patente pelos tribunais alemães não pode deixar de ter em consideração as implicações resultantes da redação das reivindicações, quando estas apresentem «uma decisão seletiva entre várias opções para alcançar um efeito técnico». À semelhança do que se verifica ao abrigo da terceira *Protocol question* colocada pelos tribunais ingleses (que abordaremos de seguida), a análise das reivindicações poderá levar «à exclusão do âmbito de proteção da patente de um modo de execução que, embora descrito ou que, de qualquer modo, poderia ser alcançado pelo perito na matéria, mas que, por alguma razão, o intérprete da patente tem de assumir que não deve ser protegida»[1110].

Por seu turno, no Reino Unido[1111], a orientação jurisprudencial dominante determina que a interpretação do âmbito da patente visa encontrar o entendimento que o perito na matéria retira da vontade expressa pelo requerente da patente nas reivindicações, ao interpretá-las teleologicamente («*purposive construction*»), de acordo com a descrição e os desenhos, à luz do seu conhecimento especializado. Segundo Lord Hoffmann, o recurso à interpretação teleológica das reivindicações

[1108] Acórdão *Formstein* (cf. capítulo II, ponto 2.3.1. *supra*).

[1109] Cf. acórdão *Schneidmesser* (capítulo II, ponto 2.3.3. *supra*).

[1110] Acórdão *Okklusionsvorrichtung* (cf. capítulo II, ponto 2.3.4. *supra*).

[1111] Cf. capítulo II, pontos 2.4. *supra*.

não visa perceber «"o significado das palavras usadas pelo autor", mas antes o que o hipotético destinatário teria entendido que o autor queria dizer ao utilizar essas palavras», pois «[a] questão é sempre o que o perito na matéria teria entendido que o titular da patente ou o autor de qualquer outro documento queria dizer ao usar a linguagem das reivindicações»[1112]. Por conseguinte, os tribunais britânicos não se limitam a aferir que matéria poderá o perito alcançar com base nas reivindicações. Procuram também saber se o perito na matéria entende que a redação dada às reivindicações implica que o requerente reivindicou uma invenção cuja realização pressupõe a exata observância do ensinamento patenteado, ou se, ao invés, o perito conclui que o requerente usou esses termos não de forma estrita, mas sim admitindo um sentido figurado ou não literal, que possa abranger possíveis variantes das características técnicas reivindicadas[1113].

Tal como aconteceu na Alemanha, a abordagem britânica à interpretação do âmbito da patente após a entrada em vigor da CPE e da Lei de Patentes de 1977 ainda reflete a conceção tradicionalmente aceite antes da adoção da convenção, no que respeita à função das reivindicações. Como observámos acima[1114], a patente era e é entendida como uma exceção à proibição de monopólios, que visa primordialmente incentivar a atividade inventiva, pelo que se atribui grande relevância ao seu substrato social e se entende que a função das reivindicações é «limitar e não ampliar o monopólio»[1115] Assim, prevalece no Reino Unido a teoria periférica de definição do âmbito da patente, segundo a qual a função das reivindicações é «definir claramente e com precisão o monopólio requerido, de modo a que os outros possam conhecer as fronteiras exatas da área dentro da qual são invasores»[1116]. Segundo os tribunais do Reino Unido, os ditames consagrados pelo Protocolo Interpretativo do artigo 69º da CPE não são novos para o Direito de Patentes britânico e a interpretação que fazem das reivindicações respeita-os. Por um lado, já à luz da sua lei anterior as reivindicações deveriam ser interpretadas teleologicamente e não de forma necessa-

1112 Acórdão *Kirin-Amgen* (cf. capítulo II, ponto 2.4.3. *supra*).

1113 Cf. Acórdão *Catnic* (cf. capítulo II, ponto 2.4.1. *supra*).

1114 Cf. capítulo I, ponto 2.3. *supra*.

1115 Cf. acórdão *EMI Ltd. v. Lissen*, citado no capítulo I, ponto 2.3. *supra*.

1116 Cf. acórdão *EMI Ltd. v. Lissen*, citado no capítulo I, ponto 2.3. *supra*.

riamente literal, conforme resulta do acórdão *Catnic*[1117]. Por outro, a jurisprudência britânica não admite que a extensão da proteção conferida pela patente ultrapasse o conteúdo das reivindicações teleologicamente interpretadas. Esse seria o resultado da aplicação da doutrina dos equivalentes que os tribunais britânicos rejeitam.

Contudo, os princípios seguidos pela *purposive construction* não são terminantemente diferentes daqueles que os tribunais alemães utilizam e apresentam semelhanças com estes. Nesse sentido, estamos em crer que o resultado da aplicação das duas primeiras «*Protocol questions*» se aproxima da análise da equivalência entre a variante concorrente e a invenção protegida efetuada ao abrigo das *Schneidmesser-Fragen*[1118]. A eventual divergência entre uma e outra conceção colocava-se sobretudo a respeito da terceira *Protocol question,* ao abrigo da qual os tribunais do Reino Unido sujeitam a análise da equivalência aos limites resultantes da interpretação teleológica das reivindicações[1119]. Todavia, como veremos, mesmo essa questão assume hoje contornos distintos dos que foram expostos pelos casos '*Epilady*'.

Com efeito, de acordo com a jurisprudência britânica, uma variante não literal das características técnicas reivindicadas será abrangida pelo âmbito da patente se, tendo em conta o propósito das reivindicações e dos termos utilizados na sua redação, não tiver um «efeito substancial no modo de funcionamento da invenção» e se esse facto for «óbvio para o intérprete perito na matéria», desde que não resulte «da redação da reivindicação que o requerente da patente pretendeu que o estrito cumprimento com o significado primário fosse um requisito essencial da invenção»[1120]. Por outras palavras, a variante é abrangida pela proteção conferida pela patente quando, da perspetiva do perito na matéria, não tem um efeito substancial no *modus operandi* da invenção patenteada, esse facto é óbvio e a redação das reivindicações não a exclui. Assim, as

[1117] Cf. acórdão *Improver* (Reino Unido), analisado no capítulo II, ponto 2.4.2. *supra*. Recorde-se que, embora o acórdão *Catnic* tenha sido proferido em 1982, versou sobre uma patente concedida ao abrigo da Lei de Patentes britânica de 1949.

[1118] Cf. Mario Franzosi, «In Defence of Catnic», p. 242; Justin Pila & Paul Torremans, *European Intellectual Property* Law, p. 201.

[1119] Jennifer Davis, *Intellectual Property Law*, pp. 316 e 317; Mario Franzosi, «In Defence of Catnic», p. 242.

[1120] Acórdão *Improver* (Reino Unido), cf. capítulo II, ponto 2.4.2. *supra*.

duas primeiras «*Protocol questions*» analisam equivalência técnica entre a variante alegadamente infratora e a invenção protegida, enquanto a terceira questão procura verificar se, sendo ambas as realizações equivalentes, a variante é abrangida (ou não é excluída) pelo resultado da interpretação teleológica das reivindicações.

Após se conhecerem as alterações à CPE e ao Protocolo Interpretativo do artigo 69º da CPE introduzidas pela Conferência Diplomática de 2000 (embora antes de entrarem em vigor), a House of Lords desenvolveu, no acórdão *Kirin-Amgen*, o seu entendimento no que respeita à interpretação da patente e da definição do seu âmbito[1121]. Segundo o tribunal, nada obsta a que o perito, de acordo com o seu conhecimento especializado, tenha em conta meios equivalentes aos elementos reivindicados. Contudo, não poderia daí resultar que se devesse aplicar a doutrina dos equivalentes para ampliar o monopólio do titular da patente para além da circunscrição definida pelas reivindicações, pois esse resultado equivaleria a entender as reivindicações como meras orientações para determinar o âmbito da patente, o que é proibido pelo disposto no artigo 1º do Protocolo Interpretativo do artigo 69º da CPE. Face a este entendimento, alguns autores sustentavam (e bem, parece-nos) que a crítica feita pelos tribunais ingleses à doutrina dos equivalentes é mais uma crítica quanto ao modo como ela é aplicada do que quanto ao seu propósito[1122]. Assim, segundo a House of Lords, os elementos equivalentes às características técnicas reivindicadas só seriam protegidos se pudessem ser alcançados através da interpretação teleológica das reivindicações. Esta metodologia permitiria atribuir uma proteção justa ao titular da patente e cumpriria os ditames do Protocolo Interpretativo do artigo 69º da CPE porque supera o teor literal da sua redação e, ao contrário do que acontece com a aplicação da doutrina dos equivalentes levada a cabo pelos tribunais de outras ordens jurídicas, evita a ampliação do monopólio do titular da patente para além das reivindicações.

[1121] Cf. capítulo II, ponto 2.4.3. *supra*.

[1122] PAUL QUAN KAIH SHIUH & TEO GUAN SIEW, «Interpreting Patent Claims», p. 226. Segundo CHRISTIAN VON DRATHEN (*in* «Patens Scope in English and German Law Under the European Patent Convention 1973 and 2000», pp. 411 e 412), a oposição dos tribunais britânicos à doutrina dos equivalents é dirigida sobretudo à forma como ela é aplicada nos EUA, com o propósito assumido abertamente de estender o âmbito da proteção da patente além do que seria a interpretação possível da redação das reivindicações.

Segundo o tribunal, a interpretação das reivindicações deveria fazer-se encontrando «o que o perito na matéria teria entendido que o titular da patente ou o autor de qualquer outro documento queria dizer ao usar a linguagem das reivindicações». A definição do âmbito da patente dependia necessariamente da resposta à terceira *Protocol question*, mas as duas primeiras, que aferem a equivalência técnica entre a variante e a invenção, devem ser entendidas como meras orientações para lhe responder – o que levou a jurisprudência posterior a afastar a sua análise da aplicação do algoritmo proposto pelas *Protocol question* e a desenvolver um conjunto de princípios que devem guiar a interpretação da patente[1123].

Além disso, o acórdão *Kirin-Amgen* também denotou alguma flexibilização em relação à verificação dos pressupostos exigidos para que uma variante fosse considerada abrangida pelo âmbito da patente, ao sugerir que a análise do seu *modus operandi*, como fazem os tribunais britânicos, poderia ser menos proveitosa do que aferir, como fazem os tribunais alemães, se a variante cumpre a mesma função dos meios técnicos reivindicados, isto é, se «resolve o problema subjacente à invenção, por meios que têm o mesmo efeito técnico»[1124]. Com efeito, perguntar se os meios modificados têm o mesmo efeito dos elementos reivindicados não é o mesmo que perguntar se a variante tem um efeito substancial no modo de funcionamento da invenção[1125]. Na primeira hipótese, está em causa a função técnica dos meios modificados, a qual, em abstrato, poderá ser cumprida por mais do que um modo de funcionamento. Assim, exigir apenas que a variante cumpra a mesma função das características técnicas reivindicadas para que seja considerada abrangida pelo direito exclusivo, ao invés de exigir que o faça apresentando o mesmo modo de funcionamento da invenção, poderá levar à potencial expansão do âmbito da proteção. Deste modo, a análise efetuada pelos tribunais alemães pode resultar num âmbito maior do que aquele que podia resultar da inquirição realizada pelos tribunais britânicos. Ao demonstrar abertura em relação à flexibilização da análise anteriormente empregue,

[1123] Cf. acórdão *Halliburton Energy Services v. Smith Internacional*, referido no capítulo II, ponto 2.4.3 *supra*.

[1124] Cf. capítulo II, ponto 4.5. *supra*. Cf. William R. Cornish, «The Practice in the UK», pp. 243 e 244.

[1125] Christian von Drathen, «Patens Scope in English and German Law Under the European Patent Convention 1973 and 2000», p. 414.

a jurisprudência britânica aproximou-se da conceção alemã e, nessa medida, poderá também alargar os limites da interpretação do âmbito não literal da patente. Trata-se de um avanço jurisprudencial por parte dos tribunais britânicos, especialmente no que toca à proteção de invenções biotecnológicas, as quais, por natureza, implicam que nem sempre seja possível conhecer o seu *modus operandi* (o que não prejudica a sua proteção ao abrigo do direito de patente)[1126].

Mais recentemente, o acórdão *Actavis*[1127] veio afastar qualquer dúvida que ainda pudesse haver quanto à pertinência do recurso à doutrina dos equivalentes ao abrigo do direito britânico. Neste acórdão, o Supreme Court britânico lavrou que, de acordo com o Protocolo Interpretativo do artigo 69º da CPE, o âmbito da patente não deve ser limitado pelo significado literal das reivindicações, pode ser mais amplo do que resulta da mera interpretação da sua redação e, para determinar esse âmbito, é necessário ter em conta os meios equivalentes às características técnicas protegidas. Assim, segundo o tribunal britânico, para se a patente é infringida por uma variante, será necessário, em primeiro lugar, aferir se esta alguma das reivindicações de acordo com uma interpretação normal; caso isso não se verifique, será ainda necessário aferir se a variante só não infringe nenhuma das reivindicações porque varia da invenção de forma irrelevante. Para responder a esta segunda questão, o Supreme Court recuperou as *Protocol Questions*, embora frisando, como fez a House of Lords ao decidir o caso *Kirin-Amgen*, que estas questões não são resultam de regras imperativas, mas antes servem de orientações para auxiliar os tribunais a definir o âmbito da patente. Além disso, em relação às *Protocol Questions* conforme foram apresentadas no acórdão *Improver*[1128], o Supreme Court introduziu uma alteração em relação à segunda questão, no sentido de que, quando se pergunta ao perito na matéria se é para ele evidente que a variante funciona do mesmo modo da invenção (*i.e.*, se alcança substancialmente o mesmo resultado da invenção da mesma forma que a invenção), será necessário que ele saiba que a variante efetivamente funciona, isto é, alcança o mesmo resultado da invenção, na medida em que o faz.

1126 Carmen Salvador Jovani, *El Ámbito de Protección de la patente*, p. 328.

1127 Cf. capítulo II, ponto 2.4.4. *supra*.

1128 Cf. capítulo II, ponto 2.4.2. *supra*.

Ora, a interpretação do âmbito da patente à luz do direito português obedece aos mesmos princípios e regras que encontramos no direito de patentes alemão e britânico, nomeadamente, o artigo 69º da CPE e o respetivo Protocolo Interpretativo. Por conseguinte, não vislumbramos qualquer razão para que a aplicação da doutrina dos equivalentes em Portugal divirja das conceções analisadas acima.

5.2.3. A equivalência técnica da variante

Assim, para saber se uma variante é ou não equivalente à invenção reivindicada, será necessário, em primeiro lugar, aferir se resolve o mesmo problema técnico que a invenção protegida[1129], alcançando um resultado idêntico[1130] através do emprego de meios modificados que cumprem a mesma função das caraterísticas técnica reivindicadas[1131]. Conforme se analisará em maior detalhe adiante[1132], existe identidade de funções entre os meios modificados e as caraterísticas técnica reivindicadas quando, individualmente, cada elemento modificado alcança o efeito técnico do correspondente elemento reivindicado e, em termos globais, a interação dos diversos elementos presentes na variante alcança o mesmo efeito técnico conseguido pela conjugação dos elementos reivindicados[1133].

5.2.4. O teste da obviedade

Em segundo lugar, será exigível que perito na matéria possa concluir, ao interpretar as reivindicações de acordo com a descrição e os desenhos, e com base no seu conhecimento especializado, que os meios modificados utilizados pela variante têm o mesmo efeito técnico dos elementos reivindicados. A este respeito, os tribunais britânicos entendem que a questão não é saber se a variante tem caráter inventivo face à invenção reivindicada, mas se o perito na matéria, confrontado com ambas as realizações concluiria ser óbvio que os elementos de ambas produzem o

[1129] Cf. capítulo II, pontos 3.2.2. a 3.2.4. *supra*.

[1130] Sobre a caraterização do problema técnico e do resultado da invenção, cf. capítulo II, pontos 3.2.2. e 3.2.3. *supra*.

[1131] Sobre a caracterização da função técnica das caraterísticas da invenção reivindicada e da variante, cf. capítulo II, ponto 4.4. *supra*.

[1132] Cf. capítulo II, ponto 5.3. *infra*.

[1133] Maximilian Haedicke & Henrik Timmann, *Patent Law*, pp. 649 e 650.

mesmo efeito técnico[1134]. Na Alemanha, o BGH evita falar em obviedade quando analisa a equivalência. Ao invés recorre ao critério da "detetabilidade" ou "capacidade de ser encontrada" («*auffindbarkeit*»), isto é, procura saber se o perito conseguiria alcançar a variante sem ser inventivo e se a reconheceria como uma alternativa prática à invenção[1135]. Em bom rigor, o teste proposto pelo BGH também não se confunde com a análise da inventividade da variante, embora, a esse propósito, a análise[1136]. A variante inventiva não é alcançada pelo perito na matéria apenas com base no conhecimento divulgado pela patente, mesmo procedendo à interpretação das reivindicações de acordo com a descrição e os desenhos, à luz do seu conhecimento especializado. Por isso, saber se a conceção da variante implica ou não atividade inventiva será, possivelmente, o teste mais acessível e que oferece maior segurança jurídica a terceiros[1137], pelo que será normalmente suficiente para afastar a obviedade da variante. Com efeito, o que é inventivo não é óbvio, por definição[1138]. Todavia, a questão colocada pelo BGH não é se o perito na matéria poderia alcançar a variante com base na patente, sem recorrer a atividade inventiva, mas antes se conclui que os meios modificados têm o mesmo efeito técnico das características reivindicadas. No acórdão *Kirin-Amgen*[1139], a House of Lords reconheceu as dificuldades que esse teste pode colocar em determinados campos tecnológicos (*e.g.*, na biotecnologia), onde o mero confronto entre a invenção e a variante pode não permitir ao perito na matéria saber sequer se esta permite alcançar o resultado daquela (*i.e.*, se funciona de todo)[1140]. A esse respeito, ao proferir o re-

[1134] Cf. William R. Cornish, «The Practice in the UK», p. 244; Christian von Drathen, «Patens Scope in English and German Law Under the European Patent Convention 1973 and 2000», p. 414.

[1135] Niels Hölder, «Equivalent Infringement: A Question of Time?», *in* Bernd Hansen & Dirk Schüssler-Langeheine (Eds.), *Patent Practice in Japan and Europe* – Liber Amicorum *for Guntram Rahn*, Wolters Kluwer, Alphen aan den Rijn, 2011, p. 448; Christian von Drathen, «Patens Scope in English and German Law Under the European Patent Convention 1973 and 2000», pp. 405, 414 e 415.

[1136] Niels Hölder, «Equivalent Infringement: A Question of Time?», *in* Bernd Hansen & Dirk Schüssler-Langeheine (Eds.), *Patent Practice in Japan and Europe* – Liber Amicorum *for Guntram Rahn*, Wolters Kluwer, Alphen aan den Rijn, 2011, p. 448.

[1137] Carmen Salvador Jovani, *El Ámbito de Protección de la patente*, pp. 286 e 289.

[1138] Niels Hölder, «Equivalent Infringement», p. 448.

[1139] Cf. acórdão *Kirin-Amgen* (capítulo II, ponto 2.4.3. *supra*).

[1140] Cf. William R. Cornish, «The Practice in the UK», p. 245.

cente acórdão *Actavis*[1141], o Supreme Court britânico decidiu que, para ultrapassar essa dificuldade, é necessário pressupor que o perito na matéria sabe que a variante alcança o mesmo efeito técnico da invenção – ou seja, sabe que a variante funciona. Com efeito, exigir que, através da mera comparação da invenção com a variante, o perito consiga dizer que esta alcança substancialmente o mesmo efeito técnico daquela, substancialmente da mesma forma, poderá implicar um entrave excessivo que não seria compatível com a «justa proteção» exigida pelo nº 1 do Protocolo Interpretativo do artigo 69º da CPE. Poderá ser esse o caso quando se trate de invenções no campo da química, onde por vezes as características dos compostos apenas poderão ser conhecidas através de experimentações, que fazem parte do quotidiano desse campo técnico. Por isso, o teste da obviedade pressupõe que o perito saiba previamente que a variante funciona (isto é, que alcança o mesmo resultado da invenção) e, tendo em conta esse facto, visa aferir se seria óbvio para esse perito que a variante alcança o mesmo efeito técnico da invenção reivindicada substancialmente do mesmo modo que esta o faz.

Ora, tratando o teste da obviedade de saber se é evidente para o perito na matéria que a variante funciona do mesmo modo da invenção, e não se a variante apresenta ou não inventividade, poderá acontecer que uma variante utilize meios modificados que alcançam o mesmo efeito técnico das características técnicas reivindicadas, mas que apresentam inventividade, como acontece naqueles casos em que as variantes poderiam ser objeto de uma patente dependente porque, embora utilizem o ensinamento protegido, acrescentam uma característica técnica suplementar à invenção patenteada, que resolve um problema técnico diferente, ou procedem à concretização da uma característica reivindicada. Será que essa variante pode ainda ser abrangida pelo âmbito de proteção da patente ao abrigo da doutrina dos equivalentes?

Segundo J. P. Remédio Marques, deveria excluir-se a equivalência quando «a solução técnica alternativa usada pelo demandado, embora exerça a *mesma função técnica* ou do seu exercício brote o *mesmo efeito técnico* [...] tenha sido obtida através do exercício de *actividade inventiva*»[1142].

1141 Cf. capítulo II, ponto 2.4.4. *supra.*

1142 *In Biotecnologia(s) e Propriedade Intelectual*, p. 807; cf. também, do mesmo autor, «O Âmbito de Proteção das Patentes Biotecnológicas», p. 244.

Em sentido contrário, a doutrina e a jurisprudência alemãs têm sustentado que, quando a característica inventiva configurar apenas uma característica técnica adicional ou a mera concretização da característica técnica anteriormente protegida, não há razão para não se proteger o primeiro inventor em função e na medida da sua invenção, na medida em que a invenção mais recente se sustenta no contributo tecnológico anterior, desde que o perito na matéria consiga detetar que ambas alcançam o mesmo efeito técnico[1143]. Por seu turno, também a jurisprudência britânica entende que não deverá à partida negar-se a possibilidade de o requerente poder, em virtude da apropriada redação das reivindicações, cobrir a variante que implique o uso de tecnologia desconhecida à data do pedido de patente, desde que o perito na matéria possa interpretá-las de tal modo que, reportando-se ao ensinamento da patente e tendo em conta o seu conhecimento especializado à data do pedido de patente, conclua que a variante é um equivalente óbvio das características técnicas reivindicadas[1144].

Com efeito, o limite à matéria que pode ser capturada pela doutrina dos equivalentes para o âmbito da proteção deve ser o que resulta do critério da obviedade da perspetiva do perito na matéria. O requerente da patente deve redigir as suas reivindicações procedendo à «generalização legítima» do seu contributo para o estado da técnica[1145], desde que essa generalização seja sustentada na descrição. Por isso, embora se trate de situações tendencialmente excecionais que, como tal, exigem a devida cautela, não deverá à partida ser negada a possibilidade de o âmbito da patente poder abranger equivalentes que apresentem atividade inventiva, desde que seja óbvio para o perito na matéria que funcionam do mesmo modo da invenção protegida e que a reivindicação dos elementos característicos da invenção, sustentada no ensinamento divulgado na

[1143] Maximilian Haedicke & Henrik Timmann, *Patent Law*, p. 653; J. P. Remédio Marques, *Biotecnologia(s) e Propriedade Intelectual*, p. 800; acórdão proferido pelo BGH a 12 de julho de 1990, no processo nº X ZR 121/88 (*Befestigungsvorrichtung II*) – *IIC*, vol. 23 (1992), pp. 111 e ss.

[1144] Cf. acórdãos *Kirin-Amgen* (capítulo II, ponto 2.4.3. *supra*) e *Actavis* (capítulo II, ponto 2.4.4. *supra*); Stephen M. Bodenheimer & John Beton, «Infringement by equivalents in the United States and Europe», p. 90.

[1145] W. Cornish, *et al.*, *Intellectual Property*, p. 177.

descrição, os abranja, ainda que um modo de realização alternativo não pudesse ser implementado à data de redação do pedido de patente[1146].

5.2.5. O limite colocado pelas reivindicações

Uma vez respondidas as duas questões analisadas acima, os tribunais alemães limitavam-se, até há uns anos atrás, a questionar se o perito na matéria consideraria que a variante, tendo em conta o significado do ensinamento reivindicado, era equivalente à invenção patenteada[1147]. Em caso de resposta afirmativa, a variante seria abrangida pelo âmbito da patente. Por seu turno, os tribunais britânicos não se bastam com a equivalência técnica entre a variante e a invenção. Exigem saber se o perito na matéria, ao interpretar as reivindicações, seria levado a concluir que o requerente da patente pretendeu que o estrito cumprimento com o significado literal das reivindicações fosse um requisito essencial da invenção[1148]. Por outras palavras, a questão colocada pela jurisprudência britânica é a de saber se, por força da linguagem utilizada na redação das reivindicações, resulta que o requerente excluiu alguma ou algumas das variantes equivalentes da proteção conferida pela patente, pese embora seja óbvio para o perito na matéria que essa ou essas variantes não têm nenhum efeito técnico substancial na função desempenhada pelas caraterísticas reivindicadas. A variante *sub judice* será considerada abrangida pela patente se o perito concluir que não foi excluída pelo requerente. Caso contrário, a patente não é infringida.

A divergência sintetizada no parágrafo anterior era talvez a maior diferença que, até recentemente, separava a jurisprudência britânica da jurisprudência alemã, expressa na terceira «*Protocol question*» formulada no acórdão *Improver* analisado acima e reforçada pelo teor do acórdão *Kirin-Amgen*, segundo o qual a questão primordial subjacente à interpretação das reivindicações é a de saber o que é que o perito na matéria entende que o requerente da patente quer dizer com a redação escolhida[1149]. Trata-se de um verdadeiro limite à matéria que o titular

[1146] Maximilian Haedicke & Henrik Timmann, *Patent Law*, p. 651.

[1147] Cf. acórdão *Schneidmesser* (capítulo II, ponto 2.3.3. *supra*).

[1148] Cf. acórdão *Actavis*, capítulo II, ponto 2.4.4. *supra*.

[1149] Cf. acórdão *Kirin-Amgen* (capítulo II, ponto 2.4.3. *supra*); cf. Justin Pila & Paul Torremans, *European Intellectual Property* Law, p. 200.

da patente poderá reclamar para o âmbito do seu direito[1150], resultante do facto de os tribunais britânicos reconhecerem que o propósito das reivindicações não é apenas proteger a segurança jurídica de terceiros, mas também acautelar os interesses do requerente, «que precisa de ser capaz de tornar claro que não reivindica matéria incluída no estado da técnica ou produtos e processos insuficientemente descritos que invalidem a sua patente». Por essa razão, a jurisprudência britânica reconhece a «importância fulcral» da linguagem escolhida na redação das reivindicações, cujas «palavras serão normalmente escolhidas após aconselhamento especializado»[1151], embora, como se reconhece no acórdão *Actavis*, deva ser considerada com peso e medida sob pena de frustrar a «justa proteção» do titular da patente, prevista no nº 1 do Protocolo Interpretativo do artigo 69º da CPE. Afinal, se a redação literal das reivindicações fosse decisiva na determinação do âmbito da patente, não faria sequer sentido procurar definir o âmbito de proteção da patente além do seu teor literal[1152]. Acontece que, tendo em conta o teor do acórdão *Okklusionsvorrichtung*[1153] (a que voltaremos adiante), estamos em crer que, atualmente, também os tribunais alemães reconhecem a importância da redação escolhida pelo requerente da patente para as reivindicações[1154], pelo que, parece-nos, a divergência interpretativa entre a jurisprudência britânica e alemã é, atualmente, muito menor do que era anteriormente[1155].

Ora, à luz do direito vigente em Portugal, e conforme se analisou anteriormente, são também as reivindicações que definem o âmbito da proteção concedida pela patente, traçando os seus limites, de acordo com a teoria da definição periférica[1156]. Já assim era antes da adesão à CPE e continua a sê-lo ao abrigo desta convenção e da lei nacional posterior[1157].

[1150] Brad Shaman, «Comment on "Epilady United Kingdom"», pp. 561 ss.

[1151] Acórdão *Kirin-Amgen* (capítulo II, ponto 2.4.3. *supra*).

[1152] Cf. capítulo II, ponto 2.4.4. *supra*.

[1153] Cf. capítulo II, ponto 2.3.4. *supra*.

[1154] Christian von Drathen, «Patens Scope in English and German Law Under the European Patent Convention 1973 and 2000», p. 416.

[1155] Christian von Drathen, «Patens Scope in English and German Law Under the European Patent Convention 1973 and 2000», p. 417.

[1156] Cf. capítulo I, pontos 2.5.1. e 2.5.2. *supra*.

[1157] Cf. Américo da Silva Carvalho, *O Objeto da Invenção*, p. 42. Cf., em sentido que nos parece idêntico, J. P. Remédio Marques, *Biotecnologia(s) e Propriedade Intelectual*, p. 738.

Além disso, as reivindicações são parte integrante do pedido de patente e, como tal, devem (pelo menos analogamente) ser interpretadas como um negócio jurídico formal, que deve respeitar a exigência prescrita pelo artigo 61º do CPI[1158]. Por conseguinte, as reivindicações devem ser interpretadas «com o sentido que um declaratário normal, colocado na posição do real declaratário, possa deduzir do comportamento do declarante» (artigo 236º, nº 1, do Código Civil) e não lhes deve ser atribuído «um sentido que não tenha um mínimo de correspondência no texto do respectivo documento, ainda que imperfeitamente expresso» (artigo 238º, nº 1, do Código Civil)[1159]. Assim, será necessário aferir se a variante se encontra ainda dentro dos limites impostos pelas reivindicações, de acordo com a redação que lhes foi dada pelo requerente da patente.

Contudo, o facto de, deste modo, se responsabilizar o requerente da patente pela redação que atribuiu às reivindicações não significa que a aplicação da doutrina dos equivalentes, tal como a interpretação do significado das reivindicações, seja subjetivista, por ter em conta o «comportamento do declarante»[1160]. A interpretação das reivindicações, tal como, em termos gerais, a interpretação do negócio jurídico à luz do direito português, é capaz de «ter em conta particularidades concretas»[1161] do contexto que o enquadra, mas é ainda objetiva e visa proteger as legítimas expectativas do declaratário[1162]. Em causa está descobrir o sentido que o destinatário retira da declaração de vontade do declarante tal como foi exteriorizada, ou seja, saber que significado retira o intérprete perito na matéria da redação que o requerente da patente escolheu para as reivindicações. Na formulação do acórdão arbitral de 26 de novembro de 2016, «[...] o que conta é a opinião de um especialista do ramo de atividade para o qual a invenção é relevante: aquilo que, no seu entendimento, se pretende reclamar como objeto protegido pela patente»[1163].

Cf. capítulo I, pontos 2.5.1. e 2.5.2. *supra*.

1158 Cf. artigo 61º CPI 2003.

1159 Cf. capítulo I, ponto 3.3. *supra*.

1160 Christian von Drathen, «Patens Scope in English and German Law Under the European Patent Convention 1973 and 2000», p. 396.

1161 Menezes Cordeiro, *Tratado de Direito Civil*, vol. II, p. 715, citando diversa jurisprudência.

1162 Pires de Lima & Antunes Varela, *Código Civil Anotado*, vol. I, p. 223.

1163 BPI nº 2017/04/13, p. 62.

Para o efeito, as reivindicações não devem ser interpretadas literalmente, mas sim teleologicamente[1164], tendo em conta a sua função e o propósito da linguagem utilizada pelo requerente da patente, conforme é compreendido pelo perito na matéria[1165], à luz da descrição, dos desenhos e do seu conhecimento especializado. Assim, a extensão da proteção conferida pelo direito de patente deve ser alcançada de acordo com o sentido razoável que o perito no domínio técnico da invenção[1166] (e não um leigo nem um linguista[1167]) deduz ao ler as reivindicações[1168]. Por conseguinte, a bitola representada pelo perito na matéria desempenha um papel crucial na definição do âmbito da patente e na aplicação da doutrina dos equivalentes, garantindo que a definição proteção salvaguarda a certeza e a segurança jurídica de terceiros e que o monopólio outorgado ao titular da patente corresponde à sua real contribuição para o estado da técnica[1169].

Contudo, a interpretação das reivindicações por referência à perspetiva do perito na matéria não pode constituir um convite a reescrever a patente[1170]. A doutrina dos equivalentes é, por natureza, expansiva[1171], o que pode pôr em causa a função das reivindicações, isto é, a definição do objeto da proteção e a informação do público com um grau razoável de segurança jurídica[1172]. O seu propósito é estender o âmbito da proteção

[1164] J. P. Remédio Marques, «O Conteúdo dos Pedidos de Patente», pp. 454 e 464.

[1165] Cf. capítulo I, ponto 3.3. *supra*.

[1166] Sobre a caraterização da figura do perito na matéria, cf. Capítulo I, ponto 3.5. *supra*.

[1167] Maximilian Haedicke & Henrik Timmann, *Patent Law*, p. 618.

[1168] Cf., no mesmo sentido, o supramencionado acórdão de 17 de abril de 2013.

[1169] Carmen Salvador Jovani, *El Ámbito de Protección de la patente*, p. 228; Cf. também o acórdão de 28 de fevereiro de 2013, publicado no BPI nº 2013/05/24, pp. 51-54.

[1170] Cf. a opinião de Mance LJ no acórdão *Wheatley & Anor v Drillsafe Ltd & Ors* – Matt Fisher, *Fundamentals of Patent Law*, pp. 331-336.

[1171] Tanuja V. Garde, «Legal certainty, stare decisis and the doctrine of equivalents», p. 366.

[1172] Glen P. Belvis, «The doctrine of Equivalents and § 112 Equivalents», pp. 1 e 6. No acórdão *Schwermetalloxidationskatalysator*, de 29 de novembro de 1988 (Processo X ZR 63/87; *in* GRUR 1989, pp. 205 e ss.), o BGH decidiu que «[a] extensão do âmbito da proteção a um método que o perito na matéria consegue encontrar devido ao seu conhecimento especializado e com base na descrição da patente, mas que não encontra expressão nas reivindicações, não é consistente com a exigência de segurança jurídica» – *apud* Paul Tauchner, «The Principles of the Doctrine of Equivalence in Germany», p. 3 (tradução livre da nossa responsabilidade; de acordo com a versão em inglês apresentada pelo autor citado: «[t]*he extension of the scope of protection to a method which a person skilled in the art is able to find due to his*

resultante da interpretação literal das reivindicações de forma a colmatar as insuficiências da linguagem para captar a essência da inovação[1173], salvaguardando a proteção do titular contra o concorrente que se aproveite da patente de forma fraudulenta[1174]. Não obstante, conforme lavrou o TRL em acórdão de 29 de julho de 2016, «[...] com vista a salvaguardar a segurança jurídica em matéria tão complexa e delicada como a concessão de um monopólio de exploração, a linguagem das reivindicações é de suma importância»[1175]. Por isso, como se referiu, o ensinamento que o perito retira da interpretação das reivindicações deve ser limitado pelo que «possa deduzir do comportamento do declarante» (artigo 236º, nº 1, do Código Civil) e não pode deixar de ter «um mínimo de correspondência no texto do respetivo documento, ainda que imperfeitamente expresso» (artigo 238º, nº 1, do Código Civil). De outra forma, frustrar-se-ia o equilíbrio entre «uma proteção justa ao titular da patente e um grau razoável de segurança jurídica para terceiros» (cf. artigo 1º do Protocolo Interpretativo do artigo 69º da CPE), favorecendo o primeiro vetor em detrimento do segundo e pondo em perigo a função das reivindicações de informar o público quanto ao monopólio concedido pela patente[1176].

Por conseguinte, os tribunais nacionais, à semelhança do que fazem os tribunais britânicos[1177], deverão indagar se a interpretação das reivindicações de acordo com a descrição e os desenhos leva ou não o perito na matéria a concluir que o requerente da patente, ao redigir as reivindicações, excluiu alguma variante da invenção, pese embora seja óbvio, à luz do seu conhecimento especializado, que essa variante não tem nenhum efeito técnico substancial na função desempenhada pelas caraterísticas reivindicadas.

É certo que, ao sustentarmos que a interpretação das reivindicações deve procurar encontrar o sentido que o perito na matéria, tendo em

technical expertise and on the basis of the patent description but which has not found expression in the claims, is not consistent with the requirement of legal certainty»).

[1173] Cf. acórdão *Festo* (capítulo II, ponto 2.2.5. *supra*).

[1174] Cf. acórdão *Graver Tank* (capítulo II, ponto 2.2.1. *supra*).

[1175] Processo nº 91/15.0YHLSB, publicado no BPI nº 2016/11/16, pp. 7 e ss. (esp. p. 33). O acórdão não versa sobre o âmbito da patente ou a sua infração, mas sim sobre a recusa de concessão de um certificado complementar de proteção.

[1176] Cf. acórdão *Warner Jenkinson* (capítulo II, ponto 2.2.4. *supra*).

[1177] Cf. acórdão *Improver* (Reino Unido) e *Kirin-Amgen* (capítulo II, pontos 2.4.2. e 2.4.3. *supra*).

conta a descrição e os desenhos, entende que o requerente da patente quis expressar com a redação das reivindicações nos termos em que o fez, sujeitamo-nos, em certa medida às críticas apontadas à «*purposive construction*» proposta por Lord Diplock no acórdão *Catnic*. Todavia, essa crítica foi ponderada e refutada acima[1178]. Mesmo a doutrina que se opõe à aplicação da conceção britânica quanto à definição do âmbito da patente reconhece os aspetos positivos da sua evolução recente[1179]. É certo que essa doutrina não deixa de tecer críticas à jurisprudência britânica, mas, por tudo o que vem exposto, estamos em crer que, aplicada ao abrigo dos princípios analisados anteriormente, a interpretação teleológica das reivindicações poderá ser a que melhor equilibra a justa proteção do titular da patente com a segurança jurídica de terceiros.

Os autores que preferem a abordagem alemã à metodologia britânica sustentam que esta resulta numa interpretação restritiva do âmbito da patente[1180] que não protege de forma equitativa o titular da patente por, supostamente, não lhe reconhecer o direito exclusivo sobre toda a matéria resultante do conhecimento divulgado com a patente. Contudo, a interpretação das reivindicações levada a cabo pelos tribunais britânicos também se faz de acordo com a compreensão que o perito na matéria retira das reivindicações, tendo em conta a descrição e os desenhos. A diferença para a metodologia alemã resultaria do limite imposto pela questão de saber até onde o texto das reivindicações sustenta o ensinamento que o intérprete delas retira, ou seja, se se retira das reivindicações que alguma das matérias que poderiam ser reivindicadas com base no ensinamento divulgado pela patente não o foram. Com efeito, não se pode aceitar que o requerente da patente tenha necessariamente pretendido abranger o maior âmbito possível com a sua patente, uma vez que a validade desta poderá ser posta em causa se abranger o estado da técnica ou se as características técnicas reivindicadas não se encontrarem devidamente sustentadas na descrição. Por exemplo, o requerente da patente poderá não querer reivindicar um determinado grau de

[1178] Cf. capítulo II, ponto 2.4.1. *supra*, *in fine*. Cf. Matt Fisher, *Fundamentals of Patent Law*, p. 360, recuperando, a propósito do acórdão *Kirin*-Amgen, a crítica feita ao acórdão *Catnic*, quanto à perceção da função das reivindicações e da patente pelo perito na matéria, seu intérprete.

[1179] Matt Fisher, *Fundamentals of Patent Law*, pp. 371 e 372.

[1180] Matt Fisher, *Fundamentals of Patent Law*, p. 372.

generalização da sua invenção, por não estar certo de que a descrição da sua invenção o permita sustentar ou por recear dessa forma abranger matéria já conhecida. Seja para não correr esse risco, seja por estar em erro, não é inverosímil que o requerente da patente deixe de reivindicar matérias que, afinal, poderia ter reivindicado. A partir do momento em que limita as suas reivindicações, estas passam a apresentar um contraincentivo à utilização do ensinamento divulgado para executar os modos de realização afastados por essa limitação, ainda que, na verdade, a matéria excluída seja equivalente à reivindicada. Por conseguinte, os modos de realização excluídos após a interpretação teleológica das reivindicações já não podem apenas ser imputados ao ensinamento divulgado pela patente, pois esta, só por si, já não leva o intérprete a executá-los. Assim, não podemos aceitar que o requerente da patente possa reclamar a exclusividade da exploração dessas matérias. Doutro modo, poderia, em última análise, verificar-se uma situação em que o requerente da patente seria incentivado a, em caso de dúvida quanto ao conteúdo do estado da técnica ou quanto à extensão do ensinamento divulgado na descrição, limitar as suas reivindicações, de modo a assegurar a concessão e a validade da sua patente e, posteriormente, reclamar a proteção das variantes equivalentes excluídas.

Tenha-se em consideração, por exemplo, o acórdão de 17 de setembro de 2009, proferido pelo TRL, referido acima (processo nº 893/1995. L1-2; relatora: ONDINA CARMO ALVES)[1181]. Neste caso, o direito exclusivo, tal como resulta da patente *sub judice*, foi concedido para explorar a invenção utilizando uma «base orgânica», mas, ainda assim, o seu titular conseguiu que o tribunal reconhecesse que esse direito abrangia também a exploração da sua invenção utilizando uma «base inorgânica».

Em causa nesse processo estava saber se uma patente que protegia um processo de halogenação das tetraciclinas na presença de uma base orgânica, utilizado no processo de fabrico do antibiótico doxiciclina, era infringida por um processo semelhante, mas efetuado na presença de uma base inorgânica. O tribunal deu como provado que «as invenções patenteadas (as da autora/apelada) e as invenções questionadas (as da ré/apelante) se situam no âmbito dos mesmos problemas técnicos, apresentando ambas soluções técnicas idênticas», que «[a] base orgânica

[1181] Cf. capítulo II, ponto 3.3.b) *supra*.

ou inorgânica é, ao cabo e ao resto, utilizada com a mesma finalidade» e que «[p]roduzem ambos os processos os mesmos resultados, realizando ambos substancialmente as mesmas funções e de modo idêntico.»

Todavia, o tribunal não tirou qualquer ilação do facto de a reivindicação *sub judice* limitar a proteção requerida à utilização de uma «base orgânica» no processo reivindicado. O TRL baseou-se na doutrina de Luís Couto Gonçalves – segundo a qual, a propósito da aplicação da doutrina dos equivalentes, «a proposta alemã, também subscrita pela melhor doutrina espanhola, é tecnicamente mais bem elaborada»[1182] – para decidir que se verifica a infracção do direito de patente por equivalência sempre que «a) [a] invenção patenteada e a invenção questionada se situarem no âmbito do mesmo problema técnico» e «b) [a]mbas apresentarem uma solução idêntica e os elementos modificados (ou variantes) estiverem ao alcance de um perito na especialidade».

Assim, pese embora a limitação expressa da reivindicação à utilização de uma «base orgânica», o tribunal entendeu que a patente em litígio abrangida também o processo que recorra aos meios opostos dos reivindicados, ou seja, entendeu que a patente que protege «um processo de halogenação das tetraciclinas na presença de uma base orgânica» abrange também um processo de halogenação de tetraciclinas na presença de uma base inorgânica. Por outras palavras, segundo o TRL, a reivindicação de «um processo de halogenação das tetraciclinas na presença de uma base orgânica» poderá ainda ser interpretada com o sentido de um processo de halogenação de tetraciclinas na presença de uma base inorgânica.

Estamos em crer que esta interpretação não tem «um mínimo de correspondência no texto do respectivo documento, ainda que imperfeitamente expresso» (artigo 238º, nº 1, do Código Civil). Não se trata de uma insuficiência da linguagem utilizada na redação da reivindicação, que a doutrina dos equivalentes pudesse ultrapassar. Trata-se de uma opção tomada pelo requerente da patente de excluir da proteção reivindicada os processos que não utilizem uma base orgânica para proceder à halogenação das tetraciclinas e, tendo em conta esse comportamento (artigo 236º, nº 1, do Código Civil), não se vislumbra como é

1182 Luís Couto Gonçalves, *Manual de Direito Industrial*, p. 104. A propósito da determinação do âmbito da pantente em Espanha, cf. capítulo II, ponto 2.5. *supra*.

que o perito da matéria poderia, ainda assim, entender que o requerente da patente pretendeu abranger os processos que utilizem uma base inorgânica. Nem se compreende como é que a interpretação sufragada pelo tribunal oferece o grau razoável de segurança jurídica a que alude o artigo 1º do Protocolo Interpretativo do artigo 69º da CPE, ao admitir que o âmbito da patente abrange o sentido expresso das reivindicações e, simultaneamente, o seu contrário.

Segundo o juízo do TRL, tanto o processo protegido como a sua variante produzem «os mesmos resultados, realizando ambos substancialmente as mesmas funções e de modo idêntico». Todavia, e ainda que assim seja, o tribunal não poderia ultrapassar as limitações resultantes da redação das reivindicações, tendo em conta a responsabilidade que cabe ao requerente da patente na sua formulação, não só no sentido de informar devidamente os seus concorrentes do âmbito do direito exclusivo que se arroga, mas também no sentido de garantir que as reivindicações «definem o objecto da protecção requerida, devendo ser claras, concisas, correctamente redigidas, baseando-se na descrição» (artigo 62º, nº 3 do CPI[1183]; cf. igualmente o artigo 84º da CPE) e que a matéria protegida não abrange o estado da técnica, sob pena de nulidade da patente ou das reivindicações, por falta de novidade ou atividade inventiva [cf. artigo 33º, nº 1, alínea a) e artigo 51º, nº 1, do CPI 2003[1184]; artigo 52º, nº 1, da CPE]. Por conseguinte, ao aplicar a doutrina dos equivalentes e ao definir o âmbito da patente, o tribunal deve valorar devidamente as limitações que resultem de opções tomadas pelo requerente da patente, tal como interpretadas da perspetiva do perito na matéria.

Ao não ter em conta o exposto, a referida decisão do TRL coloca o risco sério de que a invenção protegida tenha sido escrutinada pelo instituto de patentes apenas pela metade, conforme resulta da comparação entre o escopo da matéria reivindicada e o âmbito que lhe foi reconhecido em juízo. Além disso, coloca a possibilidade de o direito de patente ter sido obtido com muito menor risco de ser recusado ou de vir posteriormente a ser declarado nulo (*e.g.*, por abranger o estado da técnica ou não ser devidamente sustentado na descrição) do que se tivesse sido reivindicado pela sua totalidade, distorcendo o equilíbrio entre o contri-

[1183] Cf. artigo com a mesma numeração no CPI 2003.

[1184] Cf. artigos 32º, nº 1, alínea a), e 50º, nº 1, do CPI 2018.

buto trazido ao estado da técnica pela invenção e o monopólio concedido, pondo em causa os próprios fundamentos do direito de patente.

Acresce que, no caso a que nos referimos, o TRL entendeu que «[...] quanto à cloração da oxitetraciclina, ficou provado que a ré a efectua com um halogéneo na presença de uma base inorgânica e em presença de água, diferentemente da autora que o faz na presença de uma base orgânica (patente nº 36099)» e que «também na memória descritiva da patente nº 36.099 estão contemplados exemplos que englobam a reacção em causa na presença de água». Ou seja, embora a descrição da patente divulgue a utilização de uma base inorgânica no processo reivindicado, esse modo de realização da invenção não é reivindicado, uma vez que apenas se reivindica «um processo de halogenação das tetraciclinas na presença de uma base orgânica». Assim, como se não bastasse o supra exposto quanto à consideração das limitações resultantes da redação das reivindicações, o tribunal ignorou um dos obstáculos à aplicação da doutrina dos equivalentes pacificamente aceites – ou «*requisitos negativos*», na designação adotada por J. P. Remédio Marques[1185] –, isto é, que a patente não é infringida quando a variante consta da descrição, mas não é especificamente reivindicada[1186], conforme decorre do princípio «*what is not claimed is disclaimed*»[1187]. Também por essa razão, estamos em crer que a variante não devia ter sido considerada infratora da patente.

Por outro lado, a doutrina crítica da conceção britânica sustenta também que esta será mais dada à incerteza jurídica do que a abordagem alemã, uma vez que a primeira procura saber qual é o propósito do relator das reivindicações, enquanto a última se cinge à interpretação alcançada pelo perito na matéria[1188]. Acontece que a incerteza jurídica

1185 Os outros «*requisitos negativos*» indicados por J. P. Remédio Marques serão a exceção do estado livre da técnica e as renúncias ou declarações limitativas, efetuadas pelo titular originário do direito de patente (cf. J. P. Remédio Marques, «O conteúdo dos pedidos de patente», pp. 458-460), que se analisarão adiante, nos pontos 3.3.5 e 3.3.6. *infra*.

1186 J. P. Remédio Marques, «O conteúdo dos pedidos de patente», pp. 458-460.

1187 Cf. acórdão *EMI Ltd. et al. v. Lissen, Ltd. et al.*, [1939] 56 RPC 23, *apud* W. R. Cornish, *Cases and Materials on Intellectual Property*, 2ª Edição, Sweet & Maxwell, Londres, 1996, p. 105; cf. Matt Fisher, *Fundamentals of Patent Law*, p. 10; Carmen Salvador Jovani, *El Ámbito de Protección de la patente*, p. 72.

1188 Jonathan D. C. Turner «Purposive Construction: seven reasons why Catnic is wrong», p. 482.

emergente da interpretação das reivindicações de acordo com a proposta britânica não é diferente da que resulta da interpretação dos negócios jurídicos à luz da lei portuguesa, tendo em conta o «comportamento do declarante» (artigo 236º, nº 1, do Código Civil) e o «texto do respectivo documento» (238º, nº 1, do Código Civil). Além disso, conforme resulta do disposto no artigo 1º do Protocolo Interpretativo do artigo 69º da CPE, as reivindicações não visam assegurar a plena segurança jurídica de terceiros, mas também a proteção justa do titular da patente. Na verdade, a aplicação da doutrina dos equivalentes implica necessariamente um grau de incerteza jurídica acrescida face ao que resultaria da interpretação literal da patente, mas trata-se um mal necessário aceite para salvaguardar o valor da patente[1189]. Não obstante, trata-se de um risco que é minorado pelo facto de a interpretação do âmbito da patente ser feita por referência ao padrão objetivo representado pelo intérprete na matéria[1190]. Com efeito, a interpretação teleológica das reivindicações também se faz de acordo com a perspetiva do perito na matéria, tendo em conta a descrição e os desenhos. A diferença resulta do limite imposto pela questão de saber até onde a redação dada às reivindicações sustenta o ensinamento que o intérprete delas retira, por força do seu conhecimento especializado. Além disso, embora o recurso ao perito na matéria seja da maior utilidade na objetivação da interpretação das reivindicações, a determinação do conhecimento que lhe é imputável e do entendimento que lhe deve ser assacado quanto à interpretação das reivindicações também não é imune a dúvidas ou divergência. Nesse sentido, veja-se, por exemplo, a prova pericial produzida durante o caso *Improver* (Reino Unido)[1191], que levou o tribunal a ser confrontado com dois depoimentos periciais contraditórios sobre qual seria a interpretação que o perito na matéria faria das reivindicações da patente *sub judice*.

Mas, sem prejuízo análise das críticas descritas acima e da sua refutação, parece-nos defensável que o entendimento sufragado é ainda reforçado pelo facto de a jurisprudência alemã mais recente se aproximar da metodologia proposta pelos tribunais britânicos, encurtando a distância que até há pouco tempo resultava da terceira pergunta

[1189] TANUJA V. GARDE, «Legal certainty, stare decisis and the doctrine of equivalents», p. 365.

[1190] Cf. capítulo I, ponto 3.5. *supra*.

[1191] Capítulo II, ponto 2.4.2. *supra*.

das «*Protocol questions*», que parecia não ter paralelo na conceção alemã. Com efeito, se anteriormente os tribunais alemães entediam que a «*purposive construction*» proposta jurisprudência britânica não tinha devidamente em conta o ensinamento que a patente oferecia ao intérprete e a criticavam por isso[1192], a sua jurisprudência mais recente denota a importância das escolhas resultantes da redação das reivindicações, imputáveis ao requerente da patente, como limite à matéria que este pode reclamar para o âmbito do seu direito exclusivo. Nesse sentido, ao proferir o acórdão *Okklusionsvorrichtung*[1193], o BGH reconheceu que, «se a reivindicação toma uma decisão seletiva entre várias opções para alcançar um efeito técnico, as considerações do perito sobre as possíveis modificações devem também estar de harmonia com, precisamente, esta decisão seletiva», e a jurisprudência alemã mais recente manteve e confirmou este entendimento. Assim, a interpretação das reivindicações poderá levar à exclusão do âmbito da patente de um produto ou processo equivalente «que, de qualquer modo, poderia ser alcançado pelo perito na matéria, mas que, por alguma razão, o intérprete da patente tem de assumir que não deve ser protegida». Trata-se de uma análise que, de acordo com o BGH, é comparável à «terceira questão colocada no caso *Improver v. Remington* [...] por J. Hoffmann, segundo a sua perceção abordagem interpretativa de Lord Diplock no caso *Catnic*»[1194]. Em nosso entender, representa um avanço significativo desde o ponto de partida representado pelo acórdão *Formstein*, segundo o qual a redação das reivindicações não deveria impedir a proteção concedida pela patente de abranger os demais equivalentes identificáveis pelo perito[1195]. Em sentido idêntico ao BGH parece ir a doutrina alemã mais recente. Segundo Maximilian Haedicke & Henrik Timmann, «[a] patente pode, por exemplo, fazer uma seleção deliberada entre diferentes modos de alcançar um efeito técnico de forma a resolver o problema técnico. Apenas as soluções que possam ser conciliadas com essa solu-

[1192] Cf. acórdão *Improver* (Alemanha), capítulo II, ponto 2.3.2. *supra*.

[1193] Cf. capítulo II, ponto 2.3.4. *supra*.

[1194] Acórdão *Okklusionsvorrichtung* (cf. capítulo II, ponto 2.3.4. *supra*).

[1195] Cf. capítulo II, ponto 2.3.1. *supra*. Conforme lavrou o BGH nesse aresto, «[a] redação da patente em causa não é decisiva, mas antes o será saber que problema técnico, reconhecível pelo perito na matéria, é de facto (objetivamente) solucionado pela invenção.»

ção podem ainda ser cobertas pelo âmbito da proteção através da consideração da equivalência»[1196].

5.2.6. Síntese

Tudo visto, podemos sintetizar o que vem exposto no sentido de que uma variante deverá ser considerada equivalente às características técnicas reivindicadas – e, por conseguinte, abrangida pelo âmbito da patente –, quando:

i. Resolver o problema técnico subjacente à invenção patenteada, alcançando um resultado idêntico ao desta através do emprego de meios modificados que cumpram a mesma função das caraterísticas técnicas reivindicadas;
ii. O perito na matéria conclua, ao interpretar as reivindicações de acordo com a descrição e os desenhos à luz do seu conhecimento especializado, que os meios modificados utilizados pela variante têm o mesmo efeito técnico dos elementos reivindicados; e
iii. O perito na matéria conclua, ao interpretar as reivindicações de acordo com a descrição e os desenhos, que o requerente da patente, ao redigir as reivindicações, não excluiu a variante ou o seu modo de funcionamento da proteção conferida pela patente.

A conclusão contrária àquela vertida na alínea iii) acima implica que a variante não é equivalente à invenção reivindicada, mesmo que seja óbvio para o perito na matéria, à luz do seu conhecimento especializado, que essa variante não tem nenhum efeito técnico substancial na função desempenhada pelas caraterísticas reivindicadas. A variante também não infringe o direito de patente quando se verifique que, embora conste da descrição, não foi especificamente reivindicada, sem prejuízo das demais condições e «*requisitos negativos*»[1197] que se colocam à aplicação da doutrina dos equivalentes, e que se abordam de seguida.

[1196] Maximilian Haedicke & Henrik Timmann, *Patent Law*, p. 654. Tradução livre da nossa responsabilidade. No original: «*The patent may, for examplem nake a deliberate selection between different ways of achieving a technical effect in order to solve the technical problema. Only those solutions which can be reconciled with that selection can still be covered by the scope of protection when equivalence is considered*».

[1197] J. P. Remédio Marques, «O conteúdo dos pedidos de patente», pp. 458-460.

Não obstante, a equivalência não deve ser entendida como um conceito abstrato cuja verificação possa ser vinculada à aplicação de uma fórmula estritamente definida[1198]. A sua verificação carece de ser averiguada face aos contornos do caso concreto. Um algoritmo para proceder à interpretação das reivindicações poderá ser um auxílio útil ao intérprete, mas a sua eficácia não é garantida, designadamente, em novos domínios tecnológicos, que dificultam a análise da equivalência entre a invenção e a variante[1199]. Essencial será determinar o que é que o perito na matéria deduz do comportamento do requerente da patente (artigo 236º, nº 1, do Código Civil), resultante na redação dada às reivindicações, ao interpretá-las de acordo com a descrição e os desenhos, à luz do seu conhecimento especializado e tendo em conta os princípios hermenêuticos expostos acima, de forma a encontrar um sentido que tenha correspondência no seu texto, ainda que imperfeitamente expresso (artigo 238º, nº 1, do Código Civil).

5.3. A «*all elements rule*»

Coloca-se a questão de saber se a análise da equivalência deve ser feita através de uma apreciação global e sintética das reivindicações ou elemento a elemento, considerando-se equivalente à invenção patenteada a variante que apresente, na sua realização, todos os elementos reivindicados.

A segunda hipótese representa a conceção prevalecente nos EUA e é conhecida por «*all elements rule*» ou «*element-by-element rule*». De acordo com a jurisprudência norte-americana[1200], o tribunal deverá ter em conta a invenção como um todo para aferir se a variante cumpre substancialmente a mesma função («*substantially the same function*») e se alcança substancialmente o mesmo resultado («*substantially the same result*»). Caso esses pressupostos não se verifiquem, a variante não será considerada equivalente à invenção e não infringe a patente. Todavia,

1198 Cf., *e.g.*, acórdão *Graver Tank* (capítulo II, ponto 2.2.1. *supra*).

1199 Cf. acórdão *Kirin-Amgen* (capítulo II, ponto 2.4.3. *supra*); Jennifer Davis, *Intellectual Property Law*, p. 319.

1200 A «*all elements rule*» foi reconhecida pelo Supreme Court no acórdão *Graver Tank*, em 1950 (cf., capítulo II, ponto 2.2.1. *supra*) e seguida pelo Federal Circuit no acórdão *Pennwalt*, de 1987 (cf., capítulo II, ponto 2.2.3. *supra*), após a divergência verificada no acórdão *Hughes Aircraft*, de 1983 (cf., capítulo II, ponto 2.2.2. *supra*). Em 1997, Supreme Court confirmou a sua pertinência dessa regra no acórdão *Warner Jenkinson* (capítulo II, ponto 2.2.4. *supra*).

o tribunal deverá analisar cada elemento reivindicado para verificar se a variante funciona substancialmente da mesma maneira (*«substantially the same way»*).

Segundo a jurisprudência norte-americana, a doutrina dos equivalentes conflitua com a função de definição do objeto de proteção e de informação do público dos limites do monopólio concedido pela patente que cabe às reivindicações, uma vez que permite a expansão do âmbito da proteção para além do seu teor literal[1201]. Caso pudesse ser aplicada de forma a dispensar a verificação de algum dos elementos reivindicados, frustrar-se-ia a segurança jurídica que as reivindicações devem oferecer. Para o evitar, a *«all elements rule»* obriga a que a equivalência seja sindicada em relação a cada elemento da invenção. Além disso, exige-se que todos os elementos da invenção protegida se encontrem reproduzidos, literalmente ou por equivalência, na variante que alegadamente a infringe[1202]. A variante apenas é considerada equivalente à invenção quando os três requisitos do teste tripartido *function-way-result* se verificarem[1203].

Não obstante, a jurisprudência dos EUA sugere que, para além da análise *«element-by-element»*, o tribunal deverá ainda verificar se a variante funciona substancialmente do mesmo modo da invenção tendo em conta as reivindicações como um todo, uma vez que se admite a possibilidade de não se verificar uma infração da patente quando a variante apresente tantas modificações que, embora reproduzam as características técnicas reivindicadas, consideradas na sua globalidade não permitem concluir-se pela equivalência entre a variante e a invenção patenteada[1204].

Curiosamente, enquanto, em 1950, o acolhimento da doutrina dos equivalentes foi criticado por, alegadamente, permitir que as reivindicações fossem maleadas de forma a incluir no âmbito da patente matéria que não resultava da sua redação expressa[1205], a posterior aplicação da

[1201] Cf., *e.g.*, acórdão *Warner Jenkinson* (capítulo II, ponto 2.2.4. *supra*).

[1202] Cf. Glen P. Belvis, «The doctrine of Equivalents and § 112 Equivalents», pp. 3 e 4.

[1203] Stephen M. Bodenheimer & John Beton, «Infringement by equivalents in the United States and Europe», pp. 84 e 85.

[1204] Stephen M. Bodenheimer & John Beton, «Infringement by equivalents in the United States and Europe», p. 85.

[1205] Cf. voto de vencido de Justice Black, que dissidiu do entendimento vencedor no acórdão *Graver Tank* (capítulo II, ponto 2.4.1. *supra*).

«*all elements rule*», foi criticada por, alegadamente, implicar que a aplicação da doutrina dos equivalentes resulte em pouco mais do que a aferição redundante de uma infração literal[1206]. Ainda assim, a posição dos tribunais americanos quanto ao propósito e aos limites da aplicação da doutrina dos equivalentes viria a ser deixada bem clara no acórdão *Festo*[1207], de 2002, segundo o qual:

> «A doutrina dos equivalentes permite ao titular da patente reivindicar as variantes insubstanciais que não foram capturadas na redação das reivindicações iniciais da patente, mas que poderão ser criadas através de alterações triviais.»

Por conseguinte, a aplicação da doutrina dos equivalentes não pode sujeitar-se a manipulações que permitam ignorar as reivindicações e os elementos reivindicados, de modo a ultrapassar as limitações à proteção que deles decorram[1208].

J. P. Remédio Marques já sustentou que a «*all elements rule*» não teria correspondência no Direito de Patentes dos Estados europeus. De acordo com o autor, a conclusão pela equivalência entre a variante alegadamente infratora e as características técnicas reivindicadas pressuporia, «uma *apreciação comparativa global e sintética* das reivindicações precipuamente juntas e que aproveitam ao autor da acção com o dispositivo ou o processo acusados», ao invés da análise elemento a elemento[1209]. Todavia, mais recentemente afirmou que a análise da equivalência pressupõe «por via de regra, comparar *elemento a elemento técnico* reivindicado (e, por via disso, os elementos, eventualmente, presentes no dispositivo utilizado pelo demandado: *all elements rule*, no Reino Unido e nos E.U.A.)»[1210]. Não obstante, segundo o mesmo autor, a patente não será, em regra infringida, se a variante não contiver um elemento técnico

[1206] Cf. declarações de voto dos juízes dissidentes do acórdão *Pennwalt* (capítulo II, ponto 2.2.3. *supra*).

[1207] Cf. capítulo II, ponto 2.2.5. *supra*. Voltaremos adiante à análise deste acórdão, a propósito da relevância das renúncias e das declarações limitativas durante o procedimento de concessão de patente e em litígios posteriores (ou «*prosecution history estoppel*»). Cf. capítulo II, ponto 5.6. *infra*.

[1208] Glen P. Belvis, «The doctrine of Equivalents and § 112 Equivalents», p. 4.

[1209] *In* «O conteúdo dos pedidos de patente», p. 460, citando doutrina estrangeira.

[1210] J. P. Remédio Marques, «O Âmbito de Proteção das Patentes Biotecnológicas», p. 241.

essencial ou decisivo para a realização da invenção protegida, assim reputado pelo requerente e pelo intérprete. Ainda assim, a omissão, pela variante, de um elemento reivindicado não evita a equivalência se esse elemento não for essencial à realização da solução técnica patenteada, por não alterar o resultado técnico protegido[1211]. A propósito da análise da doutrina da essencialidade – cuja invocação, como denota REMÉDIO MARQUES, é frequente quando se trata de analisar a possibilidade de proteção parcial do objeto da invenção[1212] –, também CARMEN SALVADOR JOVANI nos dá conta da doutrina alemã que sustenta a possibilidade de, ao interpretar as reivindicações, o perito na matéria reconhecer que o resultado alcançado pela invenção pode ser conseguido prescindindo de alguma das características técnicas reivindicadas, pelo que o requerente da patente poderia ter reivindicado a sua invenção de modo mais generalizado[1213], sem lhe impor determinadas limitações resultantes de algum ou alguns dos elementos especificados. No entanto, mesmo entre a doutrina alemã, esse entendimento não é pacífico e há autores que sustentam que, ao abrigo do disposto no artigo 69º da CPE no respetivo Protocolo Interpretativo, a análise da infração por equivalência deve ter em consideração a função técnica de cada característica individual reivindicada, tendo em conta cada elemento e a conexão mútua entre todas as características patenteadas[1214]. De resto, CARMEN SALVADOR JOVANI reconhece o papel determinante das reivindicações e que, em regra, todas as características reivindicadas devem ser consideradas essenciais para efeitos de aferição da infração da patente[1215]. Além disso, segundo a autora, a consideração de que todas as características técnicas reivindicadas são essenciais, aliada à exigência de que a infração da patente pressupõe a reprodução de todas as características essências da invenção, oferece um elevando grau de segurança jurídica[1216].

Com efeito, de acordo com o disposto o artigo 2º do Protocolo Interpretativo do artigo 69º da CPE, a determinação do âmbito com base na

[1211] J. P. REMÉDIO MARQUES, «O Âmbito de Proteção das Patentes Biotecnológicas», p. 235.

[1212] J. P. REMÉDIO MARQUES, *Biotecnologia(s) e Propriedade Intelectual*, p. 857.

[1213] CARMEN SALVADOR JOVANI, *El Ámbito de Protección de la patente*, p. 327, citando KRASSER.

[1214] WILLIAM T. RALSTON, «Foreign Equivalents of the U.S. Doctrine of Equivalents», p. 187, citando MEIER-BECK, *The Scope of Protection Conferred by the European Patent: A German Perspective on the Doctrine of Equivalents*.

[1215] CARMEN SALVADOR JOVANI, *El Ámbito de Protección de la patente*, p. 328.

[1216] CARMEN SALVADOR JOVANI, *El Ámbito de Protección de la patente*, p. 328.

doutrina dos equivalentes deve ter em conta «todo o elemento equivalente a um elemento especificado nas reivindicações». Ora, através de uma «*apreciação comparativa global e sintética* das reivindicações»[1217] não é possível analisar se uma variante constitui um «elemento equivalente a um elemento especificado nas reivindicações». Por essa razão, MIGUEL VIDAL-QUADRAS sustenta que aquele preceito, introduzido pela Conferência Diplomática de 2000, acolheu a regra norte-americana[1218]. Assim, a análise da infração da patente por equivalência deve partir dos elementos reivindicados e, para que se verifique uma infração, deve exigir-se que cada um desses elementos seja reproduzido pela variante, literalmente ou por equivalência. Conforme sustenta HENRIK TIMMANN, a análise da identidade de efeitos técnicos entre a variante e a invenção pressupõe a análise individual do efeito alcançado pelo meio modificado que não reproduz literalmente o meio reivindicado, bem como a comparação global do efeito técnico resultante da conjugação dos diversos elementos empregues pela variante, por comparação ao efeito técnico da invenção patenteada[1219]. Os elementos reivindicados condicionam a análise do intérprete e a comparação entre uma realização variante e a invenção patenteada deve limitar-se aos elementos reivindicados. A omissão de um desses elementos impede a equivalência, dado que esta apenas pode referir-se à substituição de elementos reivindicados e não à sua omissão[1220].

A análise da equivalência elemento a elemento não significa que a invenção e a variante devam ter inevitavelmente o mesmo número de componentes ou etapas para que sejam consideradas equivalentes, ou que devam estar dispostos da mesma maneira. Um elemento não corresponde necessariamente a uma componente, a uma etapa ou a uma reivindicação. O facto de a variante recorrer à combinação de dois componentes ou de duas etapas para alcançar o efeito técnico obtido que a variante obtém através de um único componente ou de uma única etapa não implica, por si só, a inexistência de equivalência. O mesmo vale

[1217] J. P. REMÉDIO MARQUES, «O conteúdo dos pedidos de patente».

[1218] *In Estudio Sobre los Requisitos de Patentabilidad*, p. 242.

[1219] MAXIMILIAN HAEDICKE & HENRIK TIMMANN, *Patent Law*, pp. 649 e 650.

[1220] MIGUEL VIDAL-QUADRAS TRIAS DE BES, *Estudio Sobre los Requisitos de Patentabilidad, el alcance y la violación del derecho de patente*, pp. 242 e 243; MAXIMILIAN HAEDICKE & HENRIK TIMMANN, *Patent Law*, p. 648.

para os casos em que a característica técnica reivindicada é reproduzida, por equivalência, pela variante, embora não resulte do componente diretamente correspondente ao reivindicado. Imprescindível será que a variante cubra cada uma das características técnicas da invenção, de tal modo que nela se possam encontrar todas as limitações resultantes dos elementos reivindicados[1221].

Segundo CARMEN SALVADOR JOVANI, o juízo de equivalência poderá, excecionalmente, prescindir da reprodução de um determinado elemento na variante, quando o intérprete reconheça que não desempenha nenhuma função na realização patenteada e que não visa delimitar a invenção face ao estado da técnica[1222]. Trata-se da situação que J. P. REMÉDIO MARQUES designa por «sobre-reivindicações», sendo que, segundo este autor, só será possível abdicar da reprodução desse elemento e, ainda assim, concluir-se pela infração da patente se o mesmo resultado ainda for alcançado por ambas as realizações e isso for evidente para o perito na matéria[1223]. Nessa medida, trata-se de situações de fronteira que se aproximam daquelas em que, de acordo com os critérios interpretativos expostos no ponto anterior do presente estudo, o intérprete poderá concluir pela equivalência entre a variante e a invenção protegida. Assim sendo, tratar-se-ia, como refere CARMEN SALVADOR JOVANI, de uma exceção aceitável à regra de que a variante só será considerada infratora da patente se reproduzir, literal ou por equivalente, todas as características técnicas reivindicadas[1224]. Contudo, diríamos nós, não será fácil sustentar uma interpretação das reivindicações segundo a qual, tendo o requerente reivindicado um determinado elemento, ainda que supérfluo, o perito na matéria entenderia ser indiferente para o requerente da patente que aquele elemento (ou outro da mesma classe, por ele representado) estivesse ou não presente. Afinal, nas reivindicações, o requerente deve especificar o que é «considerado novo e que

[1221] MAXIMILIAN HAEDICKE & HENRIK TIMMANN, *Patent Law*, p. 649; J. P. REMÉDIO MARQUES, «O Âmbito de Proteção das Patentes Biotecnológicas», p. 241; GLEN P. BELVIS, «The doctrine of Equivalents and § 112 Equivalents», p. 7, citando jurisprudência variada sobre o assunto; STEPHEN M. BODENHEIMER & JOHN BETON, «Infringement by equivalents in the United States and Europe», pp. 84 e 85.

[1222] CARMEN SALVADOR JOVANI, *El Ámbito de Protección de la patente*, p. 327.

[1223] J. P. REMÉDIO MARQUES, *Biotecnologia(s) e Propriedade Intelectual*, pp. 862 e 863.

[1224] CARMEN SALVADOR JOVANI, *El Ámbito de Protección de la patente*, pp. 327 e 328.

caracteriza a invenção» [artigo 62º, nº 1, do CPI] e não mais do isso. Não obstante, admitimos que, eventualmente, a evidência de que a limitação introduzida pelo elemento supérfluo não visou delimitar a invenção face ao estado da técnica possa indiciar aquela hipótese. Ainda assim, conforme resulta da jurisprudência do BGH, a proteção de sub-combinações dos elementos reivindicações é altamente excecional[1225].

5.4. O momento da apreciação da equivalência e os desenvolvimentos tecnológicos supervenientes

Se a interpretação das reivindicações visa encontrar o significado que o perito delas retira, tendo em conta a descrição e os desenhos, à luz do seu conhecimento especializado; e se a doutrina dos equivalentes procura determinar quais as variantes que, ao interpretar a patente, o perito reconhece serem igualmente aptas a resolver o problema técnico subjacente à invenção, alcançando uma solução idêntica através da implementação de meios técnicos que cumprem a mesma função (eventualmente do mesmo modo); então o conhecimento imputado ao perito tem uma importância fulcral na interpretação do âmbito da patente[1226], uma vez que dele depende a capacidade de encontrar variantes equivalentes às características técnicas reivindicadas, bem como o grau de obviedade com que o faz. Acontece que o «conhecimento e habilidade médios» e o «conhecimento geral ou comum»[1227] imputados ao perito evoluem ao longo do tempo, em função do desenvolvimento do conhecimento técnico e científico[1228]. Assim, saber se uma variante é ou não equivalente à invenção – e se, portanto, é ou não abrangida pelo âmbito da proteção – pode depender da data de referência para a aplicação da doutrina dos equivalentes[1229]. Por essa razão, é essencial definir qual o marco temporal a considerar para efeitos de interpretação das reivindicações.

1225 Paul Tauchner, «The Principles of the Doctrine of Equivalence in Germany», p. 4, citando o acórdão *Räumschild*, proferido pelo BGH a 18 de maio de 1999, no processo X ZR 156/97.

1226 Helen E. Norman, *Intellectual Porperty Law*, p. 163.

1227 *Guidelines*, G-VII, § 3. Cf. capítulo I, ponto 3.4. *supra*.

1228 J. P. Remédio Marques, *Biotecnologia(s) e Propriedade Intelectual*, p. 818; José António Gomez Segade, «Actividad Inventiva y Doctrina de los Equivalentes», p. 53.

1229 Carmen Salvador Jovani, *El Ámbito de Protección de la patente*, pp. 293 e 294.

Mais uma vez, trata-se de uma questão a que os diversos ordenamentos jurídicos não dão uma resposta uniforme. Por conseguinte, o nível de conhecimento atribuído ao perito na matéria, intérprete das reivindicações, também não é uniforme, o que pode ter consequências na interpretação das reivindicações. O seu conhecimento especializado varia consoante a data de referência considerada na análise da equivalência em cada ordenamento, uma vez que o estado da técnica ao seu alcance também varia em função dessa data[1230]. De acordo com a jurisprudência norte-americana, o momento apropriado para proceder ao teste da equivalência é a data da alegada infração[1231]. No Reino Unido, a jurisprudência não é uniforme[1232], mas tende a considerar que a data pertinente é a data da publicação do pedido[1233]. Por seu turno, na Alemanha, o momento considerado é a data do pedido de patente ou da prioridade[1234].

A abordagem norte-americana resulta do facto de um dos propósitos reconhecidos à doutrina dos equivalentes ser precisamente o de proteger o titular da patente contra desenvolvimentos técnicos que não poderia prever à data da redação das reivindicações[1235]. A conceção norte-americana, assente na ideia de «equivalência dinâmica», visa proteger o titular da patente face à atividade parasitária dos seus concorrentes que utilizem equivalentes resultantes do desenvolvimento tecnológico que só foi possível alcançar em virtude da utilização do ensinamento divulgado pela patente, desde que esses equivalentes se revelem evidentes para o perito na matéria na data da sua implementação, mesmo que não tenham sido previstos pelo requerente da patente que, por essa razão,

[1230] TOSHIKO TAKENAKA, «Extent of patent protection in the United States, Germany, the United Kingdom and Japan: examination through the concept of 'person having ordinary skill in the art of the invention'», *in* TOSHIKO TAKENAKA (Ed.), *Patent Law and Theory – A Handbook of Contemporary Research*, Edward Elgar, Cheltenham, p. 458.

[1231] Cf. acórdão *Warner Jenkinson* (capítulo II, ponto 2.2.4. *supra*).

[1232] J. P. REMÉDIO MARQUES, *Biotecnologia(s) e Propriedade Intelectual*, p. 822.

[1233] Cf. acórdãos *Catnic* e *Improver* (Reino Unido), capítulo II, pontos 2.4.1. e 2.4.2. *supra*; WILLIAM R. CORNISH, «The Practice in the UK», p. 230.

[1234] Cf. acórdão *Improver* (Alemanha), capítulo II, ponto 2.3.2. *supra*; MAXIMILIAN HAEDICKE & HENRIK TIMMANN, *Patent Law*, p. 613.

[1235] WILLIAM T. RALSTON, «Foreign Equivalents of the U.S. Doctrine of Equivalents», p. 183. Segundo o autor, o outro propósito da doutrina dos equivalentes seria proteger o titular da patente contra as imprecisões da linguagem utilizada na redação das reivindicações (cf. *op. cit.*, p. 182).

não redigiu as reivindicações de modo a abrangê-los[1236]. Deste modo, através de um raciocínio que J. P. Remédio Marques caracteriza como «um *juízo de prognose póstuma*», a doutrina dos equivalentes pretende proteger o titular da patente contra variantes não substanciais que este não conseguiu prever, mas que, caso lhe fosse possível conhecer os futuros desenvolvimentos da sua invenção, poderia ter reivindicado[1237], em função do ensinamento divulgado. Não obstante, a ampliação do âmbito da patente resultante da consideração da data da infração para aplicação da doutrina dos equivalentes é limitada pela jurisprudência norte-americana através do recurso à chamada doutrina dos equivalentes inversa (*reverse doctrine of equivalents*), segundo a qual uma variante não infringe a invenção reivindicada se, embora cumpra a mesma função, apresente um modo de funcionamento substancialmente diferente, de tal forma que se afasta do princípio subjacente à invenção patenteada, mesmo que a realização alegadamente infratora caia no âmbito literal das reivindicações[1238].

Por seu turno, na Europa, como se referiu acima[1239], a proposta de alteração do Protocolo Interpretativo do artigo 69º da CPE colocada à consideração da Conferência Diplomática de 2000, baseada no artigo 21º da proposta de Tratado Complementando a Convenção de Paris Respeitante a Patentes, incluía a referência expressa à data da infração como o momento relevante para aferição da equivalência[1240]. Todavia, essa proposta não foi aceite, por se entender que não respeitava o equilíbrio procurado pelo Protocolo, que visa assegurar «simultaneamente

[1236] J. P. Remédio Marques, *Biotecnologia(s) e Propriedade Intelectual*, pp. 820 e 821; Carmen Salvador Jovani, *El Ámbito de Protección de la patente*, p. 296; Miguel Vidal-Quadras Trias de Bes, *Estudio Sobre los Requisitos de Patentabilidad, el alcance y la violación del derecho de patente*, pp. 245 e 246.

[1237] J. P. Remédio Marques, *Biotecnologia(s) e Propriedade Intelectual*, pp. 820 e 821; Mario Franzosi, «In Defence of Catnic», p. 242, citando o acórdão *Warner Jenkinon* (cf. capítulo II, ponto 2.2.4. *supra*) e o acórdão *Chiuminatta Concrete Concepts v. Cardinal Indus.* (145 F.3d 1303, 1998), proferido pelo Federal Circuit.

[1238] Cf. acórdão *Graver Tank* (capítulo II, ponto 2.2.1. *supra*); William T. Ralston, «Foreign Equivalents of the U.S. Doctrine of Equivalents», p. 183; Matt Fisher, *Fundamentals of Patent Law*, p. 182.

[1239] Cf. capítulo I, ponto 2.4. *supra*.

[1240] Carmen Salvador Jovani, *El Ámbito de Protección de la patente*, p. 296; J. P. Remédio Marques, *Biotecnologia(s) e Propriedade Intelectual*, p. 824.

uma protecção justa ao titular da patente e um grau razoável de segurança jurídica para terceiros» (cf. artigo 1º do Protocolo Interpretativo do artigo 69º da CPE)[1241].

Com efeito, a consideração da data da alegada infração para proceder à aplicação da doutrina dos equivalentes tem sido alvo de críticas, segundo as quais, ao permitir a ampliação do âmbito da patente ao longo do tempo, essa conceção sobrevaloriza a proteção do titular da patente em detrimento da segurança jurídica de terceiros, colocando em risco o equilíbrio de que depende o próprio sistema de patentes[1242]. Embora se possa contrapor a estas críticas que a «equivalência dinâmica» propugnada pelos tribunais norte-americanos é limitada pela doutrina dos equivalentes inversa e que se exige que a equivalência entre os elementos reivindicados e as variantes resultantes dos desenvolvimentos da tecnologia patenteada seja óbvia para o perito na matéria, estamos em crer que mais equitativo será, no intuito de proteger o equilíbrio entre a proteção justa do titular da patente e um grau razoável de segurança jurídica para terceiros, fixar o momento de referência para a interpretação das reivindicações e para a aplicação da doutrina dos equivalentes na data do pedido de patente ou da prioridade. Nesse sentido, apontam, de forma uniforme, a doutrina e a jurisprudência portuguesas[1243], bem como diversos autores estrangeiros[1244].

[1241] J. P. Remédio Marques, *Biotecnologia(s) e Propriedade Intelectual*, p. 825.

[1242] Miguel Vidal-Quadras Trias de Bes, *Estudio Sobre los Requisitos de Patentabilidad, el alcance y la violación del derecho de patente*, pp. 245 e 246; Carmen Salvador Jovani, *El Ámbito de Protección de la patente*, p. 296. Em sentido oposto, cf. Franzosi, Mario, «In Defence of Catnic», p. 242.

[1243] Cf., na doutrina nacional, *e.g.*, Luís Couto Gonçalves, *Manual de Direito Industrial*, p. 105; Teresa Silva Garcia, «A Inventividade», p. 301; Pedro Sousa e Silva, *Direito Industrial*, p. 76; J. P. Remédio Marques, «O conteúdo dos pedidos de patente», pp. 458-460. Na jurisprudência, *e.g.*, o acórdão de 17 de setembro de 2009 (processo nº 893/1995.L1-2; relatora: Ondina Carmo Alves), sufragando o ensinamento de Luís Couto Gonçalves; o acórdão de 6 de fevereiro de 2014 (processo nº 866/13.4YRLSB-2; relator: Jorge Leal), citando diversos autores nacionais e estrangeiros, o acórdão de 28 de fevereiro de 2013, publicado no BPI nº 2013/05/24, a pp. 51-54 e o acórdão de 30 de outubro de 2013, publicado no BPI nº 2016/01/20, pp. 85-89.

[1244] Cf., *e.g.*, Matt Fisher, *Fundamentals of Patent Law*, p. 302; Carmen Salvador Jovani, *El Ámbito de Protección de la patente*, pp. 297-299; Maximilian Haedicke & Henrik Timmann, *Patent Law*, pp. 613 e 651; José António Gomez Segade, «Actividad Inventiva y Doctrina

A consideração da data do pedido de patente ou da prioridade como o momento determinante para proceder à definição do âmbito da patente (designadamente, através da aplicação da doutrina dos equivalentes) fundamenta-se, desde logo, em razões de coerência legislativa. Como refere Luís Couto Gonçalves[1245], se é essa a data de referência para proceder à análise dos requisitos de validade do pedido e de patenteabilidade da invenção, também deverá ser essa a data a ter em conta na avaliação dos fatores que delimitam o pedido e que condicionam o conteúdo do direito a conceder. Além disso, como realçam Remédio Marques e Salvador Jovani, o âmbito da proteção conferida pela patente deve corresponder ao ensinamento revelado pelo requerente da patente[1246]. Por isso, o direito exclusivo não pode expandir-se à medida que evolui o estado da técnica do sector tecnológico em que se insere a invenção (ou de outros sectores que possam aproveitar a invenção divulgada)[1247]. Caso contrário, seria posta em causa a segurança jurídica dos concorrentes do titular da patente perante o seu crescente direito exclusivo[1248]. Em última análise, interpretando-se o âmbito da patente por referência à data da alega infração, poderia verificar-se que a hipótese de uma realização, que não seria considerada uma variante óbvia da invenção patenteada à data do pedido, vir a sê-lo mais tarde, caso seja implementada após a ocorrência de algum desenvolvimento científico ou tecnológico que, uma vez incluído no estado da técnica, levaria o perito na matéria a considerá-la equivalente, o que dificilmente se poderá aceitar[1249].

Acresce ao exposto o facto de o CPI e a CPE limitarem a ampliação da proteção requerida após o pedido de patente, donde resulta, por maioria de razão, que a proteção concedida pela patente não deve expandir-se após a concessão do direito. Com efeito, de acordo com o dis-

de los Equivalentes», p. 54; Miguel Vidal-Quadras Trias de Bes, *Estudio Sobre los Requisitos de Patentabilidad, el alcance y la violación del derecho de patente*, p. 247.

1245 *In Manual de Direito Industrial*, p. 105.

1246 J. P. Remédio Marques, *Biotecnologia(s) e Propriedade Intelectual*, p. 825; Carmen Salvador Jovani, *El Ámbito de Protección de la patente*, pp. 359 e 360.

1247 Maximilian Haedicke & Henrik Timmann, *Patent Law*, p. 651.

1248 Miguel Vidal-Quadras Trias de Bes, *Estudio Sobre los Requisitos de Patentabilidad, el alcance y la violación del derecho de patente*, pp. 246 e 247.

1249 Cf., no mesmo sentido, Miguel Vidal-Quadras Trias de Bes, *Estudio Sobre los Requisitos de Patentabilidad, el alcance y la violación del derecho de patente*, p. 246.

posto no nº 1 do artigo 24º do CPI[1250], o requerente da patente só poderá alterar o seu pedido se não afetar os elementos essenciais e característicos da patente. Após a concessão, os direitos conferidos pela patente não podem exceder o âmbito definido pelas reivindicações (artigo 102º, nº 4, do CPI[1251]). No mesmo sentido, a CPE não permite a alteração do pedido de patente que implique a extensão do seu conteúdo inicial [cf. artigo 138º, nº 1, alínea c), da CPE] nem permite que a proteção conferida pela patente seja alargada após a sua concessão [cf. artigo 123º, nº 3, e artigo 138º, nº 1, alínea d), da CPE]. Assim sendo, possibilitar que o âmbito da patente fosse ampliado durante a sua vigência, através da aplicação da doutrina dos equivalentes por referência à data da alegada infração, contrariaria a teleologia do direito positivo vigente[1252].

Face ao exposto, coloca-se então a questão de saber se o titular da patente fica desprotegido contra desenvolvimentos tecnológicos posteriores que alcancem o mesmo efeito técnico da sua invenção. Conforme já se aludiu acima[1253], estamos em crer que não terá necessária e fatalmente de ser assim. Conforme referiu Lord Hoffmann ao relatar o acórdão *Kirin-Amgen*[1254], não deverá à partida negar-se a possibilidade de o requerente poder, em virtude da apropriada redação das reivindicações, cobrir variantes que impliquem o uso de tecnologia desconhecida à data do pedido de patente[1255]. Todavia, para que isso seja possível, será necessário que o perito na matéria possa interpretar as reivindicações à luz da descrição e os desenhos, de tal modo que, reportando-se ao ensinamento da patente e tendo em conta o seu conhecimento especializado à data do pedido de patente, conclua que a variante é um equivalente óbvio das características técnicas reivindicadas. Como é bom de ver, não será fácil ao requerente da patente redigir as reivindicações e a descrição da patente de modo a permitir ao intérprete alcançar uma variante que venha a resultar de um desenvolvimento tecnológico pos-

1250 Cf. artigo 25º, nº 1, do CPI 2003.

1251 Cf. artigo 101º, nº 4, do CPI.

1252 J. P. Remédio Marques, *Biotecnologia(s) e Propriedade Intelectual*, pp. 826 e 827; Carmen Salvador Jovani, *El Ámbito de Protección de la patente*, pp. 298 e 299.

1253 Cf. capítulo II, ponto 5.2. *supra*.

1254 Cf. capítulo II, ponto 2.4.3. *supra*.

1255 Cf. Stephen M. Bodenheimer & John Beton, «Infringement by equivalents in the United States and Europe», p. 90.

terior, ainda que essa variante desempenhe a mesma função dos elementos reivindicados. A seu favor, o requerente da patente tem a possibilidade de, ao formular as reivindicações, proceder à «generalização legítima» do seu contributo para o estado da técnica (*i.e.*, de imaginar as possíveis alternativas de realização da invenção e redigir as reivindicações de forma a abrangê-las)[1256], desde que essa generalização seja ainda plenamente sustentada na descrição. Nesse sentido, não se verifica nenhuma expansão do âmbito da patente caso a mera interpretação teleológica das reivindicações (em vez da interpretação dinâmica propugnada pelos tribunais dos EUA) determine que um modo de realização alternativo da invenção cai dentro do escopo de proteção, ainda que não pudesse ser implementado à data de redação do pedido de patente[1257]. Quanto ao mais, o critério da obviedade coloca um limite à matéria que pode ser capturada pela doutrina dos equivalentes para o âmbito da proteção. Esse limite separa o conteúdo das reivindicações, protegido pelo nº 1 do artigo 98º do CPI[1258] e pelo nº 1 do artigo 69º da CPE, das utilizações livres cuja exploração não pode ser impedida pelo titular da patente, como acontecerá nos casos em que, por força da utilização de novos meios técnicos, a nova variante não seria óbvia para o perito à data do pedido ou quando apresente caráter inventivo, ainda que tenha sido inspirada pelo ensinamento resultante da patente[1259].

5.5. A exceção do estado da técnica

De acordo com o disposto no nº 1 do artigo 50º do CPI[1260] e no nº 1 do 52º da CPE, só podem ser objeto de patente as invenções que, para além de implicarem atividade e de serem suscetíveis de aplicação industrial, sejam novas. Uma invenção é considerada nova quando não está compreendida no estado da técnica (cf. artigo 54º, nº 1, do CPI[1261] e artigo 54º, nº 1, da CPE). Segundo o disposto no nº 1 do artigo 55º do CPI[1262] e no nº 2 do artigo 54º da CPE, o estado da técnica compreende tudo

[1256] W. Cornish, *et al.*, *Intellectual Property*, p. 177.
[1257] Maximilian Haedicke & Henrik Timmann, *Patent Law*, p. 651.
[1258] Cf. artigo 97º, nº 1, do CPI 2003.
[1259] J. P. Remédio Marques, *Biotecnologia(s) e Propriedade Intelectual*, pp. 826 e 827.
[1260] Cf. artigo 50º, nº 1, do CPI 2003.
[1261] Cf. artigo 55º, nº 1, do CPI 2003.
[1262] Cf. artigo 55º, nº 1, do CPI 2003.

o que, dentro ou fora do país, foi tornado acessível ao público antes da data do pedido de patente, por descrição oral ou escrita, utilização ou qualquer outro meio. Além disso, o estado da técnica inclui ainda o conteúdo dos pedidos de patente e modelos de utilidade apresentados, para vigorar em Portugal, em data anterior ao pedido de patente nacional ou europeia em causa (artigo 55º, nº 2, do CPI[1263] e artigo 56º, nº 3, da CPE).

Por conseguinte, um pedido de patente não pode abranger matéria contida no estado da técnica. Doutro modo, frustrar-se-ia o propósito do direito de patente, que concede ao seu titular um direito exclusivo sobre determinada matéria por este divulgar uma invenção que enriquece o conhecimento tecnológico existente[1264].

Pela mesma razão, não é admissível que a interpretação das reivindicações e a aplicação da doutrina dos equivalentes levem à inclusão, no âmbito da patente, de matéria compreendida no estado da técnica à data do pedido (ou à data da prioridade, caso esta seja reivindicada)[1265] ou que dele seja uma decorrência óbvia para o perito na matéria. Não sendo patenteável, trata-se de matéria que não pode ser apropriada pelo direito exclusivo, conforme decorrente da própria natureza do direito de patente[1266]. Na Alemanha e no Reino Unido, esta argumentação, é respetivamente conhecida como defesa *Formstein*[1267] ou como defesa *Gillette*[1268]. Assim, é pacificamente aceite, entre a doutrina e jurispru-

1263 Cf. artigo 55º, nº 2, do CPI 2003.

1264 Carmen Salvador Jovani, *El Ámbito de Protección de la patente*, p. 357.

1265 Sobre a data de referência para a apreciação da equivalência, *vide* capítulo II, ponto 5.4. *supra*.

1266 Miguel Vidal-Quadras Trias de Bes, *Estudio Sobre los Requisitos de Patentabilidad, el alcance y la violación del derecho de patente*, p. 248.

1267 Cf. Keukeschrijver, Alfred, «The German Practice», p. 100; Matt Fisher, *Fundamentals of Patent Law*, p. 237. Cf. acórdão *Formstein* analisado acima no Capítulo II, ponto 2.3.1. Conforme lavrou o BGH: «[p]ara determinar o âmbito da proteção ao abrigo do § 14 da Lei de Patentes de 1981, é admissível a exceção de que o modo de execução acusado e considerado equivalente não representa uma invenção patenteável face ao estado da técnica. O demandando numa ação de infração de patente pode, deste modo, não só defender-se com o facto de o modo de execução alegadamente infrator resultar do estado da técnica, como também pelo facto de que o mesmo é óbvio face ao estado da técnica»

1268 William R. Cornish, «The Practice in the UK», pp. 225 e 226; Matt Fisher, *Fundamentals of Patent Law*, p. 237. Cf. acórdão *Gillette Safety Razor v. Anglo Trading Case* [1913] RPC 30 (18) 465. Segundo Lord Moulton, que relatou o acórdão proferido pela House of Lords:

dência nacional[1269] e internacional[1270], que o alegado infrator pode contrapor, em sua defesa, que a sua variante resulta do estado da técnica. Caso a realização alegadamente infratora da invenção reivindicada esteja compreendida no estado da técnica ou constitua, para o perito na matéria, uma variante óbvia do estado da técnica, não se verifica a infração da patente, por não integrar o seu âmbito, e o titular não se lhe pode opor[1271]. Resulta assim que a novidade, condição material de patenteabilidade, constitui também um limite ao âmbito da patente[1272].

Todavia, a questão supra exposta poderá ser mais complexa do que um simples limite à aplicação da doutrina dos equivalentes, constituído pelo estado da técnica. Conforme é reconhecido pelos tribunais britânicos desde o caso *Gillette Safety Razor v. Anglo Trading Case*, quando o alegado infrator sustenta que a sua variante não infringe a patente porque está compreendida no estado da técnica, o que argumenta é que, das duas, uma: ou o âmbito da patente abrange a variante e, então, aquela é inválida, porque abrange matéria não patenteável; ou não abrange a variante e, assim, não se verifica qualquer infração[1273]. Com efeito, no direito português, tal como no direito britânico, não existe qualquer princípio interpretativo de que, perante ambiguidades ou dúvidas, as

«[a] defesa de que "a alegada realização infratora não era nova à data da Carta de Patente da autora é uma boa defesa ao abrigo da lei e, por vezes, poderia obviar a grandes esforços e despesas em litígios de Patentes se o réu pudesse e tivesse colocado a sua defesa nestes termos, poupando-se assim à dificuldade de demonstrar em que estaca do bem conhecido dilema a autora se empalou, invalidade ou não infração». Tradução livre da nossa responsabilidade. No original: «*The defence that "the alleged infringement was not novel at the date of the plaintiff's Letters Patent" is a good defence in law, and it would sometimes obviate the great length and expense of Patent cases if the defendant could and would put forth his case in this form, and thus spare himself the trouble of demonstrating on which horn of the well-known dilemma the plaintiff had impaled himself, invalidity or non-infringement.*»

1269 A nível nacional, cf., *e.g.*, Luís Couto Gonçalves, *Manual de Direito Industrial*, p. 105.

1270 A nível internacional, cf., *e.g.*, Keukeschrijver, Alfred, «The German Practice», pp. 100 a 102; William R. Cornish, «The Practice in the UK», pp. 225 e 226; Miguel Vidal-Quadras Trias de Bes, *Estudio Sobre los Requisitos de Patentabilidad, el alcance y la violación del derecho de patente*, pp. 248-250.

1271 Cf., *e.g.*, J. P. Remédio Marques, «O conteúdo dos pedidos de patente», p. 460; Keukeschrijver, Alfred, «The German Practice», pp. 100 e 101.

1272 J. P. Remédio Marques, «A Arbitrabilidade da Exceção de Invalidade de Patente no Quadro da Lei nº 62/2011», p. 242.

1273 Cf. acórdão *Gillette Safety Razor v. Anglo Trading Case*, citado na nota de rodapé 1167 *supra*.

reivindicações devam ser interpretadas no sentido da sua validade[1274]. Além disso, em Portugal, o Tribunal da Propriedade Intelectual tanto tem competência para julgar ações de infração da patente (entre outras ações cuja causa de pedir verse sobre propriedade industrial), como para julgar ações de nulidade e de anulação previstas no Código da Propriedade Industrial [cf. artigo 111º, nº 1, alíneas b) e c) da Lei nº 62/2013, de 26 de agosto] [1275]. Assim, quando o titular da patente invoca perante esse tribunal que uma variante infringe o seu direito por aplicação da doutrina dos equivalentes e o alegado infrator contrapõe que a variante estava compreendida no estado da técnica à data do pedido da patente ou que é uma decorrência óbvia deste, estará em causa não apenas a infração da patente, mas também a sua validade[1276]. Uma vez demandado numa ação de infração da patente, o alegado infrator poderá não se limitar a excecionar que a sua variante se inclui no estado da técnica mas, com esse fundamento, também pode deduzir um pedido reconvencional de declaração de nulidade da patente alegadamente infringida, ao abrigo do disposto na alínea a) do artigo 114º do CPI[1277]. Então, se o tribunal concluir que a invenção patenteada está compreendida no estado da técnica ou que é dele uma decorrência óbvia da perspetiva do perito (ou seja, que o âmbito da proteção alcança matéria não patenteável), a patente deverá ser considerada inválida e declarada nula pelo tribunal (cf. artigo 115º, nº 1, do CPI[1278]), com eficácia *inter partes* ou *erga omnes*, consoante o demandado tenha apenas excecionado a nulidade da

[1274] Cf. W. Cornish, *et al.*, *Intellectual Property*, p. 179, sobre o Direito de Patentes britânico.

[1275] O facto de o nº 1 do artigo 35º do CPI dispor que a declaração de nulidade ou a anulação de direitos de propriedade industrial só podem resultar de decisão judicial afasta a possibilidade de outros tribunais, incluindo os tribunais arbitrais necessários constituídos ao abrigo da Lei nº 62/2011, decretarem, com efeitos *erga omnes*, a nulidade da patente, mesmo que esse pedido seja apresentado por via da dedução de reconvenção numa ação validamente constituída ao abrigo do disposto no artigo 2º desse diploma – cf. acórdão do TRL, de 13 de fevereiro de 2014 (processo nº 1053/13.7YRLSB-2; relator: Jorge Leal); J. P. Remédio Marques, «A Arbitrabilidade da Exceção de Invalidade de Patente no Quadro da Lei nº 62/2011», p. 227.

[1276] J. P. Remédio Marques, «A Arbitrabilidade da Exceção de Invalidade de Patente no Quadro da Lei nº 62/2011», p. 241.

[1277] Cf. artigo 113º, nº 1, alínea a), do CPI 2003.

[1278] Cf. artigo 114º, nº 1, do CPI 2003.

patente ou tenha apresentado um pedido reconvencional de declaração de nulidade da patente[1279].

[1279] Por força do disposto no nº 1 do artigo 35º do CPI, é pacífico entre a doutrina e a jurisprudência nacionais que apenas os tribunais judiciais (*rectius*, o Tribunal da Propriedade Intelectual) podem declarar a nulidade de uma patente ou anulá-la, por ação ou reconvenção (cf. nota de rodapé 1276 *supra*). Todavia, colocou-se anteriormente a questão de saber se apenas esse tribunal teria competência para conhecer da invalidade da patente (e, bem assim, se apenas o poderia fazer a título principal, por ação ou reconvenção, ou também a título incidental ou por via de exceção) ou se também outros tribunais (nomeadamente, os tribunais arbitrais constituídos ao abrigo do disposto do artigo 2º da Lei nº 62/2011) o poderiam fazer, a título incidental, embora apenas a título incidental.
O TRL pronunciou-se por diversas no sentido de que os tribunais arbitrais constituídos ao abrigo do artigo 2º da Lei nº 62/2011 não tinham competência para conhecer da exceção da invalidade da patente – cf., *e.g.*, os acórdãos de 13 de fevereiro de 2014 (processo nº 1053/13.7YRLSB-2; relator: JORGE LEAL), de 4 de fevereiro de 2016 (processo nº 138-15.0YRLSB.L1-8; relator: SACARRÃO MARTINS), de 16 de novembro de 2016 (processo nº 1053-16.5YRLSB.L1-2) ou de 14 de dezembro de 2016 (processo nº 1248/14.6YRLSB.S1; relator: LOPES DO REGO). Por acórdão de 21 de maio de 2015 (processo nº 1465/14.9YRLSB-6; relator: TOMÉ RAMIÃO), o TRL foi mais longe e, sufragando o entendimento de PEDRO SOUSA E SILVA, lavrou que nem mesmo os tribunais estaduais poderiam decidir a questão da validade ou invalidade da patente meramente a título incidental.
Contudo, o mesmo tribunal também se pronunciou, pelo menos por uma vez, em sentido contrário, isto é, entendendo que o artigo 35º do CPI 2003 (cujo teor é idêntico ao preceito do CPI 2018 com a mesma numeração) apenas reservava à competência do tribunal judicial a declaração da nulidade dos direitos de propriedade industrial ou a sua anulação a título principal e com eficácia *erga omnes*, o que não obstava ao conhecimento da invalidade desses direitos a título incidental, por via de exceção suscitada pelo demandado, com efeitos *inter partes* – cf. acórdão de 13 de janeiro de 2015 (processo nº 1356/13.OYRLSB.L1-7; relatora: ROSA RIBEIRO COELHO).
A doutrina nacional dividiu-se quanto a este tema. Por um lado, autores como PEDRO SOUSA E SILVA (*in Direito Industrial*, p. 448) e LUÍS COUTO GONÇALVES (*in Manual de Direito Industrial*, p. 321, nota de rodapé 791) sustentaram que a invalidade do direito de patente não podia ser arguida por exceção, seja em sede judicial, seja em sede arbitral. Por outro, autores como J. P. REMÉDIO MARQUES (*in* «A Arbitrabilidade da Exceção de Invalidade de Patente no Quadro da Lei nº 62/2011», pp. 211 – 257), DÁRIO MOURA VICENTE [*in* «O Regime Especial de Resolução de Conflitos em Matéria de Patentes (Lei nº 62/2011)», *Revista da Ordem dos Advogados*, Ano 72, vol. IV, 2012, pp. 971 – 990] e JOSÉ ALBERTO VIEIRA (*in* «A Competência de Tribunal Arbitral Necessário para apreciar a Exceção da Invalidade de Patente Registada», *Revista de Direito Intelectual*, nº 2, 2015 pp. 195 – 208) sustentaram que a invalidade do direito de patente podia ser conhecida a título incidental ou por via de exceção, designadamente, pelos tribunais arbitrais constituídos ao abrigo da Lei nº 62/2011.
O STJ teve oportunidade de se pronunciar sobre esta matéria por acórdão de 14 de dezembro de 2016 (1248/14.6YRLSB.S1; Relator: Lopes do Rego), cujo sumário dispõe o seguinte:

«I. O tribunal arbitral necessário previsto na Lei 62/2011 é incompetente para apreciar, ainda que por via da dedução de mera excepção peremptória, cujos efeitos ficariam circunscritos ao processo, a questão da nulidade da patente do medicamento em causa, por tal matéria estar reservada à competência exclusiva do TPI.
II. A inviabilidade de o R. suscitar incidentalmente, naquele processo, a excepção peremptória de nulidade do direito patenteado configura-se como proporcional e adequada, radicando, em última análise, na natureza da relação controvertida, no carácter constitutivo do acto de reconhecimento dos direitos de propriedade industrial e nas razões de interesse público e de congruência do sistema que levaram a reservar o conhecimento de tais vícios apenas ao TPI – não implicando, consequentemente, neste caso, o desvio à regra constante do nº 1 do art. 91º do CPC qualquer violação do direito de defesa, da regra do contraditório ou do princípio do processo equitativo.
III. A necessidade de desencadear, pelo interessado que despoletou o pedido de AIM do medicamento genérico e pretenda questionar a validade da patente, há muito registada, que obsta à pretendida introdução no mercado, da pertinente acção de nulidade da patente, conjugada com a possibilidade de requerer e obter a suspensão da instância arbitral até que tal acção seja julgada, constituem meios procedimentais – alternativos à dedução perante o tribunal arbitral da excepção de nulidade da dita patente – que não envolvem onerosidade excessiva para o interessado e permitem satisfazer, em termos adequados, o seu direito a questionar a validade da patente que obsta à comercialização por ele pretendida – o que naturalmente afasta a violação do preceituado no art. 20º da Lei Fundamental.»
Posteriormente, o TC também foi chamado a pronunciar-se sobre a mesma questão, em sede de fiscalização concreta da constitucionalidade, tendo decidido, por acórdão de 24 de maio de 2017 (acórdão nº 251/2017; processo nº 297/16; relatora: Conselheira Maria de Fátima Mata-Mouros):
«Julgar inconstitucional a norma interpretativamente extraível do artigo 2º da Lei nº 62/2011, de 12 de dezembro e artigos 35º, nº 1, e 101º, nº 2, do Código da Propriedade Industrial, ao estabelecer que, em sede de arbitragem necessária instaurada ao abrigo da Lei nº 62/2011, de 12 de dezembro, a parte não se pode defender, por exceção, mediante invocação da invalidade de patente, com meros efeitos inter partes; [...]».
Em versões anteriores do presente texto, sustentámos que do nº 1 do artigo 35º do CPI 2003 resultava tão-somente que apenas os tribunais judiciais poderiam declarar a nulidade da patente ou anulá-la, com eficácia *erga omnes*, levando ao cancelamento do registo junto do INPI (cf. José Alberto Vieira, «A Competência de Tribunal Arbitral Necessário para apreciar a Exceção da Invalidade de Patente Registada», p. 208). Todavia, daí não resultava que outros tribunais não pudessem conhecer, a título incidental, da validade da patente, por via de exceção. O facto de apenas o Tribunal de Propriedade Intelectual ter competência para decidir ações em que se pede a declaração de nulidade ou a anulação de uma patente com eficácia *erga omnes* não significava, no nosso entender, que outros tribunais não podiam conhecer da exceção de invalidade da patente, com eficácia *inter partes*. Por apenas aquele tribunal poder o mais, não quer dizer que estes não possam o menos, donde não se vislumbrava a relação de maioria de razão sustentada por Luís Couto Gonçalves (*in Manual de Direito Industrial*, p. 321, nota de rodapé 791). Certo é que o facto de os demais tribunais po-

derem apreciar incidentalmente a validade da patente, apenas com eficácia *inter partes*, não prejudicava a competência exclusiva do Tribunal de Propriedade Intelectual para proferir a declaração de nulidade ou a anulação da patente. E, segundo o disposto no nº 1 do artigo 91º do Código de Processo Civil, «[o] tribunal competente para a ação é também competente para conhecer dos incidentes que nela se levantem e das questões que o réu suscite como meio de defesa».

O entendimento contrário, para além de possibilitar a condenação do alegado infrator de um direito que não é válido, implicava que não lhe fosse dada oportunidade, na ação de infração, de questionar a validade desse direito, o que dificilmente será incompatível com o princípio do contraditório, que alicerça o direito fundamental a um processo justo e equitativo estabelecido no artigo 4º do artigo 20º da CRP [cf., nesse sentido, Dário Moura Vicente, «O Regime Especial de Resolução de Conflitos em Matéria de Patentes (Lei nº 62/2011)», pp. 981 e 982; José Alberto Vieira, «A Competência de Tribunal Arbitral Necessário para apreciar a Exceção da Invalidade de Patente Registada», p. 196, 200 a 202].

Foi neste sentido que decidiu o TC no acórdão 251/2017, tendo entendido que a proibição de defesa do alegado infrator através da invocação da invalidade do direito de patente num processo arbitral necessário intentado ao abrigo do artigo 2º da Lei nº 62/2011 constituiria uma restrição desproporcional do seu direito de defesa. Segundo o TC, essa proibição poderia, por vezes, resultar na ablação total do direito de defesa do réu e, noutras ocasiões, implicava uma compressão significativa desse direito, tanto mais que a alternativa apontada por parte da doutrina e da jurisprudência (*i.e.*, intentar uma ação de nulidade da patente perante o TPI e requerer a suspensão da ação arbitral) não era viável.

O facto de o direito de patente estar sujeito a registo não justificava, na nossa opinião, que a sua nulidade apenas oudesse ser declarada a título principal. Noutras situações, o facto de um determinado direito estar sujeito a registo não prejudica que a sua validade seja questionada, ainda que com efeitos meramente *inter partes*, pelo que não há razão para que o mesmo não seja possível a propósito do direito de patente (J. P. Remédio Marques, «A Arbitrabilidade da Exceção de Invalidade de Patente no Quadro da Lei nº 62/2011», pp. 229 e 256).

O propósito da Lei nº 62/2011 não foi o de restringir o direito de defesa do titular da autorização de introdução no mercado do medicamento genérico em causa (J. P. Remédio Marques, «A Arbitrabilidade da Exceção de Invalidade de Patente no Quadro da Lei nº 62/2011», p. 245), mas antes o de promover a celeridade e a economia de meios quando a introdução no mercado desses medicamentos levante questões relacionadas com direitos de propriedade intelectual sobre os medicamentos de referência [Dário Moura Vicente, «O Regime Especial de Resolução de Conflitos em Matéria de Patentes (Lei nº 62/2011)», pp. 974]. Esse propósito seria frustrado caso o titular do medicamento genérico tivesse de intentar uma ação de declaração de nulidade da patente para obviar a uma condenação pela sua alegada infração.

Não obstante, a discussão *supra* exposta parece ter sido resolvida pelo Decreto-Lei nº 110/2018, que aprovou o novo CPI e que, entre outras alterações, modificou a Lei nº 62/2011 (cf. artigo 4º do Decreto-Lei nº 110/2018). Assim, atualmente, o artigo 3º, nº 3, da Lei nº 62/2011 prevê expressamente que «[n]o processo arbitral pode ser invocada e reconhecida a invalidade da patente com meros efeitos inter partes». Além disso, de acordo com o atual artigo 2º Lei

Não obstante, note-se que, para ser bem-sucedido em afastar a alegada infração da patente através da demonstração da invalidade da patente, será necessário que o réu/reconvinte demonstre que a invenção, como um todo (*i.e.*, não só um dos seus elementos ou cada um destes, mas também o efeito técnico resultante da interação do seu conjunto), está compreendida no estado da técnica ou dele é uma decorrência óbvia. Caso contrário, ou seja, caso a patente sobreviva ao confronto com o estado da técnica (*e.g.*, caso apenas uma das suas reivindicações seja considerada inválida e nula), a alegada infração não fica, só por essa via, afastada[1280].

5.6. A relevância das renúncias e das declarações limitativas durante o procedimento de concessão de patente e em litígios posteriores

Anteriormente neste trabalho[1281], sustentámos que, ao abrigo do disposto no artigo 334º do Código Civil, o titular da patente poderá ver o exercício do seu direito ser restringido por ser considerado abusivo perante a sua conduta anterior, visto implicar uma contradição intolerável à luz do princípio da boa-fé e da tutela da confiança face a anteriores declarações interpretativas das reivindicações por si apresentadas durante os procedimentos de concessão, de oposição ou em litígios posteriores, constituindo um *venire contra factum proprium*. Quando o titular da patente limitar a invenção reivindicada ou protegida em virtude da interpretação das reivindicações exposta em sede de procedimento de oposição ou de eventuais ações de nulidade da patente, ou quando, desse modo, renunciar a algum elemento potencialmente abrangido pelo âmbito da patente, deverá ser vinculado à sua interpretação nos casos em que um terceiro legitimamente confie que a respeitará e, por isso, desenvolva uma variante que, segundo a interpretação anteriormente

nº 62/2011, a arbitragem dos litígios emergentes da invocação de direitos de propriedade industrial relacionados com medicamentos de referência deixa de ser obrigatória e passa a ser meramente voluntária. Nestes termos, dissipam-se as dúvidas sobre a possibilidade de os tribunais arbitrais poderem conhecer da validade dos direitos de propriedade industrial a título incidental – donde resulta, por maioria de razão, que também os tribunais judiciais o poderão fazer.

1280 Maximilian Haedicke & Henrik Timmann, *Patent Law*, p. 659.

1281 Cf. capítulo I, ponto 3.8. *supra*.

exposta pelo titular da patente, fica para além da proteção por esta conferida.

Dito isto, coloca-se a questão de saber que consequências se retiram do entendimento *supra* exposto, designadamente, no que respeita à aplicação da doutrina dos equivalentes.

Conforme refere J. P. Remédio Marques, a atendibilidade das declarações do requerente da patente durante a fase do procedimento será relevante «na medida em que ela pode ser não apenas útil na tarefa de *interpretação das reivindicações*, como pode impedir a aplicação da teoria dos *meios equivalentes* ou da *essencialidade* no que concerne ao elemento ou elementos caracterizantes do invento sobre os quais hajam incidido tais declarações»[1282]. Para além das condutas do requerente durante o procedimento de concessão da patente, sustentámos que será razoável não excluir *a priori* a potencial relevância que, ao abrigo do princípio da boa-fé, poderão assumir as declarações do titular da patente durante o procedimento de oposição, quando for posterior à concessão da patente, bem como em litígios ulteriores, se e quando, posteriormente, agir em *venire contra factum proprium*, nos termos e nas condições analisadas acima[1283]. Deste modo, procura-se evitar que o requerente reclame a proteção de matérias a que renunciou ou que foram objeto de declarações interpretativas limitativas durante o procedimento de concessão[1284] ou em posteriores litígios respeitantes à validade da patente.

Não obstante, segundo aquele autor, não seria legítimo ao alegado infrator prevalecer-se das declarações do titular da patente para evitar o juízo de infração por equivalência quando a variante apenas apresente alterações não substanciais a elementos técnicos caracterizantes da invenção protegidos por reivindicações que tenham sido objeto de alteração durante o procedimento de concessão da patente[1285]. Todavia, se bem compreendemos o entendimento apresentado por J. P. Remédio Marques, não podemos aceitá-lo. O caso descrito (isto é, uma variante que apresenta modificações não substanciais a um elemento técnico caracterizante da invenção) é o exemplo paradigmático de aplicação da doutrina dos equivalentes. Por conseguinte, será nesse caso que, poten-

[1282] Cf. J. P. Remédio Marques, *Biotecnologia(s) e Propriedade Intelectual*, vol. I, p. 828.

[1283] Cf. capítulo I, ponto 3.8. *supra*.

[1284] Tanuja V. Garde, «Legal certainty, stare decisis and the doctrine of equivalents», p. 367.

[1285] J. P. Remédio Marques, *Biotecnologia(s) e Propriedade Intelectual*, vol. I, p. 832.

cialmente, se colocam as questões relacionadas com os limites da aplicação da doutrina dos equivalentes. No caso contrário é que nem se coloca a questão da relevância das limitações e renúncias do requerente ou titular da patente durante o procedimento de concessão e litígios posteriores, porque nem sequer será aplicável a doutrina dos equivalentes. Com efeito, quando a variante apresentar alterações substanciais dos elementos técnicos caracterizantes da invenção, não pode sequer ser considerada equivalente. Por definição, alteração substancial será aquela que implica que a variante cumpra uma função diversa ou apresente um modo de funcionamento diverso da característica técnica reivindicada, razão pela qual o perito na matéria, ao interpretar as reivindicações de acordo com a descrição e os desenhos, à luz do seu conhecimento especializado, seria levado a concluir que a realização protegida e a variante não são equivalentes. Ora, se não existe equivalência, não se coloca a questão de saber quais são os limites da matéria que pode ser abrangida pelo âmbito da patente ao abrigo da doutrina dos equivalentes. Nesse caso, o titular da patente não se pode opor à exploração da variante porque nunca teve esse direito.

Por outro lado, se o autor pretendia sustentar que as declarações do requerente ou titular da patente apenas podem ser ponderadas se versarem sobre elementos técnicos não caracterizantes ou não essenciais da invenção, também não podemos concordar com a sua doutrina. Conforme resulta da jurisprudência norte-americana sobre o tema, o facto de o requerente ou titular da patente ter limitado o escopo potencial da proteção através da uma alteração das reivindicações ou de uma declaração que limita ou renuncia a parte da matéria revindicada anteriormente demonstra a existência de um âmbito tecnológico mais amplo que era abrangido pela formulação inicial das reivindicações e que deixou de o ser na redação vigente, bem como o reconhecimento, pelo requerente ou titular da patente, da diferença entre a proteção inicialmente requerida e a proteção concedida e da importância que atribui a essa diferença para a determinação da proteção[1286]. Por essa razão, a jurisprudência norte-americana determina que «"[a]través da alteração [o requerente da patente] reconheceu e enfatizou a diferença entre as duas redações» e que, por essa razão, «[a] diferença a que [o requeren-

[1286] Cf. acórdão *Festo* (capítulo II, ponto 2.2.5. *supra*).

te da patente] assim renunciou deve ser considerada substancial"» [1287]. Com efeito, interpretando as reivindicações de acordo com os critérios analisados acima[1288], perante uma renúncia ou uma declaração limitativa, somos levados a concluir que o perito na matéria a entenderia no sentido de que o requerente ou titular da patente pretende que a sua invenção seja implementada em conformidade e, portanto, também a proteção requerida se confina aos mesmos limites.

Mas, dito isto, coloca-se a questão de saber em que termos devem ser aferidos os limites impostos à interpretação das reivindicações pelas renúncias ou declarações limitativas deduzidas pelo requerente ou titular a patente durante o procedimento de concessão ou em litígios posteriores. Será que essas declarações acarretam uma preclusão absoluta à invocação da doutrina dos equivalentes para interpretar as reivindicações visadas? Ou, pelo contrário, essas reivindicações poderão ainda ser infringidas através da reprodução não literal das características técnicas protegidas?[1289]

Nesta sede, importa mais uma vez ter em atenção a jurisprudência norte-americana, onde as questões emergentes da valoração do procedimento de concessão da patente têm sido amplamente debatidas, devido à grande importância que, nesse ordenamento jurídico, a teoria do «*prosecution history estoppel*» ou do «*file wrapper estoppel*» assume na circunscrição da aplicação da doutrina dos equivalentes[1290].

Assim, no passado, os tribunais dos EUA chegaram a admitir que o facto de as alterações introduzidas pelo requerente da patente durante o procedimento de concessão da patente resultarem na limitação da matéria reivindica implicava a preclusão do recurso à doutrina dos equivalentes, donde resultaria que a patente apenas poderia ser infringida pela reprodução literal da invenção[1291]. Não obstante, a jurisprudência mais recente entende de que a preclusão emergente da conduta do re-

[1287] Cf. acórdão *Festo* (capítulo II, ponto 2.2.5. *supra*).

[1288] Cf. capítulo II, ponto 5.2. *supra*.

[1289] J. P. Remédio Marques, *Biotecnologia(s) e Propriedade Intelectual*, vol. I, pp. 832 e ss.

[1290] Cf. acórdãos *Hughes Aircraft*, *Warner-Jenkinson* e *Festo* analisado acima (capítulo II, pontos 2.4.2, 2.4.4. e 2.4.5. *supra*).

[1291] Cf., *e.g.*, a decisão do tribunal de primeira instância no caso *Hughes Aircraft* (capítulo II, ponto 2.4.2. *supra*) e o acórdão do Federal Circuit, *en banc*, no caso *Festo* (capítulo II, ponto 2.4.5. *supra*).

querente da patente durante o procedimento de concessão não constitui uma regra absoluta e inflexível. Para chegar a essa conclusão, o Supreme Court contrapôs e realçou, no acórdão *Festo*, o propósito da doutrina dos equivalentes e o papel do «*prosecution history estoppel*», na limitação daquela[1292]. Segundo o tribunal, a doutrina dos equivalentes visa colmatar as insuficiências da linguagem para descrever e reivindicar adequadamente a invenção patenteada. Por isso, permite ao titular da patente solicitar proteção contra variantes insubstanciais, que não resultam da interpretação literal das reivindicações, mas que poderão ser implementadas através de alterações triviais. Acontece que esse pressuposto já não se verifica nas situações em que a variante foi reivindicada com o pedido de patente apresentado inicialmente mas deixou de resultar do conteúdo das reivindicações da patente concedida em virtude das alterações efetuadas durante o procedimento de concessão. Nesse caso, não é verdade que a variante, ainda que insubstancial, não tenha sido prevista pelo requerente da patente, nem que o facto de não ser abrangida pelas reivindicações resulte de alguma insuficiência da linguagem. Assim, quando essa alteração for introduzida para salvaguardar a validade da patente – designadamente, face ao estado da técnica ou à insuficiência da descrição –, a preclusão emergente das representações feitas durante o procedimento de concessão, bem como das inferências que razoável e fundadamente possam ser extraídas da alteração, poderá ser oposta ao titular da patente numa posterior ação de infração respeitante à matéria renunciada. Todavia, conforme lavrou o tribunal, não quer isso dizer que, após a alteração das reivindicações, estas se tornem de tal modo perfeitas que não possam, potencialmente, dar azo à conceção de meios alternativos não abrangidos literalmente. As restrições apresentadas podem evidenciar o que a matéria reivindicada não é, e essa já não poderá ser recuperada pelo titular da patente. Contudo, mesmo após a alteração, as reivindicações podem ainda fracassar em expor precisamente no que consiste a invenção e, nessa medida, a doutrina dos equivalentes ainda poderá aplicar-se.

Deste modo, para além das alterações que não revestem caráter limitativo e que, como tal, não precludem a aplicação da doutrina dos equi-

[1292] Cf. acórdão *Festo* (capítulo II, ponto 2.4.5. *supra*).

valentes[1293], as alterações limitativas do âmbito da proteção requerida também não obstam à aplicação da doutrina dos equivalentes contra variantes não substanciais para além daquelas que o requerente da patente tenha excluído ou a que tenha renunciado.

No mesmo sentido, J. P. Remédio Marques sustenta que, quando sejam atendíveis, as declarações limitativas e renúncias efetuadas pelo requerente ou titular da patente não devem implicar uma proibição absoluta da sindicância do âmbito da patente de acordo com a doutrina dos equivalentes. Caso contrário, segundo o autor, poderia correr-se o risco de incentivar os relatores das reivindicações a recorrer a termos menos claros, precisos ou completos e a utilizar linguagem funcional na redação das reivindicações com mais frequência[1294]. Embora se possa contrapor a esta posição que sempre se exigirá que as reivindicações sejam «claras, concisas, correctamente redigidas, baseando-se na descrição» (artigo 62º, nº 3, dos CPI 2003 e 2018), não há dúvida que a consideração das declarações do requerente da patente durante o procedimento de concessão (bem como do titular durante o procedimento de oposição após a concessão, quando seja o caso, ou durante processos respeitantes à validade da patente, quando sejam atendíveis) introduz um elemento perturbador da segurança jurídica na interpretação do âmbito da patente[1295]. Por isso, como refere o mesmo autor, trata-se de um mecanismo que exige a escrupulosa qualificação das declarações do requerente ou titular da patente, de forma a assegurar que se trata inequivocamente de declarações de natureza limitativa ou renunciativa da matéria reivindicada, ainda que esse efeito resulte implícita mas claramente das mesmas[1296]. Não obstante, a incerteza jurídica que eventualmente poderá resultar da relevância atribuída às renúncias e às declarações limitativas pelo requerente ou titular da patente justifica-se na medida em que vincula o requerente ou titular da patente àquela que é,

[1293] Com efeito, conforme se analisou acima (capítulo I, ponto 3.8. *supra*), o requerente da patente pode perfeitamente, durante o procedimento de concessão, introduzir alterações que visem apenas conferir maior clareza e concisão às reivindicações, sem implicar a sua restrição, as quais não prejudicam a aplicação da doutrina dos equivalentes (cf. J. P. Remédio Marques, *Biotecnologia(s) e Propriedade Intelectual*, vol. I, pp. 842 e 843).

[1294] J. P. Remédio Marques, *Biotecnologia(s) e Propriedade Intelectual*, vol. I, pp. 838 e 843.

[1295] Tanuja V. Garde, «Legal certainty, stare decisis and the doctrine of equivalents», p. 370.

[1296] J. P. Remédio Marques, *Biotecnologia(s) e Propriedade Intelectual*, vol. I, p. 842.

também da sua perspectiva, uma proteção equitativa do seu direito face ao contributo da sua invenção para o estado da técnica. Além disso, não difere da incerteza gerada pela aplicação do disposto no 334º do Código Civil – e os tribunais nacionais não deixam de recorrer à figura do abuso de direito quando se mostra pertinente[1297]. Acresce que as dificuldades levantadas pela aplicação da preclusão poderão ser mitigadas através da aplicação rigorosa dos pressupostos exigidos pela doutrina e pela jurisprudência portuguesas à verificação do *venire contra factum proprium*, conforme analisámos acima[1298].

Segundo a jurisprudência norte-americana, a alteração das reivindicações faz operar contra o titular da patente a presunção ilidível de que têm carater restritivo e que a matéria renunciada não abrange a variante equivalente. Deste modo, para poder recorrer à aplicação da doutrina dos equivalentes, o titular da patente deve demonstrar que, à data da alteração, não lhe seria exigível que redigisse uma reivindicação que abrangesse literalmente o equivalente que agora acusa de infração à patente[1299]. Trata-se de uma construção jurisprudencial da repartição do ónus da prova quanto à natureza e amplitude das alterações às reivindicações introduzidas pelo requerente da patente. Entre nós, não encontramos fundamento para sustentar idêntica presunção e não vemos porque é que a prova do caráter restritivo e da amplitude das alterações ou declarações efetuadas pelo requerente ou pelo titular da patente não deve seguir as regras gerais de repartição do ónus da prova (cf. artigos 342º e 346º do Código Civil). Assim, ao titular do direito de patente caberá fazer prova dos factos constitutivos do seu direito de patente e do âmbito deste, nomeadamente, dos factos que fundamentam a aplicação da doutrina dos equivalentes. Por seu turno, o alegado infrator que invocar a preclusão da aplicação da doutrina dos equivalentes deve invocar e demonstrar os factos que lhe dão azo. Ao titular do direito de patente caberá fazer contraprova destes factos.

[1297] Cf. António Menezes Cordeiro, *Tratado de Direito Civi*, vol. V, pp. 325-327; Paulo Mota Pinto, «Sobre a Proibição do Comportamento Contraditório (*Venire Contra Factum Proprium*) no Direito Civil», p. 267.

[1298] Cf. capítulo I, ponto 3.8 *supra*.

[1299] Cf. acórdão *Festo* (capítulo II, ponto 2.4.5. *supra*).

Conclusões

Com o presente trabalho, procurámos investigar qual deve ser e como se define o âmbito da proteção conferida pelo direito de patente em função da vantagem imaterial acrescentada pela invenção protegida ao estado da técnica.

Nesse sentido, verificámos que, desde o século XVII, as reivindicações foram paulatinamente substituindo a descrição na definição do âmbito da patente, de tal modo que, atualmente, assumem essa função na generalidade dos ordenamentos jurídicos. Portugal não é exceção e desde a entrada em vigor do Decreto nº 6, de 15 de dezembro de 1894 que a lei exige que o pedido de patente inclua a reivindicação das características consideradas novas pelo requerente.

No entanto, diferentes tradições jurídicas levaram a conceções distintas quanto à importância das reivindicações na definição do âmbito da patente. Assim, constatámos que, por um lado, nos ordenamentos onde prevaleceu o entendimento da patente como a justa recompensa do inventor pelo seu contributo para o estado da técnica (*e.g.*, na Alemanha), cimentou-se a teoria da definição central do âmbito da patente (*central definition theory*), segundo a qual as reivindicações visam sinalizar o âmbito da proteção, mas não o contêm. Desta perspetiva, as reivindicações representam o ponto de partida da definição do âmbito da proteção, cuja plena extensão, determinada pela ideia inventiva subjacente à invenção, seria aferida casuisticamente em juízo, através da interpretação das reivindicações e da descrição no seu conjunto. Embora se permita, assim, um nível de proteção mais flexível do titular da patente, a segurança jurídica de terceiros é, em contrapartida, fragilizada. Por outro lado, nos ordenamentos jurídicos onde a patente é concebida como a conceção excecional de um monopólio que visa incentivar a atividade inventiva (*e.g.*, no Reino Unido e nos EUA), as reivindicações assumiram a função de delimitar a fronteira do direito exclusivo concedido pela patente, pelo que devem definir os limites exteriores da proteção (*peripheral definition theory*), ao abrigo da teoria da definição periférica do âmbito da patente. Deste modo, as reivindicações visam primordialmente garantir a segurança jurídica de terceiros, permitindo-lhes identificar não só o objeto da proteção, mas também a extensão do direito exclusivo.

Em Portugal, durante a vigência do CPI 1940, apenas se previa a publicação das reivindicações e, após o Decreto-Lei nº 27/84, também do resumo. Não obstante, com as alterações introduzidas pelo Decreto-Lei nº 40/87, o § 1 do artigo 8º do CPI 1940 passou a prever expressamente que «[o] âmbito do direito exclusivo de explorar o invento é determinado pelo conteúdo das reivindicações, não podendo a descrição e os desenhos servir para interpretar as reivindicações». Por conseguinte, a doutrina sustentava que a segurança jurídica de terceiros impunha que o alcance da proteção concedida pela patente fosse necessariamente o que resultava das reivindicações. Por essa razão, sustentámos que, tradicionalmente, o direito nacional atribuía às reivindicações a função de delimitar perifericamente o âmbito da patente.

Após a adesão à CPE, o Direito de Patentes português passou a prever expressamente que as reivindicações definem o objeto da proteção requerida (cf. artigo 84º da CPE e artigo 62º, nº 3, dos CPI 2003 e 2018), para além de continuar a prever que também determinam o âmbito da proteção conferida pela patente, embora agora referindo expressamente que a descrição e os desenhos servem para as interpretar (cf. artigo 69º, nº 1, da CPE, artigo 93º, nº 1, do CPI 1995, artigo 97º, nº 1, do CPI 2003 e artigo 98º, nº 1, do CPI 2018). Por conseguinte, sustentámos que o direito português atual continua a atribuir às reivindicações a função de delimitação periférica do âmbito de direito de patente, embora tendo em conta a descrição e os desenhos na sua interpretação.

Assim, dada a importância das reivindicações na definição do âmbito da patente, o primeiro passo para o determinar consiste em compreender o significado (técnico) daquelas. Para tal, será necessário interpretar as reivindicações à luz da descrição e dos desenhos, não apenas quando a sua redação apresente alguma ambiguidade notória, mas em todas as ocasiões. Nessa tarefa, devemos ter em conta que as reivindicações não são declarações de ciência ou estatuições unilaterais com alcance geral e abstrato, como são as normas jurídicas. Trata-se, pelo contrário, de declarações de vontade expressas pelo requerente da patente para definir o direito que se arroga. Como tal, devem ser interpretadas como um negócio jurídico, de acordo com o disposto no nº 1 do artigo 236º e no nº 1 do artigo 238º do Código Civil, em conformidade com os princípios estabelecidos pelo Protocolo Interpretativo do artigo 69º da CPE. Embora este protocolo verse sobre as patentes europeias, é pacífico que, por razões de igualdade concorrencial e de segurança jurídica, o seu valor hermenêutico deve também adjuvar na interpretação das demais patentes concedidas para vigorar em território nacional, independentemente da via de proteção por que foram concedidas. Assim, a interpretação das reivindicações não deve cingir-se ao seu estrito teor literal, nem deve considerá-las como meras orientações. Entre esses extremos, as reivindicações devem ser interpretadas de forma lógica, racional, contextual e teleológica, tendo em conta a sua função e o propósito da linguagem utilizada, buscando um significado útil ao ensinamento divulgado, mas não necessariamente o âmbito mais amplo que a sua linguagem pode ter. A amplitude do significado das reivindicações depende do grau de generalização com que a invenção é reivindicada. Crucial será encontrar a compreensão que o perito na matéria razoavelmente retira da vontade expressa pelo requerente da patente, no contexto do documento em que se inserem.

A interpretação das reivindicações deve ser objetiva, recorrendo, para o efeito, ao padrão médio de capacidade, instrução e diligência no domínio técnico da invenção, representado pelo perito na matéria, que a lei ficciona ser o destinatário das reivindicações. O perito na matéria tem o conhecimento geral ou comum nesse domínio na data do pedido ou da prioridade, bem como conhecimentos básicos de Direito de Patentes, que lhe permitem saber que as reivindicações visam identificar e demarcar a invenção protegida pela patente. A interpretação das reivindicações de acordo com a perspetiva do perito na matéria visa salvaguardar a segurança jurídica de terceiros, garantir que a proteção outorgada corresponde à real contribuição da invenção para o estado da técnica e que a compreensão do âmbito da patente não varia em função do conhecimento do seu leitor. O perito na matéria não é um indivíduo concreto, pois ninguém possui todo o saber geral comum do seu ramo da técnica, nem ninguém pode inibir a habilidade de produzir novos resultados inventivos. Não obstante, o tribunal pode e deve ouvir peritos reais sobre o significado dos termos técnicos usados na redação da patente, sobre qual seria o conhecimento geral atribuído ao perito na matéria à data do pedido ou da prioridade e sobre o que uma determinada característica técnica lhes sugere. Não pode é inquirir esses peritos quanto à questão de saber se a patente foi infringida.

Embora seja natural que a terminologia utilizada na redação das reivindicações assuma o seu significado comum, é frequente que, num determinado domínio tecnológico, os termos utilizados tenham um sentido distinto do seu significado geral, pelo que o intérprete também poderá socorrer-se de um dicionário da especialidade ou mesmo recorrer ao depoimento de um perito na matéria para o auxiliar. Além disso, a descrição pode ser utilizada como um dicionário da patente para estabelecer o significado especial assumido pelos termos utilizados nas reivindicações. Não deverá estabelecer-se uma hierarquia rígida entre os elementos à disposição do intérprete da patente mas, caso as dúvidas na interpretação das reivindicações sejam esclarecidas após a consulta da descrição e dos desenhos, dificilmente haverá motivo para recorrer a prova extrínseca.

É possível que, após a sua interpretação à luz da descrição e dos desenhos, se conclua que os termos utilizados na redação das reivindicações têm um significado mais restrito do que o seu sentido normal. Essa inferência não contraria o disposto no Protocolo Interpretativo do artigo 69º, pois não se trata ainda de uma restrição do âmbito da proteção suscetível de pôr em causa a legítima proteção do titular da patente, salvaguardada pelo protocolo, mas antes de apurar o significado que o requerente quis dar à redação das reivindicações. Todavia, as referências feitas na descrição a um particular modo de execução da invenção, em termos consistentes e mais restritivos do que os que resultam das reivindicações, poderão implicar a deficiente sustentação das reivindicações na descrição, ao contrário do que exige o artigo 84º da CPE e o nº 3 do artigo 62º dos CPI 2003 e 2018, podendo levar à declaração de nulidade das reivindicações em causa ou da patente [cf. artigo 114º, alínea d), do CPI[1300]].

Por outro lado, poderá também acontecer que a interpretação lógica, racional, contextual e teleológica da redação das reivindicações leve o perito a concluir que as reivindicações têm um significado mais amplo do que o estrito teor literal da sua redação, designadamente, ao abrigo da doutrina dos equivalentes, desde que essa conclusão não deixe de ter correspondência na redação das reivindicações e assegure um grau razoável de segurança jurídica para terceiros, conforme resulta do artigo 1º do Protocolo Interpretativo do artigo 69º da CPE, sob pena de ser inadmissível.

Sustentamos também neste trabalho que o titular da patente pode incorrer em abuso de direito, sob a forma de *venire contra factum proprium*, quando pretender exercer o seu direito de exclusão numa ação de infração da patente em contradição com as limitações ou renúncias decorrentes da interpretação anteriormente exposta durante o procedimento de concessão, de oposição e em processos judiciais posteriores à concessão da patente, designadamente, em ações de nulidade da patente. O titular da patente poderá ser vinculado à sua conduta anterior se suscitar uma situação de confiança objetivamente fundada que leve o alegado infrator a desenvolver a variante de acordo com as limitações ou renúncias resultantes da interpretação por si exposta anteriormente. Será razoável que, para além dos procedimentos ou processos em que tenha intervindo, o alegado infrator possa fundar a sua confiança noutras situações, desde que, ao abrigo do princípio da boa-fé, consiga demonstrar que a sua confiança foi legitimamente fundada na conduta do titular da patente, revelada por elementos objetivos e razoáveis, disponíveis ao público. Não obstante, para que a conduta do requerente ou titular da patente lhe seja oponível, é necessário que as renúncias ou limitações sejam claras e inequívocas da perspetiva do perito na matéria. Será necessário que a sua conduta tenha inequivocamente natureza limitativa ou renunciativa da matéria reivindicada, ainda que esse efeito apenas resulte implícita mas claramente das suas declarações. Assim não acontecerá com declarações meramente aclaradoras ou que visem somente conferir maior concisão e clareza às reivindicações.

1300 Cf. artigo 113º, alínea d), do CPI 2003.

Para além dos elementos interpretativos referidos acima, outros há que dificilmente poderão ser tidos em consideração na interpretação das reivindicações, designadamente, a epígrafe ou título da invenção, bem como os demais documentos constantes do pedido de patente, da publicação da sua concessão ou do folheto. Quanto ao resumo, a lei prevê expressamente que o mesmo não serve para determinar a extensão da proteção requerida [cf. artigo 62º, nº 6, alínea b), do CPI[1301] e artigo 85º da CPE].

Com o presente trabalho, verificámos também que a interpretação do significado literal das reivindicações não é suficiente para garantir ao titular da patente a proteção justa do seu direito. A mera proteção contra a infração literal esvaziaria o direito de patente de conteúdo útil, pois bastaria ao concorrente introduzir alguma modificação insignificante às características técnicas reivindicadas para que a variante escapasse ao direito exclusivo. Por isso, coloca-se a questão de saber até onde deve ir a proteção conferida pela patente além do seu teor literal sem pôr em causa o equilíbrio entre a justa proteção do titular e um grau razoável de segurança jurídica para terceiros.

Conforme constatámos, este problema é atualmente respondido pela maioria dos ordenamentos jurídicos através da aplicação da doutrina dos equivalentes. Também entre a doutrina e a jurisprudência nacionais é pacífico que esta teoria foi acolhida pelo artigo 2º do Protocolo Interpretativo do artigo 69º da CPE e que, por essa via, deve ser aplicada pelos tribunais portugueses. Contudo, os contornos da doutrina dos equivalentes não se encontram positivados em qualquer diploma normativo nacional, internacional ou estrangeiro e os trâmites da sua aplicação divergem entre os vários ordenamentos jurídicos que a acolhem. Por essa razão, procurámos analisar a jurisprudência essencial dos ordenamentos que maior influência tem tido no desenvolvimento do Direito de Patentes europeu e mundial e que, por isso, serve de fundamento à discussão do tema entre os autores portugueses e nos tribunais nacionais.

Assim, nos EUA, desde o acórdão *Graver Tank*, proferido pelo Supreme Court em 1950, a aplicação da doutrina dos Equivalentes assenta no triplo teste conhecido como «*function-way-result test*», segundo o qual a variante será considerada equivalente à invenção reivindicada se «executar

1301 O preceito mantém a numeração do CPI 2003.

substancialmente a mesma função, de modo substancialmente idêntico, para obter o mesmo resultado». A aplicação da doutrina da equivalência pelos tribunais norte americanos é ainda marcada (i) pela «*all elements rule*», segundo a qual a equivalência deve ser analisada elemento a elemento e só se verifica se todas as limitações reivindicadas forem reproduzidas na variante *sub judice*, literalmente ou por equivalência; e (ii) pelo «*prosecution history estoppel*», segundo o qual o titular da patente não pode, por via da aplicação da doutrina dos equivalentes, recuperar para o âmbito da patente matéria de que tenha abdicado durante o procedimento de concessão, em virtude de renúncias apresentadas ao Patent and Trademark Office ou das alterações limitativas introduzidas à redação das reivindicações. Observámos ainda que, como nos EUA se entende que um dos propósitos da doutrina dos equivalentes é proteger o titular da patente contra desenvolvimentos técnicos que não poderia prever, o momento de referência para proceder à análise da equivalência é a data da alegada infração da patente.

Por seu turno, na Alemanha, após o acórdão *Formstein*, proferido pelo BGH em 1986, a análise da infração não literal da patente deixou de se reconduzir à questão de saber se o princípio subjacente à invenção reivindicada é o mesmo que enforma o produto ou o processo alegadamente infrator e desapareceu também a distinção entre equivalentes evidentes e não evidentes. A questão colocada pelos tribunais alemães é agora se o problema técnico, reconhecível pelo perito na matéria, é objetivamente solucionado pela variante. Nesse sentido, importa saber se o perito na matéria, baseando-se nas reivindicações, consegue resolver o problema solucionado pela invenção através de outros meios que também levam ao mesmo resultado. As soluções que o perito, à luz do seu conhecimento especializado, entender serem igualmente eficazes, caem no âmbito da proteção conferida pela patente.

Posto isto, o mesmo tribunal viria, em 2002, a transpor a análise vertida no acórdão *Formstein* para um teste de três questões, que ficaram conhecidas como *Schneidmesser-Fragen*, tomando o nome por que ficou conhecido o acórdão em que foram formuladas. Assim, para que uma variante não literal da invenção patenteada ainda se inclua no âmbito da patente será necessário que (i) resolva o problema subjacente à invenção através de meios modificados, mas objetivamente equivalentes; (ii) o perito na matéria possa usar o seu conhecimento especializado para concluir que os meios modificados têm o mesmo efeito e (iii) as considerações tecidas pelo perito na matéria se fundamentem no significado essencial do ensinamento técnico protegido pela patente, de tal modo que possa considerar que as diferentes realizações, com os seus meios modificados, são equivalentes à solução reivindicada.

Mais recentemente, ao abrigo do acórdão *Okklusionsvorrichtung*, proferido em 2011, o BGH desenvolveu o princípio de que as revindicações são a base decisiva da análise da equivalência, de tal modo que, se delas resultar uma decisão seletiva entre várias opções para alcançar um efeito técnico, as considerações do perito sobre as possíveis modificações devem também estar de harmonia com essa decisão seletiva. Por isso, lavrou o tribunal que, tal como resulta da jurisprudência do Reino Unido, a interpretação das reivindicações deverá levar à exclusão do âmbito de proteção da patente do modo de execução que, embora pudesse ser alcançado pelo perito na matéria, por alguma razão o intérprete da patente deva assumir que não deve ser protegido.

Com efeito, no Reino Unido, a determinação do âmbito da patente não se cinge a saber que soluções o perito entende serem igualmente eficazes na resolução do problema técnico solucionado pela invenção protegida. De acordo com o acórdão *Catnic*, proferido pela House of Lords em 1982, a interpretação das reivindicações não implica uma análise dicotómica entre a infração textual e a infração substancial da patente, mas antes exige a interpretação teleológica («*purposive construction*») das reivindicações, o que permite ultrapassar a mera literalidade da sua redação e, por conseguinte, dispensa o recurso à teoria dos equivalentes. A interpretação teleológica visa compreender o propósito dos elementos reivindicados e da redação dada às reivindicações, de modo a determinar a sua relevância na delimitação do âmbito do exclusivo. É ao requerente da patente que cabe delimitar adequadamente a proteção que se arroga, utilizando para o efeito a redação da sua própria escolha para as reivindicações. Por isso, para saber se uma variante infringe ou não a patente, importa apurar se o perito na matéria, à luz da descrição, dos desenhos e do seu conhecimento especializado, entenderia que o requerente da patente utilizou um determinado termo estritamente no seu sentido literal, pressupondo a sua exata observância na execução da invenção, ou antes se, pelo contrário, o fez de forma figurada ou não determinante, admitindo um sentido mais lato da redação utilizada, que abranja possíveis variantes não substanciais do elemento em questão. Embora o acórdão *Catnic* tenha versado sobre uma patente concedida ao abrigo da lei de patentes britânica anterior à entrada em vigor da CPE, a jurisprudência posterior considerou que a metodologia proposta estava de acordo com o artigo 69º da convenção e com o respetivo Protocolo Interpretativo. Por isso, quando o Court of Appeal de Londres proferiu o acórdão *Improver* em 1988, não só confirmou a relevância da jurisprudência *Catnic* na interpretação das reivindicações após a entrada em vigor da CPE, como transpôs a conceção exposta neste acórdão para um teste composto por três questões, que viriam posteriormente a ficar conhecidas como «*Protocol questions*», em alusão ao Protocolo Interpretativo do artigo 69º da CPE. Assim, para que uma variante não literal da invenção patenteada fosse ainda coberta pelo âmbito da patente, seria necessário que (i) a variante não tivesse um efeito substancial no modo de funcionamento da invenção; (ii) esse facto fosse, à data de publicação da patente, óbvio para o intérprete perito na matéria; e (iii) o intérprete retirasse da redação da reivindicação que o requerente da patente não pretendeu que o estrito cumprimento com o significado primário fosse considerado um requisito essencial da invenção. Verificando-se estes os três pressupostos, a variante infringiria a patente. Caso contrário, estaria fora do âmbito da proteção.

Ao proferir o acórdão *Kirin-Amgen*, em 2004, a House of Lords reafirmou a pertinência da «*purposive construction*» proposta no acórdão *Catnic*. Por outro lado, embora tenha reconhecido que nada impedia o perito na matéria de ter em conta os meios equivalentes aos reivindicados que integrassem o seu conhecimento especializado, o artigo 1º do Protocolo Interpretativo do artigo 69º da CPE impedia que a equivalência fosse usada para ampliar a proteção conferida pela patente além das reivindicações. Segundo o tribunal, essencial à interpretação do âmbito da patente seria saber o que é que o perito na matéria entenderia que o requerente da patente quis dizer com a linguagem utilizada. Tudo o resto, incluindo as «*Protocol questions*» são meras orientações a que o juiz poderá recorrer para responder àquela questão. A esse propósito, o tribunal acrescentou ainda que, em vez de perguntar se uma variante «funciona da mesma maneira», como faziam tradicionalmente os tribunais britânicos, será mais proveitoso questionar se resolve o problema subjacente à invenção, por meios que têm o mesmo efeito técnico, como fazem os tribunais alemães, o que denota alguma flexibilidade de análise. Com efeito, uma variante que resolva o mesmo problema técnico com meios modificados que têm o mesmo efeito técnico da invenção poderá não o fazer necessariamente através do mesmo modo de funcionamento da invenção, donde resulta que a abordagem alemã, agora aceite pela House of Lords, poderá ter um escopo potencialmente mais lato do que a tradicional conceção britânica. Além disso, o tribunal referiu ainda não ser vedado à partida que a patente possa abranger desenvolvimentos tecnológicos posteriores ao pedido ou à sua divulgação. A resposta a essa questão depende da análise que o perito faz das reivindicações e, por conseguinte, o âmbito da patente poderá abranger desenvolvimentos tecnológicos posteriores se o resultado da interpretação das reivindicações for suficientemente geral para incluir nova tecnologia.

Mais recentemente, com a prolação do acórdão *Actavis*, o Supreme Court britânico veio afastar as dúvidas que ainda houvesse quanto à pertinência da doutrina dos equivalentes no Reino Unido. Este acórdão contraria a jurisprudência britânica anterior na medida em que distingue claramente entre a interpretação das reivindicações e a delimitação do âmbito da proteção concedida pela patente, que poderá será mais extenso do que a «interpretação normal» do significado daquelas. Segundo o tribunal, assim se garante o cumprimento do disposto no Protocolo Interpretativo do artigo 69º da CPE. Embora reafirmando que se trata de orientações para determinar o âmbito da patente para além do seu teor literal, o acórdão veio dar novo alento à aplicação das *Protocol questions* para aferir o âmbito da proteção concedida pela patente, cujo valor foi menorizado pelo acórdão *Kirin-Amgen*, e procedeu à sua revisão, em especial no que toca à segunda questão, respeitante à aplicação do critério da obviedade.

Para além das conceções dos EUA, da Alemanha e do Reino Unido, tivemos ainda oportunidade para analisar a jurisprudência francesa, que considera equivalentes os meios que, apesar de apresentarem formas de funcionamento diferentes, exercem a mesma função, proporcionando um resultado similar quando a patente proteja um meio geral («*moyen général*») e não apenas um meio particular («*moyen particulier*»). Por seu turno, em Espanha, embora alguma doutrina se aproxime da conceção germânica, a jurisprudência mais recente parece mais próxima da abordagem britânica.

Além disso, e embora não tenha competência para decidir sobre a infração de patentes, a Câmara de Recursos do IEP teve oportunidade de se pronunciar sobre a doutrina dos equivalentes a propósito da análise da inventividade. Nessa sede, entendeu que dois meios serão considerados equivalentes se, apesar de não seguirem o mesmo *modus operandi*, cumprirem a mesma função, visando o mesmo resultado.

Entre nós, a maioria da doutrina nacional contemporânea aproxima-se da conceção alemã da doutrina dos equivalentes, embora não seja unânime. A jurisprudência dos tribunais portugueses tem seguido o ensinamento da doutrina dominante e, por conseguinte, também se aproxima da jurisprudência alemã.

Tendo em conta a discussão da jurisprudência e doutrina referida acima, propusemos que a aplicação da doutrina dos equivalentes assente em quatro pressupostos, três dos quais devem necessariamente ser preenchidos pela variante para que possa ser considerada equivalente à invenção protegida. A exigência de preenchimento do quarto pressuposto depende da interpretação que o perito na matéria faz das reivindicações.

Assim, em primeiro lugar a variante só deverá ser considerada equivalente à invenção se solucionar o mesmo problema técnico que esta resolve. O problema técnico subjacente à invenção patenteada deve ser determinado de forma objetiva à luz da abordagem problema-solução. Nesse sentido, confrontando a patente com o estado da técnica mais próximo, o intérprete poderá identificar as características distintivas da invenção e o progresso técnico alcançado pela invenção, de onde deverá extrair o problema técnico visado. O problema técnico corresponde ao propósito ou à tarefa de modificar o estado da técnica mais próximo de modo a ultrapassá-lo para alcançar o efeito técnico providenciado pela invenção. Não obstante, embora a análise do problema técnico seja um elemento de relevo a ter em conta na definição do âmbito da patente, o intérprete deve ter presente que a proteção não é definida pelo problema, mas sim pelas reivindicações. Por conseguinte, as reivindicações não podem ser interpretadas de forma a abranger ou excluir matéria que, face ao problema técnico subjacente à invenção, o intérprete da patente entenda que seria mais adequado delas constar ou não, consoante o caso.

Em segundo lugar, a aplicação da doutrina dos equivalentes pressupõe que o resultado alcançado pela variante seja idêntico ao resultado da invenção (*i.e.*, a vantagem imaterial acrescentada pela invenção ao estado da técnica, proporcionada pelo efeito técnico produzido pelas características distintivas reivindicadas, que ultrapassa o estado da técnica). Ainda assim, não se exige que ambas as realizações apresentem o mesmo grau de eficiência. Se o mesmo efeito técnico é alcançado por ambas as realizações, a doutrina dos equivalentes não deixa de se aplicar por se verificar que o resultado da variante difere em qualidade, quantidade ou grau do resultado da invenção, desde que essa diferença não ponha em causa a vantagem imaterial proporcionada. Doutra forma, bastaria que, intencionalmente ou não, uma variante fosse menos eficiente que a invenção defraudada para escapar à infração da patente.

Em terceiro lugar, exige-se que os meios modificados apresentados pela variante cumpram a mesma função das características técnicas protegidas pela patente, ou seja, que os meios modificados proporcionem o mesmo efeito técnico primário dos elementos patenteados, obtido direta e imediatamente através da sua implementação.

Em quarto lugar, para que a variante possa ser considerada equivalente à invenção protegida, deverá exigir-se que apresente o mesmo modo de funcionamento, quando a interpretação das reivindicações assim o determine. Se, ao interpretar as reivindicações de acordo com a descrição e com os desenhos, o intérprete concluir, à luz do seu conhecimento especializado, que o requerente da patente tomou uma opção que afasta uma ou mais possibilidades de implementação do ensinamento revelado, as suas conclusões sobre o âmbito da patente devem respeitar essa opção. Deste modo, saber se, para além dos demais pressupostos referidos acima, também se exige que a variante respeite o modo de funcionamento da invenção protegida, depende da interpretação que o perito na matéria faz das reivindicações.

Em face do exposto, sustentámos que a análise da verificação dos pressupostos de aplicação da doutrina dos equivalentes depende da interpretação das reivindicações, não só quanto a saber se o juízo de equivalência exige que a variante apresente o mesmo modo de funcionamento da patente, mas também para determinar se aquela resolve o mesmo problema técnico subjacente à invenção através de um resultado idêntico, alcançado através da implementação de meios que, embora modificados, cumprem a mesma função das características técnicas reivindicadas. Por conseguinte, propusemos também um conjunto de critérios que devem conduzir a interpretação das reivindicações pelo perito na matéria para saber se se verificam os pressupostos de aplicação da doutrina dos equivalentes e, desse modo, determinar o âmbito não literal da patente.

Ora, de acordo com o disposto no nº 1 do artigo 98º[1302] do CPI e no nº 1 do artigo 69º da CPE, o âmbito da proteção conferida pela patente é determinado pelas reivindicações, interpretadas à luz da descrição e dos desenhos. Por conseguinte, conforme resulta do nº 1 do Protocolo Interpretativo do artigo 69º da CPE, mesmo quando se trata de encontrar o âmbito não literal das reivindicações, estas não são um mero ponto de partida para delimitar a proteção conferida pela patente, mas antes a sua base essencial. Entre os dois extremos interpretativos afastados pelo Protocolo, a interpretação das reivindicações deve garantir simultaneamente a justa proteção do titular da patente e um grau razoável de segurança jurídica para terceiros, o que implica, segundo o nº 2 do Protocolo, ter em conta todos os elementos equivalentes aos meios especificados nas reivindicações.

Por se tratar ainda da interpretação das reivindicações, a definição do âmbito não literal da patente partilha dos princípios assinalados para a interpretação do significado técnico das reivindicações, nomeadamente, o facto de dever seguir as regras da interpretação do um negócio jurídico, que deve ser racional, contextual, teleológica e objetiva. Assim, importa aferir se a variante é objetivamente equivalente à invenção, ou seja, se resolve o mesmo problema técnico da invenção através de um resultado idêntico ao desta, empregando meios modificados que cumprem a mesma função das caraterísticas técnica reivindicadas. Para o efeito, a perceção do perito na matéria é crucial. Procura-se saber se o seu conhecimento especializado lhe permite concluir, ao interpretar as reivindicações de acordo com a descrição e os desenhos, que os meios modificados utilizados pela variante têm o mesmo efeito técnico dos elementos reivindicados. Por conseguinte, pergunta-se se, confrontado com ambas as realizações, o perito na matéria concluiria ser óbvio que produzem o mesmo efeito técnico. Contudo, este teste poderá colocar problemas em determinados campos tecnológicos (*e.g.*, em matéria de biotecnologia), onde o mero confronto entre as realizações poderá não

[1302] Cf. artigo 97º, nº 1, do CPI 2003.

permitir ao perito na matéria saber se a variante resolve o mesmo problema da invenção. Por conseguinte, deverá pressupor-se que o perito na matéria sabe que a variante funciona (*i.e.*, resolve o problema subjacente à invenção) e, então, indagar-se se é óbvio para ele que o faz da mesma maneira (*i.e.*, através de meios que proporcionam o mesmo efeito técnico).

Além do exposto, será necessário aferir se a interpretação das reivindicações de acordo com a descrição e os desenhos leva o perito na matéria a concluir que o requerente da patente, ao redigir as reivindicações, excluiu alguma variante da invenção, pese embora seja óbvio, à luz do seu conhecimento especializado, que essa variante não tem nenhum efeito técnico substancial na função desempenhada pelas caraterísticas reivindicadas. Com efeito, não basta que a variante seja, da perspetiva do perito, um equivalente óbvio da invenção protegida para que seja abrangida pelo âmbito da patente. À luz do direito vigente em Portugal, as reivindicações visam definir perifericamente o âmbito da proteção concedida pela patente. A sua função não é apenas proteger a segurança jurídica de terceiros, mas também acautelar os interesses do requerente, no sentido de assegurar que a matéria reivindicada não compreende o estado da técnica nem produtos ou processos insuficientemente descritos, sob pena de nulidade de alguma das reivindicações ou da patente. Por essa razão, o conteúdo das reivindicações deve circunscrever-se ao que o perito na matéria «possa deduzir do comportamento do declarante» (artigo 236º, nº 1, do Código Civil) e não pode deixar de ter «um mínimo de correspondência no texto do respetivo documento, ainda que imperfeitamente expresso» (artigo 238º, nº 1, do Código Civil), sob pena de destruir o equilíbrio entre «uma proteção justa ao titular da patente e um grau razoável de segurança jurídica para terceiros» (cf. artigo 1º do Protocolo Interpretativo do artigo 69º da CPE). Nesse sentido aponta a jurisprudência britânica das últimas décadas, bem como a mais recente jurisprudência alemã.

Em suma, uma variante deverá ser considerada equivalente às características técnicas reivindicadas – e, por conseguinte, abrangida pelo âmbito da patente –, quando:

i. Resolver o problema técnico subjacente à invenção patenteada, alcançando um resultado idêntico ao desta através do emprego de meios modificados que cumprem a mesma função das caraterísticas técnicas reivindicadas;

ii. O perito na matéria conclua, ao interpretar as reivindicações, que os meios modificados utilizados pela variante têm o mesmo efeito técnico dos elementos reivindicados; e

iii. O perito na matéria conclua, ao interpretar as reivindicações, que o requerente da patente, ao redigir as reivindicações, não excluiu a variante ou o seu modo de funcionamento da proteção conferida pela patente.

A conclusão contrária àquela vertida na alínea iii) acima implica que a variante não é equivalente à invenção reivindicada, mesmo que seja óbvio para o perito na matéria, à luz do seu conhecimento especializado, que essa variante não tem nenhum efeito técnico substancial na função desempenhada pelas caraterísticas reivindicadas. A patente também não abrange a variante que, embora conste da descrição, não foi especificamente reivindicada.

Para além dos princípios interpretativos sintetizados acima, resulta do artigo 2º do Protocolo Interpretativo do artigo 69º da CPE que a determinação do âmbito com base na doutrina dos equivalentes deve ter em conta «todo o elemento equivalente a um elemento especificado nas reivindicações». Por conseguinte, para que se verifique uma infração por equivalência, deve exigir-se que cada um dos elementos reivindicados seja reproduzido pela variante, literalmente ou por equivalência. Excecionalmente, poderá admitir-se que a variante não apresente algum dos elementos reivindicados quando o intérprete reconheça que não desempenha nenhuma função na realização patenteada e que não visa delimitar a invenção face ao estado da técnica.

A análise da equivalência deve ser efetuada por referência à data do pedido de patente ou à data da prioridade, quando reivindicada. Não quer isso dizer que se negue à partida que o requerente possa, através da apropriada redação das reivindicações, cobrir variantes que impliquem o uso de tecnologia desconhecida à data do pedido de patente. Não obstante, para tal, será sempre necessário que o perito na matéria possa interpretar as reivindicações de tal modo que, reportando-se ao ensinamento da patente e tendo em conta o seu conhecimento especializado à data do pedido de patente, conclua que a variante é um equivalente óbvio das características técnicas reivindicadas.

Não é admissível que a aplicação da doutrina dos equivalentes permita incluir, no âmbito da patente, matéria compreendida no estado da técnica à data do pedido ou da prioridade. Caso contrário, a patente ou as reivindicações visadas são inválidas e poderão ser declaradas nulas pelo tribunal.

Quando o requerente da patente limitar as suas reivindicações em virtude da interpretação restritiva ou das renúncias apresentadas durante o procedimento de concessão, em sede de procedimento de oposição ou durante uma ação de nulidade da patente, não poderá recorrer à doutrina dos equivalentes para impedir terceiros de explorar a matéria a que renunciou, por força do disposto no artigo 334º do Código Civil, sob pena de incorrer em *venire contra factum proprium*. Não obstante, as alterações que não revistam caráter limitativo não precludem a aplicação da doutrina dos equivalentes. Por seu turno, as alterações limitativas do âmbito da proteção requerida não obstam à aplicação da doutrina dos equivalentes para proteger o titular da patente contra variantes não substanciais para além daquelas a que tenha renunciado. Cabe ao titular do direito de patente fazer prova dos factos que fundamentam a aplicação da doutrina dos equivalentes. Por seu turno, o alegado infrator que invocar a preclusão da aplicação da doutrina dos equivalentes deve demonstrar os factos que lhe dão azo.

BIBLIOGRAFIA

Adamo, Kenneth R., *et al.* «The use of prosecution in post-grant patent proceedings», AIPPI United States Group Report Q229, 2012, acessível *on-line* em http://aippi.org/wp-content/uploads/committees/229/GR229usa.pdf;

Adams, Charles W., «The Doctrine of Equivalents: Becoming a Derelict on the Waters of Patent Law», Nebraska Law Review, vol. 84, 2006, pp. 1113 – 1157;

Adelman, Martin J. & Francione, Gary L., «The Doctrine of Equivalents in Patent Law: Questions That Pennwalt Did Not Answer», *University of Pennsylvania Law Review*, vol. 137, nº 3, 1989, pp. 673-729;

Allen, John, *et. al.*, «The use of prosecution in post-grant patent proceedings», AIPPI The Netherlands Group Report Q229, 2012, acessível *on-line* em http://aippi.org/wp-content/uploads/committees/229/GR229the_netherlands.pdf;

Azéma, Jacques & Galloux, Jean-Christophe, *Droit de la propriété industrielle*, 7ª ed., Dalloz, Paris, 2012;

Baptisita, Filipe, *et al.*, «The use of prosecution history in post-grant patent proceedings», AIPPI Portugal Group Report Q229, 2012, acessível *on-line* em http://aippi.org/wp-content/uploads/committees/229/GR229portugal.pdf;

Belvis, Glen P., «The doctrine of Equivalents and § 112 Equivalents», *in* Aswke, Antony B., & Jacobs, Elizabeth C., *Wiley Intellectual Property Law Update 1999*, Aspen Law & Business, Aspen, 1995, capítulo 3;

Bodenheimer, Stephen M., & Beton, John, «Infringement by equivalents in the United States and Europe: a comparative analysis», EIRP, vol. 15, nº 3, 1995, pp. 83-90;

BOSWORTH, TOM, «One year later, how has Actavis v Eli Lilly impacted on patent scope in the UK?», 2018, acessível *on-line* em https://www.reddie.co.uk/2018/07/12/one-year-later-how-has-actavis-v-eli-lilly-impacted-on-patent-scope-in-the-uk/;

BRÖKER, BRITTA, «Pemetrexed update – decision of the German Federal Court of Justice now published», acessível *on-line* em https://www.taylorwessing.com/synapse/ti-pemetrexed-update-decision-of-the-german-federal-court-of-justice-now-published.html;

CÁMARA, PASCUAL SEGURA, *et al.*, «The role of equivalents and prosecution history in defining the scope of patent protection», AIPPI Report Q175, 2003, acessível *on-line* em http://aippi.org/wp-content/uploads/committees/175/GR175spain.pdf;

CAMPINOS, ANTÓNIO, & GONÇALVES, LUÍS COUTO, Código da Propriedade Industrial Anotado, Almedina, Coimbra, 2010;

CARVALHO, AMÉRICO SILVA, *O Objecto da Patente,* Coimbra Editora, Coimbra, 1970;

CHISUM, DONALD S., «Common law and civil law approaches to patent claim interpretation: 'fence posts' and 'sign posts'», *in* D. VAVER & L. BENTLEY (Eds), *Intellectual Property in the New Millennium: Essays in Honour of William R. Cornish,* Cambridge University Press, Cambridge, 2004;

COLE, PAUL G., «Patents – purposive construction: Catnic test – use of survey evidence – obviousness», *EIPR,* vol. 16, 1994, pp. 317 e 318;

CORDEIRO, ANTÓNIO MENEZES, *Tratado de Direito Civil,* vol. I, 4ª Edição, Almedina, Coimbra, 2012; vol. II, 4ª Edição, Almedina, Coimbra, 2014, e vol. V, 2ª Edição, Almedina, Coimbra, 2015;

CORDERY, BRIAN, «Actavis and Equivalents – One Year On», 2009, acessível *on-line* em http://patentblog.kluweriplaw.com/2018/07/12/actavis-equivalents-one-year/;

CORNISH, W. R., *Cases and Materials on Intellectual Property,* 2ª Edição, Sweet & Maxwell, Londres, 1996;

CORNISH, W. R., «The Practice in the UK» *in* JOCHEN PAGENBERG & WILLIAM R. CORNISH (Eds.), *Interpretation of Patents in Europe – Application of Article 69 EPC,* Carl Heymanns Verlag, Colónia, 2006, pp. 219-249;

CORNISH, W. R., *et al.*, *Intellectual Property: Patents, Copyright, Trade Marks and Allied Rights,* 8ª Edição, Sweet & Maxwell, Londres, 2013;

CORRET, HÉLÈNE, *et al.*, «The use of prosecution in post-grant patent proceedings», AIPPI France Group Report Q229, 2012, acessível *on-line* em http://aippi.org/wp-content/uploads/committees/229/GR229france.pdf;

COTROPIA, CHRISTOPHER A., «Patent Claim Interpretation Metodologies and Their Claim Scope Paradigms», *William & Mary Law Review*, vol. 47, nº 1, 2005, pp. 49 – 133.

CROUCH, DENNIS, «Doctrine of Equivalents: On the Rise Again?», 2013, acessível *on-line* em https://patentlyo.com/patent/2013/02/doctrine-of--equivalents-on-the-rise.html;

CRUZ, JUSTINO, *Código da Propriedade Industrial*, 2ª Edição, Livraria Arnaldo, Coimbra, 1983;

CRUZ, JUSTINO, & CRUZ, JORGE, *Alterações ao Código da Propriedade Industrial*, Livraria Arnaldo, Coimbra, 1987;

DAVIS, JENNIFER, *Intellectual Property Law*, 4ª Edição, Oxford University Press, Oxford, 2012;

DRATHEN, CHRISTIAN VON, «Patens Scope in English and German Law Under the European Patent Convention 1973 and 2000», *in IIC*, vol. 39, 2008;

DURHAM, ALAN L., *Patent Law Essentials – A Concise Guide*, 4ª Edição, Praeger, Santa Bárbara, 2013;

DEVAIAH, VISHWAS, «A History Of Patent Law», acessível em http://altlawforum.org/publications/a-history-of-patent-law/;

FERRER CORREIA, A., *Erro e Interpretação na Teoria do Negócio Jurídico*, 4ª Reimpressão, Almedina, Coimbra, 2001;

FISHER, MATT, *Fundamentals of Patent Law – Interpretation and Scope of Proteccion*, Hart Publishing, Oxford, 2007;

FRANZOSI, MARIO, «In Defence of Catnic», *EIPR*, vol. 22, 2000, p. 242;

FRANZOSI, MARIO «Patents: Court of Appeal divided on third "Catnic" question», *EIPR*, vol 22, 2000, pp. 176 e 177;

FRANZOSI, MARIO, «Three European Cases on Equivalence – Will Europe Adopt Catnic?», *IIC*, vol. 32, nº 2, 2001, pp. 113-122;

FRANZOSI, MARIO, «The Practice in Italy», *in* PAGENBERG, JOCHEN, & CORNISH, WILLIAM R., (Eds.), *Interpretation of Patents in Europe – Application of Article 69 EPC*, Carl Heymanns Verlag, Colónia, 2006, pp. 139-184;

GARCIA, TERESA SILVA, «A Inventividade», *Direito Industrial*, vol. V, Almedina, Coimbra, 2008, pp. 251-310;

García Vidal, Ángel, «La Infracción De Una Patente Por Equivalentes», 2009, disponível *on-line* em https://docplayer.es/13905797-La-infraccion-de-una-patente-por-equivalentes.html;

Garde, Tanuja V., «Legal certainty, stare decisis and the doctrine of equivalents», *EIPR*, vol. 27, 2005, p. 365.

Gattass, Giuliana Borges Assumpção, «As Reivindicações e o Âmbito de Proteção das Patentes», *RIDB*, Ano 2 (2013), pp. 12353-12375.

Gattass, Giuliana Borges Assumpção, «A Doutrina dos Equivalentes», *RLJB*, Ano 1 (2015), pp. 473-426;

Geissler, Bernhard, «Comment on Formstein», *in IIC*, vol. 18 (1987), pp. 795 e ss.;

Gonçalves, Luís Couto, *Manual de Direito Industrial – Propriedade Industrial e Concorrência Desleal*, 6ª Edição, Almedina, Coimbra, 2015;

Hacon, Richard, & Pagenberg, Jochen, (Eds.), *Concise European Patent Law*, 2ª Edição, Wolters Kluwer Law & Business, 2008;

Haedicke, Maximilian & Timmann, Henrik, *Patent Law: A Handbook on European and German Patent Law*, C. H. Beck, Munique, 2014;

Harms, L. T. C., *The Enforcement of Intellectual Property Rights – A Case Book*, 3ª Edição, WIPO, 2012;

Hatter, Jr., John P., «The Doctrine of Equivalents in Patent Litigation: An Analysis of the Epilady Controversy», Ind. Int'l & Comp. L. Rev., vol. 5, nº 2, 1995, pp. 461-494;

Haug, Dietmar, «The use of prosecution history in post-grant patent proceedings», AIPPI Germany Group Report Q229, 2012, acessível *on-line* em http://aippi.org/wp-content/uploads/committees/229/GR229germany.pdf;

Hölder, Niels, «Equivalent Infringement: A Question of Time?», *in* Hansen, Bernd, & Schüssler-Langeheine, Dirk, (Eds.), *Patent Practice in Japan and Europe* – Liber Amicorum *for Guntram Rahn*, Wolters Kluwer, Alphen aan den Rijn, 2011, pp. 445-455.

INPI, «Guia de Procedimentos para Direitos de Incidência Tecnológica (versão provisória para consulta online)», 2009;

Instituto Europeu de patentes, «Guidelines for Examination in the European Patent Office», 2018, acessível *on-line* em https://www.epo.org/law-practice/legal-texts/guidelines.html;

Jovani, Carmen Salvador, *El Ámbito de Protección da la Patente*, Tirant lo Blanch, Valência, 2002;

Karet, Ian, *et al.*, «Use of prosecution in post-grant patent proceedings», AIPPI United Kingdom Group Report Q229, 2012, acessível *on-line* em http://aippi.org/wp-content/uploads/committees/229/GR229united_kingdom.pdf;

Keukeschrijver, Alfred, «The German Practice», *in* Pagenberg, Jochen, & Cornish, William R., (Eds.), *Interpretation of Patents in Europe – Application of Article 69 EPC*, Carl Heymanns Verlag, Colónia, 2006, pp. 73-102;

Kohler, Josef, *Lehrbuch des Patentsrechts* (tradução italiana: Kohler, Gusepe, *Manuale delle Privative Industriali*), Società Editrice Libraria, Milano, 1914;

Legal Research Service of the Boards of Appeal, *Case Law of the Boards of Appeal of the European Patent Office*, 7ª Edição, Nördlingen, 2013;

Lenssen, Markus, «Doctrine of equivalence reloaded – Pemetrexed», acessível *on-line em* http://patentblog.kluweriplaw.com/2016/08/19/doctrine-of-equivalence-reloaded-pemetrexed/?print=pdf;

Lima, Pires de, & Varela, Antunes, *Código Civil Anotado*, vol. I, 4ª Edição, Coimbra Editora, Coimbra, 1987;

Lucci, A., *Compendio di Dirito Industriale*, 9ª Edição, Edizione Giuridiche Simone, Nápoles, 2015;

Machado, João Baptista, «Tutela da Confiança e "Venire Contra Factum Proprium"», *in* Machado, João Baptista, *Obra Dispersa*, vol. I, Scientia Iuridica, Braga, 1991, pp. 345-423;

Maia, José Mota, Propriedade Industrial, vols. I & II, Almedina, Coimbra, 2003 e 2005;

Marques, J. P. Remédio, *Biotecnologia(s) e Propriedade Intelectual*, vol. I, Almedina, Coimbra, 2007;

Marques, J. P. Remédio, «O Conteúdo dos Pedidos de Patente (Em Especial de Produtos Químicos e Farmacêuticos): A Descrição do Invento e a Importância das Reivindicações – Algumas Notas», *Medicamentos versus Patentes*, Coimbra Editora, Coimbra, 2008, pp. 377-469;

Marques, J. P. Remédio, «As implicações da entrada em vigor da nova versão da patente europeia», *O Direito*, ano 141º, III, 2009, pp. 568-610;

Marques, J. P. Remédio, «A Arbitrabilidade da Exceção de Invalidade de Patente no Quadro da Lei nº 62/2011», *in Revista de Direito Intelectual*, nº 2, 2014, pp. 211-257;

MARQUES, J. P. REMÉDIO, «O âmbito de proteção das patentes biotecnológicas», *Revista de Direito Intelectual*, nº 1, 2015, pp. 225-307;

MAUNY, CHRISTOPHER DE, «Deconstructing Actavis v Eli Lilly», 2017, acessível *on-line* em https://www.twobirds.com/~/media/deconstructing-actavis-v-eli-lillycdm111017.pdf?la=en;

MUELLER, JANICE M., *Patent Law*, 4ª Edição, Wolters Kluwer, Nova Iorque, 2013;

NORMAN, HELEN E., *Intellectual Porperty Law*, Oxford University Press, Oxford, 2011;

PAGENBERG, JOCHEN, & KÖSTER, UTA, «History of Article 69 EPC», *in* PAGENBERG, JOCHEN, & CORNISH, WILLIAM R., (Eds.), *Interpretation of Patents in Europe – Application of Article 69 EPC*, Carl Heymanns Verlag, Colónia, 2006, pp. 1-11;

PAGENBERG, JOCHEN, HARGUTH, ALEXANDER, & FRÉNAUX, JULIEN, «The French Practice», *in* PAGENBERG, JOCHEN, & CORNISH, WILLIAM R., (Eds.), *Interpretation of Patents in Europe – Application of Article 69 EPC*, Carl Heymanns Verlag, Colónia, 2006, pp. 103-137;

PARK, JINSEOK, «Interpretation of patent claims in the EPO, USPTO and JPO – in the context of the doctrine of equivalents and functional claims», *EIPR*, vol. 21, 2005, pp. 237-249;

PATERSON, GERALD, *The Law and Practice of the European Convention*, 2ª Edição, Sweet & Maxwell, 2001;

PAUL, DARCY AUGUST, «The Judicial Doctrine of Equivalents», *Harvard Journal of Law & Technology*, vol. 17, nº 1, 2003, pp. 247-282;

PILA, JUSTIN, & TORREMANS, PAUL, *European Intellectual Property* Law, Oxford University Press, Oxford, 2016;

PINTO, PAULO MOTA, «Sobre a Proibição do Comportamento Contraditório (*Venire Contra Factum Proprium*) no Direito Civil», *Boletim da Faculdade de Dreito*, Volume Comemorativo, Coimbra Editora, Coimbra, 2003, pp. 269-322;

RALSTON, WILLIAM T., «Foreign Equivalents of the U.S. Doctrine of Equivalents: We're Playing in the Same key but It's Not Quite Harmony», *in Chicago-Kent Journal of Intellectual Property*, vol. 6, nº 2, pp. 177-197;

SEGADE, JOSÉ ANTÓNIO GOMEZ, «La Violación de la Patente por un Uso Equivalente», *in* JOSÉ ANTÓNIO GOMEZ SEGADE, *Tecnología y Derecho*, Marcial Pons, Madrid, 2001, pp. 627-644;

SEGADE, JOSÉ ANTÓNIO GOMEZ, «Actividad Inventiva Y Doctrina de los Equivalentes», *in* JOSÉ DE OLIVEIRA ASCENSÃO (Coord.), *Direito Industrial*, vol. IV, Almedina, Coimbra, 2005, pp. 41-55;

SHAMAN, BRAD, «Comment on "Epilady United Kingdom"», *IIC*, vol. 21, pp. 561 ss.

SHERMAN, BRAD, «Patent Claim Interpretation: The Impact of the Protocol on Interpretation», *The Modern Law Review*, nº 54, vol. 4, 1991, pp. 499-510.

SHIUH, PAUL QUAN KAIH & SIEW, TEO GUAN, «Interpreting Patent CLaims: Some Thoughts on the UK *Kirin-Amgen* Decision», *Singapore Academy of Law Journal*, vol. 18, 2006, pp. 203-233;

SILVA, PEDRO SOUSA E, *Direito Industrial – Noções Fundamentais*, Coimbra Editora, Coimbra, 2011;

TAUCHNER, PAUL, «The Principles of the Doctrine of Equivalence in Germany», acessível *on-line* em http://www.vossiusandpartner.com/pdf/pdf_34.pdf;

TAKENAKA, TOSHIKO, «Extent of patent protection in the United States, Germany, the United Kingdom and Japan: examination through the concept of 'person having ordinary skill in the art of the invention'», *in* TAKENAKA, TOSHIKO, (Ed.), *Patent Law and Theory – A Handbook of Contemporary Research*, Edward Elgar, Cheltenham, 2009, pp. 443-462;

TURNER, BRIAN, «The German Formstein Case: an alternative harmony», *EIPR*, vol. 14, 1992, p. 181-183;

TURNER, JONATHAN D. C., «Purposive Construction: seven reasons why Catnic is wrong», *EIPR*, vol. 21, 1999, pp. 481-486;

TURNER, JONATHAN D. C., «Purposive Construction», *EIPR*, vol. 23, 2001, p. 118;

VANZETTI, ADRIANO, & DI CATALDO, VICENZO, *Manuale di Diritto Industriale*, 7ª Edição, Giuffrè Editore, Milão, 2012;

VÉRON, PIERRE, «Doctrine of Equivalents – France *vs.* The Rest of the world», 2001, acessível *on-line* em https://www.veron.com/veron/publications/Colloques/Doctrine_of_equivalents__France_vs_the_rest_of_the_world.pdf;

VICENTE, DÁRIO MOURA, *A Tutela Internacional da Propriedade Intelectual*, Almedina, Coimbra, 2008;

VICENTE, DÁRIO MOURA, «O Regime Especial de Resolução de Conflitos em Matéria de Patentes (Lei nº 62/2011)», *Revista da Ordem dos Advogados*, Ano 72, vol. IV, 2012, pp. 971-990;

VIDAL-QUADRAS TRIAS DE BES, MIGUEL, *Estudio Sobre los Requisitos de Patentabilidad, el alcance y la violación del derecho de patente*, J. M. Bosch Editor, Barcelona, 2005;

VIEIRA, JOSÉ ALBERTO, *Negócio Jurídico – Anotação aos artigos 217º a 195º do Código Civil*, Reimpressão, Coimbra Editora, Coimbra, 2009;

VIEIRA, JOSÉ ALBERTO, «A Competência de Tribunal Arbitral Necessário para apreciar a Exceção da Invalidade de Patente Registada», *Revista de Direito Intelectual*, nº 2, 2015 pp. 195-246;

WHITE, ALAN W., «The Function and Structure of Patent Claims», *EIPR*, vol. 15, 1993, pp. 243-249;

WORLD INTELLECTUAL PROPERTY ORGANIZATION, «Patent Law Harmonization», acessível *on-line* em http://www.wipo.int/patent-law/en/patent_law_harmonization.htm;

ZUKERFELD, MARIANO, «On the Link Between the English Patent System and the Industrial Revolution: Economic, Legal, and Sociological Issues», *Intersect – The Stanford Journal of Science, Technology & Society*, vol. 8, nº 1, pp. 1-24.

JURISPRUDÊNCIA

Tribunais portugueses

Tribunal Constitucional:

- Acórdão nº 251/2017, de 24 de maio de 2017 (processo nº 297/16; Relatora: Conselheira Maria de Fátima Mata-Mouros), disponível em www.tribunalconstitucional.pt:

Tribunais judiciais:

- Acórdão do Supremo Tribunal de Justiça de 14 de dezembro de 2016 (processo nº 1248/14.6YRLSB.S1; Relator: Lopes do Rego), disponível em www.dgsi.pt;
- Acórdão do Tribunal da Relação de Lisboa de 24 de maio de 1974 [publicado no BPI, 1975, nº 4, pp. 532-534. O sumário do acórdão foi publicado no BMJ nº 237 (1974), nº 6, p. 297];
- Acórdão do Tribunal da Relação de Lisboa de 26 de junho de 1974 [cujo sumário foi publicado no BMJ nº 238 (1974), nº 7, p. 277];
- Acórdão do Tribunal da Relação de Lisboa de 17 de setembro de 2009 (processo nº 893/1995.L1-2; Relatora: Ondina Carmo Alves), disponível em www.dgsi.pt;
- Acórdão do Tribunal da Relação de Lisboa de 7 de abril de 2011 (Processo nº 108/08.4TYLSB; Relator: Carlos Marinho), disponível em www.dgsi.pt;
- Acórdão do Tribunal da Relação de Lisboa de 6 de fevereiro de 2014 (processo nº 866/13.4YRLSB-2; relator: Jorge Leal), disponível em www.dgsi.pt;

- Acórdão do Tribunal da Relação de Lisboa de 13 de fevereiro de 2014 (processo nº 1053/13.7YRLSB-2; relator: JORGE LEAL), disponível em www.dgsi.pt;
- Acórdão do Tribunal da Relação de Lisboa de 13 de janeiro de 2015 (processo nº 1356/13.OYRLSB.L1-7; relatora: ROSA RIBEIRO COELHO), disponível em www.dgsi.pt;
- Acórdão do Tribunal da Relação de Lisboa de 7 de setembro de 2015 (processo nº 336/15.6YRLSB.L1.-1; relator: Manuel Marques), disponível em www.dgsi.pt;
- Acórdão do Tribunal da Relação de Lisboa de 4 de fevereiro de 2016 (processo nº 138-15.0YRLSB.L1-8; relator: SACARRÃO MARTINS), disponível em www.dgsi.pt;
- Acórdão do Tribunal da Relação de Lisboa de 29 de julho de 2016 (processo nº 91/15.0YHLSB) publicado no BPI nº 2016/11/16, pp. 7 e ss.;
- Acórdão do Tribunal da Relação de Lisboa de 16 de novembro de 2016 (processo nº 1053-16.5YRLSB.L1-2; Relatora: Maria José Mouro), disponível em www.dgsi.pt;

Tribunais administrativos:
- Acórdão do Tribunal Central Administrativo Sul de 18 de março de 2010 (processo nº 05893/10; relator: PAULO CARVALHO), disponível em www.dgsi.pt;
- Acórdão do Tribunal Central Administrativo Sul de 2 de junho de 2010 (processo nº 06225/10; relator: PAULO CARVALHO), disponível em www.dgsi.pt;
- Acórdão do Tribunal Central Administrativo Sul de 21 de outubro de 2010 (processo nº 05797/09; relator: PAULO CARVALHO), disponível em www.dgsi.pt;
- Acórdão do Tribunal Central Administrativo Sul, de 21 de outubro de 2010 (processo nº 06585/10; relator: PAULO CARVALHO) disponível em www.dgsi.pt.

Tribunais arbitrais:
- Acórdão de 26 de novembro de 2012 (BPI nº 2013/05/10);
- Acórdão de 16 de dezembro de 2012 (BPI nº 2013/05/17);
- Acórdão de 28 de fevereiro de 2013 (BPI nº 2013/05/24);

- Acórdão de 17 de abril de 2013 (BPI nº 2013/05/03);
- Acórdão de 30 de outubro de 2013 (BPI nº 2016/01/20);
- Acórdão de 28 de março de 2014 (BPI nº 2014/05/26);
- Acórdão de 3 de junho de 2014 (BPI nº 2014/08/18);
- Acórdão de 11 de fevereiro de 2015 (BPI nº 2015/07/23);
- Acórdão de 13 de março de 2015 (BPI nº 2015/10/13);
- Acórdão de 13 de julho de 2015 (BPI nº 2015/10/14);
- Acórdão de 26 de novembro de 2016 (BPI nº 2017/04/13);
- Acórdão de 24 de agosto de 2016 (BPI nº 2018/10/15).

Tribunais norte-americanos

- *Winans v. Denmead*, 56 U.S. 330 (1853);
- *Union Paper-Bag Machine Co. v. Murphy*, 97 U.S. 120 (1877);
- *Westinghouse v. Boyden Power Brake Co.*, 170 US 383 (1901, Supreme Ct);
- *Sanitary Refrigerator Co. v. Winters*, 280 U.S. 30 (1929);
- *Royal Typewriter Co. v. Remington Rand*, 168 F.2d 691 (2d Cir. 1948);
- *Graver Tank & Mfg. Co. v. Linde Air Products Co*, 339 U.S. 605 (1950);
- *Hughes Aircraft Co v. United States*, 717 F.2d 1351 (Fed. Cir. 1983);
- *Pennwalt Corp v. Durand-Wayland Inc*, 833 F.2d 931 (Fed. Cir. 1987) (*en banc*);
- *Warner Jenkinson Co., Inc. v. Hilton Davis Chemical Co.*, 530 U.S. 17 (1997, Supreme Ct.);
- *Festo Corp. v. Shoketsu Kinzoku Kogyo Kabushiki Co., Ltd., et al.*, 535 U.S. 722 (2002);
- *Alloc, Inc v. International Trade Commission*, 342 F.3d 1361 (Fed. Cir. 2003);
- *Philips v. AWH Corp.*, 415 F.3d 1303 (Fed. Cir. 2005).

Tribunais alemães

- Acórdão proferido pelo BGH a 29 de abril de 1986, no processo nº X ZR28/85 (*Formstein*) – *IIC*, vol. 18 (1987), pp. 795 ss.;
- Acórdão proferido pelo BGH a 14 de junho de 1988, no processo nº X ZR 5/87 (*Ionenanalyse*) – *IIC*, vol. 22 (1991), pp. 249 ss.;
- Acórdão proferido pelo OLG de Düsseldorf a 19 de julho de 1988, no processo nº 2 U 181/88 (*Improver*, providência cautelar) – *IIC*, vol. 21 (1990), pp. 572 e ss.;
- Acórdão proferido pelo BGH a 3 de outubro de 1989, no processo nº X ZR 33/88 (*Batteriekastenschnur*) – *IIC*, vol. 22 (1991), pp. 104 e ss.;

- Acórdão proferido pelo OLG de Düsseldorf a 21 de novembro de 1991, no processo nº 2 U 27/89 (*Improver*, ação principal) - *IIC*, vol. 23 (1993), pp. 838 e ss.;
- Acórdão proferido pelo BGH a 2 de março de 1999, no processo nº X ZR 85/96 (*Spannschraube*) - *IIC*, vol. 30 (1992), pp. 932 e ss.;
- Acórdão proferido pelo BGH a 12 de março de 2002, no processo nº X ZR 168/00 (*Schneidmesser*) - *IIC*, vol. 33 (2002), pp. 873 e ss.;
- Acórdão proferido pelo BGH a 10 de maio de 2011, no processo nº X ZR 16/09 (*Okklusionsvorrichtung*) - http://juris.bundesgerichtshof.de/cgi-bin/rechtsprechung/document.py?Gericht=bgh&Art=en&nr=56437&pos=0&anz=1;
- Acórdão proferido pelo BGH a 13 de setembro de 2011, no processo nº X ZR 69/10 (*Diglycidverbindung*) - http://juris.bundesgerichtshof.de/cgi-bin/rechtsprechung/document.py?Gericht=bgh&Art=en&az=X%20ZR%2069/10&nr=58039;
- Acórdão proferido pelo BGH a 14 de junho de 2016, no processo nº X ZR 29/15 (*Pemetrexed*) - http://juris.bundesgerichtshof.de/cgi-bin/rechtsprechung/document.py?Gericht=bgh&Art=en&az=X%20ZR%2029/15&nr=75370.

Tribunais britânicos

- *Marconi v. British Radio Telegraph and Telephone Company Ltd* (1911) 28 RPC 181;
- *Gillette Safety Razor v. Anglo Trading Case* [1913] RPC 30 (18) 465;
- *EMI Ltd. et al. v. Lissen, Ltd. et al.* [1939] 56 RPC 23;
- *Van der Lely v. Bamfords* [1963] RPC 61 (HL);
- *Rodi & Wienenberger v. Showell* [1969] RPC 367;
- *Catnic Components v. Hill & Smith* [1982] RPC 183;
- *Anchor Building Products Ltd v. Redland Roof Tiles Ltd.* [1990] RPC 283;
- *Bristol Meyers Squibb Co v. Baker Norton Pharmaceuticals, Inc.* [1999] RPC 253;
- *Wesley Jessen v. CooperVision* [2003] RPC 20;
- *Kirin-Amgen, Inc. v. Hoechst Marion Roussel Ltd.* [2005] RPC 169;
- *Halliburton Energy Services v. Smith International* [2006] RPC 25;
- *Occlutech v. AGA Medical Corporation* [2010] EWCA Civ 702;
- *Virgin Atlantic Airways Limited v Premium Aircraft Interiors UK Limited* [2009] EWCA Civ 1062;

- *Convatec Limited v Smith & Nephew Healthcare Limited* [2012] EWCA Civ 520;
- *Generics (UK) Ltd (t/a Mylan) v Yeda Research & Development* [2012] EWHC 1848 (Pat);
- *Mölnlycke Health Care AB and Mölnlycke Health Care Limited v BSN Medical Limited and BSN Medical GMBH* [2012] EWHC 3157 (Pat);
- *Actavis v Eli Lilly* [2017] UKSC 48.

Outras jurisdições

Espanha:

- Acórdão Proferido pelo *Tribunal Supremo* Espanhol (Sala 3ª), 10 de junho de 1968;
- Acórdão Proferido pelo *Tribunal Supremo* Espanhol (Sala 1ª), 29 de abril de 2015;
- Acórdão proferido pela *Audiencia Provincial de Barcelona (Sección 15ª)*, 18 de setembro de 2000;
- Acórdão proferido pela *Audiencia Provincial de Barcelona (Sección 15ª)*, 20 de abril de 2004;
- Acórdão proferido pela *Audiencia Provincial de Barcelona (Sección 15ª)*, 7 de junho de 2005;
- Acórdão proferido pela *Audiencia Provincial de Barcelona*, 30 de janeiro de 2009;
- Acórdão proferido pela *Audiencia Provincial de Barcelona (Sección 15ª)*, 19 de dezembro de 2012;
- Sentença proferida pelo *Juzgado de Primera Instancia núm. 37, de Barcelona*, 10 de setembro de 2002;
- Sentença proferida pelo *Juzgado Mercantil de Barcelona (Sección 4ª)*, 1 de agosto de 2011;

França:

- Acórdão proferido pela *Cour de Cassation, Chambre Commercial*, de 20 de novembro de 2007 (recurso nº 06-17.95);
- Acórdão proferido pela *Cour de Cassation, Chambre Commercial*, de 23 de novembro de 2010 (recurso nº 09-15668);
- Acórdão proferido pela *Cour d'appel* de Paris, de 11 de outubro de 1990 (*PIBD* 1991.III.2, Ann. Propr. Ind. 1990, p. 235);

- Acórdão proferido pelo TGI Paris, *3e Chambre, 3e Section*, de 2 de julho de 2010, recurso nº 09-15668;
- Acórdão proferido pelo TGI Paris, 14 juin 1996, PIBD 1996 nº 621, III, 577;

Decisões da Câmara de Recursos do IEP

- T 697/92, de 15 de junho de 1994;
- T 818/93, de 2 de abril de 1996;
- T 250/00, de 24 de março de 2003,
- T 409/01, de 26 de junho de 2003;
- T 929/02, de 9 de dezembro de 2004.

ÍNDICE